新安文化丛书一

XINAN WENHUA CONGSHU

新安民俗

章望南 著

中共淳安县委宣传部
中共淳安县委党史研究室
淳安县人民政府地方志办公室
淳安县政协文史和教文卫体委员会 编

文物出版社

图书在版编目(CIP)数据

新安民俗 / 章望南著. -- 北京 : 文物出版社,
2024.7

(新安文化丛书. 一)

ISBN 978-7-5010-8399-2

Ⅰ. ①新… Ⅱ. ①章… Ⅲ. ①风俗习惯－介绍－淳安
县 Ⅳ. ①K892.455.4

中国国家版本馆CIP数据核字(2024)第067609号

新安民俗

新安文化丛书一

编　　者: 中共淳安县委宣传部
中共淳安县委党史研究室
淳安县人民政府地方志办公室
淳安县政协文史和教文卫体委员会

著　　者: 章望南

责任编辑: 孙　霞

封面设计: 方　卓

责任印制: 张道奇

出版发行: 文物出版社

地　　址: 北京市东城区东直门内北小街2号楼

邮　　编: 100007

网　　址: http: //www.wenwu.com

邮　　箱: wenwu1957@126.com

经　　销: 新华书店

印　　刷: 杭州富春印务有限公司

开　　本: 787mm × 1092mm　1/16

印　　张: 417.25

版　　次: 2024年7月第一版

印　　次: 2024年7月第一次印刷

书　　号: ISBN 978-7-5010-8399-2

定　　价: 2880.00元(全18册)

《新安文化》丛书编撰委员会

顾　问：黄海峰　杨建根　董毓民　张鸿斌　王　翀　余永青　董文吉

主　任：刘小松　郑志光　赖明诚　许海波

副主任：徐恒辉　汤燕君　卜利斌　章临凯　徐月焕　章传强　何建法　徐夏冰

成　员：朱华民　徐红星　钱尼万　徐宗强　邵红卫　余国富　方海珍　陆建育　毛善智　方必盛　邵吉明　管峰华

《新安文化》丛书编撰委员会办公室

主　任：朱华民　徐红星

副主任：钱尼万　徐宗强　邵红卫　章伶俐

执行副主任：程中青

《新安文化》丛书编撰部

主　任：翟屯建

成　员(以姓氏笔画为序)：

王振忠　卞　利　方光禄　朱　平　刘伯山　吴兆民　汪大白　张小坡　周晓光　赵懿梅　宫希成　姚昱波　倪国华　倪清华　徐　彬　徐光耿　章望南　董　建　程　硕　程极悦

编　务：刘东山　方红娟

设　计：方　卓　方家明

总　序

新安文化是指新安江流域文化。

新安江是钱塘江的正源，源头分为两大支流。南支称率水，为新安江主源，发源于安徽省休宁县五龙山脉的六股尖；北支叫横江，源于黟县五溪山主峰白顶山。两支源流在屯溪汇合，流至歙县浦口一段称渐江，歙县浦口以下至浙江省建德县与兰溪相汇处称新安江。新安江与兰溪汇合后称富春江，到萧山闻家堰称钱塘江，流至杭州湾入海。

新安江流域地处闽浙山地的北缘，黄山、天目山、白际山、五龙山、千里岗、龙门山六大山脉盘桓其间，山地及丘陵占十分之八九。新安江水呈树叶网络状，由西向东辐射，地势也是由高及低逐步下降。流域平均海拔 800 ～ 1000 米，处在山岭川谷之中。俯视江南，附近的江西、浙江、江苏、安徽，均在其下。地处新安江源头的徽州，有“吴头楚尾”之说。杜牧诗云：“溪山侵越角，风壤尽吴根。”非常准确地描写出新安江流域的地理位置。

新安江流域以黄山山脉为界，南坡有流向东南钱塘江的新安江水系，直达杭州，是前往江南的捷径；流向西南鄱阳湖的阊江水系、乐安江水系，直达饶州、九江；北坡有直接流入长江的青弋江、秋浦河水系，直达池州、安庆、芜湖长江沿线。新安江下游严州府与兰江相接，向南直达金华、衢州，是前往江西、福建的捷径。陆路虽地势高耸，山路崎岖，但由于地处皖、浙、赣三省交界，成为全国的交通网络中重要的一环。

魏晋时期，由杭州经新安江前往江西、福建的通道，是全国交通枢纽上的重点线路。宋永初三年（422）秋，谢灵运离开建康（今南京）赴任永嘉郡太守。他沿钱塘江、富春江溯流而上，经桐庐、建德、兰溪，转由婺江到永嘉，途经桐庐写下《初往新安至桐庐口》诗。唐代以前，北方通往南方的三大干线，其中两条干线经过新安江流域。一条由洛阳东行至汴州，循运河东南而下，经杭州，沿钱塘江溯流而上，经睦州、婺州、衢州、信州至江西、福建和岭南道。另一条由洛阳走陆路，经汝州、许州至陈州，过寿州、庐州，渡江至采石，经宣州、歙州到睦州，经婺州、衢州，再选择西行或南行通往福建、江西和岭南各地。宋以后，新安江流域交通线路更是呈放射状，四面通达。虽然山道崎岖，水路湍急，路途稍显艰难，但无论水路、陆路，前往江西、湖北、福建、南京、杭州都是必经的捷径。

人类逐水而居，河流是人类文明的摇篮。先秦时期，新安江流域先属吴，吴亡属越，越灭属楚。秦末，在新安江中游和上游设黟、歙二县，下游则归富春县管辖。东汉建安十三年（208），分歙地置始新、新定、黎阳、休阳四个县，加上原来的黟、歙二县，就有了六个县，以这六个县新设新都郡，郡治设在始新县治新定里（今淳安县威坪镇）。黄武四年（225），析吴郡富春县地置建德、新昌、桐庐、新城四县，建德县、新昌县（后改寿昌）地处新安江下游。其后新安江流域郡、州、府级机构，先后更名或改设为新宁郡、新安郡、东阳郡、遂安郡、婺州、睦州、歙州，最后定名为徽州和严州；县级机构先后更名或改设为新安江上游的歙县、黟县、休宁县、祁门县、绩溪县、婺源县，新安江中游的淳安县、遂安县，下游的建德县、寿昌县。

新安文化的地域范围，以新安江上游古徽州一府六县，即歙县、黟县、休宁县、祁门县、绩溪县、婺源县，以及新安江中下游古严州的淳安县、遂安县、寿昌县、建德县为核心区域。新安文化的时空概念起自史前文明，迄于1949年，根据研究需要适当后延。其内容涉及哲学、经济、社会、教育、学术、文学、艺术、工艺、建筑、医学等诸多学科，凡与新安江流域社会历史发展有关的内容，均是新安文化的范畴。

新安江流域是我国原始文化的一个独立发展单元，一步步走来，没有停留，没有断代。历经早期文明、晋唐兴起、五代至元崛起、明清鼎盛和近代转型五个发展阶段，形成新安文化的完整体系。

1974年11月，在建德县上新桥村乌龟洞发现一枚人的犬齿化石，被命名为“建德人”，属于晚期智人类型，距今约五万年。同时，新安江流域分布着大量的旧、新石器时代遗址，承继“建德人”的文化发展。1959～1975年，新安江上游的屯溪西郊奕棋村先后发现8座西周至战国早期的墓葬。出土的青铜器、原始青瓷和几何印纹硬陶，在形制、纹饰和构图风格上，具有浓厚的越文化特色。史称当地人为越族，人民性格强悍，尚武好斗，文化礼仪相对薄弱。通过地方行政治理过程中的教化，当地越人在了解和接受中原人的生产、生活方式后，道德观、价值观、文化崇尚等方面均发生变化。

晋唐时期，新安文化兴起。晋代的“永嘉之乱”和唐代的黄巢起义是中国历史上的两件大事。它不仅造成西晋和唐朝的灭亡，导致中国社会的分裂，而且对我国南方的发展产生深远的影响。“永嘉之乱”和黄巢起义期间，中原士族比较集中地迁入新安江流域，现存的徽、严二州不少姓氏族谱中，对始迁祖的追溯都上溯到这一阶段。中原士族大量迁入以后，以其自身的文化素养和生活习惯渗透民间，改变了新安江流域越族的风俗习惯，越族尚武习俗与中原儒雅之风融合，儒家思想的仁义忠孝和修身齐家理念，开始在新安江流域流行。休宁吴少微的“吴富体”在文坛崭露头角，新安江下游的“睦州诗派”更是享誉诗坛。

五代至元，新安文化崛起。这一阶段新安江流域的教育与科举得到长足发展，仅南宋时期徽州、严州二府进士就有806名。南宋理学大儒朱熹祖籍徽州，曾两次回徽州省墓、探亲、授课，并在严州丽泽书院、遂安瀛山书院讲学论道。新安人读朱子之书，秉朱子之教，以邹鲁之风自恃，形成新安理学学派，使得朱熹理学在新安江流域广为流传，对整个流域的文化形成和演变起到关键作用。文风郁起，留下很多脍炙人口的作品，如胡仔的《苕溪渔隐丛话》和方岳、方逢辰的诗歌，在全国诗坛都占有一席之地。徽州刻书和严州刻书，在中国刻书史上贡献卓著。制瓷技术、医学、植物学、光学、生物学等科学技术都取得一定成就，其中歙县张杲淳熙十六年（1189）写成的《医说》一书，是中国医学史上第一部医史传记。

明清时期，新安文化进入鼎盛。私学、官学和书院教育同步发展，推动新安江流域科举繁荣兴盛。淳安人商辂“三元及第”，于明宣德十年（1435）乡试、正统十年(1445)会试及殿试均为第一名。理学、心学与朴学相互融合发展，理学家们提倡“和会朱陆”，阳明心学受到欢迎。清康熙、乾隆时期，新安学者提倡实事求是的治学精神，开创朴实的学风，成为清代学术的主流，朴学领袖戴震更是中国哲学史上的唯物主义启蒙思想家。文学艺术百花齐放，新安画派是明清文人画的正统继承者，徽派版画代表了中国传统版画的最高成就，徽派篆刻成为中国文人篆刻的主流，徽剧乃京剧之母。科学技术成就斐然，新安医学所主张的“固本培元”理论，是中国传统医学中的精华；程大位是中国历史上珠算集大成者；郑复光《镜镜詅痴》集当时中西光学知识大成。

近代，新安文化开始转型。光绪二十六年（1900），歙县基督教堂在城内创办崇一学堂，迈开新安江流域兴办新式学堂的第一步。在西方近代科技和工业革命的影响下，实业救国成为潮流，培养近代农林、商业、工业人才，是教育转型过程中的重要一环。光绪三十四年（1908），戴英在休宁县隆阜珠里创办新安江流域近代第一所职业学校——休宁初等农业学堂。随后，徽州乙种商业学校、淳安县初级实业小学、建德县浙江省立甲种森林学校等相继开办。新安学术也开始向近代学术思潮转型，胡适成为近代文化转型中承上启下的关键人物。文学艺术在转型中得到提振，其中由汪渊集句成词、其夫人程淑笺注的《麝尘莲寸集》，以词集词，前无古人。黄宾虹成为近代中国绘画领域中的一座高峰；黄士陵的篆刻形成自己的艺术风格，被称为“黟山派”。“徽路徽戏”和睦剧得到全面发展。

新安江流域自古为越族领地，随着中原士族的迁入，中华儒家文化的价值观“修身齐家治国平天下”，在这里不断积淀，形成尚武自强、重教崇文、俗尚文雅、治生重商的区域特征。

新安江流域早期越人以尚武著称。明清时期，新安江流域百姓依然习武自强为常。至今民间仍留存不少延请拳师的“拳关”文书。明万历休宁程冲斗所著《耕余剩技》是中国武术史上的名著。绩溪县张横秋更是以武术名世，在武术史上形成“豫徽武术”流派，其拳术至今仍在新安江流域流传。很多文人在习文的同时练武，明末休宁县抗清义士金声不仅文章出彩，而且武艺高强。休宁画家汪肇，喜好持矛舞剑。新安朴学后期的重要学者汪宗沂，通拳术、剑术、马术，喜谈兵。他的学生许承尧、黄宾虹，一个是著名诗人，一个是著名画家，跟着汪宗沂学习时，练剑、骑马也是必备的功课。

中原士族迁居新安江流域以后，注重文化传承。这种传承使得新安江流域重视教育，崇尚文雅。朱熹提倡读书，研究学问，从事著述，强调“穷理之要，必在于读书”。新安理学的兴起，增强了新安江流域的读书氛围。儒家思想被塾师细化在自己教学实践中，塾师编写的大量蒙学教材中，将儒家的道德观念灌输给学童。在新安理学的影响下，新安江流域读书著述之风盛行，形成“十家之村，无废诵读”的景象。宋元以来，被称为“东南邹鲁”。

随着儒家思想向民间基层渗透，礼教在老百姓中扎根。民间礼仪以朱熹《家礼》作为依据，渗透于各个家庭。休宁《茗洲吴氏家典》根据《家礼》，结合本宗族的情况，规定冠婚丧祭的礼仪，作为子孙后代遵行的法典。民国遂安《高峰朱氏宗谱》卷三《家训》对子弟的礼仪教育写得非常具体，结合家族特点，将礼教具体化，教育族人如何做人、做事，各项规范要求明确，可操作、能监督，俗向文雅，成为“礼下庶人”的典范。

新安江流域有一个异于全国其他地区的现象，就是人们以经商致富为荣，从商成为风气。新安学者提倡职业不分卑贱，引导民众经商，鼓励商人创业，提倡“廉贾”价值观。地方士绅还通过各种方式为商人代言，创造良好的经商环境。学者的倡导、士绅的鼓励，对不轻视商业、不以经商为耻社会风气的形成，起到极大的促进作用，使新安人在观念上获得解放，理直气壮去经商，造就了雄飞于中国商界三百年的新安商人集团。

新安文化不断兼收并蓄，坚持实事求是，遵循儒雅中庸的发展过程，构成以“包容、探索、和谐”为核心的人文精神。

在沉淀中原汉文化和践行儒家思想的过程中，新安江流域不断地塑造自身的人文精神，推进新安文化的发展。新安文化的形成，是中原汉文化与当地土著越文化进行融合的过程。在两种文化的融合过程中，汉文化虽然是强势文化，但具有很强的包容性，促进了越文化的自然融合，从而产生出新质的新安文化。这种包容性，在新安文化发展过程中，贯穿始终，成为新安文化特色。兼收并蓄的包容精神，体现了新安文化的博大气象，是新安文化得以发展的源泉。

在新安文化发展过程中，新安人一直遵循实事求是的原则，博学求知，努力探索规律，追求真理，勇得时代风气之先。朱熹提出“濯去旧见，以来新意”；戴震主张“不以人蔽己，不以己自蔽”；胡适要求“重新估定一切价值”，都是不懈求索、勇得时代风气的典范。实事求是的探索精神，体现了新安人的思辨能力，是新安文化得以不断创新发展的动力。

新安文化是宋以后中国儒家文化在民间社会最完整的体现和典型范例，其儒雅中庸的内质得到很好的体现。“薄利多销”成为新安商人的经营手段，自己少赚些，让消费者不吃亏，成为“中庸”思想在商业领域的一种表现，即双赢。新安宗族在“中庸”思想的指导下，和睦相处，很少发生械斗。就是宗族间有了矛盾，也是协调处理，互相谦让。在艺术上，也非常讲究中庸平和。新安篆刻中的雅逸隽秀、平和光洁；新安版画内蕴的恬静和安乐，也是儒雅中庸的一种表现。儒雅中庸的和谐精神，使得新安江流域社会平稳安定，是新安文化不断发展的基础。

新安江流域靠近越文化核心区，其文化既具有新安文化特点，又带有钱塘江流域良渚文化特色，体现出新安文化与良渚文化融合的趋势。对河系流域上下游文化碰撞、交融的研究，具有重要价值。

新安江流域至今保存下来的地面文物遗存10000多处、8000余种文献、100余万件文书，跨越千年历史，涵盖政治、经济、文化各个领域。尤其地面文物遗存、非物质文化遗产和文书档案，均为第一手资料，是人们了解中国封建社会后期农村社会实态不可多得的资料，为按历史本来面貌做综合实态研究创造了前所未有的有利条件。中国社会科学院历史研究所周绍泉先生指出："以徽州文书为代表的历史文书档案为主要资料，综合研究历史社会实态，将是我们这个时代的学术潮流。"

新安文化是中国封建社会后期传统文化的典范，独树一帜，在各自领域都处于领先位置。从新安文化中提炼出来，形成新安宗族、新安学术、新安商人、新安教育、新安建筑、新安书画、新安工艺、新安科技、新安文学、新安戏曲、新安饮食、新安民俗等文化现象，是新安文化中的精华，学术界在研究专业史时无法绕开这些课题。对新安文化展开研究，实际也就是对中国封建后期传统文化展开研究，窥一斑而见全豹，具有普遍的学术意义。

新安江流域四面环山，作为一个独立的自然地理单元，风景秀丽，人们的审美观受到山水环境的影响。新安四雕艺术、文房四宝艺术、盆景艺术、新安书画、新安文学等，都是新安江流域自然环境同新安人审美观相结合的产物。而新安饮食、方言的形成，同新安江流域独特的自然地理环境及资源有关；新安宗族社会构成和村落结构，同新安地理环境也是密切相关，具有地理文化单元的人类文化学研究价值。

新安文化是移民文化，中原士族的内迁，决定了其社会与文化的诸多现象和特点，受到中原文化的影响。同时，新安文化的昌盛与发展，还存在着一个由新安江流域再向外移民的过程，并对侨寓地的文化产生影响。如新安学术、徽剧、新安艺术、新安刻书、新安篆刻等对扬州学派、京剧、江南园林、江南版画、浙派篆刻都有渗透和影响。研究新安文化，可以获得中华大文化融合各民族文化、各地方文化的一般与个别规律，为繁荣中华大文化作出贡献。

新安江流域是宗族社会。明清时期，农村基层依靠宗族自治管理，有不少好的做法。现存不少宗族公约中有值得学习和借鉴的条文，如禁止乱砍滥伐和禁止赌博等。从内容上看，它们符合当今所提倡的环境保护和社会文明的主旨。从实施机制上看，它不是依赖于行政系统，而是靠"公约"的形式自我约束，这给建设社会主义新农村带来启示，村民自治要以农民为主体，增强农民的自觉意识，而不是靠行政手段。新安文书中的商业合同，反映了新安人市场观念的成熟；分家契约反映了新安人既遵从中国传统的伦理观，又理性地处理家庭财产等经济问题；诉讼文书，反映了古代新安江流域民间已经有较强的法治观念。新安江流域古村落人与自然和谐，以人为本的思想贯穿村落建设，村落中的防火措施、水系设计都十分讲究，科学性很强，给当代环境规划设计带来启示。

新安文化博大精深，对新安江流域上游的徽州文化研究，已经成为一门专门的学问——徽学。但对整个流域的整体研究还是一个空白，编撰《新安文化》丛书，可以填补全面涵盖新安江全流域文化的研究空白，力求科学、全面、准确、系统地展示新安文化的各个方面，对于新安文化学术研究及开发利用，是一件十分有意义的事情。

《新安文化》丛书编撰委员会

2023 年 4 月

目　录

第九章　新安民俗语言及口头文学

参考文献

导　言

“十里不同风，百里不同俗。”新安民俗同其他许多地域民俗一样，有着丰富的内涵和显著的地域性特征。新安民俗作为一种地域民俗，其内涵十分丰富。这里自古民风淳朴、人文蔚然。它以新安江流域歙县、黟县、休宁、祁门、绩溪、婺源，以及淳安、建德为中心，并影响着周边区域，成为这里人们在生产生活过程中所形成并创造出的一系列共享、传承的风俗习惯。

在中国，有一句非常经典的俗语，叫作“靠山吃山，靠水吃水”，这种观念使中国人相信每一个地方都易于生存，只要你改变或适应环境，就会有无限的发展空间。而事实上，它不仅是一种深层的观念，而是一种具有可检验的文化形成。

由于历史上，新安江流域这种既远离中原又非边疆的内陆地区，是人们尤其是那些名门望族，“寻得桃源好避秦”的理想之所。这种以历史名流、名门望族为核心的姓氏分布给新安江流域区域文化的形成与发展，奠定了重要基础。李白曾在《清

千岛湖（李俊 摄）

溪行》中写道：

> 清溪清我心，水色异诸水。借问新安江，见底何如此？人行明镜中，鸟度屏风里。向晚猩猩啼，空悲远游子。

“文化生态具有极大的价值和意义，小到一个家庭、一个社区、一个城市，大到一个地区、一个民族、一个国家，乃至整个地球，文化生态都扮演着重要的角色，产生着潜移默化的影响。”① 从表象上看，诸如衣饰打扮、饮食起居、交通方式等方面，都受到不同生态环境的制约和影响。从深层次结构看，则人们的价值观，诸如对人生的态度、宗教信仰、道德伦理等内容，都有不同程度受生态环境的作用和影响。

新安江（林坚 摄）

① 王晓真：《当代中国文化生态问题研究》，山东大学专业博士论文，2016年，第50页。

文化模式其实就是根据这些内容的不同而加以概括的。

新安江发源于安徽省休宁县与江西省交界处的五股尖山。休宁县新安江源头六股尖龙井潭瀑布冯村乡南部，与婺源县交界，海拔 1618.4 米。为怀玉山脉向西北延伸部分五龙山脉的主峰之一。

新安江流域环万山以为邑。境内高山耸峙，谷地幽深，村民聚族而居，过着“自耕自织，自给自足”和“调子不出乡，各有各的腔”的生活。这种封闭性的环境，对居民出行、获知外界信息造成重重障碍，但也因此保留了古代民风习俗的传统。这里所孕育的新安民俗具有普遍意义上民俗的地域性，而民俗中一个最基本的特点，便是其鲜明的地方性。

早在远古时期，居住在这里的人们为山越族。西汉末年，北方士族南迁带来了华夏文明。不同地区的风俗、信仰和语言共处一地，经长期交融，形成独具特色的风俗、信仰和语言。由于境内多山丘沟壑，河流纵错，交通闭塞，乡风民俗区域性特点明显。尤其是方言，尽管时空跨越上千年，少数外地迁入居民仍保留其独特的方言，如徽州话、江山话、梅城话等。存在着“各地各乡风，语同音不通”的状况。特别是 1959 年，新安江水库建成，淳安 20 万人远迁赣、皖、浙三省 50 余县、市，带去了淳安的乡风民俗，在当地形成星点式的淳安“方言岛”。千岛湖镇的居民来自“五湖四海”，没有统一的语言，流行的是各自带着乡音的“普通话”。

新安民俗具有以下四个特点：

第一，原始信仰 庞杂多样

原始信仰，“是人受万物有灵论观念的支配，在异己的自然与社会力量压迫之下，对恐惧和无情世界的情感化处理结果，也是人类受好奇心的驱使，依靠当时的知识和想象力对未知世界加以探究和解释的结果”。[①] 一方面，自然界是他们的衣食之源，人们需要自然的宽厚施予；另一方面，自然也是一种异己力量，严重地危害、威胁着人们的生命和财产。他们认为，风、雨、雷、电，高山、大川，毒蛇、猛兽等万物皆有神，随时都会给人带来致命的打击甚至毁灭。在这种既无力征服，又无法理解的情况下，就产生了畏惧和崇拜心理。于是，就有了日神、月神、星神、风神、雨神、云神、雷神、土地神，山神、河神、火神等大自然崇拜，花神、树神等植物

① 安德明：《天人之际的非常对话》，中国社会科学出版社，2003年，第30页。

崇拜，猪、马、牛、羊、龙、虎、蛇等动物崇拜，还有农神崇拜、图腾崇拜、鬼灵崇拜和祖先崇拜，等等。这些原始观念，经过一代又一代漫长时间的洗礼，虽有所退化，但从根本上说是不会绝迹的。因为习俗一旦形成，人们就会被习惯势力所影响。时至今日，在新安江流域仍有许多遗痕。如神灵崇拜，上山要祭山神，打猎要祭猎神，烧窑要祭窑神，砍树要祭树神，农历十二月二十四要送灶神，还有桥神、宅神、门神、厕神等。人们对神灵都要顶礼膜拜，认为一旦失礼或礼数不周，就会罹患灾祸。晚上走路碰到"鬼打墙"，要撒一泡尿方能破解，等等。又如动物崇拜：家里发现蛇，会被认为是祖宗回门，绝不能打，只能烧香或说好话请它回去。晚上抓石鸡，抓到的第一只不能要，要将其一腿掼掉；若再见到它，就不能再抓，再抓就要出"怪"。孩子要穿虎头鞋、戴虎头帽才能长得壮实。动物崇拜在淳安最盛行的莫过于对龙的崇拜，看风水要讲龙脉，天旱要求龙降雨，还有撑龙灯，什么板龙、布龙、纸龙、草龙都有，从前逢年过节撑它舞它，主要是为了禳灾祛祸、祈求平安，现在已成了民间的一项庆典娱乐活动。再如树木崇拜：小孩晚上哭闹、身体不宁，或不易养育，要认柏树为父，或樟树为母；或者用红纸写上小儿姓名、出生年月，贴到村头或村尾的大树上，以祈平安。村边的"风水林"不能砍，砍了村运会不好，诸如此类。

第二，宗族文化 源远流长

我国是一个历史悠久的文明古国，其社会的政治结构具有独特的东方文化特色。以血脉关系为纽带的宗法原则与君王专制的政治体制相结合的伦理政治，是我国封建社会政治制度的鲜明特点。除去聚族而居的宗法社会基础，更重要的则是以"程朱理学"为内核的道德理论。"中原士族复制的宗族生活，是酿造程朱理学的酵母。反之，程朱理学又加固了当地的宗族秩序"。[①] 正是由于这两方面的结合，以"君君臣臣"为核心，以"父父子子"为基础，是我国传统社会持久凝聚力的精神保障，也是中华文化历经磨难而未终绝的根源。

如淳安宗族文化的两大载体宗祠、宗谱发端很早，而且都与最早迁入淳安的方氏有关。据《方氏家乘》载，东汉永元五年（93）方储卒，和帝洒泪痛惜，追赠"尚书令，黟县侯，食邑三百户，谥昭烈"，并"诏护其丧，立庙祀之"。于是，族人便

① 唐力行：《徽州宗族社会》，安徽人民出版社，2005年，第125页。

在歙东龙山（原淳安老城城隍庙门口）修了坟，建了庙。这便是淳安宗祠。该祠于北宋政和六年（1116）被徽宗赐予“真应方仙翁”额。其后，因受周制“天子七庙、诸侯五庙、大夫三庙、士一庙，庶人祭于寝”的限制，民间未能建祠。直到明朝，由于开国皇帝朱元璋的提倡，祭拜祖先、建造祠堂的社会风气才日渐兴盛，最后达到“族必有祠”的程度。民国时期，淳安估计有祠堂数千座。后来水库移民淹掉 2464.5 间，随着世事的变迁，到 2007 ～ 2010 年全县文物普查时，仅剩 466 座。

方储像

关于《宗谱》，唐武则天通天元年（696）奉敕修谱朝奉郎行秘书正字汪行忠在《唐奉敕修方氏族谱序》中已提到，早在西晋太康八年（287）奉敕司空司隶校尉、著作佐郎权知谱事崔陵已为方氏作《西晋奉敕方氏谱序》，并说是方储八代孙“关内侯骠骑将军新安太守方藏等依旧本、校勘进呈”。可见，淳安方氏早在西晋就有谱牒了。尔后，历隋唐宋元明清至民国，各宗族均视“三世不修谱为不孝”“必三十年一小修，六十年一大修”，故民间修谱之风日盛。宗祠是一个家族隆重祭祀祖先的场所，宗谱记载了一个家族肇迁、繁衍脉络的历史。对一个家族来说，维系关系的无形纽带是血缘，有形纽带就是宗祠、宗谱，所以要倾全力予以认真对待。《民国遂安县志宗礼》载：“祭礼自岁时伏腊外，莫重于春箮秋尝。”“凡遇春秋二仲月，择上辛日，先期斋戒，庭设香案，质明族长，率众至祠，具馔启椟，择俊子弟赞礼执事，行三奠礼。自始至终，必诚、必敬，毋勿参差失次。彻馔后依昭穆序立，旅揖饮福受胙。凡所以别亲疏、分长幼、序尊卑、表贤能、尊祖敬宗睦族之道，莫不如此。”为适应祖宗祭祀，祖坟修理，祠堂看管，宗谱纂修及桥梁、道路、水碓维修的需要，宗族往往置有族田（也称会田）。如威坪镇琴溪村王氏家庙，在明成化、弘治年间监察御史、韶州知府王宾的亲自操持下，做到了“六固定”：一是有固定的赡茔田 25 亩、赡祠田 6 亩，每年收租谷的 5 千斤，作为禴祠尝、修葺祠堂之需和守祠道人衣粮并油香之费。二是有固定的守祠道人。三是有固定的祭器：盛祭器木架1间，瓷碗10个，瓷碟20个，瓷爵杯5个。瓷盆8个，酒壶2把，花瓶4个。四是有固定的祭祀间：每岁清明、重阳忌辰4祭。五是有固定的祭品。在香炉前设一桌，摆猪首羊首、猪胛羊胛，烛1对，花瓶1对，祝版1片，小香炉1个；像前两桌，各设五果五蔬，猪羊鱼鹅各1碟，大羹各1碗，玄酒各1爵，饭各1碗，烛1对，黄白纸，座。六是有固定的祭礼。“用渊明故事预作祭文：维某年某月某日辰，孝某某某某等，谨以牲醴庶馐之仪，致祭于显×××中顺大夫×××偕孺人张氏××之墓曰”“每祭眷读必敬、必诚。晴祭于墓，雨祭于祠”“《传》曰：‘吾不与祭，如不祭。’尚冀三复斯言，三复斯言！一依太公家礼祭毕，止许掌祭、陪祭子孙宴饮，怠不与祭者，不许强分胙肉。宴饮之间，勿得喧哗醉舞，违者许宗长究治”。等等。

家族文化中还有相当重要的一项内容，就是制定族规，叫“国有国法，家有家规”。诸如为保持血脉纯正，异姓不得入继，等等。利用家法族规对族人进行教育约束，也是家族管理的一项基本内容。一是道德教育，灌输传统伦理纲常，教育族内子弟要善学、修身、立志。二是告诫子弟要遵纪守法，安分守己，钱财须取之有道。对那些违犯族规的人，最严厉的惩罚是宗谱除名，逐出祠堂。宗法家族制度的

祠祭（林坚 摄）

出现，是中国古代农村社会组织的历史性选择。在当时的历史条件下，在减缓社会震荡，稳定社会局面，凝聚社会人心方面，宗族具有其他社会组织无法取代的地位。

第三，民俗仪礼 底蕴深厚

民俗仪礼，也称民俗或礼俗，指的是从古产生并传承于民间、世代相袭的礼仪风俗。它虽然看不见，摸不着，但充斥于人类衣食住行、社会组织、婚丧嫁娶、岁时习俗、民间信仰、文学艺术等各个领域。有位哲人说过，是谁第一个发现了水？那肯定不是鱼，因为鱼就生活在水中，它已经无法感知水的存在。实际上，每个人都像鱼一样，从娘胎出世、呱呱坠地那一刻始，就接受着这个世界各种风俗文化的影响，成为民俗海洋中的一份子。而且，民俗仪礼对人类社会所有成员都有制约、规范作用，就像一只无形的手，无时无刻不在支配和调节着亿万人的行为，从衣食住行到社会交往，从生产消费到精神平衡，人们都自觉或不自觉地遵从着风俗文化的习惯。这类礼俗包罗万象，很难用几句话说得清，现仅以诞生礼、成年礼、婚礼、葬礼为例：

诞生礼 名为诞生礼，其实早在女子出嫁前，娘家已做准备。嫁妆中备有红漆马桶，叫“子孙桶”，桶里放有红枣、花生、桂圆、橘子，暗喻“早生贵子”。孕妇“有喜”后，要禁食、禁视、避讳、胎教；外祖母要送衣物，“催生”。婴儿出生三日，要做“三朝”或“洗三”。孩子满月，要染红蛋，做馒头米粿，遍送亲友；对回以婴儿饰品、鸡蛋之类者，有的还要设宴酬答，叫作“月满”。百日，俗称“百岁”，要行剃发礼、认舅礼、命乳名礼，亲友多有赠“长命百岁”锁的。周岁，行“抓周”礼，以测小儿一生事业凶吉。

成年礼 “男子年十五至二十皆可冠。女子许嫁笄（年十五，虽未许嫁亦笄）”[①]成年礼是新安男女人生中的重要礼仪之一。男子20岁时加冠转入成年阶段的礼仪，通称“冠礼”。表示该男子已开始拥有家族中的议事权，社会事务的参与权，开始承担纳税、服兵役、赡养父母等义务。据《礼记 · 冠仪》记载，古代冠礼十分隆重，事先不仅要选好良辰吉日，还要选好冠礼的“大宾”。冠礼一般在宗庙里举行，由冠者的父亲或兄长主持，请专门负责加冠的人加冠。此民俗近代已逐渐消失，只依法律规定成年年龄。过去女子的成年礼叫“及笄礼”，一般在15岁举行。笄，即簪子。

① 朱熹著，王燕均、王光照校点：《家礼 · 卷二》，上海古籍出版社，1999年，第889页。

加笄时，先把幼年时的“总角”发式改成拢到头上的一个髻，然后插上簪子，这就叫及笄。古时女子“及笄”，并不表示有多少权利和义务，只表示已具备出嫁资格。

婚礼 结婚礼在人的一生中是十分重要的大礼，故又称“终身大事”，标志着这两个人进入建立个体家庭、发展家族的重要阶段。我国自古以来为婚礼制定的“六礼”包括纳采、问名、纳吉、纳征、请期、亲迎，在我国历代婚礼的演变中起着主导作用。经过时间洗礼，“六礼”虽渐趋简约，但说媒、相亲、定亲、请期等礼俗仍在许多农村流行。其中，怎么问名，怎么合“八字”，怎么送“日子书”就不说了，只说请期。旧俗喜期前一日或当日，女方要把妆奁送到男方家中，叫“发嫁妆”。男方要找当地“福寿双全”的“利市娘”铺床，此俗虽不在“六礼”之列，但在新安江流域民间却特别看重，因它是美好婚姻和家庭的预兆。富裕人家所备嫁妆桌、椅、橱、柜、箱笼、被褥一应俱全，日常所用无所不包。“发嫁妆”往往是富贵大户摆阔炫富的大游行，人们常用“良田千顷、红妆十里”来形容。过去女子出嫁，坐花轿是人生一件大事，上轿前要举行“哭嫁歌”仪式，随着社会的进步，自由恋爱的盛行，这类运输工具和仪式都已改革。新娘子到男家后，一般要经历传袋、拜堂、合卺、撒帐和闹洞房等几道程序。“传袋”，是新娘下轿进家门时，男家用装有五谷的青布袋铺在地上，让新娘踏着不断更换前移的袋子走进家门的仪式。因“袋”和“代”同音，所以，“传袋”表示新娘过门后可以为男家传宗接代。“拜堂”，是新郎新娘各执红绸一端，行“三拜”礼——“一拜天地，二拜高堂，夫妻对拜”的仪式。“合卺”，是新娘进入洞房、挑去盖头，新郎新娘各用一只葫芦瓢饮酒的仪式，葫芦瓢又叫卺，合起来就是一个完整的葫芦。用葫芦瓢饮酒表示夫妻在生活上合体相亲，所以这个仪式叫合卺。“闹洞房”是当天婚礼

迎亲(林坚 摄)

的最后一个节目。因闹洞房有“新婚三日无大小”之说，所以宾客不分男女老幼辈分大小，皆可对新郎新娘任意取闹。从翌日晨起，新郎新娘还要给尊长行“见面礼”，给祖宗行“祭祀礼”。满月后，新妇要归宁，叫“回门”，然后由新郎“接回门”。至此，整个婚礼才算结束。

葬礼 生为人之始，死为人之终，“始终”二字的本义即为此。在新安江流域，人死忌言“死”，要婉称“过辈”“过身”“百年”“老塌”或“上山”等。只有对不敬者才直呼“死”“翘””归天”“呜呼哀哉”等。对死者，民间有“事死如事生，事亡如事存”的说法，即办丧事也要像对待生者一样恭敬。人咽气而身体未完全僵硬前，小辈要赶快打水为其揩身，更换衣裳。水要从溪里买（丢两枚角子于水中），而且提上手后中途不能停。随葬衣裳有“上三下二”“上五下三”“上九下七”等定制，要先由长子站在凳上将衣服一件一件穿好，叫“筒衣”。再以同样的方法，让每个子孙都披一下，叫“传宗”。待每个子孙衣服都穿过、穿服帖后，再给亡人穿上。随葬衣裳有亡人生前准备的，也有临时缝制的，统称“寿衣”或“老衣”。穿好寿衣鞋袜，还要给死者口中塞一枚银圆，叫“衔口钱”，然后入棺、报丧、停灵。何时出殡、何时“做七”等，则要请熟悉日子书的人推算过。由于丧礼的繁文缛节实在太多，此不赘述。

以上说的仅是人生四个节点的粗略仪礼。除此以外，还有岁时节日、饮食起居、穿着打扮、交朋结友、待人接物、言谈举止，乃至路怎么走、位怎么坐、筷怎么拿、菜怎么夹等，都有规定，都有礼俗。这些看起来都是非常琐碎的事，不计较没有什么，计较起来都是大事。它是一个人，一个民族，乃至一个国家，文明程度的表征。民俗也属中华民族传统文化重要组成部分，应不失时机地加以抢救和保护，取其精华，弃其糟粕，让它为国家的社会主义精神文明建设服务。

第四，民间艺术 丰富多彩

民间文艺包括民间文学和民间艺术两大类。民间文学，主要指口头文学，如神话、传说、民间故事、民间曲艺、歌谣、谚语、谜语等。民间艺术则是指劳动者为满足自己的生活和审美需求而创造的艺术，其中又包括了民间工艺美术、民间音乐、民间舞蹈和戏曲等多种艺术形式。新安江流域人们长期劳作，善于总结，从而形成十分丰富的民间艺术种类，可谓是艺术的宝库。

从民间文学来看，新安民俗主要又包含有新安民俗的方言、民俗谚语和口头文学这种艺术类型。新安方言地域性特征最为明显。新安地区称之为“吴语徽严片”，大量发音、词汇与吴语、徽语方言相类似，是一种与普通话有较大差别的土语。它兼具吴语及赣语的两种特色于一身，且保留有一些中古汉语的发音特征。究其原因，与所处的地理环境有很大关系。新安江流域的原始先民多为山越之人，原生土著居民种类繁多。既有世居的越人，也有后续迁徙而来的瓯越、闽越人及部分逃役避难的汉人。加之后期中原人口大规模的迁徙，使得新安地区也逐步用官话汉语取代了原先的山越部落土语群。最终，在长期的南北融合过程中，形成今天的特色新安方言。民俗谚语则多是指歌谣和谚语。它是古代传播活动中最早和最常用的口头传播形式之一，是新安地区人们口头广泛流传的现成语句，往往传达了人们在征服自然、改造自然和社会的时间中积累下来的丰富的知识和经验。这类俗语往往简练通俗、语意完整，朗朗上口。尤为值得一提的是，新安俗谚兼具南北两地的语言特色。一方面，新安地区在战乱中有大量的中原士族南迁，所以其中包含有粗犷、彪悍的北方特点。另一方面，在明清以后，新安江流域商业兴旺发达，又濒临苏杭胜地，商业贸易频繁，则吸收了大量南方气质。总体可分为劳动类、仪式类、时政类、生活类、爱情类等。最后则是民间文学的最主要流传方式——口头文学。它是民间口口相传的文学作品，

宋村拉狮（徐洁 摄）

包括传说、典故等，是广大劳动人民语言艺术的结晶，也是后期书本民间文学的源泉。这类文学作品绝大部分都是由人民群众集体创作出来的，尔后在不断的传唱和讲述过程中，受到历代传唱人的加工、雕琢。这些唱述者又在其中糅合了自己的思想感情、想象和艺术才能，以及群众的反馈意见等，从而愈发地成熟。这类文学作品的生命力大多很强，会随着时代的变更演变出更加适宜的文学体裁，从而继续产生、存在和传承下来。

从民间艺术来看，新安民俗又包含有工艺美术、戏曲舞蹈、音乐歌曲等与人们日常衣食住行相关的多种艺术形式。这其中最为典型的当属民间工艺美术。这类工艺美术一般多指手工艺美术品，它们以天然材料为主，就地取材，再采用传统的手工方式制作，带有新安地区浓郁的地方特色和民族风格，与人们生活息息相关。这类艺术品通常装饰精美，兼具实用性和目的性，既符合当地人们的审美情趣，又同人们的生活习惯相适应，体现出特定时代的物质文化生产水平。如文房类用具，徽墨、歙砚、青溪龙砚等，都反映出此地高超的手工业制作技术和昌盛的文风。再如新安四雕，将砖、木、石、竹等材质同民居、祠堂、牌坊等建筑巧妙结合，形成此地独具特色的建筑文化。其他诸如木版年画、山越麻绣等，更是不胜枚举。戏曲舞蹈、音乐歌曲等都属于民间艺术中的表演艺术。在流域内，这类艺术源远流长，通常通过人的舞动、戏耍、操作、歌唱等形式来完成。如新安戏曲艺术，从早期的傩舞、目连戏，一直发展到明清时期的徽剧。四大徽班进京，更是奠定了京剧艺术诞生的基础。再如新安民歌，则是指那些形成于民间、流传于民间的民间歌曲、民间歌舞音乐体裁，具有原生态情状，是其他音乐创作的基础和营养来源，具有民俗性、群众性、传承性的特点，是人民群众喜闻乐见的艺术形式，能直接反映歌唱者的生活与情感。

第一章　新安民俗概述

新安民俗是新安江流域人民大众在社会发展和长期的生产与生活实践中创造、享用和传承的文化事象。从新安历史移民特点以及新安江流域人们生产与生活的实践来看，新安民俗具有很深厚的内涵和底蕴。新安民俗事象庞杂，它既是新安江流域一种显现的历史文化传统，同时又是该流域人们现实生活中的一个重要内容。其所包含之内容十分丰富，既有物质的，也有精神的，社会组织、人生仪礼、岁时节令、宗教信仰等无所不包。其实质体现了历史上的新安人开拓进取、顽强不屈、百折不挠的精神，也是中华民俗文化中重要的一个组成部分。

第一节　先秦时期

新安江流域历史源远流长，早在距今10000～4000年之间的新石器时代，先民们便在这片大地上聚族而居、生产劳作、饭稻羹鱼，繁衍生息。据考古发掘资料：远在10万年前，新安江流域就已出现了“建德人”的足迹。他们以打制石器为主要使用工具，也已懂得制作木长矛和木棒等，会采集、狩猎和捕鱼，而且可能会使用火。正是这群栖息在这片流域的“建德人”，依靠集体的力量同大自然进行顽强的斗争，掀开了新安江流域人类民俗生活发展之端倪，被学者认为是古越人的祖先。

一、先秦时期民俗文化遗存

新石器时代末期，我国逐渐形成了华夏、东夷、苗蛮、百越等民族集团。其中的百越也称“百粤”,是生活在中国南方的、不同族群越人的泛称．据《汉书·地理志》记载，百越的分布“自交趾至会稽七八千里，百越杂处，各有种姓”。百越的分布范围大致包括现今的苏南、皖南、上海、浙江、江西、福建、湖北、湖南、广东、广西、台湾等地。两周时期，百越的称谓有于越、蛮越、南越、扬越、干越、荆越、闽越、

新安江（潘成 摄）

东越、瓯越、骆越、越常、西瓯、且瓯、瓯皑、区吴、姑妹、海阳、海癸、桂国、损子、产里、九菌、供人、目深、摧夫、禽人、苍吾、稽余、北带、仆句等。新安江流域发现的新石器时代文化遗存，大多即属百越民族文化。

到了西周时期，百越民族建立了越国。在生产习俗上，当时的山越人是典型的"椎髻鸟语"，维持着一种刀耕火种、取给于山林的习俗。[①] 在生活习俗上，最主要的就是使用了原始瓷器和几何印纹硬陶器。这个区域发现的西周至春秋时期的越文化遗存，主要有歙县下冯塘、新州、桐子山、淳安小塘坞、五龙岛、进贤等遗址和屯溪奕棋村西周墓。周显王三十六年（前 333），由于楚灭越，越地尽属楚，因此战国中期以后新安江流域文化属于楚文化。上述遗址和西周墓都出土了大量的陶器、石器、玉器等文化遗物，为研究和了解该流域先民的生产方式和生产水平、生活形态和社会习俗提供了珍贵的实物资料。

① 刘伯山：《徽州文化的基本概念及其研究价值》，《徽州社会科学》1999年第3期。

新安江流域先民生活场景复原图(安徽徽州历史博物馆展厅)

新石器晚期至商周·石网坠(久山湖遗址出土)

(一)新州遗址

新州遗址位于安徽省黄山市歙县城北郊 1 公里处。1984 年 9 月被发现，1986 年试掘。是新安江流域目前发现规模最大、文化堆积最丰富的一处古遗址，距今约 4000 年。它与良渚文化晚期相当，是存在于皖南山区的一支独特的原始文化。该遗址历经新石器时代、商周、汉、宋，延续时间较长，内涵丰富，对研究古徽州地区乃至整个新安江流域上古历史有着十分珍贵的价值。

新州遗址文化层深约 2.5 米，分 5 层：第 1 层为地表土，第 2 层为唐宋时期堆积，出土有残碎瓷器、瓦块等；第 3 层出土有陶器、石器和少量小件玉器。陶器以夹砂红陶为主，有少量泥质灰陶和印纹陶，纹饰以绳纹为主。主要器类有凹圜底绳纹罐、斝、带流罐等，罐类器物常常在口沿部位设绾。石器有镞、有段石锛、斧、刀等，其中一件石刀上阴刻夔纹图案，极为规整；第4和第5层出土遗物丰富，两层差别不大。石器数量达100多件，有镞、半月形刀、犁、矛、斧、锛、凿、网坠等，部分石器仅一面磨光。陶器仍以夹砂红陶最多，其次为夹砂灰陶和泥质磨光黑陶，绝大多数素面，仅在少量器物上饰有刻划纹、弦纹和附加堆纹。主要器类有鼎、豆、壶、罐、钵、簋形器和钵、器盖等，其中以罐形鼎和簋形器最具特色，罐形鼎为夹砂灰陶，折沿垂腹，腹部饰一周凸弦纹，扁凿形足；簋形器为宽折沿、深腹、腹部下垂，圜底、高圈足、素面。该遗址的发现，对研究皖南地区的史前历史及人们生活，有着十分珍贵的价值。

新州遗址发掘图片

(二)下冯塘遗址

下冯塘遗址位于安徽省黄山市歙县富堨镇下冯塘村南200米，新石器时代、周代遗址，1988年发现。分布于高约5米的二阶台地，东西宽约150米，南北长约200米，遗存面积5000平方米，文化堆积厚约1米。遗址南部曾做窑场，北部为耕地。1994年通过试掘，遗址内出土石器120件多件，陶片9000余片。其中有新石器时代遗物陶片、石镞、石刀、石锛等。陶片以夹砂红陶为主，另有泥质灰黑陶、红陶等，纹饰有篮纹、附加堆纹、绳纹和弦纹，器形有罐、豆、钵、瓮、盆等。周代陶片多夹砂灰陶，也有印纹硬陶，纹饰有方格网纹、折线纹、米字纹等，器形有罐等。

从石器、陶器的功能和生活组合上看，下冯塘先民们的主要食物来源为狩猎与捕鱼，同时农业生产和采集是重要的补充，纺织也是当时的一项生产活动。在新安江上游地区，先秦时期的考古工作相对较少，研究情况较薄弱，通过新州遗址、下冯塘遗址、中土坑遗址等的发掘，以及考古调查工作和第三次文物普查工作的开展，该地区先秦遗存具有较强的地方特色，并逐渐被大家认识。借助下冯塘遗址发掘所取得的翔实资料，并在此基础上与新安江上游流域已发现的先秦遗存做比较研究，使我们有机会进一步认识新安江上游地区先秦遗存的特点。该地区先秦遗存从地理环境到文化面貌上都有较大的相似性，通过对文化面貌的初步分析和研究，简单讨论该地区已发现的先秦遗存的年代框架，并与周边地区同时期文化进行比较，主要是与马桥文化、好川墓地的比较研究，分析研究新安江上游地区先秦遗存文化面貌的特殊性。

（三）中土坑新石器遗址

2002 年 8 月，安徽省黄山市祁门县凫峰乡土坑村中土坑村民组村民在村边田地里发现一处古代遗址，当时出土了部分尖状磨制石矛、石镞、石锛、陶制鼎足等。经省有关专家鉴定及现场查看，认定为新石器时期遗址，至今有 5000 多年的历史。后被命名为中土坑新石器遗址，被列为省级重点文物保护单位。

该遗址坐落在新安江上游率水河边，河道成 S 形状，河面宽畅，水流舒缓。遗址为一椭圆形台地，总面积有 30 多亩。这里靠山临水，在此定居，既便于饮水、耕作、养殖，也便于上山避灾。2004 年 2 月，安徽省考古研究所组织专业人员对遗址进行了试掘。在探方中，从土质结构上文化层的叠压关系和出土器物的组合变化来看，新石器时期生活在这里的山民已经脱离了原始人群的流浪生活，逐渐走向定居，并且创造了相当进步的生活、生产用具。从发掘出土的器物上可以看出，石器大都经过通体精磨，刃部非常锋利。有石矛、石镞、石斧、石锛、石铲、石网坠等，其中有一石球尤为引人注目，打制得十分规整，上面刻划有“十”形纹饰。陶器则分泥质陶和夹砂陶两种，有红、灰、黑等品种，从陶片标本的总体特征分析，器形有鼎、鬲、罐、盆、豆、纺轮等。纹饰有绳纹、篮纹等，也有一些无纹饰。形式多样，制作甚为精细。此外，在探方内的灰坑里还有食用过的桃核。这些都真实地反映出民族经济以原始农业为主，人们从事狩猎、捕捞和采集等活动。

（四）桐子山新石器遗址

桐子山遗址位于安徽省黄山市徽州区朱坊农场。遗址台地高出四周水田 2 ～ 3

米，面积约2000平方米。1988年春，因修水渠发现该遗址。通过发掘，出土有石斧、石镞、刮削器、石网坠和各式陶鼎足、陶器口沿、陶纺轮等。陶器主要为夹砂红陶，制作粗糙，吸水性强。鼎足上有刻划和点戳纹，筑壁上有绳纹。从纹饰、形制、质地等特征鉴定，系新石器时代晚期文化遗址，与良渚文化相近。该遗址还出土属于商周时期的印纹硬陶，纹饰为大方格纹、小方格纹、席纹等。

(五)古岭新石器文化遗址

位于安徽省黄山市黟县县城东南2公里处。1989年冬农民在挖树洞时，先后在武陵溪北岸的横冈村古岭坡和深田湾，发现了新石器文化遗址，出土石镞、灰陶、鼎足及各式陶片。该陶碎片为泥质灰陶，有的带有纹饰，如划纹、凹窝纹等，一同出土的还有带纹饰的青砖。该遗址后经省、市专家考察，认定为西周至春秋时期古文化遗址。该遗址面积约2平方公里，遗址台高约10米，面朝南北，背依小山岗。考古界称之“古岭新石器文化遗址”或“深田湾古文化遗址”。

(六)久山湖新石器遗址

久山湖新石器遗址位于浙江省建德市大同镇久山湖村东南的屋后山上。该遗址在20世纪80年代初发现，并于1985年公布为县级文物保护单位。1986年下半年，在遗址北部建造工厂时发现玉器、石钺等新石器时代遗物。此后，当地村民在遗址区不断建造民宅，对遗址造成一定程度的破坏。1989年11月，杭州市文物考古所主持对其进行了抢救性发掘。经初步发掘，出土了一批石器，有带孔石斧、穿孔铲、石鱼网坠和玉簪等。同时出土的还有黑陶豆、灰陶豆等器物。从出土器物的制造工艺来看，当时住在这里的先民，已经有了较高的工艺制作水平。

久山湖新石器遗址

经专家鉴定，属良渚文化，距今约5300～4000年。就是说早在四五千年前，这里就有了人类的活动。

(七)小塘坞遗址

小塘坞遗址位于浙江省淳安县左口小塘坞。1979年秋，浙江省文物考古所会同淳安县文管会对左口小塘坞遗址进行考古发掘，清理了5座墓葬，除M5外，其余四座墓底均铺垫鹅卵石，其中M1保存较完整，随葬品较多一端为头向。墓底用鹅卵石铺成长方形石床，四周置较大石头。随葬品11件，除陶纺轮和印纹陶罐各1件外，其余均为原始瓷器。M3墓向106°，墓底铺垫12～25厘米厚的鹅卵石，呈梯形。全长590厘米，东宽260厘米，西宽195厘米，距地表深24厘米。随葬品13件，全为原始瓷器。墓葬营建方法是先在底层铺设大石块，然后铺垫鹅卵石，最后以小石子整平，两侧做成坡状。5座墓葬均不见墓坑及葬具，地面亦无土墩形迹。据石床看，其营造方式大致是先以鹅卵石铺垫成石床，再堆土成墓。这与宁（南京）镇（镇江）地区土墩墓情况基本相同。M5年代应为西周晚期，而M1～M4定在春秋早期。5座墓葬发掘随葬器物44件，多为生活用器，以原始瓷器占多数。原始青瓷胎质呈淡灰白色，少数泛黄，一般器形较小，器壁及底较厚，多不规整。以手拉坯成形，有的再经慢轮修整，见内底螺旋纹而外底留有线割痕迹，内外施釉，釉色青黄，少数灰青色，常聚斑，有的因火候低而脱釉。器类有双耳罐、筒形罐、单耳罐、碗、盏、盘、碟、豆、盂、盅等。

(八)五龙岛遗址

五龙岛遗址位于浙江省淳安县千岛湖镇西3公里的五龙岛南侧，属新石器时代遗址。1987年3月，新安江水库水位降至90米以下高程时，五龙岛地表裸露出古器物，遗址面积2000平方米。县文管部门组织人员上岛采集到石器20件，有斧、钺、凿、镰、镞、网坠等，还有数量较多的陶片。胎质以夹砂红陶、夹砂黑胎红陶、泥质黑陶、泥质灰陶为多。可辨器形有釜、鼎、罐、杯、壶、盂、盏等，并采集到大小不一的鱼鳍形、扁凿形、“丁”字形鼎足及陶纺轮，另有玉玦1件。

(九)进贤遗址

进贤遗址位于浙江省淳安县千岛湖镇东北5公里的进贤村高祭台，属新石器至青铜器时代遗址。1957年试掘，面积181平方米。有上、下两个文化层，出土石器有斧、锛、凿、镞等；下层属新石器时代，出土有夹砂陶和泥质黑陶，器形有鼎、鬲、罐、泥质黑陶罐、壶、豆、盘等，均破碎。黑陶全为轮制，表面有黑色陶衣，圈边上有弦纹和各种镂孔纹饰，属良渚文化类型。上层为青铜器时代，出土有陶网坠、陶纺轮和制陶拍子，还有大量的印纹硬陶残片，花纹为曲尺纹、方格纹、席纹和网纹等。可辨器形有鼎、盂、钵、瓮、罐等，其中以瓮、罐最多；还发现有柄曲刃铜刀与铜口铸各 1 件。1959 年，遗址因新安江电站蓄水被淹水下。但根据该遗址，我们也可推断出，处于新石器时期之建德人，便已能熟练掌握农业和畜牧业，广泛使用磨制石器，能制作和纺织；生活资料有比较可靠的来源，人们已开始过定居生活。

（十）屯溪土墩墓

屯溪土墩墓位于安徽南部的新安江流域上游。自 1959 年发掘一号和二号墓之后，1965 年、1972 年、1975 年又先后发掘了 6 座墓。屯溪这 8 墓及其所出，尤其是其 107 件青铜器，在学术界引起极大的轰动。

屯溪土墩墓是我国江南地区吴越族群埋葬制度与习俗的独特文化遗存。主要分布在皖南、苏南和浙北这一相互连接的地区。其基本特征为一墩一墓，在平地上铺垫鹅卵石作为墓葬范围，并在其上放置随葬品，然后堆土成冢，封而不夯，其营造方法与中原地区同期墓葬完全不同，但和东南地区土墩墓相同。其随葬物一般有陶器、几何印纹陶、原始青瓷和青铜器。屯溪土墩墓所出青铜器是我国南方青铜文化体系中的一个重要组成部分。历年来皖南地区商周青铜器的出土地点有数十处之多，初步计其总数有 500 余件，它们多数为墓葬，或窖藏出土。但经科学发掘，出土单元明确、伴出陶瓷器，且器物群完整的，首推屯溪土墩墓。屯溪八墓有 6 座出土青铜礼器，共 60 件。这批青铜器内容丰富，风格独特，是新安江流域，同时也是长江流域的一个重要铜器群。从出土青铜礼器较多的 MI 和 MB 来看，青铜器种类主要有鼎、簋、尊、卣、盘，它们分属食器、酒器和水器。剩下的器类还有盂、盉、壶、勺、五柱器、独柱器等。屯溪青铜器的纹饰有动物和几何两大类，动物主要有兽面纹、兽形纹、夔纹、蟠虺纹、凤鸟纹等；几何纹主要有斜角雷纹、斜方格乳钉纹、涡纹和四瓣花纹、云纹、编织纹、锯齿纹、折线纹、圈点纹、绳纹和弦纹等。由于屯溪青铜器都出自墓葬，组合关系比较清楚，伴出陶器丰富，很多学者将它作为长江下游地区青铜器断代的一个标尺。而且，西周以降，皖南先后为吴、越、楚之地，屯溪土墩墓所出青铜器有着显见的越地文化风格，他们“形制奇特，纹饰神秘，别具一格，为其他地方所未见，十分引人注目”。[①]

屯溪土墩墓所出几何印纹陶和原始瓷是我国陶瓷文化遗产的一个重要组成部分。屯溪土墩墓出土原始瓷器 311 件、几何印纹陶器 23 件、陶器 29 件。这不仅为屯溪

① 周心田：《安徽省志·文物志》，方志出版社，1998年，第334页。

土墩墓的文化属性和年代判别带来了便利，同时也为当前研究中国原始瓷产地等一系列中国史上的重要课题提供了宝贵资料。1960年，中国古代陶瓷研究的先驱者周仁先生在对屯溪土墩墓所出原始瓷的成分进行了分析之后指出，屯溪原始瓷属于南方青瓷系统。关于屯溪土墩墓的年代，争论了近50年。主要有三种观点，即西周早中期说、西周中晚期说、春秋晚至战国早期说。屯溪土墩墓及其所出，不仅是长江流域青铜文化体系中的一个重要组成部分，也是整个中国古代文明形成和发展进程中的一个重要篇章。

二、民俗主要形态

天目山和黄山是新安江流域的主要山脉，新安江则是境内的主要河流。由于这里属于北亚热带湿润性季风气候，气候温和、雨量充沛，地形复杂多样，山区、丘陵、森林茂密，盆地地势相对平坦，河流湖泊密布。所以，在新石器时期，这里的先民便在适应自然环境、争取生存的过程中，逐渐形成了以水稻种植为主、渔猎为辅的生产习俗。“山限壤隔，民不染他俗”的地理环境，造就了特有的民俗气息。

从已知考古发掘资料来看，先秦时期，新安江流域已经分布着一定数量居住聚落，它们的食物习俗已逐渐从原始的采集、狩猎过渡到农耕，从山区的洞玄居住到丘陵平原地区的逐水而居。形成了大小不一的居住群落，而新安江流域的民俗也在这漫长的历史发展过程中逐渐形成。具有鲜明地方特色，以及对后世影响的民俗。

一是生产习俗。这其中就包括：(1) 稻谷生产习俗。在一些遗址内发现了很多稻谷及生产工具遗存，说明稻谷已成为人们日常生活中的重要食物和生产习俗。(2) 捕鱼生产习俗。由于新安江地区水资源丰沛鲜明，又大多折水而居，主河支流中生产着丰富的鱼类，为人们提供了丰富的自然食物资源，鱼捞成了沿江两岸先民们的鱼优于稻作的生产活动。(3) 采集狩猎及家畜驯养习俗。同其他地区的先民一样，新安江流域鲜明的最早食物来源是采集野果和狩猎以及植物。遗存发现表明，采集狩猎是新安先民早期主要食物来源。

二是生活习俗。这其中就包括：(1) 饮食习俗：流域居民在饮食方式上已经开始学会使用火来烹饪食物，经历了从生食为主到以熟食为主的变化。在饮食结构上也经历了以杂食稻、稻米为主，动植物动物肉和植物果实为辅的发展过程，其中起决定作用的是水稻种植的发明和发展。(2) 居住习俗：像早期的人类一样，“建德人”也是穴居的。但到了距今约1万年的新石器时代，随着水稻种植的发明，人

屯溪土墩墓陶器出土情况

们逐渐进入了定居阶段，并且根据气候潮湿的特点，创造性地发明了具有地方特色的干栏式建筑，这一切在新洲、小塘坞、五龙岛、进贤等遗址中都发现了这些痕迹。(3) 生活习俗：由于历史沧桑，在一些遗址中没有发现纺织品，但却在出土文物中屡见有编制的纹装饰图案和用芦苇片篾编制而成的芦苇残片，用植物细纤维搓成绳索，更为重要的还出土了种类较多的纺织工具，植物纺纱工具有陶制纺轮、木质纺轮和石制纺轮纺织工具等。据此，考古学家大多认为新安江流域此时与大多数史前人类一样，利用动物的皮毛为他们御寒保暖、护身遮羞。此外，各地遗址中也相继出土一系列生活用具，如新州遗址的周代文化遗存内有夹砂红陶器、泥质灰陶器和印纹陶器，器形有罍、凹圜底绳纹罐、带流罐等，石器有斧、锛、刀、镞等，其中一件石刀上有阴刻夔纹。下冯塘遗址中出土的泥质陶豆、钵、盆和印纹硬陶罐、瓮等。说明这一时期群众已更多地开始定居生活。(4) 丧葬习俗：在已发现的新安江流域遗址中，目前还没有发现公共墓地的情况。但在屯溪奕棋村已经考古发掘的 8 座西周土墩墓为越国贵族墓葬，表明西周时期越国的政治中心可能在皖南地区，随着吴楚、吴越战争形势的发展，越国政治中心逐渐东迁，最终徙至会稽。而土墩墓也是我国江南地区吴越墓葬制度与习俗的独特文化遗存。(5) 信仰习俗：按照人类学的一般观点，史前人类的信仰活动要比文明时代的人类丰富得多、频繁得多。但由于人们的信仰活动属于一种意识形态，是一种无形的文化，很少有实物作为依据，所以今天研究史前人类的信仰活动难度很大。新安江流域史前信仰习俗，也只能借助文献资料和周边地区的考古发现作为推测。如《述异记》中有如下记载："越俗。祭防风神，奏防风古乐，截竹长之三尺，吹之如嗥，三人披发而舞。""手之舞之，足之蹈之。"这种始于原始社会对图腾崇拜的"傩"，成形于商周。主要是驱除疫鬼。可见，新安江流域居民对太阳崇拜极其信仰。除此之外，同时，流域居民对稻谷等植物，鸟、鱼、猪、狗、蚕等动物，都在流域居民心目中有着特殊的地位。

第二节　秦汉时期

公元前 221 年，秦始皇一统六国，分全国为三十六郡。本区设黟、歙二县，属会稽郡（治吴县，即今江苏苏州）。楚汉之际属鄣郡（治故鄣，今浙江长兴县），此时的歙县包括今歙、休宁、婺源、绩溪、淳安、遂安等地，黟县包括今黟县、祁门、石台等地。汉高祖六年（前 201），歙、黟属荆国（治今淮南）。汉武帝元狩二年（前 121），置丹阳郡（治宛陵，今安徽宣城），歙、黟为其二城。汉献帝建安十三年（208）十二月，孙权派部将贺齐出兵消灭歙地所谓"山贼"（实际是对抗孙权的山越、水越和汉人混居而成）金奇、毛甘和黟地陈仆等，将原歙地一分为五，即歙县、休阳县（划原歙以西之地新立）、黎阳县（划原歙以西另一地新立）、新定县（划原歙以南之地新立，今浙江遂安）和始新县（划原歙以东一地新立，今浙江淳安），加上黟共六县一并从丹阳郡分出，建立新都郡，治始新（今浙江淳安）。

一、秦汉时期民俗文化遗存

(一)富德遗址

富德遗址位于富溪乡富德村北河坪山上，属西周至东汉时的文化遗址。1958 年试掘，遗址位于县城东南 20 公里的赋溪乡富德村北河坪山上，出土有印纹硬陶、原始瓷片等，器形为罐、坛及碗类，与"高祭台类型"相似，且遗址内东汉时期"凸"字形券顶砖室墓内存在铁矛、铁刀、玛瑙饰品及铜镜等随葬物。1959 年，因新安江电站蓄水被淹水下。

(二)水碓遗址

水碓遗址位于汾口镇水碓村西北侧，属春秋战国至晋时的文化遗址。出土有红陶“丁”字形鼎足，回字纹、米字纹及有“∽”形装饰的麻布纹陶片，器形为罐、坛等，还发现钱纹砖及泥壁水井1口。

(三)土城遗址

汉代歙县县城遗址，位于新州城遗址北面，依山夯筑，略呈正方形，内有慢坡浅谷，俗称土城。土城长宽各约400米，面积约0.16平方公里。西段依山脊，残墙高约3米，厚2～3米，北段顺山坡，残墙高约1.5米，厚约2米，南段残墙被宋城叠压，东段处坡底谷口，已基本平毁。在城址内发现印有大方格纹的汉代古瓮陶片，亦有带波折纹的残砖。《水经注》云：渐江水“又北经歙县，东与一小溪合。水出县东北翁山，西经故城南”。因三国至隋时县城已迁至歙浦，故称汉代县城为“故城”。

二、民俗主要形态

(一)方仙翁赛会

方仙翁，即方储，字圣明，一字颐真，生年不详，卒于公元93年。东汉官员、学者。丹阳歙（今安徽省歙县）人。习孟氏《易》，精图谶，善天文。占吉凶，东汉

方仙翁庙会（方樟和 摄）

章帝建初四年（公元79年），举孝廉，授郎中。元和初年（公元84年），举贤良方正，对策第一，拜议郎，转洛阳令。去世后追赠太常尚书令，封黟县侯，命官护尸归葬歙东。后世将方储神化，尊为“方仙翁”，并建庙祠祭祀。方储也成为《淳安县志》中名列首位介绍的历史人物。每年农历正月初六日，传为“方仙翁”诞辰日；农历三月初三日，传为忌日，淳安县的东源港富山、进贤渡、茶园、赋溪要举行盛大庙会，七天七夜，热闹非凡。至今文昌镇富山村每年正月初六日，该村方仙翁庙（县文物保护单位）要举行方仙翁出巡仪式，庆祝三天三夜。

(二)关公崇拜

关公崇拜是一种新安江流域民间信仰。在流域境内，人们普遍敬仰关公，崇拜关公。所以，关公崇拜成为了一种文化、一种精神。关公本名关羽，字云长，生于公元160年，卒于公元219年。关公在其近六十年的一生中，策马横刀，驰骋疆场，征战群雄，辅佐刘备完成鼎立三分大业，谱写出一曲令人感慨万千的人生壮歌，被后人推举为“忠”“信”“义”“勇”集于一身的道德楷模，并成了新安江流域士、农、工、商广泛顶礼膜拜的神圣偶像。所以，每年六月二十四关帝生辰、四月初八与九月初九的关公古庙会等节日，新安江流域各地都会陆续举行盛大的活动，相沿成习。在流域内，关公是为数不多的能够跨越三教，覆盖全城乡的宗教信仰。千余年来，关公信仰渐次成为文士趋奉，将士诚祷，农家祈求，商界虔敬，行业崇拜及江湖尊神。随着时代的进步和多年的移风易俗，关公信仰的深刻含义也逐渐远离。当下，商家和民间供奉多取其保佑发财，故其造像也变成一手持刀，一手捧着金元宝了。

三、与中原文化相互交融

秦始皇一统天下，在全国推行郡县制，其中新安江上游地区就设有黟、歙两县，隶会稽郡，后改属障郡（西汉武帝元狩二年，改名丹阳郡），东汉仍之。当时，黟、歙区域包括了后来的徽州六县及淳安、遂安两县地。当地居民是越人。他们深居山区，“处溪谷之间，篁竹之中，习于水斗，便于用舟，地深昧而多险”。秦、汉王朝为加强对新安地区的管理，遂在贸易往来、行政区划、文化共同等各个方面着手，加强新安流域地区的中原文化的教化。

故此，新安江流域各地在地方行政体系建立后，地方官员往往以同化原有的越文化为己任，尤其注意采取能收长久之功的教化手段。建武六年（公元30年），李忠任丹阳太守，“以丹阳越俗不好学，嫁娶礼仪衰于中国，乃为起学校，习礼容，春秋乡饮，选用明经。郡中向慕之，垦田增多，三岁间流民占著者五万余口，十四年，三公奏课为天下第一”。十数年间增加的五万余人口，既有中原流民，也一定有原先居住在“深林远薮”的“椎髻鸟语之人”。《后汉书 · 李忠传》就明确指出 ：“忠到郡，招怀降附，其不服者悉诛之，旬月皆平。”可见，政府同化政策的强制性十分明显。顺帝时，韩演为丹阳太守，同样“政有能名”，大约也与同化之功显著有关。

原淳安县港口镇全景（摘自王谏正编《山城秀水情》）（蒋建坤 供稿）

在政府的不断干预下，新安江流域的民俗特征也逐渐被同化，开始呈现出与中原地区的风俗相统一的趋势。在生产方式上，虽较之于北方仍然相对落后，铁犁牛耕暂未获得真正的普及，但在史书上也已经呈现出“火耕水耨”的现象。如《史记 · 货殖列传》中就有记载 ：“楚之地，地广人稀，饭稻羹鱼，或火耕而水耨。”直至东汉初年，随着各大北方士族的迁徙，新安地区才开始普遍接受北方的“铁犁牛耕”。在生活方式上，也呈现出一种过渡时期的表现。如，信仰上，仍然传承了过去的鸟崇拜和防风神崇拜习俗。曾任新安太守之任昉在《述异记》中描述 ：“今南中有姓防风氏，即其后也，皆长大。越俗，祭防风神，奏防风古乐，截竹长三尺，吹之如嗥，三人披发而舞。”同时，仍然保留有断发文身之习俗，这与中原文化中“身体发肤，受之父母，不可损毁”之孝行观念大相径庭。交通往来主要是依靠舟楫，有着“陆事寡而水事众”的交通特点。但与中原地区相似的是，秦汉时期，新安江流域开始出现铜剑和铜镜。这类铜剑有着明显的南方特色，是新安人民尚武之表现，大体扁茎、斜肩，茎部一般有穿孔，或无穿孔而有凹缺。装柄方式是在茎部夹装木条，通过穿孔钉固，或以茎侧之凹缚绳系紧。而铜镜则是这一时期冶金业的另一代表，从一定层面上也反映出新安文化的特点已从尚武转为崇文。

第三节　魏晋南北朝时期

魏晋南北朝，又称三国两晋南北朝，是中国历史上政权更迭最频繁的时期，主要分为三国（曹魏、蜀汉、东吴）、西晋、东晋和南北朝时期。由于长期的封建割据和连绵不断的战争，使这一时期新安文化的发展受到特别的影响。

在这一时期，新安江流域先后在东吴、东晋和南朝的宋、齐、梁、陈统治之下。东吴时期，该流域隶属新都郡。孙吴政权从建立到灭亡，一直与讨伐山越的战事相始终。孙策初到江东，即提出“取吴会、平山越”的两大军事目标。东汉献帝建安十三年（208），孙权派威武中郎将贺齐讨伐黟、歙山越后，置新都郡，贺齐为首任新都郡守。西晋太康元年(280)，更新都郡为新安郡，领黟、歙、海宁、黎阳、遂安、始新六县，郡治始新(即今天的浙江淳安)。南朝宋孝武帝大明八年(464)，并黎阳于海宁，新安郡领、歙、海宁、遂安、始新五县。梁普通三年(522)，新安郡领影、歙、海宁、始新、遂安、寿昌六县；承圣二年(553)，析新安郡为新安、新宁二郡，新安郡辖遂安、始新、寿昌三县；新宁郡辖黟、歙、海宁、黎阳四县。陈文帝天嘉三年(562)，新宁郡并入新安郡，领黟、歙、海宁、始新、遂安、寿昌六县。

早在西汉时期，就有中原士族方、程、汪、舒等诸氏的迁徙。从东汉至西晋时期受战乱影响，中原世家大族更是纷纷举家南迁，形成移民高潮，史称“衣冠南渡”。西晋元康元年(291)至光熙元年(306)发生的历时十六年的“八王之乱”，致使中原大地战乱频繁；永嘉五年(311)发生的“永嘉之乱”，匈奴攻陷洛阳，俘怀帝、太子，掘帝陵、焚宫殿，南北分裂，西晋灭亡。新安因特殊的地理环境而未遭兵燹之灾，北方士族多往此避难，中原士族鲍、黄、胡、俞、余、任、闵、磨、郑、巴、李、孔诸氏由此迁入。正是因为大量移民从北方进入南方，民族之间的文化也在很大程度上进行着融合和渗透。战乱、政权的不断更迭，人们逐渐产生了厌世情绪，试图通过宗教信仰来换取心灵的慰藉。佛教、道教在这一时期产生的社会生活和文化中产生了诸多方面的影响。同时，也使得这一时期新安风俗具有鲜明的时代特征和地区区域色彩。

一、民俗主要形态

(一)贺齐崇拜

贺齐（？～227），字公苗，会稽山阴（今浙江绍兴）人。三国时期孙吴名将。建安十三年（208），贺齐任威武中郎将，受孙权派遣，讨伐丹阳郡黟、歙等地。大军溯渐水而上，丰浦、东阳、武强、叶乡等四乡先降。贺齐上表孙权，分歙县（今安徽徽州）东之叶乡置始新县，是为淳安置县之始。后克黟、歙全境，遂析黎阳、休阳和新定三县，并黟、歙、始新共六县，另置新都郡，以贺齐为太守，郡治设始新县新定里（今淳安县威坪镇）。次年，贺齐另筑郡城（即后人所称之贺城、淳城），将郡治由新定里迁入贺城。

近年，淳安地区已重新翻建了贺庙，总面积1180平方米，主要由山门、左右厢房、前殿、后殿等组成，为宋式建筑。前殿供贺齐神像，左右两侧壁为旧时贺城纪念贺老爷大型活动场景（贺老爷出巡及归安）的彩塑。后殿供贺齐人像，左右两侧壁分别为孙权赞贺齐及贺齐立疆安民的大幅瓯塑画。同时为纪念贺齐，在淳安地区会举办传统庙会，期间商贾云集，会戏不断。2009年，贺齐庙会成功申报杭州市非物质文化遗产。至此，将于每年10月定期在千岛湖秀水街举办。

贺齐庙会

贺齐庙会

(二)佛、道宗教信仰

佛教产生于古代印度，大约在秦汉之际传入中国。早期的影响主要限于上层社会。到汉末，由于宦官、外戚先后交替专权，社会黑暗，政治腐败，加之天灾不断，瘟疫横行，使得百姓民不聊生，深感人世间的悲苦，渴求安宁的生活。而佛教的“八苦”之说，正符合一般社会成员的心境和感受。加上“十二因缘说”“业报轮回说”等宿命论为民众提供了精神慰藉。所以，魏晋南北朝时期佛教便开始由上层走向下层，在民间渐次传播开来。具体到新安江流域，主要表现在两个方面：一方面是中原僧人来江南避乱，如月氏人支谦于三国吴时期避乱江东，他博览群书，通晓六国语言，被孙权拜为博士。此后在吴30余年，译出经书30余部，对于佛教在新安江地区的传播做出了很大的贡献。另外，这一时期新安地区还云集了康僧会、那罗廷、慧理、于法兰、于法开等高僧谈经论佛，佛教盛行。另一方面则表现为普度众生而广建寺院。佛教寺院在流域内分布广、数量多，由此可知此时佛教在新安地区之传播已然十分盛行。

道教则是在中国本土文化基础上生长起来的一种宗教，其历史源远流长。至东汉末年，又出现了太平道、五斗米道两个道教派别。太平道首领张角后发动农民起义，自称大贤良师，失败后才逐渐消失匿迹。而五斗米道则在张陵、张衡、张鲁祖孙三代的苦心经营之下，在汉中建立了一个政教合一，持续了30多年的政权，成为后来道教形成的雏形和基础。至魏晋南北朝时期，五斗米教在葛洪、陶弘景、陆修静等人的发展下，建立发展成为道教南天师道，标志着道教已经形成了完备的形态，完成了其向官方的转变，正式步入了它的昌盛期。此时的道教不仅有了理论上的建树，还有着上层统治者笃信和身体力行，在流域内各地建立了大量的道教传道场所。

(三)特色生产习俗

新安江流域受自然地理环境的影响，有着“七山半水半分田，二分道路和庄园”的独特地形，因而在生产习俗上，有着自己的独特形态。生活在此地的农民向来有“力向山上使，粮向山上求”的说法。大山不仅为当地的居民们提供了丰富的山林资源，更是居民们吃粮的重要来源地。新安江流域山区的杂粮以小麦、番薯、玉米为主，其次是大豆、荞麦等，小麦和番薯是轮番着种的，即冬天播下小麦，到了第二年的春天收割；然后再种番薯，秋天收挖。小麦和番薯大多都种在比较平坦，相对来说又比较肥沃的山地里。而玉米、大豆、荞麦等，则可以种在相对较陡，且土质不太肥沃的山地里。

此外，当地河流纵横，沟壑绵延，捕鱼也是魏晋南北朝时期新安江流域居民的特色习俗。这其中以“渔业俗谚”为具体表现，涉及语言和行动两个方面。船上人家忌讳说“fān”“dǒu”“gài”等词，即使不得不说，也要使用隐语；在行动上，他们忌讳打翻东西，掉落筷子，忌讳晒在沙滩上的渔网被人跨过等。

(四)特色生活习俗

在服饰习俗上，新安江流域盛行以巾、帻等冠饰为主流，巾甚至还成为不拘礼法之士的象征性饰物。在穿着上，讲究上衣下裤的裤褶形式，称之为“戎服”。鞋子上则盛行木屐之类的两齿木底鞋，走起来路来“吱吱”作响，适合在南方雨天、泥上行走。在饮食习俗上，南北差异更加明显。除鱼鲜外，各种家禽，诸如猪、牛、羊、鸡、鸭等，已经非常普遍；主食则是以稻米为主的干饭、稀饭。加之深受士大夫放荡生活的影响，这一时期饮酒成为较为常见的事情，成为节日祭祀、人情交往中必不可少的活动。茶叶是魏晋南北朝在新安江流域有着广泛影响力的饮品之一，是招待客人的重要饮料，至今仍是新安文化的代表。

二、民俗成因

(一)政权的更迭

魏晋南北朝时期政权林立，对新安地区而言达六个朝代之多，即三国吴、晋（西晋和东晋）和南朝的宋、齐、梁、陈。政权动荡，更迭迅速，社会动荡不安，相继经历了“三国鼎立”“八王之乱”“永嘉之乱”等政权的快速更替。由此带来了各政权之间在制度、文化上的变化和差异，进而对新安风俗文化产生了巨大的影响。试举一例，《通典》在谈到魏晋南北朝帝王的冕饰制度时记录了一段话：“明帝好妇人饰，冕旒改用珊瑚珠。”在东晋时期由于地域环境的限制，只能改用翡翠珊瑚珠，后又改用白旋珠，到陈时则再改为青玉为珠。这一系列的饰品变化都与政权更替存在着相应的关系。当然在政权更替过程中，有些民俗文化内容的改变则与统治者的提倡或禁止有关，如梁武帝佞佛，于是就禁断正月初一进一鸡子的习俗。可以肯定，政权频繁更替对于民间文化的影响是直接的，但也是表象的。人们感受到北方文化对南方文化影响的同时，也看到文化的相互影响。

(二)移民的影响

移民对新安民俗的融合与影响主要表现在两个层次：一个是在三国吴时的山越被迁入平原地区，造成与当时已经汉族化了的本土文化的融合；另一个是北方移民大量迁入新安地区，这是继汉末第一次移民高潮之后，一次更大规模、更高层次，对新安地区文化影响更为深远和广泛的文化移动。它直接使得该地区语言、文化形态及信仰方式发生改变和融合。同时，中原世家大族、上层人士大量进入新安地区，也对该流域生活方式、语言形态等产生了巨大的冲击与影响，诸如断发文身、与中原不同的图腾崇拜等地方性风俗逐渐消失。新安流域上层人士普遍积极学习北方官话（洛阳话），方便与中原士族的交流。饮食虽然仍以饭稻羹鱼为主，但面食也在此时成为许多人的重要食物，甚至有部分地区开始种植菽麦。

第四节　隋唐时期

隋唐时期（581 ~ 907），为隋朝（581 ~ 618）和唐朝（618 ~ 907）两个朝代的合称，也是中国历史上最强盛的时期之一。在经历了魏晋南北朝的漫长动荡时期后，隋文帝开皇九年（589）在二百八十多年的战乱之后重新统一了中国。隋末大乱严重分裂，经过九年的统一战争，大一统的唐朝建立。所以，史学家常把“隋唐”

并称。在这一时期，新安江流域在政治、经济、军事、文化、科技上达到前所未有的发展，民族思想上比较开放。

具体到新安江流域，隋文帝于开皇九年统一后，遂将歙县并入海宁县，隶属婺州，十一年（591），复置歙县，隶属歙州。炀帝大业三年（607），歙州改名新安郡。唐高祖武德四年（621），新安郡改名歙州。天宝元年（742），歙州改名新安郡。肃宗乾元元年（758），新安郡改名歙州。行政区划上的逐渐明晰，社会文化的发展给新安江流域带来各种矛盾与对抗。贵族、奴婢、地主、农民各个阶级仍然存在，各阶级也仍然存在着不同的阶层。以血缘关系为纽带的家庭、宗族，仍然是流域社会最基本的细胞。就新安江流域而言，越民族风俗习惯仍然保持着它的生命力。所以，人们的社会生活仍然受到等级、家庭、宗族和原有风俗习惯的约束和影响。但是由于社会经济、文化科学技术的发展和外来文化，尤其是外来的宗教文化的影响。人们的社会生活也发生了不少的变化，地方民俗文化完全融入了汉民族的文化之中，从而显得更加丰富多彩。

九相公祠（翟屯建 摄）

一、隋唐时期民俗文化遗存

(一)西峰寺遗址

该遗址位于祁门县闪里镇港上村西峰寺组。唐光化三年（900），五台僧人清素飞锡杖卓立其巅，邑人郑传为之建卓锡亭、西峰塔及寺院，有屋百余楹。吴王杨行密曾赐额“上元宝林禅院”。嘉庆十七年（1812）及道光十四年（1834）重建，遗有钢鼎、铁笛、锡杖及碑林。从后院沿百步梯盘旋而上，便是卓锡亭之所在，“卓锡”二字刻石仍保留其间。清素舍利塔尚存，其舍利子在塔下。还存有腾云桥、寿福桥、宝林桥、卓锡亭、天中桥、僧坟、百步梯、碑刻，以及大量的遗址，尤为珍贵的是嵌入院墙内的碑刻至今保留完好。五块石碑被嵌入一块长606厘米、宽228厘米的长方形方框内，它们从右至左依次为“奉宪、咨覆、檄行、遵照、勒石”，立碑时间为嘉庆十八年（1813）。旁，另有一块“桃沙碑记”。

(二)歙浦县城遗址

该遗址为新安江流域三国至隋代歙县城址，位于今天歙县义成村。东吴征山越，歙人毛甘据乌聊山筑城，后人称毛甘故城。东吴降服歙、黟，分而治之，置新都郡于始新，迁歙县县治于浙江边歙浦。《水经注》云浙江水“又北经歙县”，即指歙浦乃歙县县治之所在。歙浦地势险要，西、北临浙江，驳岸陡峭；南依来龙山，壁立如屏；唯北面为缓坡，故砌以寨墙，俗称关墙。墙有入城道口，墙外小道横亘，西上歙浦岭（又名三国山），东下水埠。埠前水深浪静，名文汇潭，为常年泊舟处。现义成村内，仍有官厅、花园、更楼、接官厅等县衙建筑遗迹。隋末，汪华迁州治于乌聊山（今长青山）筑城，后人称汪华故城，县治附郭。歙浦作为县治之所，大义告成，故名“义成”。

(三)北野县城遗址

唐代北野县县城址，位于竦口村。唐永徽五年（654），歙县爆发以蒋宝为首的农民起义，其活动地域主要在竦水、扬之水流域。起义被扑灭后，将这一地域从歙县析出，另置北野县，县治设于竦水之口，即今之竦口村。唐宝应、永泰年间，歙人方清起义。起义被镇压后，撤销北野县，析出歙县华阳镇置绩溪县。唐大历五年(770)，撤北野县入歙。北野县城后靠花园岭，前临扬之水，左依竦水，右为畈野。城郭略呈方形，有三条基本平行的南北向街道。现在的后街为当时的衙前街，竦口小学（原程氏祠堂）为县衙所在，附近有牢间室、钱粮柜、浴马池等遗址。后人还在前街南北两端建了砦门，上置石门额“北野古邑”。

(四)渔梁坝

在歙县渔梁练江中，南端依龙井山，北端接渔梁街。扬之、布射、富资、丰乐诸水汇于练江，至此陡泻而下，河床现底，无所潴蓄。唐代垒有石梁，后被水冲毁。南宋嘉定十四年（1221），在石梁旧址聚石立栅，后又叠石为坝。元末明初，多次崩塌。明弘治十四年（1501），府君彭泽督工重修，表里秋瓦砌条石，用“若钉若斧”之石销钉互为穿锁，上下层间竖石穿插，中南段开三道泄水门，使水过坝斜缓而下，始保其全。以后历代均有维修。

二、民俗主要形态

(一)汪华文化

汪华（586 ~ 649），原名汪世华，字国辅，一字英发，歙州歙县登源里（今属安徽绩溪）人。隋唐时期割据势力，唐朝大臣。隋大业年间（605 ~ 618），汪华为保境安民，起兵统领了歙州、宣州、杭州、饶州、睦州、婺州等六州，建立吴国，自称吴王。实施仁政，吴国境内百姓安居乐业，在群雄争霸、战火纷飞的年代，吴国安宁祥和。义宁年间（617 ~ 618），迁郡治于歙县乌聊山。武德四年（621）九月，汪华审时度势，说服文臣武将，主动放弃王位，率土归唐。唐高祖李渊授予汪华上柱国、越国公、歙州刺史、总管六州军政。贞观二年（628），唐太宗李世民授予其忠武大将军、参掌禁军大权，委以九宫留守，辅佐朝政，位极人臣。逝后，唐太宗赐谥忠烈王。汪华在新安江流域被誉为“太阳神”，所以在新安地区，祭祀汪华的庙会活动是新安江流域隋唐时期留下的最重要的风俗习惯。千百年来，新安民间对汪华的崇敬信仰深入人心，逐渐把他演化为神明，相信汪公可以显灵，驱魔消灾，保佑百姓平安，五谷丰登，六畜兴旺。于是，全流域各地出现了形式多样的祭祀活动，如“花朝会”“赛琼碗”“祭汪公”“接花朝老爷”“演戏,放焰火”“游龙灯”“舞火龙”等，形成丰富多彩的汪华祭祀民俗，成为新安流域汪华文化的重要元素。

在浙江省淳安县中州镇境内，还流传有与汪华之子汪献有关的“九相公庙会”。“九相公”乃唐代越国公汪华第九子汪献，从小聪慧绝伦，因与唐太宗下棋连赢三局而惹得太宗不快。汪华怕儿子的锋芒毕露惹祸，为保全家族将其杀死，杀子示忠。爱才的唐太宗对此痛心疾首，遍寻天下最好沉香木，命工匠制作了汪献的雕像，置于

九相公庙会

内宫中供奉。到了南宋咸淳八年（1272），度宗皇帝将九相公像赐予驸马吴思义，用来庇佑驸马和公主回札溪老家省亲。自此，每年大年初一及农历十月十三至十五日祭拜九相公的习俗代代传承。

(二)许村大刀舞

唐安史之乱时期，有一场关键性战役——睢阳之战。在这场战役中，涌现出了张巡、许远两位舍生取义之唐朝名将。二人在至德二载（757）正月时，遭到安庆绪部将尹子琦合兵围攻。以数千兵卒协力固守睢阳，誓死抵抗安史叛军。

终因外援不至，城破被执，送入洛阳，终为安庆绪丞相严庄所害。后绘像列于凌烟阁。至清代时，得以从祀历代帝王庙。其中，许远有一支后裔迁徙至新安江流域的歙县许村，成为许村许姓始祖。为纪念先祖，新安江流域每年都会举办“上九庙会”等民间风俗以纪念，其中尤以许村大刀舞尤为壮观。

据《唐书·忠义传》记载，许远智勇双全，精通兵法，并自创了一套“许家刀法”。五代时，许远之孙许儒为避战乱，举家由河南迁至新安，繁衍生息，家族日渐兴旺。为缅怀忠烈，“许家刀法”经历千年沉淀和演变，逐渐成为许村流传下来的固化民俗“舞大刀”。如今，承载着民族记忆和镶嵌着徽州文化符号标志的许村“舞大刀”，被进一步开发和传承，成为新安江流域非物质文化遗产的典型代表。通过表演的形式，让后人了解到新安民俗的独特性和历史性，既丰富了当下的民间生活，也回归了民俗历史。“舞大刀”是以长条竹等为原材料制作大刀，并以其为道具编创的传统民俗舞蹈。大刀制作属传统的手工工艺，刀外形画有人物、花草等图案，刀鼻处写有“风调雨顺，国泰民安”8个大字。伴随着铿锵有力的鼓点，大刀正式开耍，单人高举的八把小刀时而一字排开，时而列成两队；中间的大刀则在众人合力之下被竖起，然后又放倒平行于地面来个“横扫千军”，舞得虎虎生风。大刀舞毕收立，分列的小刀队蜂拥而上，围住大刀，举着小刀叫吼着，呐喊声振聋发聩，地动山摇。

三、特色生活民俗

(一)宗教信仰

隋唐时期，道教作为中国本土宗教而得到了统治阶级的尊崇，唐朝甚至将其推崇为国教。作为外来宗教的佛教，也已基本完成了它的中国化进程，并得到了统治阶级的大力扶持。加之隋唐时期合适的氛围，以及宗教自身的长期发展，从而使得两者在全国范围内都得到了普遍的兴盛。具体到新安江流域，因历朝历代佛、道两家传布所产生的精神、文化的影响，也由于流域内秀丽的山川、宜人的气候等优越的地理环境，既适合道教徒的享受人生，也适合佛教徒的修身养性。所以，佛、道两家也在流域内迅速发展起来，并进入兴盛时期。流域内寺院林立，遍布州县，有的是因朝廷诏建，有的是为地方请建。佛、道两家经典之著作频出，僧人数量亦逐渐扩充。尤为值得一提的是，随着丝绸之路的开辟和发展，在隋唐时期，摩尼教、大秦教等诸多中亚、西亚的外来宗教也在新安江流域内传播并产生影响。

(二)衣食住行

在服饰方面，隋唐时期，体现等级制度的“舆服制度”得到了进一步的发展，主要分为礼服和便服两类。各类人身份等级不同，服饰也不一样。且随着养蚕业、纺织业、印染业、金银器制作业的发展，多彩的服装面料及千姿百态的服饰源源不断地以商品的形式投入市场，有力地冲击了封建社会中衣冠服饰的等级界限。及至盛唐时期，丝布衣衫，革皮衣带，毛毡帽子已为天下之通服。在饮食方面，烹调原料越来越丰富，烹调技术有了进一步的提高，并且还从国外引进了不少食品和调味品，因而饮食比前代更加丰富多彩。新安地区盛产稻米，饭为人们的日常主食。同时，鱼、豚、鸭等水产品常见于餐桌。豆酱、豆豉、醋等也成为人们不可或缺的调味品，从宫廷到民间都已普遍使用。在居住方面，一方面以棋盘式的封闭状态发展，另一方面改变了以往民居、官府与宫殿混杂居住的状况，居民也出现了分区居住的现象。住宅建筑则大多采用明显的中轴线和左右对称的布局。与此同时，隋唐时期也具有发达畅通的交通道路，但官、私不同，等级不同，官路用以官方活动，民间交通则一般以私路为主。唐朝政府设有驿、馆、旅店等，供出行使者食宿。交通工具新安流域则主要是舟船，“东南郡邑无不通水，故天下货利，舟楫最多”。

新安江舟船

四、民俗特点

(一)社会阶层分化明显

隋唐五代时期，根据各社会成员的政治权力、经济实力、法律身份和社会声誉所体现的等级差异，可以将其划分为特权阶层、庶民阶层和贱民阶层三个社会阶层。特权阶层上自天子，下至小吏，包括皇室、外戚、贵族、官僚、少数民族上层等，他们或多或少地享有封建特权，以及对于他人的统治权，他们拥有大量的官田与荒地，生活富足，锦衣玉食，因而成为统治阶级。而庶民阶层则是隋唐时期人数最多、包容面最广的阶层，他们是不任官职、不享有法定特权的普通百姓，是各种科差租赋最基本的承担者和社会财富最主要的创造者，按职被划分为士、农、工、商、兵。当然，庶民的社会地位并非一成不变，那些有智有财者也可以通过科举、捐纳等方式融入上层社会中，实现阶层的进步跨越。贱民则是隋唐时期新安流域社会地位最低的阶层，大体可分为官贱民（官奴婢、官户、杂户、乐户及太常音声人）、私贱民（私奴婢、部曲、客女、娼妓等）。最后一类则是特殊的社会人群，包括宦官、宫女、僧尼、道士等，他们内部构成复杂，很难归入某一类单纯的社会阶层，前两者为皇室服务，后两者则属于社会特殊阶层中与民众关系密切者。这四类阶层在衣食住行、婚丧嫁娶各个方面都有很大的不同，既受到封建等级制度的规定，又与各阶层的经济实力息息相关，所以，出现明显分化的社会阶层。

(二)宗族因素影响广泛

宗族由来已久，隋唐时期新安宗族历史悠久。大禹时代前后，新安民族多属三苗族和古越族土著先民。秦始皇三十年（前217年），闽粤越人和部分中原华夏族人先后迁居新安。到汉末时期，史称新安居民为“山越”。晋“永嘉之乱”，北方人口纷纷南徙徽州，当地土著越民同北方华夏族友好共处、通婚融合，逐步统一融合为汉族，山越之称即告消亡。隋唐时期，随着安史之乱、黄巢大起义等动荡，迎来了新安江流域的第二次迁徙高潮，大量世家大族从北方迁徙而来，来此地的大致有陆、陈、叶、孙、洪、罗、舒、姚、赵、戴、康、施、冯、夏、李、朱、潘、刘、曹、毕、王、江、许、廖等24族。他们对新安历史发展起了极其重要的促进作用，在各行各业均产生了灿若繁星的代表人物。如，新安黄氏则以东晋新安太守黄积为世祖。后代名人主要有明清时期歙县虬村的黄氏刻工，清末篆刻家黄士陵，近代著名画家黄宾虹等。新安王氏亦因唐末黄巢起义而避乱徽州，后代有成者主要有五代文学家王希羽，清代政治经济学家王茂荫，辛亥革命志士

祠祭(林坚 摄)

王文藻等。这些宗族士人虽为同宗，但贫富、地位相差悬殊的情况却非常普遍，因而作为同宗的富户则有扶贫助困的义务。宗族非常讲求血缘，如个别族人没有子嗣，出于对孤幼的怜悯，新安江流域在隋唐时期亦有着收养他人之子作为义子的举措和风俗。

第五节　宋元时期

宋元时期（960 ~ 1368）是中国封建社会民族融合的进一步加强和封建经济的继续发展时期。907 年，契丹首领耶律阿保机建立辽朝，定都上京。960 年，后周大将赵匡胤黄袍加身，建立宋朝，定都东京。北宋建立后，结束了五代十国的分裂局面。1038 年，党项首领李元昊建立了西夏。北宋中期出现了财政困难等危机，为了克服统治危机，王安石实行了变法。1115 年，女真族首领完颜阿骨打建立金朝。1127 年，金军南下，结束了北宋的统治，南宋的统治开始。南宋与金对峙，南北经济都有新的发展，同时也加强了经济文化交流。蒙古族首领铁木真于 1206 年统一蒙古各部，建立了蒙古政权。成吉思汗及其子孙发动了大规模的战争，忽必烈在 1271 年建立元朝，1279 年统一了全国。宋元时期的统一，促进了多民族国家的发展。元朝实行的行省制度，有效地管辖了全国。

宋元明清时期是新安文化的形成、发展和繁荣时期。宋靖康元年 (1126) 金军南渡黄河，直抵东京开封，宋金议和，割地赔款；翌年金军再度南侵，东京城破，俘徽宗、钦宗二帝，北宋灭亡，史称“靖康之乱”。“靖康之乱”使中原民众蒙受兵燹之难，造成第三次大规模移民，其中徙徽的中原士族有宋、马、饶、庄、杨、项、阮、臧、苏、柯、章诸氏。大量的中原士族移民于此，带来先进的生产方式和生产技术，也传播了中原文化和习俗礼仪。山越文化与汉文化已完全融合，儒学蔚然成风，书院蒙馆遍布城乡。

一、民俗主要形态

(一)程朱理学

理学，又称道学，是两宋时期出现的新儒学。理学传承子思、孟子一派的心性

朱熹像

儒学，是两宋时期产生的主要哲学流派，以儒家学说为中心，兼容佛、道两家的哲学理论。理学的“天理”是道德神学，论证封建纲常名教的合理性和永恒性，同时成为儒家神权和王权的合法性依据。理学根本特点就是将儒家的社会、民族、伦理、道德和生命、信仰、理念构成更加完整的、概念化、系统化的哲学及信仰体系，并使其逻辑化、心性化、抽象化及真理化。新安理学由祖籍新安篁墩的程颢、程颐、朱熹奠基和发扬，故又称“程朱理学”。新安理学持续时间长，社会影响大，讨论问题广泛，在中国哲学史上占有重要的地位。宋元时期，新安理学成为国家的官方思想，朱熹所著的《四书章句集注》成为钦定的教科书和科举考试的标准。

(二)饮食习俗

从饮食结构来看，过去大量的新安当地人多食米。但到宋元时期，虽然大量本土居民仍旧保持着自己的饮食习惯，但因为宋室南迁带来的大量的迁居南方的北方人，同时也带来了大量的北方烹饪方法，在新安江流域内出现了北方的饮食店，在很大程度上改变了新安江流域饮食业的结构。流域内的原住居民也开始尝试吃面食、饼食。及至元朝，大量鱼虾等海水产品成为餐桌主流。开始出现以鱼行为代表的鱼虾贩卖中介机构，将新鲜的鱼虾晒干，有利于长年保存不会腐坏，同时也便利于长途运输。此外，饮茶也成为新安江流域居民的嗜好之一，当地山多而平地少，气候、土壤等都适应于茶叶的生产，所以流域内遍布着各式各样的茶楼以供居民休闲。蒙古人之喜喝牛奶，吃羊肉、食用奶酪制品的风气也影响到了当地居民的饮食习惯。

(三)岁时习俗

在北宋时期，南北方的岁时习俗仍然有着很大的差异，“南方之俗，尤异于中原故习”。但随着宋室南迁，到了南宋晚期，这类界限的差异完全被打破。经过长时间的杂糅之后，新安江流域的社会风俗已经深深地融入了北方的社会风俗。如，在宋元时期的除夕风俗，在十二月起，竞售锦装、新历、诸般天小门神、桃符、金彩、镂花、春帖之类，市况很盛。腊月初八之日，人家用胡桃、松子等做腊八粥；上元之夜，有持小灯照路拾遗的，称之为“扫街”；二十四祀社，除夕守岁、祀祖、饮屠苏、百事吉、焚烧苍术香药等，都有北方的特色。七夕风俗中，妇女对月穿针，饮酒为乐，称之为“乞巧”。以小蜘蛛贮盒内，察看结网的疏密，作为得巧多少的应验。再如中元节，因为有很多居民是由北方南迁至新安，所以部分居民有着接祖宗的习俗，并相沿成习，是流域内独有的一大特色岁时习俗。

二、民俗特点

(一)勤学好文,善于进取

宋代之时，新安江流域有着勤奋好学之风气，涌现出程颐、程颢、朱熹等一大批理学大家。其教育有着一套完备的保障体系，它主要是由官府、商人、宗族三者来承担和完成的。官府是教育最基本的保障组织，它直接办府学、县学等各级官学，选择有名师教授正规课业，灌输四书五经等符合封建统治阶级要求的课程和思想。明弘治《徽州府志》中关于歙县、休宁、绩溪等六县的记载全部始于宋代，可见，宋朝新安江流域便已建成府县学较为完备的体系。宗族则为教育提供组织保障，以家规家法确保教育的落实和贫困子弟的入学捐助，在流域内各大家族的族谱中，有着“凡在学，家事贫乏，有志向上，勤苦读书，每岁祠中量给纸笔灯油之费”记载字样随处可见。

(二)俗尚华靡,贪求享乐

宋元时期，随着社会经济特别是城市商品经济的发展，新安江流域内社会风气一改过去那种质朴、俭约的风气，开始变得崇尚奢靡，推崇享乐。“吴越俗尚华靡”“越俗浮薄，节行不坚，务以华靡相驰逐”等史料记载屡见不鲜。这股奢靡之风于北宋时期便已初见苗头，宋室南迁以后，新安江流域涌入大量中原士族，奢靡风气更是泛滥成灾。上自皇亲国戚，下至流域平民，纷纷追求华美的服饰、舒适的住房、美味可口的饮食。时人这样描述道：“俗言‘三世仕宦，方会著衣吃饭。’余谓：三世仕宦，子孙必是奢侈，享用之极，衣不肯著布缕、䌷绢、衲絮、缊敝、澣濯、补绽之服，必要绮罗绫縠、鲛绡靡丽、新鲜华粲、绣缯绘画、时样奇巧、珍贵殊异，务以夸俗而胜人。食不肯疏食菜羹粗粝、豆麦黍稷、肥薄清淡，必欲精凿稻粱、三蒸九折、鲜白软媚，肉必要馐嘉旨、脍炙蒸炮、爽口快意、水陆之品，人为之巧，镂簋雕盘，方丈罗列，此所谓‘会著衣吃饭’也。”

(三)好尚虚荣,追求金钱

“无问市井田野之人，曲中及外，自朝至暮，唯钱是求。”随着宋代商品经济的不断繁荣发展，中国传统的“贵义贱利”的价值观念已经荡然无存。当时人们生活中的婚姻、丧葬、生育、科举、行医等，一切皆以钱为中心。以婚姻为例，最重视“门楣求其称，婿妇唯其贤”。但是随着商品经济的繁荣与发达，金钱、土地、资产也成了人们主要追求获取的东西，婚姻甚至成为获取这些资源的一条捷径。于是，婚嫁中就出现一些不顾门第、等级悬殊，而以对方家庭是否富有为标准，以能否得到更多的聘礼、嫁妆做取舍，甚至专门选择富户联姻。“世俗贪鄙者将娶妇，先问资装之厚薄；将嫁女，先问聘财之多少”。

(四)开放包容,崇尚娱乐

进入元朝之后，伴随着北方游牧文化与中原农耕文化之间的冲击和碰撞，新安风俗在政治、经济、文化等多重因素的影响下，表现出独特而鲜明的时代风貌，正如明人方孝《后正统论》曰：“俗之相成岁熏月染，使人化而不知。在宋之时见胡眼闻胡语者犹以为怪。主其帝而虏之，或羞称其事。至于元百年之间，四海之内，起居、饮食、声音、器用，皆化而同之。”这形象地说明了元代民族文化之间的融合和变异的过程。一方面，元代民俗开放多元。蒙元的南下和入主中原，对以儒家文化为主体的传统文化产生了强烈的冲击和破坏，尤其是在立国之初，蒙古贵族们对中原文化的理解和利用都极为有限，在很大程度上冲破了新安江流域程朱理学长期以来对人们思想的禁锢，在社会意识和伦理纲常上的统治都相对宽松，形成游牧文明与农业文明、北方文化与南方文化、雅文化与俗文化等多重交融的状态。另一方面，元代民俗崇尚娱乐。这与元代城市经济的繁荣和蒙古民族喜好歌舞娱乐的习俗有关。伴随着市民阶层的不断扩大，人们对热闹刺激的娱乐游戏，以及表现市民生活的小说戏剧等通俗文艺的要求愈发直接和迫切，文化艺术也由宋代之时的知识分子群体更多地转向群众。

第六节 明清时期

明代（1368 ~ 1644），是中国历史上最后一个由汉族建立的封建王朝。清代（1636 ~ 1912），是由满族人建立的朝代，被普遍认为是中国最后一个封建王朝。明代和清代常被合称为“明清”。明清时期是封建社会由盛而衰的时期，这一时期皇权高度集中，封建专制主义集权加剧，资本主义萌芽出现并缓慢发展，思想受严格控制。这一时期常被认为是中国社会转型的重要时期，且在清朝末年表现得尤为明显。

具体到新安江流域，因明洪武二年（1369），降州为县，徽州府领歙、黟、休宁、绩溪、婺源、祁门六县。清袭明制，仍辖一府六县。清康熙六年（1667），分江南省为江苏、安徽二省，安徽取之安庆、徽州二府首字，安徽之“徽”源于徽州。直至民国元年（1912），废府留县，徽州府废。至此，徽州一府六县的建制延续了千年之久。而境内之淳安、建德两县，则在明清时期隶属于严州府，是明、清两代隶属于浙江省的一个府，上八府之一，辖区相当于今日的杭州市西南部。龙凤八年（1362）二月，朱元璋政权改建德府为严州府。下辖 6 个县，包括建德县、桐庐县、淳安县、分水县、遂安县、寿昌县。与本省杭州府、金华府、衢州府，以及安徽省徽州府相邻。民国初年，全国废府州厅改县，废昔日府城为今建德市梅城镇。

建德市梅城镇

新安江流域因其特殊的地理环境和传统观念，使得该地区成为一个具有典型特征的区域社会，其社会风俗丰富多彩。明代时，因为政权的更迭，主宰人们的思想也随之发生变化，表现在新安民俗上便是既承袭了过去的历史，也有了新的发展变化。而清代地方民俗呈现出文化融合的特征，民俗与佛教、阴阳堪舆、儒家文化等全面融合，并体现在地方岁时民俗与人生民俗当中。

一、民俗主要形态

(一)经商风俗

新安商人又称之为徽商、徽州商人,俗称“徽帮”。因为他们的存在,新安地区“田园诗般的社会生活被打破，代之而起的是经商成习社会风气”[①]。萌生于东晋，成长于唐宋，兴盛于明，衰微于清末；与潮商、晋商号称中国“三大商帮”。它是中国明清时期最有影响的商帮，遍布全国，“无徽不成镇，无徽不成商”。他们吃苦耐劳，勤俭节约，资本雄厚，经营广泛，贾而好儒，贾仕结合，强化宗谊，重视教育；他们讲道义，重诚信，行善缘。新安商人发扬了中国历史上的儒家文化，推动了中国商业的繁荣昌盛，形成了独特的商业文化品质，打造了具有生命力的商务理念，成为现代商业运作的楷模与典范。自明清以来，一代代新安商人开拓进取，创造了商业的繁荣和文化的成就，同时形成了一种儒商精神，树立了一代儒商的形象，成为中国商业文化中弥足珍贵的精神财富。

(二)崇文重教

新安商人以雄厚的经济基础推动了新安教育的振兴与发展，促进了新安文化的繁荣。

商人致富后重视文化，捐资兴学，刻书藏书，修方志、邀讲学，培养子弟读书入仕，促进了新安江流域地方教育和文化的繁荣，培育了大批杰出人才。遍布全流域的学宫、书院、塾学，就是教育兴盛的最好证明。学宫始建于唐，历宋、元、明、清经久不衰。而书院则在明清时期发展至顶峰，它是集藏书、供祭、讲学为一体的地方教育组织。其中,南宋淳祐五年（1245）为纪念朱熹创建的、由宋理宗题匾的“紫阳书院”沿袭600余年,为全国著名书院之一。流行于明清时期,是开设于家庭、宗族、

---

① 卞利：《明代中后期至清前期徽州社会变迁中大众心态研究》,《安徽大学学报(哲学社会科学版)》2000年第6期。

乡村的，以儒家思想为中心的民间教育机构，分为社学、义学和私塾。新安塾学历史悠久，元代即有私塾。明清时期新安私塾兴盛，遍布城乡，“远山深谷，居民之处莫不有学有师”。新安士族原本就是中原的精英，由于五代以后“取士不问家世”，移民新安的衣冠大族已不能恃其门第的高崇取士，于是在流域内艰难的地理环境下尚文重教、奋发进取，取得科举的成功，创造出了“连科三殿撰，十里四翰林”“父子同科”“同胞翰林”等科举佳话。

（三）生产风俗

新安江流域山多田少，水稻无法大面积广泛地种植，有着“七山半水半分田，二分道路和庄园”的俗谚。所以，尽管主要粮食作物为稻米，但还是要依赖进口。“若商船一日不至，百姓们则面有饥色；三日不至，则有饿殍；五日不至，则有昼夺”。而另一种主要生产物则是茶叶。明清时期，是新安江流域古代茶叶人工普遍种植与饮茶风习盛行的重要时期。明清时期，饮茶从一般性的饮品发展为较高精神境界的品茶享受，其饮茶习俗多彩多样，成为新安流域习俗中浓墨重彩的一笔。“婺源、浮梁、祁门、德兴四县，茶货实多……乃升婺源为都制置，兵刑课税，属而理之”“歙州、婺州、祁门、婺源方茶，制置精好，不杂木叶”。因此，“自梁、宋，幽并间，人皆尚之。赋税所入，商贾所赍，数千里不绝于道路”。

二、民俗特点

（一）回归传统，独具特色

明清时期，新安民俗既传承了过去的历史，也有了新的民俗。但总体上已经没有元代留下的西北游牧民族的文化色彩，而形成了独具特色的本地文化习俗。这点在岁时习俗上表现尤为明显。春节、上元节、清明节、端午节、七夕节等传统汉族节日的地位得到进一步提升，成为流域居民一年中较为重要的节日。较为有特色的传统节日有二月十五的“花朝节”。盖花朝月夕，世俗言二八两月为春、秋之中，故以二月半为花朝，八月半为月夕也。是日，在流域内也被称为“姑娘会”。女孩们也借此相聚玩耍，互相认识结交朋友；未出阁的女子最爱赏红拜花神，吃花糕，行花令，祈祷自己像花一样朝气与美丽。其他流域内居民也纷纷踏青郊游，赋诗唱和，出行郊外各名园赏花。其他的还流行有赏红（护花）、种花、插花、扑蝶会、挑菜等传统汉族习俗。

(二)方言独特,影响明显

在方言方面，新安人体现了独有的文化风格，并有自己的组词习惯和读音方法。这些组词和读音既继承了中国传统的文字方法，同时也加入新安人自己的方言特色。很多新安的语言词汇是明清戏曲、市井语言的遗存。明清时期，北方人大量移居新安，带来了许多北方的语言和语音，加入新安传统的语言之中，融合成为新的语言习惯和语言色彩，这就是新安语言的演进、变化的社会基础和文化基础。另外一方面，新安人在语言上同样有天赋，很会说隐语。所谓隐语，开始是行业内流行的语言，有一定的隐蔽性，因此常常被认为是欺负外乡人所用的语言。当然有的隐语慢慢地逐渐公开，变成普通人们日常语言的一部分，从而丰富了人们的语言和词汇。比如，新安方言中“老大”与“骆驼”同音,所以“徽骆驼”这一词汇便诞生了。此后,“徽骆驼”成为新安人吃苦耐劳、坚韧不拔的精神象征。

(三)满汉融合,族际互动

清军入主中原以后，全面继承了明朝典章制度文化。在民俗方面，由于清朝统治者立足之后推行文化融合的政策，所以在文化民俗领域出现了满汉民俗融合现象，成为在清代族际互动的体现。清代民俗族际互动在新安江流域表现很多，这里则重点从饮食方面进行描述。如，饮茶本是江南汉族的民俗，唐代茶道就很盛行，在新安一带也是如此。发展到清代，饮茶民俗也为北方的满族所接受，新安江流域茶叶如太平猴魁、黄山毛峰、祁门红茶风靡清宫廷内外。除此之外，满汉全席也是满汉两族风味佳肴兼用的盛大宴席，十分典型地体现了民俗之间的族际共享现象。满汉

有机茶园(林坚 摄)

全席南北风味兼有，菜肴多达百种，有着中国古代宴席之最的美誉。

第七节 近现代

1911 年的辛亥革命推翻了长达两千年的封建帝王统治，也结束了清王朝的统治。1912 年 1 月 1 日，中华民国宣告成立，象征着资产阶级民主共和制的新型国家在这片古老的土地上诞生。但由于封建势力极其强大而导致袁世凯复辟，以及很长一段时间的军阀混战，使中国处于割据和混乱之中。帝国主义的欺凌、俄国的十月革命、阶级矛盾的对立和中央政权的弱化，不仅催生了五四新文化运动，也催生了中国共产党。从此，旨在改变中国命运的革命运动成为历史的主流，即使在抗日战争期间也没有改变，直到 1949 年中华人民共和国成立。

因此，可以这样说，1912 ~ 1949 年的 37 年间，是中国历史急剧变化的转型期，不仅新旧文化交错冲撞而变化非常巨大，而且中西文化也交错融合互相影响，整个中华文化都处于剧烈的变革和演化之中。而这种演化和变革，对新安民俗的冲击和演变也是极其直观和巨大的。

一、民俗主要形态

(一)生活习俗

辛亥革命的胜利，不仅是政权的更替，也带来了社会文化，包括民俗文化的巨大变化，给原有的民间风俗造成不可恢复的改变。这种改变是急剧的，甚至是让一些民众无法迅速接受和完成的。对于老百姓来说，当政者变了，他们的日常生活也随之发生了变化。这种变化从城市到乡村，渗透生活的方方面面。新安江流域在辛亥革命后，便颁布了禁烟、剪辫和禁止缠足、赌博的强制性规定。如缠足习俗，本是流域沿袭已久的，一代代的新安女子深受其苦。随着时代的改变，新安江流域内部也相继颁布了《令各县知事禁止缠足文》，要求“已缠者，令其必放；未缠者，勿许再缠”。各县、知事会应做到广为劝导，切实将禁谕加以落实，以期禁绝缠足之习。在服饰上面，由原来的小马褂变成了中山装，头饰也有所改变。长袍马褂是最常见的装束，作为礼服时还有一定的格式。下身一般穿中式裤子，民初这种裤子一般比较宽松，裤脚用绸带系扎。其他的装饰还有西服、日式学生装等。而一般乡间和劳动人民的主要服饰还是上着衫袄，下着裤子。

(二)改称谓，谋平等

辛亥革命以后，新兴的资产阶级革命派要求保持着形式上的平等，反对封建制度一切形式上的不平等。因此，孙中山非常重视民国官民之间、上下级间、人民之间如何称谓，他在以大总统名义颁布的命令中说："官厅为治事之机关，职员乃人民之公仆，本非特殊之阶级，何取非分之名称。查前清官厅视官等之高下，有大人老爷等名称，受之者增惭，施之者失体，义无取焉。光复以后，闻中央各地方官厅，漫不加察，仍沿旧称，殊为共和政体之玷。嗣后各官厅人员相称，咸以官职，民间普通称呼，则曰先生，曰君，不得再沿前清官厅恶称。"所以，在新安江流域，也兴起了改变称谓的风俗习惯。老爷、大人等体现尊卑秩序的称谓被取缔，转而称之为同志、朋友等平等性的称呼。同时，人们见面不再卑躬屈膝，实行跪拜礼。认为跪拜之礼是一种提倡愚忠愚孝的封建礼节，反映了人格上的极不平等，而这种礼节和资产阶级的人权说是不相容的。因此，流域内各县都相继废止跪拜礼，规定普通相见为一鞠躬，最敬礼为三鞠躬。

(三)婚姻风俗

新安江流域过去受封建思想禁锢深刻，在婚姻上一向规定男女有别。辛亥革命后，人们开始使用电车、汽车等新型代步工具并且不再禁止男女分开乘坐。因此，男女不仅可以一起坐交通工具，也可以挽手同行。虽然这种行为还不能让一些观念陈旧的老人接受，但已经成为大势所趋。中华民国的成立，新思潮的涌起。人们传统的婚姻观念也开始改变，开始崇尚自由恋爱，反对包办婚姻。辛亥革命主张婚姻是个人选择，人人有离婚的权力，贞洁不再是婚姻的必须要求。流域内一夫一妻制逐渐成为主流，西式婚礼也流行开来。

二、民俗特点

(一)欧风美雨，渐成时尚

在辛亥革命取得胜利的影响下，新安江流域与其他省份一样，一方面提倡宪政，实行地方自由；另一方面，则大力开展兴办工商业，兴办学校，修筑道路，发展金融和市政，建设港口，并开办各种实验场，推进新安经济的发展。与经济发展相适应的是，文化也同样获得了迅速的发展，出现了诸如胡适、汪孟邹等一大批学贯中西，对于学术文化兼容并包的新安籍大家。而影响巨大的五四运动则促使一大批有为青年开始宣传新文化新思想，并在新安江流域播下了马克思主义等先进思想，柯庆施、方璧、张曙等一大批爱国青年相继走上救国救民的道路。省立徽州师范、休宁中学等学校纷纷涌现各类宣传新文化、新思想的报刊及剧团，青年学生思想激荡，影响周围环境。每个有识之士在这样的时代背景之下都在思考着中国道路的何去何从，都在接受着中西方文化之间的相互冲击与交融。

(二)传统现代，相互交织

由于从封建统治进入了民主共和，国家体制和政治制度都发生了翻天覆地的变化，因此也导致了社会发生巨大的变化。这种变化在新安江流域最为突出的，则是传统与现代之间的相互交融。如在教育制度上，在保留传统的书院、学堂基础上，引进了西方现代教育制度，鼓励创办公立和私立大学。在1905年，由进士、歙县人许承尧创办了新安中学堂，附设师范科；次年，单设为徽州府紫阳师范学堂，培养师范类高等人才。1918年，俞燮在屯溪高枧创办安徽省立第一茶务讲习所，培养茶叶专门人才。这些新式学堂的建立，为新安江流域的社会改良和变革提供了坚实的人才基础，并为社会思想的巨变做好了充分的准备。另外，在岁时节日习俗上也是如此采用阳历纪年。不过直到1930年，才在南京国民政府的内政部和教育部的提倡下提出改革节日的呈文。新安江流域亦开始废除旧时所用之农历纪年，将依附于阴历的节日用阳历加以规定，相关的节日内容则与阳历所定节日相同。如，改阴历元旦为春节，端午为夏节，中秋为秋节，冬至为冬节；规定四节之时，国民休息，公务人员放假一天。西方享乐主义的思想也在此时传入国内，但受到新安人传统节俭思想的抵制。他们教育子女“近世风俗奢靡，饮食务新奇，服饰尚华艳，室宇求高大诚丽，量入为出之道，懵然不知。……故子孙必须勤俭，方能不坠家声”。[①] 人们在传统节俭思想和现代享乐思想中交织徘徊。

(三)妇女地位，空前提高

数千年的封建专制统治，对于女性的禁锢使她们身上承受更多一重的压迫——夫权。在新安江流域，女性地位的低下是一种不争的事实。因此，封建统治被推翻之后，有识之士和受压迫的女性对于桎梏女性的封建制度提出了公开的挑战。其表

① 明嘉靖《绩溪积庆坊葛氏重修族谱》卷三《家训》，下利：《明清徽州族规家法选编》，黄山书社，2014年，第5页。

现主要体现在几个方面：一是提倡女子接受教育和男女同校同学。二是提倡男女公开交往。传统道德上过分强调男女授受不亲，强调男尊女卑，认为女子无才便是德，主张女主内。而进入近现代则有了“打破男女界域，增进男女人格”的口号。三是提倡一夫一妻制度，追求自由恋爱，结婚、离婚自由。由男女主自主决定自己的婚姻，而不是听从“父母之命，媒妁之言”。四是鼓励女子就业和参政议政。认为女子有了自己的职业后，便能真正意义上实现经济独立、社交独立。同时，也强调妇女地位的提升必须实现男女平权，女性也有参政议政的权利。

第二章　新安民俗建构及符号

新安民俗是多元一体中华民族民俗中的一部分，是新安江流域民众在社会生产生活中产生的一系列习俗文化。最早的南宋《新安志》记载："山限壤隔，民不染他俗，山谷民衣冠百年不变。"史书上说"江左之俗，徽为最美"。一直到明、清时代，仍然是"聚族而居，绝无一杂姓入者。其风最为近古"。新安俗尚勤俭，渔猎畜牧，读书耕田，注重礼仪，尊老扶幼，蔚然成风，世代绵延。其主要体现在地域、族群与其他区域融合产生的异同民俗所带来的典型特征，以及先民们生活过程中形成的生产消费、衣食住行、婚丧嫁娶、岁时节令、娱乐游艺、礼仪信仰等民间风俗习惯，具有一定的神秘性、稳定性、时令性、多样性，从而形成场景化、程式化的多种建构及形式符号。并通过感知、认知、认同和情感记忆等模式层次结构传播予以实现。这些民俗总是和各种丰富多彩的民俗符号联系在一起，成为群体成员内的集体记忆和对外的重要标志。

桃花园里人家（汪翔 摄）

第一节 民俗建构及符号

新安民俗是长期生活在新安江流域民俗氛围中的民众相承相接、相沿相习所建立起来的。无论在人们的民俗生活、民俗表演情境、民俗表演人际互动、民俗表演与社会生活、社会关系、文化传统之间的关联等方面，都有着浓郁的地方色彩。如淳安“水上婚礼”是浙江省西部新安江上“九姓渔民”独有的婚嫁风俗。所谓“九姓渔民”，是指陈、钱、林、袁、孙、叶、许、李、何九姓。据传这九姓是元末陈友谅及其部属的后代。陈友谅与朱元璋争天下，兵败以后，被朱皇帝赶到江中，规定永世不得上岸居住，不准与平民通婚，不准读书应试，上岸时不准穿鞋，迫使他们成为特殊的“水上部落”……

这些民俗主题、题材、风格、技艺、语言、色调、工具、方法、场域、审美、信仰等诸多方面，都表现为人与人之间的一种关系。当然，人作为民俗主体第一要素，不仅是文化的创造者和享用者，也是延续民俗的守护者和传承者。新安民俗艺术的传承主要体现为主体、客体和中介三者间的相互运动。其中，主体是人，客体为民俗作品，中介是风俗习惯、审美情趣、信仰观念和其他的动态过程。主体决定着客体的存废与发展，也决定着中介的有效与无用，使新安民俗层级建构关系十分明显。基于新安民俗与地方认同的建构的关系，以及民俗能够增强民众对地域的认同，增强民众对地域归属感，从而促进群体之间的团结协助，提高群体之间的凝聚力，有效增强群体认同感及民俗架构。

一、民俗建构的基本特性

源于内生性的传统民俗文化累积而成的集体记忆，是新安民俗建构的基本特性。如，新安迎祭城隍民俗活动，既代表着人们祈福驱邪、政清人和的安全需求与互通有无、联络情感的社交需求，又满足了春节求热闹活跃的年节心理……体现了“潜在于生活世界的实践性能量……达致人心所向的政治复苏、文化创造和价值重建”功能和意义，从而形成这一传统大型节庆民俗，而“传统并不是一尊不动的石像，而是生命洋溢的，有如一道洪流，离开它的源头愈远，它就膨胀得愈大”，累积成为集体记忆，是集体展示在每过一段时间之后可迸发出激情的源泉，这是人们积极参与的重要推动力。如新安迎祭城隍民俗活动体现了“集体记忆和价值的神圣”，从而成为“集体记忆的载体，因为它代表了前人与后人之间的有机联系，以及社群的共同经历和价值，所以大家不愿意随便去改变它，尊敬正宗的传承，否则可能会导致社群的不和”。正是这种精神性的建构不断强化乡民的参与意识和情感寄托，通过迎祭仪式、民俗表演来实现传承地方文化和文化再造的过程，形成了“社会一般成员比较一致的信仰与情感体系”，构成集体记忆的持久性和稳固性，无须外在控制力量的支撑和推动。可见，集体记忆“能够深刻影响到社会运动过程中对于其成员的动员和调动”，从而实现了广泛动员。建构起了良性的群体关系，从而获得了群体内部的普遍认可，使人们积极响应迎祭城隍民俗活动。

从文化视角来看，新安民俗作为一种象征符号，是由民众集体创造出来的文化产品。德国思想家卡西尔在《人论》中把人定义为：神话、宗教、语言、艺术、历史、科学，都是人通过符号化活动所创造出来的。并认为“符号化的思维和符号化的行为是人类生活中最富于代表性的特征，并且人类文化的全部发展都依赖于这些条件，这一点是无可争辩的”。

它在外部表现为品类丰富的、具体的民俗艺术作品，在内部则沉淀为民俗精神和民俗意义。每一类或每一种民俗艺术，都可以说是一个艺术符号，它由形式和内容意义两部分组成。在新安江流域民俗社会中，新安民俗也是以民俗文化符号的形式表现出来，这些民俗文化符号是新安民俗得以世代相承的中介。民俗文化符号都具有象征性，象征性是民俗最基本的特征，也是新安民俗表现的基本方式。

正所谓“民俗是群体的生活文化，有生活的地方就有民俗，有群体的地方就有民俗存在。民俗对人们生活和群体存在如此重要，是因为民俗包含着人们相处、互动，以及相互理解的最基本的文化指令，包含着人生最基本的行为方式”。

而新安民俗符号，又可以从外延和内涵两个方面来说。它可以根据受众心理接受的特点，加强受众对符号的体验感知，并对符号意义加以理解，通过故事、表演、形体动作等叙述提高对符号的记忆，从而认同和巩固符号意义体系。

从内涵上看，新安民俗现象种类繁多，既涉及生产劳动、社会组织，又涉及岁时活动、人生仪礼等。但作为一种社会文化现象，它们同其他地区民俗有内在的共同特点。首先是社会的、集体的，绝不是个人有意无意的创作。其次，跟集体性密切相关，这种现象的存在，不是个性的，而是类型，或模式的。再次，它们在时间上是传承的，在空间上是扩布的。在这种特点上，它们与那些一般文化史上个人的、特定的、一时或短时的文化产物和现象有显著的不同。它是一种生生不息的文化现象。

新安民俗符号遍及人们社会生活的方方面面，这些民俗符号既体现为客观的符号表现体系，又具有深刻的精神意蕴。只有当受众对民俗符号的意义进行感知、认知、认司，并形成集体记忆后，民俗符号的意义体系才能够真正地建构起来。感知模式是受众对新安民俗符号建构的初级阶段，情感记忆模式是受众对民俗符号意义建构的高级阶段。越往高层阶段，意义建构的牢固程度就越高。最高的情感记忆模式是能够引起受众情感共鸣的、在群体成员之间相互作用和传递的关于群体特征的记忆。这种个体之间相似的情感、经验和文化记忆汇聚起来，就构成社会集体记忆。具有相同的社会集体记忆的成员往往具有相似的思维习惯、心理特征、价值观念等。感知、认知、认同和情感记忆，四者之间是相互影响和相互作用的。

里商仁灯(钱德星 摄)

此外，民俗符号的意义建构离不开传播符号，包括形式和意义两个方面。民俗符号的传播，既要考虑到形式传播，更要考虑到民俗符号意义的传播，因为文化的核心在于意义的创造、建构和传播。

新安民俗形成的核心要素就是集体遵从，反复演示，不断实行。所以，新安民俗符号的传播和民俗意义的建构，离不开此区域人与物的各种仪式和物化象征实体的不断践行和反复演示。

这种演示方式使大众能够通过身心的体验来感知民俗文化事象，像是一种体验性的传播，而且一式的物化实体，是大众可以接触到的，可听可见可感觉的。它可以为受众带来视觉、听觉或感觉上的冲击，进而引发受众感知、思考和记忆的产生。因此，一室的或一物化实体的民俗艺术的传播能够促进审美感受，从而进一步促成新安民俗意义的建构，并加强大众审美的理解。

民俗符号的意义是民俗符号的深层内核，它能有效防止民俗文化在传承上的断链，并维持整个民族的心理稳固性。受众对民俗符号意义建构的感知模式、认知模式、认同模式和情感记忆模式都需要通过传播来实现。因此，民俗传播应关注受众符号意义建构的层次结构及其规律，根据受众的心理接受特点，通过体验加强受众对符号的感知。通过诠释促进受众对符号意义的理解，通过故事叙述提高对符号的记忆，通过文化认同巩固符号意义体系。

新安民俗符号具有两个层次，一个是表征，另一个是表征背后的意义。其背后意义就是受众，民俗符号只有被受众了解，民俗符号的意义才能建构起来。

二、民俗符号及建构

新安民俗符号及建构通常有以下四种模式：

一是受众感知模式。感觉是人的一种最简单的心理现象，是大脑对客观事物个别属性的反应。比如，眼睛看到不同色彩的民族民俗服装，各种民俗物品的形状不同民俗舞蹈表演等；耳朵听到不同的民俗器乐、歌谣；舌头尝到月饼、粽子特色，品菜肴的苦甜酸辣等，都能感受到民俗及其特点的。

受众的感觉器官在受到外界刺激时，也同时调动了他们的记忆结构中的感知经验，根据这些感知经验对刺激物、民俗进行判断，从而形成一定的认识。这种感知意识的形成，意味着民俗符号在受众心目中或头脑中产生的意义，民俗符号的意义便生成了。

受众感知模式是新安民俗符号意义建构的一种基础模式，受众在刺激物的刺激下，通过感知体系建构民俗符号意义。这种建构方式比较直接和具象化，是一种刺激和反应，是受众的感知系统在接受相关民俗信息的刺激后产生的反应行为。

二是受众认知模式。知觉是在感觉的基础上产生的，是对刺激物整体的反应，或对刺激物之间简单高效的反应。知觉具有选择性、整体性、理解性和恒常性。社会认知是对各种社会信息解释、分析、记忆和使用的行为，个体认知就是个体对各种社会信息解释、分析、记忆和使用的行为。

民俗符号的意义生成，也就是受众对民俗符号的建构意义的过程。受众首先通过感知系统接受相关民俗信息，然后在头脑中对民俗信息进行编码、滤筛、加工，从而形成对民俗的理解，这是民俗符号意义建构的受众认知模式。受众认知模式是民俗符号意义建构的初级模式，受众首先要感知到民俗符号，然后才有可能根据受众个体的选择性注意、记忆和理解，从而形成个体对民俗符号的认知。个体对民俗符号认知的形成，意味着该民俗符号在个人头脑中意义建构过程的完成。

不过，受众对民俗符号意义建构的过程，是一种不断重复、反复验证、不断修正或强化的过程。

三是受众认同模式认同。这一概念在哲学、心理学和社会学中都有不同的阐释。哲学中的认同，是在事物差异性的基础上，对同一性的确认。心理学中的认同，是个体对自身群体统一性的主观肯定态度。社会学中的认同，是个体对自身在社会中的身份的方向性定位。有些民俗学家认为，民俗文化的核心就是意义的创造、交往、结识和感知。

四是受众情感记忆模式。当一种民俗符号真正能够让人接受和认同，那么它就不仅仅是停留在符号本身的形式上，而是必须能够引发受众类型某种情感需要的反应，并内化为民族的文化记忆。比如春节，通过扫尘、贴春联、穿新衣、办年货、团圆饭等各种仪式表现出来，是每个人都能感受到的一种同一性的情感牵系，体会到独特的人文情趣和关怀。

受众对民族符号的情感记忆的建构和维护过程，也是社会集体记忆、创生、建构、发展、变化和维护的过程，同时也引导着群体认同的发展方向。

强调新安民俗建构符号的意义，在一定程度上，能有效防止民俗文化在传承上

狮城庙会

的断裂，维持人们心理的稳固。受众对民俗符号意义建构的感知模式、认知模式、认同模式和情感记忆模式，都需要通过传播来实现。因此，根据受众的心理接受特点，通过体验加强受众对符号的感知，通过诠释促进受众对符号意义的理解，通过故事叙述提高对符号的记忆，通过文化认同巩固符号意义体系。让人们建构起共有的意义系统和文化体系，使之成为社会价值观的核心和基础。

第二节　民俗建构符号分类

新安民俗建构符号分类，同中国民俗分类原则基本一致。它与民俗的定义紧密联系在一起，以民俗事象所归属的生活形态为依据来进行逻辑划分。新安民俗建构符号大体可以分为物质生活民俗符号、社会民俗符号、精神民俗符号三类。

一、物质生活民俗符号

物质生活民俗符号，包括饮食、服饰、居住、建筑及器皿等方面的民俗符号。例如，流行于新安江流域的传统食物中的“长寿面”。在中国人生日礼仪的食俗里，长寿面可算是寿宴中常见的一种食物。相传，“长寿面”与汉武帝崇信鬼神并相信相术的传说相关。汉武帝“长寿面”传说中的“脸”即“面”，“脸长即面长”的说法被后人接受。于是，人们就借用长长的面条来祝福长寿。渐渐地，这种长寿面的做法又演化为生日时吃面条的习惯，称之为吃“长寿面”。从这种习惯可看出，其面条细长，是具有代表功能的事物，所指的是希望老者生命绵长。在中国传统民俗的背景下，对此做出的相应的解释，就是“延年益寿”的祝吉所指。长寿面这一民俗形象代码在祝贺老者长寿的气氛中渐渐形成了一个非常特殊的民俗符号，其符号象征着生命的延续，并在传统民俗的背景下显示了延年益寿吉庆意义，为人们所共识。

关于物质生活民俗符号，自古以来就创造出无数与生产生活相关的器物，它们本身就已经构成了民俗符号，而且能够表现出不同时代的文化风貌。这些器物成为中国传统民俗文化符号的载体，承载了许多历史、文化和审美的信息。如青铜时代的钟、鼎、角、觚、尊、觥上的蟠螭纹、夔龙纹、龙纹、饕餮纹、凤鸟纹、龟纹等符号，象征着古代尊贵的地位。在后来的器物上，如玉器、金银器、瓷器、漆器，出现了大量吉祥的龙凤纹、鹤鹿纹、狮虎纹、麒麟纹、蝙蝠纹、石榴纹、桃纹、莲花纹、牡丹纹、菊纹、葵花纹及梅纹、竹纹等，这些纹饰逐渐由简单的单一性质的纹饰符号向多样性和象征性发展。

一些传统的民俗符号深受历代人们喜爱，并不断演绎发展成新的造型。如，传统图形“盘长”，在民间它常与“方胜”图案结合起来使用，并以此表达人们“四环贯彻，一切通明”的美好意愿。如在新安江流域的许多古建筑装饰图案中“盘长”的造型，人们喜欢取其“源远流长，生生不息，相辅相成”的本意来延展自己的家庭和事业无以穷尽、日久天长的寓意。该图案造型中有四通八达、事事如意之意，整个图案皆洋溢着吉祥之气。另外，休宁、歙县、淳安、建德民间还有许多隐喻、双关的民俗符号，它们都与民俗礼仪活动相关，发挥了其符号代码的功能，传达吉祥、长寿、幸福、富贵、儿孙满堂等美好祝福的信息。例如，龙凤呈祥图、榴开百子图、喜（鹊）上眉（梅）梢图等，都成为人们生活中惯用的民俗符号，表达着人们彼此之间的美好祝愿，这也成为新安传统民俗符号的一大亮点。

二、社会生活民俗符号

社会生活民俗符号，包括社会组织民俗的符号，比如家族的象征、村落社区的象征等；传统佳节的民俗中的符号；人生所经历各方面的礼俗性的符号，比如诞生、生日、成年、婚姻、葬礼等。说到家族的象征，我们就不得不提到龙图腾，学者何星亮认为：“龙，原是一种图腾，但它又与其他图腾有区别。它最初可能是一个部落的图腾，后来演变为超部落、越民族的神，成为中华民族共同敬奉的、延续时间最长的图腾神。”其实“龙”是一个综合符号，它由众多的图腾糅合而成，因而每一部分都携带着古代部落与民族文化的信息。同时，其每一部分形象的取舍都是由中华民族的内在审美心理在驱动、支配着的，因而每一部分又具有其特殊的象征含义：牛头、象征勤苦、忍从、拼斗，代表着农耕文化；猪嘴，象征食欲，代表着口食文化；石榴、花生，象征多子欲望，代表着生殖文化；蝙蝠、蜜桃象征福寿，代表着吉庆文化；鹿角，象征君子风范。可以说，龙这一符号的形成是民俗文化符号相融合的结果，而这种文化符号的融合所构成的特殊形态符号，就体现着新安传统文化“礼仪秩序”的社会理念。新安传统节日也都有各自的代表性民俗符号，无论是爆竹和对联所代表的春节，还是以灯会和汤圆为代表的元宵节，或是用米粽和赛龙舟来代表的端午节等。这些都是新安民俗，同时也是中国民俗事项的表现体，以至于一提到赛龙舟和粽子，人们自然而然地就会联想到端午节，这些传统节日的民俗事项和专属用品，最终形成了特有的传统民俗象征符在中国传统文化及地方传统文化当中人们要经历多种传统礼俗。比如诞生、生日、成年、结婚、葬礼等，这些礼俗都有其各自所代表的民俗符号。例如，在男女缔结婚姻之时，婚宴当中，每每听到的祝福之声中，除了白头偕老之外，更多的是“早生贵子”。而且在婚礼这一民俗中最常见到的“枣、花生、荔枝、莲子”，它们其实都是民俗符号，因为“枣”与“早”谐音，“荔枝”“莲子”与“立子”谐音，就是早生贵子，寓意“早立子”。也有的家庭用枣和花生、桂圆组为果盘的，表示“早生贵子”。表达了人们对婚姻缔结的结果——繁衍后代的迫切期望，由此构成一个美满、和睦、幸福的民俗象征符号，而且这几种符号还运用在手工艺作品上，成为图示符号。

三、精神生活民俗符号

在新安江流域，有许许多多的精神生活层面上的民俗符号。这种精神生活民俗符号是以游艺民俗活动为基础，用传统的祭祀、竞技、社火等娱乐活动的形式，通过古人们对诸神的崇拜、传说、故事等特定的载体，上升为代表的民间精神世界的民俗符号。新安江流域人们的社会生活，受儒文化的影响，体现出敬鬼神的观念。如百姓祭祀伏羲、女娲和帝王圣贤像，虽然表现为对祖先圣贤的神化，但祖先圣贤、鬼神的造型却极富人情意味，体现“人神统一”精神观念。朱熹被历代视为儒家的典范，传统文化有意识地将朱熹等历史圣贤当成传播仁、义、礼、智、信的榜样，并加以直观形象的艺术化表现，其指向性和目的性是十分明确的，所体现的传统文化精神和附带的教化性也是显而易见的，它对规范社会道德和社会的稳定起着一定的作用。所以，精神生活的民俗符号对民俗文化、艺术和德范的影响是毋庸置疑的。

“舞龙”“舞狮”是民间传统的庆祝活动，又被称为“舞龙灯”“狮子舞”“狮灯”“舞狮子”，多在年节和喜庆活动中表演。关于舞狮起源的说法众说纷纭，流传较广的一种说法是：在古代中国是没有狮子的，在中华文化中，狮本来是和“龙”“麒麟”一样都只是神话中的动物。到了汉朝时，从西域传入少量的狮子，当时的人模仿其外貌和动作，到三国时才发展成“舞狮”，而后随佛教的兴起开始盛行。到了唐朝，“舞狮”是大型宫廷舞蹈表演的一种。当时的“太平乐”，亦称为“五方狮子舞”，出自于天竺与狮子国等国。白居易曾这样描述狮子舞：“假面胡人假面狮，刻木为头丝作尾，金镀眼睛银作齿，奋迅毛衣摆双耳。”狮子这一符号在中国人心目中作为瑞

汪满田鱼灯

兽占据着十分重要的地位，狮子象征着吉祥如意，从而“舞狮”这种庆祝活动在精神生活层面上，寄托着民众消灾除害、求吉纳福的美好精神需求。

新安传统民俗符号是中国历史、文化和民俗的产物，有丰富的象征意蕴。民俗符号承载着历史信息，传承着民俗文化脉络，体现着民间的审美情趣，传递着民俗的内涵，它与典籍文化同等重要，是传统文化的重要组成部分。

第三节　民俗建构符号异同

中国幅员辽阔，经纬度的地理跨越导致的巨大环境差异，孕育了各具特色、独具风采的民俗。民俗的多样化，加上自然条件的不同，而造成的行为规范上的差异，造就了“十里不同风，百里不同俗”的文化现象，也造就了多姿多彩的中华各民族民俗文化。这些差异表现在衣食住行等各个方面，也表现在节日的表达和寓意的不同，如被汉、满、朝鲜等民族共同庆祝的春节、端午、中秋等节日，还有藏历新年，

乡间田野（丁珂 摄）

傣族的泼水节……凡此种种，不一而足。总的来说，在中华民族这个大熔炉里，不同的文化表现出不同的民俗。这些民间习俗既是一个地方独有的文化标志，同时又是中华民族文化不可分离的一部分，它们共同使中华古老文明灿烂延续。

新安民俗是中国传统民俗文化中一个重要的组成部分，也是生活在这个区域内民众生活的真实反映，与当地人们所处特定的自然、人文环境紧密相关。

历史上，新安江流域这种既远离中原又非边疆的内陆地区，是人们尤其是那些名门望族“寻得桃源好避秦”的理想之所。因而，该区域在历史发展进程中，可谓人才济济，名流辈出。尤其以名门望族为核心的姓氏分布，给新安江流域区域民俗文化的形成与发展，奠定了重要基础。同时，与其他地区呈现出显著差异。

一、政治、经济条件差异

政治、经济决定文化的传承与发展，经济基础决定上层建筑。就整体而言，我国中部、东部地区凭借得天独厚的地缘优势，早在商周时期就已经得到开发。此后的几千年发展过程中，改革历程总是早于西部地区，经济实力也实现了飞跃性的进步。而新安江流域古时交通条件恶劣，与外界交流存在一定的阻碍，外来文明得不到及时有效的传入。政治、经济相伴，所以，单从经济这一点上，与其他发达地区相比呈现一定程度的文化断层。少数山区民间仍有存在个别落后的观念，甚至是陋习。

二、地域、历史条件差异

新安历史上曾出现多次与中原士族大融合现象，表面上是与国家政治息息相关的士族迁移现象，但实际上中国人的这种重土安迁的心理活动，使得地域性文化得以形成。中国人喜欢安根立家，并不喜欢随处可栖的漂泊生活。正是这种习惯，地方风俗才得以一代又一代地延续下来，而不同地域的人们的生活习惯、环境适应又有明显不同。

新安江河道

如，在沿海地区以捕鱼业为生的民族，在长期的生产生活中形成了一种常规化的古老风俗——妈祖信仰。妈祖作为出海、航归、遇大风大浪危急关头时的祭拜神灵，其香火以中国东南沿海的福建、台湾为供奉中心。而在新安江流域，尤其是一些种植农作物的地区，祭拜轩辕黄帝，寓意五谷丰登、风调雨顺。从这两个例子可见，地域差异和历史差异深刻地影响到了一个地方的信仰风俗，这种习俗也是刻骨铭心、深远持久的。所以说，地域文化是横向的，历史文化是纵向的。不同地域形成的不同文化，在历史演变的过程中得以继承。

三、社会生活民俗差异

节日是物质生活发生到一定时期的产物，作为一种文化现象，是对物质发展的反映，不同民族的文化差异，可以通过节日来获知。以中国节日来说，形式多种多样、内容丰富是其显著的特点，部分节日见证了一个民族，甚至是一个国家，自古至今历史文化长期积淀的过程。对于中华民族来说，自秦大一统之后，每逢战乱屡有变迁，且规模浩大，由此形成的社会现象处于强烈变化之中，从而形成了今天我们所见到的各种传统节日。

与其他地区的新年有些不同，新安江流域民众在庆祝除夕与春节仪式格外的隆重与盛大，其更被视为是一年之始，万物更新之气。春节进行的活动主要有祭祀、吃年夜饭、守岁和拜年。春节前后，人们团聚在一起，将囤好的大量年货进行最出彩的烹调，围坐一桌享受美食，举杯共饮。忌说不吉利的话，拜亲访友，洋溢在其乐融融的氛围中，以对联和鞭炮为代表的大红色春节用品更是突显了春节的十足魅力。

四、物质生产生活民俗差异

从地域上看，南北方的民族民俗有所差别，东西方的民族民俗也有不同。“靠山吃山，靠水吃水”不无道理。汉人多居住中原地区。中原宽广平坦的地形和肥沃的土壤使得他们多以种植业为生。二十四节气，正是经过数十辈人总结出的农时经验。新安江流域由于特殊的气候和地理位置，人们主要聚居在沿江两岸及丘陵山区，故而山林、河道也就成了他们主要的生产和生活场所。形成了特有的民俗风情。

五、精神生活民俗差异

不同地域民族的民俗差异，还表现在民俗观念的差异上。如，游艺民俗是一种以消遣休闲、调解身心的目的，而又有一定模式的民俗活动。它是人类在具备少数的物资生产条件基础上，为满足精神的需求进行的文化创造。新安民俗中有的游戏简单易行，随意性较强；而有的竞技精巧，规则严密。在采用的工具、游戏规则、难易程度上与其他地区的游戏竞技活动有着天壤之别。

第四节　民俗特征

存在于新安江流域时间和空间上民俗活动过程轨迹，是新安民俗的主要特征。其流域是个空间概念，当然，一个地域的民俗特点并非只存在和体现在空间层面。因为，地域空间意义上的民俗，都有其自身发生、发展以及流变的过程，这个过程，是个时间的过程。也就是说，地域民俗特征，在时间与空间上是纵横交错的，构成其基本特点的各种因素是立体存在、运动着的，而非单一平面的运动和存在。真正深刻地认识一个地方的社会和文化特征，民俗是最重要的入门钥匙。

新安民俗同其他地区的民俗一样，具有很多区别于他方民俗的特征。概而言之，这些特征主要包括以下四方面：

一、传承性与地方性

民俗在发展过程中有具有一定的稳定性，这实际上就是民俗的传承性特征使然。[1]传承性是民俗文化在时间上的纵向延续过程，体现了某一民俗的历史发展。这种传承通过两种方式得到进一步发展，即民族迁徙和方式采借。新安民俗首先是新安江流域生活的产物，其地域文化，特色鲜明，在一定程度上，它对于这个地区人们的生活方式起着规范约束作用。其生存形态与区域、环境紧密相连。主要表现在：一是地域性。新安江流域地理、气候等自然条件与其他地区相比，有所不同，人们生活及经济状况也有很大差异。这种情况直接影响到民俗及人们的生活习惯。其次是地方性，就民俗的区位性特点而言。除了依附于中华民族文化大传统之外，新安江流域自身特殊环境形成了服务地方的文化小传统。民众的生活文化具有明显的地方性，所谓“十里不同风，百里不同俗”;还有一种说法是“百里而异习，千里而殊俗”。这是较概略的区分。总之，民俗文化的发生、发展、演变是在一定地域空间下进行的，它受地理环境、人们谋生方式与历史传统的影响和制约。因此，民俗文化显现出浓烈的地方特色。

---

① 卞利：《徽州民俗简论》,《黄山高等专科学校学报》2001年8月第3卷第3期，第18页。

二、集体性与阶层性

民俗的集体性，是指民俗在出现和传承的过程中所体现出的基本特征，[①]也是民俗的本质特征。民俗的模式性也称为类型性，是指民俗的内容和形式方面的彼此相似性。

新安民俗中集体性民俗习惯往往反映着这个群体的生产和生活方式、历史和文化传统、心理素质和感情境界，这是区别于另一个群体的重要标志之一。

新安民俗培育了区域间社会群体中的一致性，增强了人们的认同感，强化了精神，塑造了品格。没有这个群体就没有这种民俗文化，所以说民俗文化是集体智慧的结晶。民俗的集体性可理解为：首先，任何一种民俗，都产生于特定的群体，如某个特定地域或某个群体。其次，民俗一旦形成，就会成为集体的行为习惯，流传于一代又一代的集体中。在流传中，由集体不断补充、加工、完善。也就是说，民俗文化不是个人行为，一个人创造或倡导的一种民俗形式，没有公众的认可，或积极推行，它绝不会长久地延续下去。即使勉强地生存下来，也不会有其广泛性。生活在民俗文化圈内的每个人都是民俗文化的创造者、传承者，也是民俗文化的被教

义成《跳钟馗》

① 卞利：《徽州民俗简论》，《黄山高等专科学校学报》2001年8月第3卷第3期，第19页。

化与被熏陶者。

所谓的阶层性，是指社会民俗的纵向分布而言。传统社会中，处于社会中下层的广大民众，是民俗文化的主要创造者和承载者。因此，民俗文化主要体现了他们的认识与思想要求，不仅中下层社会相较于上层社会有着层位的差别，就是中下层社会内部亦有着民俗差异。农民与手工业者是物质财富的直接创造者，形成了淳朴、节俭、勤劳的民俗本色；而属于中层社会的商人与城市平民，他们的民俗观念与民俗行为有着自己的层位特色，在行业的竞争与酬应中，他们逐渐养成铺张、浮靡、好新慕异的风尚；居于社会支配地位的达官贵人，他们拥有明显区别于社会中下层的生活方式，因此有着不同的生活习俗。当然，在传统社会中，各阶层之间仍然有着部分具有共同意义的习俗。

三、原始性与神秘性

原始性与神秘性原本是中国传统民俗的一大特性。在中国传统社会里，民众的实用目的，大多依靠神秘的民俗行为来促成，神秘性事象无论怎样复杂，目的也只有一个，即服务于人们的生活需要，主要表现于信仰、崇拜、巫术、禁忌、占卜等活动中。

首先，新安民族的神秘性在新安江流域，民间就传承着大量古老风习，“万物有灵”的原始观念十分浓烈，民俗事象大多蒙上了神秘色彩。佛、道、释的传播与流行，尤其是道教对民俗生活的介入，使新安传统民俗的神秘色彩更为浓厚。休宁、歙县、淳安、建德等地，自古庙宇林立、香火旺盛，除寺庵、道观、教堂外，还有许多供奉当地民众信仰的地方神庙。这些地方神有的是历史人物，有的是民间传说人物。人们怀念他们治理地方的功绩，歌颂他们为民排难解忧的义举，讴歌他们高风亮节的品格，赞美他们刚正不阿的精神。如贺老爷、方仙翁、九相公等庙会都带有一些神秘色彩，千百年来形成新安江流域人们的信仰习俗，也由此形成独特的庙会风俗。旧时在农村盛行这种庙会，既是精神的寄托，也是传统文化物资交流的平台。

其次，新安民俗的实用性。实用性是民俗最本质的特点，它服务于人们的生产与生活，人们依赖民俗开展生产，繁衍后代，寻求精神愉快。民众创造了民俗，民俗服务了民众。民俗信仰的直接功利性，是它区别于一般宗教信仰的根本特征之一。当然，新安民俗的实用性，不仅仅表现在信仰心理方面，更重要的是民俗活动在民众实际生活中发挥着效用。

四、稳定性与变异性

新安民俗是一定社会历史条件和生产力水平下的产物，同时具有深刻的社会、历史和自然根源。因此，只要这个群体存在，它的民俗习惯就会长期保存。而民俗习惯一旦形成，就蕴藏着该群体的共同心理感情。“民俗从古至今，从产生到传承并不断地发生着变异。民俗随人类的产生而产生，并随着人类的发展而发展，这也就使得民俗在形成后的一段时间内具有相对稳定性。”① 但民俗作为一种基础文化，它在传承与传播过程中并非一成不变。相反，它随着时空的变化不断地发生变异，形成了与稳定性相联系的变异性特征。稳定性，是新安民俗突出表现之一。这种稳定性主要的体现有：家族观念的稳定性，节俗传统的稳定性，以及人生仪礼习俗的稳定性。但是，稳定性只是相对而言。变异性是新安民俗的另一个鲜明特征之一。它在传承中变异，在变异中传承。从总的方面看，变异性与历史性、地方性相关联，同类民俗在不同时代、不同地区都会有各自的特点。

晒宗谱（林坚 摄）

① 卞利：《徽州民俗·序言》，安徽人民出版社，2005年。

第五节　民俗社会功能与价值

新安民俗社会功能主要表现在社会生活与文化系统中，对其他社会文化因素发挥的客观效用，具有重要的功能和价值。

一、教化功能与价值

新安民俗在个人行为过程中的教育和潜移默化的作用。如人际关系、尊老爱幼、民族自豪感和爱国心等。对人们的教化，则是在一代又一代的传承过程中潜移默化地发生作用，从而对人们的道德教化有着重大的作用。

当人们按部就班地经历人生每一个阶段的人生仪礼，就不断地接受着外部世界的影响。比如，诞生礼中的周岁仪礼，新生儿就会进行非常重要的“抓周”仪式，长辈们会在桌子上摆上象征前途命运的东西，例如，文具、书籍、纸币、尺子等，孩子抓到了哪样东西就预示着会有怎样的前途。“成年礼”则是为承认年轻人具有进入社会的能力和资格而举行的礼仪，它标志着一个人进入了成熟阶段，是一种社会角色的转变。我国古代把男子的成年礼叫“冠礼”，女子的成年礼叫“笄礼”，分别在男子二十岁、女子十六岁时行礼。男子行“冠礼”象征有了参加国事和家事的资格；女子行“笄礼”表示从此结束了少女时代，可以结婚生子。还有一些民间的神话传说，同样也有着道德教化的作用。

二、规范功能与价值

新安民俗对所属社会成员的行为方式具有制约和控制作用。如乡规民约所起到的作用。强调民俗的规约性，用它作为规矩的作用，原因就在于此。规范使每一个生活于此的人在文化价值观念指向上趋于一致。于是，在道德伦理和标准的评判上，地区性的意义就非常突出，而约束力的行为也同样在强化着这一致性。可以说，正是习俗的规范和约束作用，使新安人成为新安人，并且与其他地区的人区别开来。同时，在文化的交往过程中，让其他地方的人感受到新安人的精明能干、细腻等特点。

人是文化的动物，具有文化行为。换句话说，人创造文化之后，与动物的区别也就有了标准。从这个角度来看，作为文化出现的民俗，几乎是最古老也是最能代表一个地方的文化。因此，民俗的出现，几乎会伴生于人类整个发展过程。从文字的记录来看，新安文化被中原衣冠群体所接受融合，成为他们的生活和精神家园。

三、娱乐功能与价值

新安民俗能对社会成员心理产生快乐和愉悦的调节作用。包括民间歌舞、游戏、竞技和杂艺等，如贺老爷赛会、乌龙王赛会、吴山赛会等都具有娱乐的性质。

淳安竹马

文化是人们社会生活的重要组成部分，人们既创造了丰富多彩的文化，在人们的日常生活中自然会发挥其应有的作用，调剂生活。各种节日、游戏、民间工艺、宗教仪式，都为人们的生产生活带来了不一样的色彩。

在新安江流域，无论歙县、黟县、休宁、祁门、绩溪、婺源，还是新安江中游的淳安、下游的建德等县，都具有丰富多样的民俗活动，这些民俗活动给当地人民带来了无穷的乐趣。比如，淳安就有多种民间娱乐活动，民间“舞龙灯”“舞麒麟”“唱大戏”“跳竹马”，歙县“跳钟馗”“叠罗汉”等都极受老百姓的喜爱，逢年或重大节日活动时，观者如潮，热闹非凡。徽州地区还有“赛琼碗”“目连戏”“傩戏”“采茶戏”等颇具地方特色的游艺竞技活动。同时，新安还有各种宗教活动，诸如“上九庙会”等。这些都对人们的心理起到了重要的调适作用。

四、审美功能与价值

新安民俗能对社会成员心理产生悦耳悦目和悦神悦意的审美作用。

这种区域的民俗文化特点一旦形成，便会长期传承，成为一个地方的文化特色，而不断地得到加强。民俗在传承过程中有一个特点，那就是对于自己的认同并强化。人们总是强调这是我们的习俗，而将这种我们的习俗作为标准，用以衡量其他区域的习俗或文化存在，并将与我们不同的归到异文化或奇风异俗。于是，当一种文化得到民众的认同而成为群体的标志或习俗之后，随之而来的则是对于这种文化存在的不断强化，以示与其他区域文化的差异和独特。

民俗是一种文化，但它又是一种独特的文化，一种生存于民间，存在于民间，并为民间的生活服务的文化。它大多以行为的方式存在于某些特殊的群体之中，有时则以口耳相传的方式代代相传。它没有文字，也不属于或不用文字去记载，因为传承就是最好的记录。

五、维系功能与价值

新安民俗能够统一人们的行为与思想，让社会成员保持凝聚力和向心力。

六、整合功能与价值

“民俗文化是一种社会整合的力量，可以使日常生活的方方面面结合到一起。”民俗文化对于社会群体中每个成员的行为方式都有约束的作用，也是社会在良性运转中的一种非正式的保障手段。

在新安江流域，民俗文化的规范整合功能表现得最为突出的当属宗族、乡约、家法等制度。在这里，宗族组织高度发达，在宋元明清乃至民国时期，宗族几乎控制了整个地区的基层社会，各大宗族都有其一整套治理宗族的族规家法，对其宗族成员具有极强的约束力。沿袭着“千年之冢，不动一抔；千丁之族，未尝散处；千载谱系，丝毫不紊”的习俗惯制，通过族规家法维护封建等级名分制度，调整着宗族内部的财产关系，维护国法、惩戒梗顽，使社会秩序和基层社会保持着稳定。社屋、宗祠和其他寺观庵堂为外在表现的地缘、宗教关系，对社区的稳定都起到了不可忽视的辅助及补充的作用。

鲍氏宗祠

七、环境保护功能与价值

新安民俗中的许多禁忌观念无疑对维护生态平衡、调和人与自然的关系方面起着重大的作用。

如，在新安江流域就有着对山水草木的堪舆信仰的传统，不仅作用于村落的起源，在村落自然环境和人文环境的维护和改造上，也有着决定的作用。这里山石草木与人的命运息息相关，不可轻动。在许多家法族规中都有禁止私伐树木的条文，在新安人的传统观念中，树木是可以保全一个村庄之“气”的。人们也会按照风水对自然地理环境进行治理，这些治理大都是在水口上进行。水口是新安古村落建设中一项重要设施，也是古村落的门户。通常在水流的出入口或其近旁，同祠堂、庙宇一样，对于新安人来说意义重大。水口不仅仅是整个村庄风水的咽喉，同时也是村民认为兴旺发达与否的关键。在村民的观念中，水就是财富，因此需要在那里建造园林、建筑物等，以锁住水口。当然，更重要的是通过对村落水源的保护，新安江流域生态环境得到了非常重要的保护。

第三章　新安民俗信仰

新安江流域民间信仰民俗源远流长，博大精深，它凝结着人们数千年来的文化心理积淀，是中国传统文化的重要载体。“民间信仰的产生和传播有它自身的社会历史根源和思想基础。它从产生以后，就一直随着社会的发展而演化、沿袭下来，成为一种有着很强的顽强性、凝固性的文化现象”。[①] 这些信仰习俗充分利用美好的联想和积极的心理暗示，表达了底层民众对于美好生活的向往，对于增强中华民族的凝聚力和向心力有着重要的作用。随着时间的推移、社会的进步及中外文化的交流，民俗信仰也在不断地实现嬗变和演进。

第一节　民俗信仰意义

“信仰”一词最早出现于佛教典籍唐译《华严经》：“一切仙人殊胜行，人天等类同信仰，如是难行苦行法，菩萨随应悉能作。”信仰是心灵的主观产物，它既是一种个人的意识行为，更是一种超脱于现实的情绪。信仰是带有理智的主观和情感体验色彩，是人们对生活所持的那些根本信念。新安江流域内的信仰主要分为三种，分别是原始信仰、宗法信仰、文化信仰。

文化信仰，是指在新安江流域发展的过程中，发生过大量的历史事件，流传下来许许多多可歌可泣的故事，这些故事最终就成为当地独有的文化产物。这其中最重要的代表便是流域内居民对英雄人物的信仰。既有诸如汪华、程灵洗等流域内籍贯的本土英雄，又有管仲、关羽等各地共同祭祀的传统英雄。正是这些一个一个的民族先烈，开创了中国历史的浩荡长河，指引着人们未来的发展方向。原始信

① 令玕陇：《民间信仰的发生及其生态意识》，《齐齐哈尔大学学报（哲学社会科学版）》2010年5月刊，第50页。

祠祭（林坚 摄）

仰，又称为原始信念，指的是认为自然物或自然力具有生命、意志和伟大能力的信念。这种信念有两个特点：一是把自然物超自然化，即将本来没有意志的东西看作是有意志的；二是不把这种超自然化看作超自然体。从某种意义上说，自然崇拜是仪式化的自然信仰。大体来说，新安江流域内的原始信仰，包含有月神、土地神、城隍神、龙王神、灶王神、观音，以及其他的无生命力但难以解释的一些自然神灵。宗法信仰，大多表现为祖灵信仰，即民间的祭祖、原始祖先崇拜。中国自古以来就有对原始祖先的崇拜，史前时期就有有巢氏、燧人氏、伏羲氏、炎帝、黄帝等等，他们共同被尊奉为中华民族的人文始祖，因为在中国儒教的观念中，“忠”“孝”都是最重要的美德，即使是对于那些已经去世的先人，流域内居民们也会“事死如事生”，对待这些已经去世的先人们，子孙后代也会给予像他们活着时那样的尊敬，逢年过节的加以供奉、祭祀。在流域内，这已经不仅仅是一种信仰，更是人们日常要遵守的一种行为准则。这些信仰各具特色，而这些不同的特色信仰会给流域内居民带来不同的影响。具体而言，包括如下几点。

一、协调人与自然

中国古代科学技术较为落后，对大自然的认识度也不够，对于山洪暴发、电闪雷鸣，人们总认为在大自然中有一股神秘的力量在操控。故此，中国古代很早便提出了“天人感应”学说。作为一种唯心主义学说，“天人感应”说认为天能够影响人事、预示灾祥，人的行为也能感应上天。“凡存心养性之理，穷神知化之方，天人感应之机，治忽存亡之候，莫不毕书之”。到汉代时期，董仲舒更是将其深化，并提出了“气化学说”，将灾异视为上天的警告。“灾者，天之谴也。异者，天之威也”。春、夏、秋、冬四季变化，则是天的爱、严、乐、哀的表现。这一系列官方的思想严重地影响了底层人民的生活信仰，自然信仰也便逐步形成了。尽管自然信仰几乎窒息了人们对自然现象的规律进行探索生机，对科学技术的发展产生了极大的阻碍作用。但是毫无疑问，从某种程度上，它也协调了人与自然之间的关系，使得人们不敢过分地向大自然索取与掠夺。

出于对大自然界各种神灵的敬畏之心，人们普遍强调要“用养结合”，从而建立起合理的生态结构，畜养杀伐不失其时，注意保护自然资源，维持生态平衡。诸如流域内徽州地区，每年大暑前后，新谷上市之际，农户家家抢先蒸新米饭或新米粉馃吃，谓之“吃新食”。有的人家还将新米饭和米馃，贡献“五谷神”和祖先，祷祝年年五谷丰登。当地流行煮粥捞饭的习惯，就是每年腊月除夕，家家户户都要煮粥捞饭，即将米粒煮成半熟，然后捞出来，装入喇叭口状的木制容器中，要装满堆成山尖状，并插上一穗红色天竺子，供在案桌上“接天地”，初三一并“送天地”。撤案后，将半数的饭倒入钵内蒸成熟饭食用，以免浪费。正是出自于对大自然的敬畏之心，出自于原始的自然信仰，流域内的自然环境才得到更好的保护。现如今，新安江流域内水流面积高达 1.1 万多平方公里，森林植被覆盖率位居全国前列，当我们看到这一幕幕美好的自然生态时，应该感谢自然的馈赠与古人的原始自然信仰。

二、稳定社会秩序

社会秩序的稳定是历朝历代经济发展、政治稳固、文化繁荣的重要前提。在这方面，信仰这支力量可以发挥其独特的社会作用。因为社会存在着不可避免的激烈竞争，人们偶有情绪不稳、躁动不安、贪欲嫉妒、愤恨失望等浮躁情绪，从而影响社会的稳定性。这些传统的信仰便通过宣传信仰内容、举行风俗仪式等活动，加强受众对现行秩序的认同，舒缓人们精神危机，减少社会震动。挖掘和弘扬信仰中那些有利于社会发展、时代进步和健康文明的内容，可以为发展稳定社会秩序提供支持。

新安江流域的传统信仰文化中，蕴含着大量的和平仁爱、慈悲平等、自然和谐的观念。诸如传统自然信仰中的土地神、城隍神信仰。他们作为地方小神，护佑着一方的安定与团结，人们相信“举头三尺有神明”，如果生活中有某一方面不如意，就会到相应的祭庙中叩拜。如果以恭奉的心态虔诚祈祷的话，神明会显灵帮助你。人们对自然社会中的神灵存在着敬畏之心，便不至于胡作非为，扰乱社会治安。这同时也是尊重自然、顺应自然的一种体现。

信仰作为社会控制的一种特殊方式和手段，其最大特点在于，借助神灵的威名，实行自上而下的绝对控制和自下而上的绝对服从。较之于政治、法律、道德、习俗等形式，这种形式更能征服人的思想，约束人的行为。同时，民俗信仰还存在着一种社会认同的功能。相同的信仰使得人们在思想上趋向于具有共同的信念和价值观念。比如，徽州地区的宗族信仰。同一村落之各家各户都信仰其同一先祖，把分散的具有同样信念的宗族信仰者组织起来，从而相互守望与照顾，以实现群体认同，形成一种社会组织结构。

民俗“踩街”

三、凝聚宗族团结

宗族作为一种社会单位，是由几个核心家庭（总人数一般不超过 30 ~ 50 人）出于生存和安全的目的自发、松散地组成。他们通常拥有共同的祖先，在同一聚居地生存发展，并逐渐形成强大的聚落。由于一个宗族通常表现为一个姓氏，所以出于自身的宗族信仰缘由，宗族子弟之间普遍相亲相爱，相互帮衬，从而维系着宗族之间的团结。

这其中最为典型的就是新安境内的徽州商帮。“七山半水半分田，二分道路和庄园”的地理环境，使得徽民多寄命于商。而商路漫漫、荆棘丛生，前途布满着欺诈与狡黠，必须要有一个年长者为其指点迷津，助其在商海中浮沉。而同宗同族的年长者自然就是最合适的人选。故此，商人外出经商，多是父带子、叔带侄、舅带甥、兄带弟，一代还一代，最终形成许多商业资本与宗法家族经济相结合的商人世家，如“江村江氏，丰溪、澄塘吴氏，潭渡黄氏，岑山程氏，潜口汪氏，傅溪徐氏，郑村郑氏，唐模许氏，雄村曹氏，棠樾鲍氏，蓝田叶氏”等。不仅如此，徽商在北京、南京、扬州、武汉等大城市集资修建了专供徽州籍商人活动的公共场所——会馆。出资专门为宗族子弟修建徽州学堂，用来维系第二代徽商的宗族乡土情结。而这些因宗族信仰而衍生出来的有力措施，无疑联络了徽州同乡感情，为其互相交流商业信息、维护徽商利益起到了至关重要的作用。尤为值得一提的是，在徽商的企业团体里，从商人员与徽商往往不是雇主和雇员的关系，而是师傅和徒弟、老板和伙计的关系。这些徒弟、伙计又大多是徽商的同宗、同族，或同乡之人，相对于外人而言，自然更令徽商放心。所以，徽商用人不同于晋商的“避亲不用”，往往重用同宗、同族，或同乡之人。正是由于传统朴素的宗族信仰，徽商相比于别的商业集团更为团结，使其在商海浮沉中能够勇往直前，无往而不利。

四、教化忠勇美好

信仰的教化功能，指的是信仰在人类个体的社会化文化过程中所起的教育和模塑作用。人是文化的生物，人一出生，就受到当地文化民俗的规范与洗礼。他从周围人群中习得自己的语言，从最开始的信仰中学会了自己的传承与坚持。甚至就是在人故去以后，也是依照自身的信仰进行丧葬仪式，从而离开这个世界的。我们从民俗信仰中教育后人，后人们也在自己的民俗信仰中找到自身的定位。

最为典型的代表就是新安宗族信仰。作为宗族的一份子，新安男丁一出生便被族谱所记载，并按照族谱中的顺序排辈。向来信奉祖先的新安人，能迅速地找到自己在家族中的定位。新安家族向来有从商的习惯，一户之家甚至几代经营某一个行当，并最终成为这个行当的商业巨头，比如雄村曹氏、潜口汪氏等。因为大家有着共同的祖先，故此就会被家规、族法所约束。这些家规、族法大多与统治阶级的理论相符合，诸如“不偷盗财物、不奸淫妇女”等。有了这样一层约束，便可管教一族之人朴素善良，不至于为祸一方。倘有部分不法之徒犯有族法，严重者甚至会被处以逐出宗族的惩处。而这则被新安人视为奇耻大辱，甚至死后都无颜面见先祖。出于这层恐惧，有着宗族信仰的新安江流域多处于民风淳朴的状态。

另一方面，新安文化信仰也可以教化人们从善从良。新安江流域自古就享有“东南邹鲁”“文献之邦”的美誉，向来重视文化教育。所以，大多文化信仰都是信仰那些青史留名的人物。例如,流域内居民信奉辅佐齐桓公改革的管仲,就曾经留下了“管鲍之交”的典故。《列子 · 力命》云 :“生我者父母，知我者鲍子也。此世称管鲍善交也。”管仲和鲍叔牙之间深厚的友情，已成为中国代代流传的佳话，也教会了流域内居民诚心向善的优良品德。再如，汉寿亭侯关羽，文学演义中给他留下了“过五关斩六将”“千里寻兄”等历史典故。随着流域内居民的代代相传,关羽逐渐被神化了,他身上之忠勇、仁信、勇武影响着一代代的新安江流域居民。同时关羽的盛气凌人、败走麦城等失败案例，也被居民们所津津乐道，总结经验教训。还有汪华、程灵洗、许远这些流域内的文化信仰人物，也在“抬汪公”“程氏宗祠纪念会”等乡风民俗的活动中得以传承下来，让新安江流域内代代居民都感受到和平的珍贵与来之不易。

五、传承展示文化

随着社会发展的进步，不少传统文化正在消失或已经消失，即使某一种传统文化被列为非物质文化遗产，也因其与现代化生活的脱离而难以让年轻一代所理解。流域内的一些由信仰所演变而来的传统民俗活动，本身沉淀了不少传统文化的精髓，现如今，多依靠当地老一辈村民的言传身教才得以流传。这些具体而生动的行为活动使当地村民找到一种亲切感和归属感，从而使得这一古朴厚重的民俗信仰文化得以发展和传承。这些因信仰而保留下来的民俗活动，不仅让这一传统文化得以展示和说教，而且将其传统文化的形式和内容作为一个整体进行留存，并且传承下去。

而使得信仰民俗得以传承的主要原因，是出自于流域内居民的文化信仰。他们普遍相信忠勇、美好、善良，故此才会将这些英雄人物的事迹以民俗表演、口耳相传等方式记录传承下来。如，徽州的地方神汪华，隋末时起兵占据六州，保护一方居民生命安全，从而被青史牢记。出自对汪华的信仰，在他去世后，徽州居民自发地组织起了“抬汪公”的民俗，并一直保留至今。“抬汪公”习俗让人们看到了徽

汪华祭祀

州人朴素热情、知恩图报的美好一面，更将1400多年前的那段波涛汹涌的历史完整地记录下来，供后人欣赏与研究。

同时，这些传统的信仰文化所展现出来的民俗活动对于社会经济和人民生活方式发挥着积极作用。新安江流域内风景优美，人杰地灵。黄山、西递宏村徽派建筑村落群等都为自然与文化双遗产，每到节假日，都吸引着众多的观光游客。通过这些民俗信仰的展示和表现，一方面为广大游客的游览休闲提供了更多的选择与去处；另一方面，也使得广大游客能够在游览中接受传统信仰文化的熏陶。再一方面，流域内地方政府与群众也因其获得经济效益。丰富多彩的民俗活动越来越成为当地的旅游名片与亮点，吸引着更多的人来到当地参观游览。

第二节　民俗原始信仰留存

一、原始信仰

原始信仰，又称为原始信念。指的是认为自然物或自然力具有生命、意志和伟大能力的信念。其主要表现在自然物超自然化，即将本来没有意志的自然现象看作是有意志的。比如，出现在旧石器时代晚期的“图腾崇拜”，就是将某种特定物体视作与本氏族有亲属或其他特殊关系的崇拜行为，从而逐步发展为最初形式的原始宗教。“野蛮人的世界观就是给一切凭空加上无所不在的人格化的神灵的任性作用……古代的野蛮人让这些幻想来塞满自己的住宅，周围的环境，广大的地面和天空”。[①] 在远古时代人民的心目中，这些原始信仰具备一种超自然力，可保护自己的族群与部落，并可从此处获得力量。

新安江流域是以农林为主的山区，自然环境艰苦恶劣，使得流域内民间原始信仰种类浩繁复杂，内容和形式都较为广泛。人们既崇拜那些列入国家祭祀大典的雷、雨、风、云、山、川、社稷坛等，又祭祀那些民间约定俗成的自然神。下面就该流域内原始信仰的留存做一简要介绍。

(一)月神

月神是新安江流域广泛流传的神仙之一。又被称作月光娘娘、太阴星君、月姑等。对月神的崇拜，在流域内由来已久，属于原始信仰中的天体崇拜，神话“嫦娥奔月”就是月神传说之一。传说嫦娥是后羿的妻子，后羿因射九日，得罪了天帝，把他们贬在人间，后来，后羿得了西王母的长生不老药，嫦娥吃了仙药后升天而去，住于月宫，成了住在广寒宫里的女神。《山海经》中也有记载，称后羿射日之后，嫦娥误吞仙药，升到月亮之后便化为蟾蜍，成为月神。因蟾蜍生殖功能强大，肚子一鼓一瘪好似月满盈亏，加之其多在夜间活动。故此，人们就将其看作月亮的化身。

周朝时期，古代帝王便有了春分祭日、夏至祭地、秋分祭月、冬至祭天的习俗，并将祭祀的场所称之为日坛、地坛、月坛、天坛，分设在东南西北四个方向。如北京的月坛，便是明清皇帝祭月的地方。《礼记》中记载：“天子春朝日，秋夕日，朝日之朝，夕月之夕。”这里的夕月之夕，指的正是夜晚祭祀月亮。这种风俗不仅为宫廷及上层贵族所奉行，随着社会的发展，这种祭月的意识也逐渐影响到了民间。中国民间崇拜月亮神的历史同样漫长久远，早在两三千年前，古人就有“跳月”祭祀月亮的习俗。太阳和月亮一阳一阴，照亮了两种不同的世界。太阳给人光明，温暖和欣欣向荣的景象，促使万物生长；月亮在黑暗中给人带来希望、新生和无穷无尽

① 陈勤建：《文艺民俗学导论》，上海文艺出版社，1991年，第160页。

的力量，使夜晚的世界不至于太清冷太悲凉。因此，月亮是欢乐之神，古人才用狂欢的“跳月”舞蹈来表示祭祀月神。

人们迷恋月亮，是因为它是团圆之神。中秋之夜，出于对月神的崇拜，古代女子多拜月乞巧，祈盼家族多子多福。最终形成一种“男不拜月，女不祭灶”的说法，而中秋节也演变为了女儿节。在流域内居民的心目中，月亮是美好团圆的象征。因此，每逢中秋佳节，人们都要祭祀月亮。月神是中国民间流传最广的神仙之一，后世逐渐演变为“秋暮夕月”的习俗。每逢此日，各家设有大香案，摆上月饼、西瓜、苹果、红枣、李子、葡萄等祭品，其中月饼和西瓜是绝对不能少的，西瓜还要切成莲花状。在月下，将月亮神像放在月亮的那个方向，红烛高燃，全家人依次拜祭月亮，然后由当家主妇切开团圆月饼。切之前预先算好全家共有多少人，在家的，在外地的，都要算在内，不能切多，也不能切少，大小要一样。拜月（夕月）的方式很多，或向月跪拜，或供月光神马，把神像供在月出的方向，设供案摆供品。当月亮升起后，烧头香，妇女先拜，儿童次拜。一般来说“男不拜月，女不祭灶”。有些地方男子也拜月神，但不出面主祭。老年妇女在拜月时还念叨：“八月十五月正圆，西瓜月饼敬老天。敬得老天心喜欢，一年四季保平安。”拜月后，烧月光神马，撤供，祭拜者可分食供品。

新安江流域内祭祀月神更具特点，在中秋期间，徽州各地皆有中秋“玩草龙”

舞草龙（林坚 摄）

的习俗（休宁称为“舞香龙”、黟县称为“舞草龙”）。即用稻草扎成龙头，又以稻草捆成一束一束，连成龙身，再以一段由粗到细的稻草束做龙尾，每段之间用绳系着，每人手擎一段，配以锣鼓，上下滚动，欢度中秋。草龙循街道行进舞动，其后随各式花灯，锣鼓，鞭炮相伴。香龙所到之处，各户均插一炷香并放鞭炮，表示欢迎助兴。到午夜香熄，送龙下水（将龙身投入河中），意为象征丰收。绩溪县中秋佳节时，人们也舞龙相庆，祭祀月神。

(二)土地神

土地神，又称福德正神、土地公公、土地爷、社神。其庙宇则被称为土地庙、伯公庙等，是新安江流域内民间信仰最为普遍的神灵之一。相传，每年农历“二月二”是土地爷的生日，也称祭灶、暖寿、做众、做牙、社日等，当地居民称之为“二月二，龙抬头”。因此时雨水渐多，可隐约听到雷声。在广大的农村地区，这一天农民忌下地，妇女忌拿针线，清闲过一天。它属于基层的神明，人们普遍认为土地公为地方行政神，保护乡里安宁平静；也有人认为其属于城隍之下，掌管乡里死者的户籍，是地府的行政神。土地神具有生养万物、管理本乡、执掌地府行政的重要功能。

土地神源于古人对土地的崇拜。土地是人类居住生活的场所，是人类获取生存资料所需（衣、食、住等）最重要的源地。对人们赖以生存的自然物质进行崇拜是原始崇拜的重要内容，我国先民早就有对土地的崇敬和膜拜。但由于“土地广博，不可遍敬也；五谷众多，不可一一祭也。故封土立社而示有土尊”。古代把土地神和祭祀土地神的地方都叫作“社”，按照我国民间的习俗，每到播种或收获的季节，农民们都要立社祭祀，祈求或酬报土地神。古人认为土生万物，所以土地神是广为敬奉的神灵之一。从上古开始，社神就成为祭祀系统中的祀典之神。时至今日，古老的“社神”已有了很多变化，但祭祀土地神的习俗一直保留下来。农历二月二“土地诞”，也称“社日节”。“社日”分为春社日和秋社日，在古代春社是立春后第五个戊日，秋社

土地神

是立秋后第五个戊日（戊，五行属土）。土地崇拜是古代先民的原始崇拜，这是因为先民们觉得地载万物，取材于地，历史上的“土地诞”，各乡村民都大肆操办，以祈求地润万物，五谷丰登。祭祀土地神是上至王公贵族，下至小民百姓一年中的大事。土地神神诞之日，官府和百姓都到土地庙烧香奉祀。每逢初一、月半到土地庙烧香的也十分普遍。先秦时期，社神地位极高，故“社稷”一词通常作为国家的代称，祭祀典礼也由天子或各地行政长官主持。汉唐以后，祭祀也不限一地，其原因是因为“土地阔不可尽祭，故封土为社以报功”。

新安江流域内各地几乎每一个大的村庄都有“社屋”，每年春秋二季都要祭祀土地神，即所谓的“春祈秋报”，俗称“接土地”。除社屋外，遍布徽州各地的土地庙也是供奉和祭祀土地老爷的重要场所。在潜口，土地神被称为“地保”，被人们认为是管理土地的神灵。因此，潜口每村或每一地段都建有土地庙。每年二月二，潜口都要举行隆重的祭祀礼仪，各家穿上新买的土地衣帽，摆上贡品进行祭拜。在流域下辖绩溪县内，每年的正月十五即已开始对土地神的祭祀活动，到二月二这一天达到高潮，家家户户包扎一个一升糯米的粽子，将其煮熟，以祭拜土地神。“家家食糯米粽，多者裹糯米数斗”。在祁门县六都村，二月二这一天，全村父老齐集社坛，对土地神进行祭祀。同时，各家轮流供奉土地神像，祭毕会饮，尽欢而散，正是“徽州土地老儿肥，朔望开荤受祷祈。接祝生辰二月二，炒香麻豆换新衣”。各家各户宰鸡杀鸭、虔诚祭拜，各地土地庙多要演戏，以祝“福德正神”千秋。农家都要舂冬米粿，并用手捏成一块形状像圆饼一样，有大有小。每块粿面印有瓜果和稻穗状等花纹，以象征兴旺吉祥有财气，俗称“土地公粿”。并备好牲醴、酒馔、果品等供筵，焚香虔诚致祭于家堂供奉的土地公神位——福德正神神龛前，以祈福报功，求赐五谷丰登，六畜兴旺，招财进宝，合家平安。在当日或在三天内，家长携带儿男分别到所耕作的田片，在其田岸壁上压上几张福金纸，叫祭“田头土地”，以祈年冬好收成。同时，趁此告知下辈所属田产业份。俗话说“吃了土地公粿，裤筒卷起起”。此日后，农民就着手“一年之计在于春”的农事活动。至每年农历八月十五日的中秋节，人们再次对土地老爷进行祭祀活动，酬谢土地老爷所带来的丰收和吉祥。如休宁县的孚潭，“报赛之仪，一如春祈”，在秋社时所举行的活动同春社一样隆重。歙县的橙阳，于中秋秋报之日，人们相互庆贺，农民们自发表演。

新安江流域内居民对于土地神的信仰，多是缘于祈祷风调雨顺和五谷丰登。人类赖以土地生存，其对于土地有着无限的敬畏。崇拜土地神，具有维系社会基本秩序的基本功能，并逐渐发展为民间信仰的一种符号性代表物，承载了流域内传统社会丰富的信息。

(三)城隍神

“城隍”这个名词最早可追溯到《周易 · 泰封》:“城复于隍，勿用师。”《易经》中又言 :“城复于隍，其命乱也。”这些古文中所提及的“城”是指城郭、城壁、城墙 ；“隍”则是“城堑”，指城外护城的壕沟，也就是指“护城河”。“城隍”合起来的意义，就是防守城池的护城河。故此，“城隍神”最早应是守卫城堡的战神。班固《两都赋序》云 :“京师修宫室，浚城隍。”

新安江流域地区又称城隍为城隍爷，将其奉为中国宗教文化中普遍崇祀的重要神祇之一，为儒教《周官》八神之一，也是中国民间和道教信奉的守护城池之神。它是冥界的地方官，专门负责人一生福寿禄和恶罚明的官职。故此，城隍就与所在地城市相关，并随城市的变化而变化。城隍产生于古代儒教祭祀，而经道教演衍的地方守护神。它不但护佑一方水土安宁，更掌管世上官员善恶，同时还管理着十殿阎罗王、阴司黑白无常、牛头马面等下属冥界神灵，神职较土地更广。发展至后来，便逐渐变异为具有保城护民、惩恶扬善、监察万民和袪除灾厄等多种功能的复合式神灵。流域内自知府到县令，新官上任前，总要先去向城隍神祭祀祈祷。

祭祀城隍神的例规，形成于南北朝时期。唐宋时，城隍神信仰滋盛。宋代，将之列为国家祀典。元代，封之为佑圣王。明初，大封天下城隍神爵位，分为王、公、侯、伯四等 ；岁时祭祀，分别由国王及府州县守令主之。明太祖此举之意，“以鉴察民之善恶而祸福之，俾幽明举不得幸免”。

流域内皖南地区多山，气候变化异常，自然条件恶劣。城隍神还被人们视为能够呼风唤雨的神灵，能起到祈雨的作用。故此，每逢干旱灾害严重之际，当地官民都要向城隍神求助，以祈其降甘露，并保佑一方生灵的平安无事。每年十月一日，在黄山市黟县内，都会由城隍庙组织规模盛大的祈愿游行活动。全县百姓同时出动，为城隍烧香酬愿，并扮演鬼神，日夜通宵游街。“好事之徒扮演鬼卒，声状百出，甚或涂脂抹粉，乔装女鬼，彻夜游街”。

(四)龙王庙

龙被尊为四灵（龙、凤、麟、龟）之首，象征吉祥，更象征权威和力量。闻一多先生曾从民俗学的角度考证认为：龙是图腾崇拜的反映，中国历史上的夏人，本以蛇为图腾，可是夏人征服平灭了以兽类鸟类为图腾的民族以后，吸收了其他民族图腾的精华部分，添加绘制于蛇身，成为现代龙的形象了。“中国文化中的龙，不是自然属性的动物。而是居住在中华国土上的古代人类发展到一定历史阶段的精神产物，龙是中国人独创的精神文化，是一种人文动物。它出现于新石器时代原始氏族部落社会的艺术作品中，体现着中国原始氏族部落社会的思想观念和宗教崇拜。在以后的历史长河中，随着社会政治、宗教、价值观念的发展，龙的精神内涵和艺术形象也在逐渐发展变化。”① 龙的起源与演化过程反映了中国先民原始宗教信仰的发展、演进和民族意识的融合、变化，是华夏文明的重要内核。尽管龙到汉代以后逐渐为统治阶级所利用，但人们对龙仍旧表现出极大兴趣，在许多重大习俗中保存了龙的形象，并始终将龙视为尊贵的神异之物，称自身为龙的子孙，赋予龙一个民族象征的地位。龙的形象，最初就是中华民族团结合力的象征。龙文化体现出中华民族团结合力的精神内涵，揭示了团结就是力量的深刻真理。

祷龙祈雨是舞龙最基本的意蕴。在一个靠天吃饭的农业社会，适度的雨水可以说是幸福之源。在民间，龙是“九江八河五湖四海行雨之神”。龙起源时，就与雨水相关，后又成为司理雨水的神灵，祷龙祈雨便成为中国农村常见的“有意味的行为”。因此，每逢大旱之际，人们便会用各种不同的仪式，到龙王庙内进行祈祷，以保佑龙能普降甘霖，其方式有多种，舞龙是其中之一。早在商代，就已流行祈土龙求雨的风俗。汉刘安的《推南子 · 坠形训》：“磁石上飞，云亲来水，土龙致雨，燕雁化飞。”高诱注：“汤遭旱，做土龙以像龙，云从龙，故致雨也。”从渊源上道出了做土龙求雨的民间习俗的由来。作为一种农耕仪礼，代表性的祈雨仪礼有“晒龙王、盗龙王、龙像巡回、取龙泉水”四种。其中，大部分都有舞龙活动。舞龙的这种祈雨功能，在民间流传着很多传说故事，并且构成了某些地区舞龙兴起和发展的源头。当然，求雨时做龙、耍龙，只不过是很古老的传统风俗，唐代时，农业获得大发展，舞龙作为祈雨的功能已逐渐下降，而逐步发展为集求雨、娱乐、求子、辟邪、纳福等多种信仰习俗于一身的特殊民间习俗。

辟邪是为了消灾，包括人们可能受到的一切自然灾害，在新安江流域，人们相

① 闻一多：《从人首蛇身像谈到龙的图腾》[J]，《人文科学学报》，1942年第2期。

信舞龙能将它消灭掉。农历五六月间，是田间稻草苗猛长期，天气炎热，病虫多发，其中毁灭性的病虫害为“稻瘟病”，在科技落后无法防治的时代，人们以舞草龙来驱逐稻瘟病，久之成习。舞草龙驱瘟，从村寨出发到田野，在每片稻田区、每丘田坎上都要依次顺路舞到，舞龙的动作与龙灯相同。舞龙队伍在吹牛角号、放三眼炮、敲锣打鼓、燃放鞭炮声中表演舞技，颇为壮观。在各自村寨的所有田间舞完后，将草龙抬到溪沟边烧掉，谓之“送龙归海”。民间相信通过舞龙能带来幸福，并将龙作为一种神来祭祀，祈神庇佑、赐福、保平安。新安江沿岸就有正月十四至十六舞龙灯纳福的习俗。舞龙时，各村各家都要在神位前点香烛，放水果，制作糯米粿，然后迎板龙。人们俗信舞龙灯能纳福消灾，免除各种疾病和灾难。绩溪县的规矩是，这一天还要包扎一升糯米一个的粽子，煮熟，祭拜土地神。二月二又是百花生日，故又称“花朝节”。这一天，文人陈设百花，举行文昌会，比赛诗文。

民俗活动（林坚 摄）

俗话说水火无情，所以，信仰和祭祀龙王神逐渐演变成为新安江流域内的一种传统。当地龙王庙林立，随处可见。久旱不雨之时，一方乡民必先到龙王庙祭祀求雨。

这与传统农业社会居民们对于土地、气候的依赖程度相当大，秋收时节能否有一个好的收成，就取决于是否有一个适合农作物生长的雨水环境。新安江流域地处皖南山区地带，气候变化异常，自然条件十分恶劣。据嘉靖年间成书的《徽州府志》记载，当地“厥土骍刚而不化，高水湍悍少储蓄。地寡泽而易枯，十日不雨，则仰天而呼；一骤雨过，山涨暴出，其粪壤之苗又荡然空矣”。另外，当地的建筑物多是土木结构，最怕闹火灾。传统的徽派建筑都备有防火墙、大水缸等消防设施。对龙王的信仰，是居民们向往风调雨顺、安居乐业的愿望简单而又质朴的象征。在流域内，对龙王的祭祀又分官祭和民祭两种。“若久雨祈晴，冬旱祈雪”，这就是龙王庙的功能。

(五)灶王神

祭灶神是一项在民间影响很大、流传极广的传统习俗。旧时，差不多家家灶间都设有“灶王爷”神位。人们称这尊神为“司命菩萨”，或“灶君司命”。传说他是玉皇大帝封的“九天东厨司命灶王府君”，负责管理各家的灶火，被作为一家的保护神而受到崇拜。灶王龛大都设在灶房的北面或东面，中间供上灶王爷的神像。没有灶王龛的人家，也有将神像直接贴在墙上的。有的神像只画灶王爷一人，有的则有男女两人，女神被称为“灶王奶奶”。灶神是民间最富代表性，最有广泛群众基础的流行神，寄托了劳动人民一种辟邪除灾、迎祥纳福的美好愿望。

在新安江流域内信奉的众多神灵中，灶神具有相当高的地位。民谚曰：“三祭灶，四扫屋……”即指每年的腊月二十三（一说二十四）祭祀灶神。这是一种由原始的火崇拜发展起来的一种神祇崇拜。火是流域内居民在长期与大自然搏斗的生活中经常使用的工具，也逐渐演变成为自然崇拜之一。灶神是一家之长，负责监督一家老小的善恶功过，定期上报天庭，因而得到一般老百姓的顶礼膜拜。秦代以前，祭灶就已成为国家祀典的“七祀”之一了。到了汉代，祭灶又被列为大夫“五祀”之一，并且灶神也被人格化，并被赋予新的功能。郑玄注《礼记 · 记法》也说：“(灶神)居人间，司察小过，作谴告者也。”这说明，至少在汉代，灶神已成为督察人间过错，专向天帝打报告、汇报人间善过的神了。

新安江流域内习俗于农历十二月二十四日晚上奉祀灶君，焚香祀送。旧时亦有士绅家于二十三日送灶，百姓家二十四日送灶之别。奉祀灶君多用糖元宝、炒米糖、花生糖、芝麻糖和糯米团子之类，以糖塞住灶神之口，不讲人间过犯罪恶，世称“上天言好事，下界保平安”。祭毕，即将奉祀经年的灶君旧纸马从灶上揭下，连同纸锭等一起焚化，以示灶神上天。除夕接神时，再行接灶神之礼，奉祀灶神后，再在灶上粘贴新的灶君纸马。

(六)观世音

观世音菩萨，来自于竺法护与其弟子译于长安敦煌寺的《正法华经》。竺法护，初译“光世音”,其弟子聂道真改为“观世音”。玄奘新译为“观自在”,民间称为“观音”。观世音菩萨是佛教中慈悲和智慧的象征，无论在大乘佛教还是在民间信仰中，都具有极其重要的地位。以观世音菩萨为主导的大慈悲精神，被视为大乘佛教的根本。佛经上说，观世音是过去的正法明如来所现化，在无量国土中以菩萨之身到处寻声救苦。观世音与阿弥陀佛有着特殊的关系，是西方三圣中的一尊，也是一生补处的法身大士，是继承阿弥陀佛位的菩萨，还有说观世音就是阿弥陀佛的化身。观世音菩萨具有平等无私的广大悲愿，当众生遇到任何的困难和苦痛，如能至诚称念观世音菩萨，就会得到菩萨的救护。而且，观世音菩萨最能适应众生的要求，对不同的众生现化不同的身相，说不同的法门。在佛教的众多菩萨中，观世音菩萨也最为民间所熟知和信仰。在中国的江、浙、闽、广、台湾，以及南洋华侨间，观音信仰极为普及，所谓“家家阿弥陀，户户观世音”。

新安江流域内的黄山市歙县三阳乡，地处皖南边陲，与浙江省接壤，是过去古徽州与外界连接的旱路要道。三阳村自南宋建村以来，至明万历年间已初具规模。该村的“打千秋”文化习俗，是较为典型的徽州民俗体育活动。它起源于明末，盛于清，至今已有500多年历史；打秋千是民间观音会的组成部分，人们认为，行观音会能有风调雨顺、五谷丰登、驱魔镇妖、四季平安、万事如意之意。尤其女人在会期内拜了观音，能保佑早孕珠胎。在秋千架上，四位秋千姑角色由三阳乡洪氏祠堂推举选拔，由四名10岁左右的小男孩来扮演（1955年始用女童），她们各穿绿、紫、红、白四色衣裙，象征着春夏秋冬，秋千架上面春夏秋冬寓意着一年四季风调雨顺，国泰民安。穿白色衣裙的女童代表观音，接受着一个村子男女老幼的朝拜与祝福；其余为观音侍女。观音及侍女分别坐在秋千架上的秋千板上，腰间彩带固定在吊板索上，坐悬铁板的对端为扮观音者的座位，在十字架转动停止时，以铁板的重量下坠，使观音保持居高临下的姿态。

而在每年的农历二月十九，淳安县屏门乡屏前村都会举办近百年的传统庙会——屏前观音庙会。参加庙会的人员络绎不绝，他们来自周边村子，拎着礼物集聚到洪

屏前观音庙会

氏宗祠祈福。整个活动让人目不暇接，分别由踏八仙、跳魁星、抢仙桃等组成。是当地颇具规模，且有影响的民俗活动。

二、其他信仰

除却上文中所提到的众多神灵，在新安江流域内，还有一些其他的自然信仰，其中包括五谷神、门神、鲁班神、田神。

（一）五谷神

五谷神，又称五谷大帝、五谷神、五谷爷，谐音称“五谷母”。一说是神农氏，一说是五谷之神。何以“五谷母”有两次神诞？也有两说：一说是水稻一年两熟，为报答神恩，故行夏秋二祭，时间定在两次收成后的月中，即农历六月十五和十月十五；一说五谷神诞原来是农历六月二十六日，清军入关后，清王为探测民心，试行政令，遂定十月十五为五谷神诞。

此两说至今仍在流传。令民易时祭拜五谷神是非常古老的中国民间信仰。五谷神分管和保佑人们五谷丰登，凡是危害五谷生长的各种灾害都由其管。《礼记·月令》载：“是月也，农乃登谷，天子尝新，先荐寝庙。”《荆楚岁时记》亦云：“十月朔日……

今朝北人此日设麻羹、豆饭，当为其始熟尝新耳。”在新安江流域内，每年农历六月初一，举办“保稻节”，祭祀五谷神。祭祀时，将犁耙锄头置于堂屋大门正中，烧香跪拜，迎接五谷神降临。

(二)门神

门神，即司门守卫之神，是农历新年贴于门上的一种画类。说法不一而足，包含有神荼、郁垒、孟良、焦赞、尉迟恭、罗成、秦琼等形象。作为民间信仰的守卫门户的神灵，人们将其神像贴于门上，用以驱邪避鬼、卫家宅、保平安、助功利、降吉祥等，它是中国民间深受人们欢迎的守护神。按照传统习俗，每到春节前夕，家家户户便忙碌起来写挥春贴对联和门神，祈福来年。根据史料记载，周代的时候就已经出现了“祀门”的活动，而且是极为重要的一项典礼。汉晋时，门神职能社会化，人们普遍认为门神为阴气之神，或谓其居人间司察小过，以做谴告；门神的另一种职能便是驱鬼避邪，保障国家平安。这种门神，据说始于神荼、郁垒的称呼，他们本是神话人物，汉代民间颇为流行，认为他们有捉鬼的神通。因为他们平时在度塑山大桃树下，所以，人们于除夕时，悬挂挑人、苇索（二神用缚鬼），门上画二神和虎（二神执鬼以食虎）的形象，用此方法来驱鬼辟邪。随着社会的发展和意识形态的变化，人们对于门神的要求，已不仅是辟邪免灾，还希望从他们那里获得功名利禄等。至迟在明代，武士门神像上，已常添画“爵、鹿、蝠、喜、宝、马、瓶、鞍、皆取美名，以迎祥址”。以后更取消门神的祛邪义务，专事祈福的，于是中国民间形成天官、状元、福禄寿星、和合、财神等为门神的风气。新安江流域内婺源县，在砖工建房上门枋时，要宰杀公鸡，将鸡血淋门口，叫作“祭门神”，并口念祭词“鸡血淋到东，恭贺东家添儿孙；鸡血淋到西，恭贺东家多添丁”。众人互相呼应，以求吉利。

(三)鲁班神

鲁班（前 507 ~ 前 444），春秋时期鲁国人，姬姓，公输氏，字依智，名班，人称公输盘、公输般、班输，尊称公输子，又称鲁盘或鲁般，惯称“鲁班”。大约生于周敬王十三年（前 507），卒于周贞定王二十五年（前 444），生活在春秋末期至战国初期。出身于世代工匠的家庭，从小就跟随家里人参加过许多土木建筑工程劳动，逐渐掌握了生产劳动的技能，积累了丰富的实践经验。公元前 450 年以后，他从鲁国来到楚国，帮助楚国制造兵器。他曾创制云梯，准备攻打宋国。墨子

鲁班像

不远千里，从鲁国行十日十夜至楚国都城郢，与鲁班和楚王相互辩难，说服楚王停止攻宋。木工师傅们用的手工工具，如钻、刨子、铲子、曲尺，画线用的墨斗，据说都是鲁班发明的。而每一件工具的发明，都是鲁班在生产实践中得到启发，经过反复研究、试验出来的。故此，鲁班被誉为“木工之祖”。在新安江流域，木工供奉“鲁班师傅”，且最忌讳清晨有人坐其工具凳，意为“坐冷板凳”，即无生意可做。

（四）田神

清代顾禄在《清嘉录》卷二中称，“二月二，土地公公生日”。故民间定义二月二日为土地神诞，俗称土地公公，大小官廨皆有其祠。《周礼 · 地官 · 大司徒》：“设其社稷之壝而树之田主。”汉代郑玄注释为：“田主，田神。后土，田正之所依也。”唐代王维有诗《凉州郊外游望》云：“婆娑依里社，箫鼓赛田神。”宋代梅尧臣有诗《野田行》曰：“茅旌送山鬼，瓦鼓迎田神。”中国古代以农业为主要产业，故此每逢田神生日，各级官府谒祭，吏胥奉香火者，各牲乐以酬。村农亦家户壶浆以祝神厘，俗称田公、田婆。徽州地区也不例外，农村每年早稻的第一次插秧称为“开秧门”，歙县这一天要设宴请“田公、田母”。朝拜时，先插三根香于田埂，还要虔诚跪拜。休宁、屯溪这一带，当家人去秧田选定“门向”，然后带泥拔出一块秧苗，置于茶盘，捧送回家放在贡桌上。祭拜天地后，将带泥秧苗倒甩上隔板，以全部粘上为无灾无害生长良好的好兆头。

（五）灵石信仰

原始社会生产力和科技水平都相对较低，人们将自然物看作是一种超自然的、异己的神秘力量。石头既能制造工具，又能建房屋、造桥梁、筑堤坝，还能成为记事碑、记功碑，被用作祭祀等场合。因此，石头逐渐被赋予了坚定、顽固、顽强，以及其他各种，我们所向往的品质。在最初万物有灵观念的支配之下，这一观念逐渐发展，最后演变成为自然信仰中的另一大类——“灵石信仰”。新安江流域内各个乡村民居、祠堂墙角和墙壁上，遍布着“姜太公在此”“泰山石敢当”等字样的石刻。这些过去被视为风水迷信的产物，恰好证明了灵石信仰的广泛性与普遍性。灵石信仰是以情感为内驱力的思维表达方式，是物我合一的拟人化思维表达方式。“石敢当，镇百鬼，压灾殃。官吏福，百姓康。风教盛，礼乐张”。用石头刻上这样的字样，放置在村口，便可起到改善本村风水、保佑村内人畜平安的作用；放置在家门口，便是驱邪镇祟、镇宅护宅的灵物，可起到避邪作用，以保佑家中老小的安定，使人们获得心理安慰。

自然信仰作为一种客观存在在人们头脑中的异化反映，带有一定的功利性与实用性，这些都在祭祀的目的中有所彰显。“其神之为民御灾捍患者，则祀之”。在组织祭祀的过程中，又带有一定的自发性与松散性，具有一定程度的凝聚力和社会影响力。这些自然崇拜在当今社会主义新农村建设的大背景之下，俨然成为一把双刃剑，既有正能量，也有副作用。因此，在祖国发展日新月异的当下，我们要充分重视它的存在、发展和社会影响，注重扬长避短，发挥自然信仰的积极因素，消除它的不良影响。

在未来，我们应将民间信仰纳入到社会管理综合治理范畴中来，具体落实到乡镇司法中来，依据《中华人民共和国治安管理处罚法》等法律规定，加强社会管理。对那些信众较多的自然信仰庙宇进行登记，从而定岗、定人、定责，逐步将其纳入综合治理的管理范畴中来。大力宣传科学知识，淘汰和清除迷信色彩较浓的仪式和内容，不断创新自然信仰的管理模式。

第三节 民俗文化信仰留存

文化是相对于经济、政治而言的人类全部精神活动及其产品，它是非常广泛和最具人文意味的概念，是人类的生活要素形态的统称，即衣、冠、物、食、住、行等。它是智慧群族的一切群族社会现象与群族内在精神的既有、传承、创造、发展的总和。文化涵括智慧群族从过去到未来的历史，是群族基于自然的基础上所有活动内容，是群族所有物质表象与精神内在的整体，具体指群族的历史、地理、风土人情、传统习俗、工具、附属物、生活方式、精神图腾等。而信仰是心灵的主观产物，是一种灵魂式的爱、关爱，同样也是人类的一种情绪。文化是民族精神的载体，与信仰之间有着密不可分的关系。信仰是内在的，精神的，信从的，而文化是外在的，是我们的精神所表现出来的。它们关系密切，信仰决定了文化的取向，文化表现出信仰的境象。信仰为人心根本，文化为人心表象。信仰决定文化，文化传承信仰。自古以来，文化信仰就影响着新安江流域的发展。作为程朱阙里，流域内奉行着克己复礼的人生态度，天下为公的政治理想，和而不同的共同生活原则及思想原则。正是这些深深刻在国人骨子里的质朴思想，组成了当地特色的文化信仰。具体而言，新安江流域文化信仰可细分为英雄信仰、理学信仰和商贾信仰。

淳安县东亭公社吴家村（原遂安县洙水吴家村）全景照（蒋建坤 提供）

一、英雄信仰

流域内最具特色的文化信仰当属英雄信仰。“他们的思维和感觉不是他们身体的活动，而是一种独特的、寓于这个身体之中而在人死亡时就离开身体的灵魂的活动。从这个时候起，人们不得不思考这种灵魂对外部世界的关系。既然灵魂在人死亡时离开肉体而继续活着，那么就没有任何理由去设想它本身还会死亡；这样就产生了灵魂不死的观念。”① 新安江流域是一个崇拜英雄的地区，在当地，对于那些人们尊敬、崇拜，甚至信仰着的各种英雄人物，在他们死后逐渐赋予这些英雄人物神性，将英雄神化，从而完成信仰人格化的过程。万历年间成书的《歙县县志》总结流域内居民信仰和祭祀的英雄主要有：

邑有祠庙，大都四端：崇德以淑士者，先师、先儒也；报功以保民者，忠

① 陶立璠：《民俗学》，学苑出版社，2003年，第321页。

壮、忠烈也；祭赛以祈年者，社稷、山川、风云、雷电也；褒美以劝俗者，孝子、尚贤也。城隍犹之社稷也，东岳犹之山川也，蔺将军犹之二忠也，孚惠王犹之孝子也，睢阳、忠武几遍齐州矣。汉寿亭侯远恢夷裔矣，不独吾邑也。若厉坛之设，毋亦曰国殇，若敖之鬼乎？而义所从来矣。

从这段记载中，我们不难看出，当地居民既崇拜忠勇当先的关公大帝，又供奉守卫桑梓的乡土武将汪华、程灵洗，还讲求文化神文昌帝和理学的集大成者朱熹。对于那些与邪恶势力做斗争的正义之士，也一并纳入到崇拜和信仰当中来，关公庙（关羽）、汪王庙（汪华）、双忠庙（张巡、许远）等神化了的英雄人物的庙宇遍布，就是形象的说明。

(一)春秋齐国名相管仲

管仲（约前723～前645），姬姓，管氏，名夷吾，字仲。谥敬，春秋时期法家代表人物，颍上人（今安徽颍上），周穆王的后代，是中国古代著名的经济学家、哲学家、政治家、军事家。齐僖公三十三年（前698），开始辅佐公子纠。齐桓公元年（前685），得到鲍叔牙推荐，担任国相，并被尊称为“仲父”。任职期间，对内大兴改革、富国强兵。对外尊王攘夷，九合诸侯，一匡天下，辅佐齐桓公成为“春秋五霸”之首。因其在任上开盐业，倡“仓廪实则知礼节，衣食足则知荣辱”，著《管子》，被称“华夏第一相”，成徽商之祖，东南财神。齐桓公四十一年（前645）病逝。后世尊称为“管子”，誉为“法家先驱”。因其早孔子172年，被誉为“圣人之师”；而孔子在《论语》中称“微管仲，吾其被发左衽矣”。因此，管仲也被称为“华夏文明的保护者”。

新安江流域人多地少，耕地矛盾突出，故此，在我国古代农耕社会，全民都“寄命于农”的时候，当地居民则大量“寄命于商”。明清时期，名扬天下的徽州商帮便诞生于此地。徽帮的崛起离不开盐业，从明万历四十五年（1617）到清道光十年（1830），徽州盐商基本把持了全国的盐业运输和买卖，鼎盛时期的徽商在这一时期控制了全国财政的七分之四。而管仲在齐国大胆改革之际，力主发展盐业产业，并制定了中国盐政的首部大法《正盐荚》，为齐国成为“战国七雄”之一奠定坚实的基础。“三代之时，盐虽入贡，与民共之，未尝有禁法。自管仲相恒公，始兴盐业，以夺民利，自此后盐禁分开”。故此，徽州商人们普遍尊奉管仲为“财神”，在新安江流域也逐渐形成一种尊崇管仲的风俗。

（二）汉寿亭侯关羽

关羽，本字长生，后改字云长，河东郡解县（今山西运城）人，雅号“美髯公”。早年跟随刘备颠沛流离，辗转各地。赤壁之战后，关羽助刘备、周瑜攻打曹仁所驻守的南郡，而后刘备势力逐渐壮大，关羽则长期镇守荆州。建安二十四年（219），水陆并进，围襄阳，攻樊城，利用秋季大雨，水淹七军，威震华夏。

芹川村关公庙

在官方，各朝皇帝都以关羽为忠义的化身，关羽也成为人们教育忠君爱国信念的材料。清朝雍正三年（1725），朝廷颁令以关帝庙为武庙，并入祀典，文武百官、各省县百姓按祭孔之太牢祭仪进行春秋两祀。从此，关羽成为国家祭祀的主神，达到了与文圣孔子并驾齐驱的地位。在民间，人们将关公称为“恩主”，即救世主的意思。民间宗教文化信仰自汉朝以来，渐渐融合儒、释、道三教而为一。但关羽则不同，他集儒、释、道三教信仰合一，被大家都遵从为神灵。道教将关羽奉为“关圣帝君”，即人们常说的“关帝”，为道教的护法四帅之一。释教对关云长的信仰只是限于供奉，并无祈祷、赞颂及供奉仪轨；而在藏传佛教中，有多位大师对关云长著有供赞仪轨，如章嘉大师、土观大师和大宝法王、亚青寺阿秋仁波切等。多识仁波切也曾著有关云长简略供赞。儒家更是称赞其为“关圣帝君”，另有“文衡帝君”之尊称。不仅是在新安江流域内，在中国全境，以至于在东南亚地区，日本、新加坡、马来西亚和美国、英国的华人区域，关公文化信仰也相当盛行。华侨在国外从商者很多，因此，对于作为武财神的关公也多加崇祀。新安江流域内居民向来讲求忠义为本，义气当先，故而对关公十分崇敬，建庙焚香，以请求保佑。

同时，经商之本，在于“诚信”二字。关羽因后人传言“千里走单骑”而成为诚信的楷模，商人们觉得关羽保佑自己的财产安全，故逐渐演变为“武财神”，在“寄命于商”的新安江流域得到了广泛的颂扬。流域内各地建有关帝庙，并成立关帝会，以筹集资金进行祭祀。黟县还专门有“抬关公”之活动，并举行迎神赛会，以娱神为乐。每年的农历九月初四至十二日是关帝出游的时间，村民齐聚举办“抬关公”活动。其中，第一个环节是“起宫”，往往由德高望重的长老将庙里的关帝请出来。他们一般都是四代同堂的长者，手捧关帝神像，将其放入准备好的銮舆里，然后再由年轻力壮的男子抬着銮舆巡游。尔后，村民自觉地组成巡游队伍，其中有男也有女，且分工明确。女人一般是负责祭祀，故此参加巡游的妇女们须头戴大小统一的草帽，帽上插着黄皮树叶，身穿花衣，手执燃香，下系红裙；而男人则负责抬关帝、举旗、敲锣鼓柜等体力活。巡游队伍仿效古代帝王出巡的形式进行，由敲响十三下的头锣开道，三丈高的“三军司令”大旗紧跟其后，之后的彩旗迎风飘扬。每经过居民家门口时，群众就会提前摆设香烛、鲜花、烧鸡等物品迎接，并趁机祈福许愿。也有村民把水果、饮料、食物放到自家门口或游行队伍所到的地方，以表慰劳之情。

(三)吴后将军贺齐

贺齐（？～227），字公苗，会稽山阴（今浙江绍兴）人。三国时期孙吴名将，年轻时任会稽郡吏。汉献帝建安元年（196），孙策巡视会稽，经考察推举贺齐为孝廉，任永宁长，后任南部都尉、平东校尉。建安十三年（208），贺齐任威武中郎将，受孙权派遣，讨伐丹阳郡黟、歙等地。大军溯浙水而上，丰浦、东阳、武强、叶乡等四乡先降。贺齐上表孙权，分歙县（今安徽徽州）东之叶乡置始新县，是为淳安置县之始。后克黟、歙全境，遂析黎阳、休阳和新定三县，并黟、歙、始新共六县，另置新都郡，以贺齐为太守，郡治设始新县新定里（今淳安县威坪镇）。次年，贺齐另筑郡城（即后人称之贺城、淳城），将郡治由新定里迁入贺城。建安十六年（211），贺齐离新都郡前往吴郡，带兵讨伐余杭民郎稚，析余杭置临水县。建安十八年（213），贺齐讨平豫章叛乱，调升为奋武将军。建安二十一年（216），升为安东将军，封山阴侯。吴黄武初年（222），又升迁为后将军，任徐州牧。孙权继位后，曾命贺齐出镇江上。贺齐军容威壮，严阵以待，与魏国曹休军划江而守。黄武六年（227）去世。

贺齐作为淳安县的开县鼻祖，受到后人的崇拜。淳安县，古称为贺城。东汉建安十三年（208），东吴大将贺齐讨伐山越，平定黟、歙两地，将黟、歙从丹阳郡（今安徽宣城）划出，建立新都郡。在歙县东面的叶乡设始新县（淳安最早县名），在歙县南面的武强乡设新定县（遂安最早县名）。孙权令贺齐为新都郡太守。建安十四年（209），贺齐即在灵岩山（今龙山）之麓兴建新都郡城（始新县城）。所以，淳安古城又称贺城。开始，范围较小，仅在天镜山一带，贺城周围二里二百二十五步，有城郭，分建内城和外城。内城为郡府，外城为市井和兵营。因贺齐是具有文韬武略的将军，在当时的条件下，仅花了一年多时间，郡城就初具规模，成为当时六县之冠，贺城即为“淳安县”县城的前身。

贺城自古以来就是浙西重镇，为浙皖交界的战略用地，水路交通便捷。水运依托新安江，上溯屯溪，下达杭州；陆路，古有驿站，民国时有公路三条：一至街口，通屯溪；二至芹坎，通建德杭州；三至界首，通遂安，开化。旧时，贺城经济富强，文化鼎盛，民族民间艺术资源丰富。淳安县城（贺城）建东、西二庙，塑有贺齐像，人称“贺老爷”，岁岁祭祀。贺庙，是为纪念淳安县的开县鼻祖贺齐所建。

贺齐庙会，是原淳安县城为纪念淳安首任知县贺齐所形成的传统庙会。原淳安庙会分东、西庙会。庙会期间，商贾云集，会戏不断，可谓热闹非凡。每年正月十二，东、西二庙的贺老爷出巡日。在正月十二日前后，东、西二庙还分别上演十天十夜的会戏。1959 年，新安江大坝开始截流，库区水位迅速上升。不久，贺城、狮城，以及三个镇、1000 多个村庄先后被水淹没，贺齐庙随之沉入湖底，贺齐庙会也出现中断。为恢复消失 50 多年的“贺齐庙会”，千岛湖旅游度假区管委会倾注了大量的心血。2007 年起，在文广新局、文化馆等部门单位的帮助下，着手对贺齐、贺齐庙会的相关资料进行收集和整理工作。2008 年，又投资在梦姑塘文化公园山上重修了贺庙，举办了首届“贺齐庙会”，通过整合淳安竹马、舞狮、舞龙等民间艺术表演，再现了昔日繁荣的传统庙会和商业庙会。2009 年，千岛湖度假区管委会继续加大投资力度，将“贺齐庙会”做成千岛湖的又一亮点和知名品牌，并于 2009 年成功申报杭州市非物质文化遗产。自此，贺齐庙会将于每年 10 月定期在千岛湖秀水街举办，也将成为“秀水节”活动的重要组成部分。

(四)忠壮公程灵洗

流域内还有一位极有特色的地方神，他就是南北朝时期的南陈名将——程灵洗。程灵洗，字元涤，歙县篁墩人。年少时以勇猛闻名，步行日二百里。“侯景之乱”爆发时，程灵洗起兵保卫桑梓，被授为谯州刺史，入司徒王僧辩麾下。王僧辩被陈霸先（陈高祖）袭杀后，他力竭方降，被委以重任，助防京口。后参与抵御徐嗣徽、王琳进攻的战斗。累官至安西将军、郢州刺史，封重安县公。程灵洗治军既能号令分明，又能与士卒同甘共苦。光大二年（568）卒，年 55。追赠镇西将军、开府仪同三司，谥号“忠壮”。太建四年（572），配享陈高祖庙廷。程灵洗是新安历史上重要的代表人物之一，徽州程氏显祖。因保境安民，战功卓越，又勤勉亲民，深得国君信任和百姓爱戴。明洪武三年（1370），钦降古徽州世忠庙祝文，敕徽州府知府春秋致祭。他是古徽州正史上记载的第一人，生22子，有93孙。后裔在徽州不断繁衍壮大，并播迁至全国各地及海外，约有1200万之众。

作为本土英雄，程灵洗在流域内各地享有盛名。人们都把程灵洗当作本族、本乡、本土的英雄来崇拜，祭祀程灵洗的“世忠庙”遍布区域内各乡镇。明中后期，徽商勃兴，祭祀活动由士大夫们唱主角逐渐转变为商人主导的态势。清以后的祭祀活动，则有了明显的宗族化倾向。原先流行于各地的世忠行祠最终演变成了各地的程氏宗祠，程灵洗由此逐渐进入各支派的程氏谱牒，成为徽州程姓共同的祖先。每年的正月十三是程灵洗的生日，各地也举办有相应的祭祀活动。如，祁门善和成立有专门的世忠会，祭祀这位程氏先灵；休宁率口则“制花灯娱神，凡五日，族人不下六千。出者多良士，归者多贞媛，不以富贵为丰啬，而以礼仪为盛衰”；歙县更是以百斤巨烛来祭奠供奉程灵洗，正是“巨烛高烧重百斤，满堂香气更氤氲。报功犹祀程忠壮，正月生辰有祝文”。绩溪仁里村的世忠祠，始建于明弘治年间。到了清乾隆时期，仁里村徽商鼎盛，商人们出资扩建了世忠祠。清咸丰年间，毁于太平军的一场大火。光绪十六年（1890），重建世忠祠。“文革”时改成了供销社，期间毁损严重。2007年再次修建，恢复了这一历史遗迹的原貌。程灵洗的祖籍所在地篁墩是有一千多年历史的文化古村，自汉代以来便成为许多中原氏族入徙徽州时的始居地，被世人称作徽州宗族文化的圣地。谚云：“北有山西洪洞大槐村，南有武夷宁化石壁村，中有徽州古篁墩。”2012年，篁墩地区修复忠壮公墓；2013年，程氏子孙与当地文旅工作者共同举办了“忠壮公古墓园开园典礼暨新安程氏祭祖活动”，加大了程灵洗的影响力和开发力度。程远对程灵洗祭祀的民俗文化盛况以诗作颂：“赐庙家山里，全书揭世忠。神功千古振，祀典一乡崇。荐藻来村叟，称觞进乐童。自应余泽在，歌舞遍东风。”

(五)唐越国公汪华

除了管仲、关羽这些全国信奉的英雄人物外，新安江流域还有自己的特色乡土神——汪华，他被居民们称作为“新安之神”。汪华（586～648），字国辅，一字英发，歙州歙县登源里（今属安徽绩溪）人。隋唐时期割据势力，唐朝大臣。隋大业年间，

唐越国公汪公像(余中勇 摄)

汪华为保境安民，起兵统领了歙州、宣州、杭州、饶州、睦州、婺州等六州，建立吴国，自称吴王。实施仁政，吴国境内百姓安居乐业，在群雄争霸、战火纷飞的年代，吴国安宁祥和。隋义宁年间（617 ~ 618）迁郡治于歙县乌聊山。唐武德四年（621）九月，汪华审时度势，说服文臣武将，主动放弃王位，率土归唐。唐高祖李渊授予上柱国、越国公、歙州刺史、总管六州军政；贞观二年（628），唐太宗李世民授予忠武大将军、参掌禁军大权，委以九宫留守，辅佐朝政，位极人臣。逝后，唐太宗赐谥“忠烈”，予东园秘器。汪华去世后被葬在歙县云岚山，人们为他立了祠庙。老百姓称他“汪公大帝”“太阳菩萨”等。

“乱世据六州，保境安民，煌煌功绩重千古；治平朝帝阙，忠君爱国，赫赫英名满神州。”汪华集文韬武略于一身，又拥有着非凡的军事才能和政治谋略，故而被历代王朝视为忠君爱国、勤政爱民的典范表彰。唐代刺史薛邕、范传等相继修葺其祠，汪王祠遂遍及全徽州。北宋时期，朝廷也开始赐封汪华。南宋时，还对其父母、祖父母、妻、八子进行加封，由此逐渐完成了将汪华由人到神的转变。地方官员和汪氏宗族对建庙祭祀汪华也颇出心力。唐末汪台符，北宋末年婺源人胡伸，南宋歙县人罗愿，元代祁门人汪克宽等一大批新安士人，在科举入仕后，影响朝野。他们一方面积极写文章宣传、扩大汪华的认知度；另一方面掌握着祀典礼仪，负责引导和主持民间的祭祀活动，逐步扩大了汪华的社会影响力。

每年农历二月十五日是汪华的诞辰，流域内各地都会举行盛大的游神、赛神活动，以纪念这位英灵，即著名的“抬汪公”活动。每年这一天，绩溪县上庄镇余川村村民们抬着汪公，在彩旗前导下，龙灯、火狮、马灯、旱船随后，浩浩荡荡地经过村里每一座古桥，走村串巷。队伍中包括仪仗队，布扎的牺牲，两组舞狮，扮旱船、蚌、马者，以及一红一黄两条大龙等。绕村一周后，队伍在环秀古桥广场上汇合，并登上高台。上供、叩首、上香、献酒后，族长宣读了祭文。其他宗亲也分批次秉烛焚香，祭拜共同的祖先。“抬汪公”旨在弘扬中华文化，有利于营造邻里和谐、乡村和谐、社会和谐的良好局面。随着新安宗族的迁徙、徽州士绅的仕宦以及新安商贩的游商，汪华文化逐渐向周边地区播迁，呈现出以新安为主体，辐射至周边的皖北、浙北、苏南、赣东北为次区域，加上贵州屯堡等少数地区，以及湖北、湖南、四川、甘肃等地的某些村落。诸如，浙江杭州原吴山汪王庙，以及淳安县中州镇札溪村，至今崇祀九相公；贵州省安顺市屯堡也保留着“抬汪公”的习俗。在每年六月，余川村还会举办“汪公看稻”活动，村民们把汪公抬到田里，稻子长得不好就插一面黄旗，长得好则插一面红旗，提醒农民加强田间管理。

流域内较为盛大的汪王祭，还有休宁黎阳的“八月靖阳”。黎阳分为上、下黎阳，上黎阳有汪公庙，供奉汪公和他的部将；下黎阳有九相公庙，供奉汪公第九子汪献。“八月靖阳”八月初一至十三日举行，正日在八月十三日。从八月初一开始，村里几个年轻人夜夜打“仗鼓”，奏笛击鼓，走遍上、下黎阳；十一日清晨，有村民扛着“清道旗”、敲着“游逻”，通知各户打扫街道，准备迎神。下午，以每尊神像为一班，由游逻、蜈蚣旗、三角旗、三眼镜、亮伞、仗鼓组成的队伍开始“出游”；十二日，九相公要游到阜上村粮店买些黄豆返回。当晚，所有菩萨按先锋、任元帅、程元帅、赵元帅、钱将军、二相公、八大帝、九相公、新关帝、老关帝、汪公姥的秩序列队到小龙山祭坛集中，受群众祭拜、烧纸马等；十三日下午，所有神像都被请出来，有的坐轿、有的骑马，先在上、下黎阳游一圈，然后集中到汪公庙前的戏台下。汪公和两位坐轿的神像放在当中，骑马的则要绕圈跑，是为“跑马”，也叫“磨豆腐”，一共要跑九个圈；每跑一圈，九相公都要换一件衣服。

绩溪登源有为祭祀汪华而举办的“花朝会”。过去，每年正月十八至二月十五日，登源的汪村、南川、梧村、周村、忠周等 12 个村会轮流举办花朝会。在“抬汪公”活动结束后，汪公像要回到祠堂接受供奉，供品有整只的猪、羊和时新瓜果蔬菜，精选的徽式菜肴、面点用名贵瓷盘碗碟盛装，摆满祠堂正厅，号称“赛琼碗”。村中还要搭台演戏，聘请休宁老徽班“新阳春”和本县伏岭下“舞徊班”唱起对台戏，演出一直持续到二月十五。花朝过后，一些邻远村庄会先后到汪华公轮坐香灯的村，将他接请到本村，做三至五天或五至七天的临时坐村活动。一路上要撑旗放炮、锣鼓喧天，游田间、观禾苗，谓之“安民、安苗”。此外，歙县丰瑞里“嬉菩萨”、溪头“游汪公太子菩萨”、瞻淇“十八朝祭”、黟县磡头“太子会”等，都是流域内重要的汪公祭祀活动。

(六)双忠庙张巡、许远

张巡（708 ~ 757)，蒲州河东（今山西永济）人。唐朝中期名臣。唐玄宗开元末年中进士，历任太子通事舍人、清河县令、真源县令。安史之乱时，起兵守卫雍丘，抵抗叛军。许远（709 ~ 757)，字令威，杭州新城（今浙江省杭州市富阳区新登镇）人。唐朝名臣，右仆射许敬宗玄孙。开元末年中进士，授益州从事。得罪剑南节度使章仇兼琼，贬为高要县尉。安史之乱时，累迁睢阳太守。

至德二载（757)，安庆绪派部将尹子琦率军南侵江淮屏障睢阳，睢阳之战爆发。张巡与许远发挥才智，在内无粮草、外无援兵的情况下死守睢阳，凭借高超的战术手段和高尚的品格节操以约 7000 士兵死守睢阳 10 月之久，前后交战 400 余次，使叛军损失惨重。有效阻遏了叛军南犯之势，遮蔽江淮地区，保障了唐朝东南的安全。在这一时期，唐朝得到江淮财赋的接济，已完成了恢复、准备到反攻的过程，并收复长安。睢阳陷落 10 天后，又收复了洛阳，阻止叛军南下，为唐朝的保全提供了非常有利的条件。最终粮草耗尽、士卒死伤殆尽，二人双双被俘遇害。张巡后获赠扬州大都督、邓国公，许远追赠荆州大都督，二人图像均绘于凌烟阁内，并敕建双忠庙于睢阳，按时致祭。至清代时，得以从祀历代帝王庙。明末清初爱国义士洪承畯撰楹联“国土无双双国士，忠臣不二二忠臣”，盛赞张巡、许远对祖国和民族的忠贞不贰。宋代以来，二人屡被加谥，得到广泛颂扬，在其遇难的商丘古城南门外建立有双忠庙。在江西省鄱阳县还建立有张王庙，且历经元、明、清、民国时期。在 20 世纪 80 年代改革开放之后，重修张王庙，并新建大雄宝殿。

新安江流域内张姓、许姓居民众多，故在此二姓聚集之村落，建起了“双忠庙”，以缅怀二位为国尽忠的英雄先烈。许远是唐模（今黄山市徽州区）许氏十六代显祖，一向慎终追远，见贤思齐。徽州人以祖先中的杰出人物为骄傲，故在唐模建立有双忠庙。庙内明代砖雕的张巡、许远二人分列左右，并张挂一副对联：“童可烹妾可杀城不可亡，矢志保江淮半壁；生同岁死同年神亦同祀，精忠比日月双辉。”对二人的崇拜与信仰，至今在徽州乃至江淮其他地区依然十分普遍，并演变而来许多相关地名。它既是流域内居民对英雄人物的信仰与崇拜，也是张、许两姓对祖先的神灵崇拜。在一定意义上，反映了徽州信仰的多重性、多元性。同时，在今天安徽省芜湖市镜湖区环城西路坐立着双忠庙牌坊。此坊系明朝万历三十九年（1611）建造的，明崇祯年间（1628 ~ 1644）又筹资在庙前增建了“天赐完节坊”的石牌坊。坊内四柱三间粗晶大理石质，每柱两面各立石狮一只，坊顶平架无坡，明楼两面檐下各悬嵌“天符宪府”石匾一块，明间额枋正面镌“完节承天”，背面镌“双忠炳日”，次楼石匾镌捐款人姓名和“崇祯年间”字样。

二、其他信仰

“兼容并蓄，和而不同。”不同流域内有不同的风俗习惯，自然就形成了不同的文化信仰，新安江流域内居民也是如此，他们有着共同的追求、共同的目标和整体的文化信仰。除却英雄信仰以外，还有流域内特有的节烈崇拜与商贾崇拜。

(一)节烈崇拜

新安江流域素有“程朱阙里”之美称,程朱理学在此区域内的影响尤为深刻。“程朱理学”奠基人程颐、程颢及理学集大成者朱熹，祖籍均系新安。从南宋前期至清乾隆年间，新安理学在新安江流域维系了600多年，对新安社会文化的发展产生了很大影响，其中就包括有对妇女进行约束的“节烈观念”。程朱理学向来重视礼教，立有“饿死事小，失节事大”之宗法规范，对于“烈妇”立有贞节牌坊、女祠，以此极度夸张的物化方式来宣扬烈女贞节。

“钦褒节孝”坊额

新安人素来崇尚早婚，区域内流传有“歙南太荒唐，十三爹来十四娘”之俗谚。婚后男子便外出经商，一去则是几年，甚至几十年才返乡。以至于《新安竹枝词》中流传有 :“健妇持家身作客,黑头直至到白头回。儿孙长大不相识,反问老翁何处来”之写照。“一世夫妻三年半，十年夫妻九年空”的古代新安妇女则常年枯坐灯下，对影啜泣，清夜孤眠，窗迎冷月。新安商人累世经营，以血缘关系聚居，他们要求血缘上的绝对纯正，这样才可以使得积累下来有大量的商贾财富不至于拱手让与他人。

因为男人常年不在家，所以族内多在宅居上对女人采取约束和禁闭手段。徽州传统民居一般为两层楼，楼上居住女人，对外不开窗，或开小窗洞通风之用，对天井有格扇窗，还设有“美人靠”，供深闺中妇女凭栏休憩之用，使女子能在此闲倚窥视楼下的过往宾客。此外，还在宅内专门布置有“火巷”（通道）供女人在宅内活动（若家里有客或外人时）。他们用这些高大的围墙隔断宅内妇女与外部世界的联系，使得妇女们尽可能避免过多或直接暴露在外面男人眼里，以避免他们的“婚外情”。

为了表彰封建女性对自己的丈夫坚贞不渝，一生恪守贞节，流域内建立有大量的贞节牌坊。现如今，留存下来的牌坊中以旌表贞节的牌坊最多。其中，新安江流域内最早的一块牌坊是位于歙县郑村始建于元末的贞白里坊，该坊为仿木结构，形制为二柱一间三楼，旨在旌表元代里人郑千龄一家三代乡贤。区域内最小的一块牌坊便是位于歙县许村的清嘉庆年间“双节孝坊”，该坊形制为一间双柱一楼。月梁上端额枋上书有“旌表故民许俊业继妻金氏妾贺氏双节孝坊”18 个字，是由皇帝敕造。流域内还有一块较为特殊的贞节牌坊，是坐落于歙县县城内的孝贞节烈坊，牌坊上镌刻有“徽州府属孝贞节烈六万五千零七十八名口”18 个大字，总结性地表彰整个徽州府的贞洁烈女。更有安徽省歙县郑村镇棠樾村东大道的棠樾牌坊群，该牌坊群是由七连座牌坊群构成，体现了程朱理学“忠、孝、节、义”伦理道德的概貌，其中两坊为清乾隆三十二年（1767）为旌表鲍文渊继妻吴氏“节劲三冬”“脉存一线”而建的和清乾隆四十九年（1784）为旌表年轻就守寡的鲍文龄妻而立。

(二)儒商信仰

新安江流域内徽州地处皖南山区边缘地带，山高林密，地形多变，开发较晚。在汉代前，人口不多，而晋末、宋末、唐末及中国历史上三次移民潮，使得大量北方人口迁移至新安江流域。人多地少的矛盾使得出外经商成为人们的重要选择。同时，当地丰富的资源也促进了商业的发展。商人最早经营的是山货和外地粮食。如利用丰富的木材资源开发做墨、油漆、桐油、造纸等行业，这些是外运的大宗商品，茶叶有祁门红、婺源绿名品。至后期，外出经商主要是经营盐、棉（布）、粮食等。“地狭民啬”的新安人在中国重农抑商的社会背景下，艰难跋涉求生存。其重商之信仰心理，从新安民俗谚语中反映得尤为深刻。如，绩溪有《看罗纹》儿歌唱到“一罗穷，二罗富，三罗四罗开当铺……”。映射出商人经商致富的愿望；还有商人绰号“徽骆驼”和“绩溪牛”，是徽商吃苦耐劳、聚财节俭之写照；还有“出门身带三条绳，可以万事不求人”，显示商人以破釜沉舟心理投身商场。

此外，重商信仰的民俗文化影响着流域内的宅居形态，如在黟县西递村，几乎家家户户厅堂都有一种独特的入口。那就是沿着门框筑雕成“商”字形图案，任何穿堂入室的人，都要从“商”之下穿过，反映出“商居四民之来，徽俗殊不然”。“四水归堂”的天井院是新安传统民居的主要特征之一，以天井为中心的内向封闭式组合，四面高墙围护。天井有组织排水，屋面排水坡朝天井。下雨时水流进天井，流入室内空间，人们称“肥水不外流”这与新安重理学有关。阴阳五行里水生金，聚水就是聚财。高墙开窗又小而少，室内采光很差，有幽暗凄迷之感。这也反映了暗室生财的新安风俗聚财观念。所有上述之例，折射出人们重商之情结。

“福”字匾（汪翔 摄）

新安商人的另一特点便是“贾而好儒”，与其他商人不同，商人有着“读书好，营商好，效好便好；创业难，守成难，知难不难”的崇儒思想。明代汪道昆有言：“夫贾为厚利，儒为名高。夫人毕事儒不效。则弛儒而张贾，既侧食身乡食其利矣，及为子孙计，宁弛贾而张儒，一张一弛，迭相为用”，反映出新安人“第一等好事只是读书，几百年人家无非积善”（黟县承志堂柱上对联）之儒家思想。人们在住宅内部空间。常以诗文、匾额点题，梁柱上的对联等反映儒雅文士情节。通过室内造景、借景、框景等手段融汇自然的“乐山乐水”的儒家思想商人很爱读书，他们有的白天经商，晚上读书。在路途中也是时时忘不了读书。爱读书给徽商带来了三个方面的影响：一是提高了商人的文化素养、文化品位。这样，较高的文化素质就成为他们与官僚士大夫交往的“黏合剂”。同时也给商人们的商业经营同样带来了许多便利；二是由于读书，使得商人善于从历史上汲取丰富的商业经验、智慧，促进自身商业的发展；三是增强了经商的理性认识，即他们能够以所谓的“儒道经商”，从而形成良好的商业道德。新安商人正是凭着他们特有的精神，从而能够从无到有，从小到大，乃至于发展为雄视天下的大商帮。这种精神植根于中国传统文化的土壤之中，又被商人们进一步发扬光大。

第四节　宗法制度信仰留存

宗法制度是由氏族社会父系家长制演变而来的，是按血缘关系分配权力的一种制度。其特点是宗族组织和国家组织合二为一，宗法等级和政治等级完全一致。此制度确立于夏朝，发展于商朝，完备于周朝，影响于后来的各封建王朝。后来，各王朝的统治者对宗法制度加以改造，逐渐建立了由政权、族权、神权、夫权组成的封建宗法制。

宗法制度落实到民间，便成为大大小小的民间宗族，流域内居民尊祖敬宗，有着良好的祖先崇拜传统，新安江流域遍布的大小宗族祠堂便是宗法制度留存的最直接物化体现。人们非常重视对祖先的祭祀，将祖先看成是木本水源，认为宗庙祖先为神灵，对其是否尊重、是否崇拜，将会直接影响并关系到后世子孙的祸福。祖先若得到良好的祭祀，便会显灵庇护子孙，福荫后人，绵延不绝。反之，若对祖宗神灵大不敬，便可降祸于后人，使其连遭不测，甚至断子绝孙。正是在这种心态之下，流域内居民对祖先既害怕又尊敬，家家户户都将祖先当作一种神灵来信仰和供奉。在今黄山市黟县南屏镇奎光堂正厅便悬挂有对联“慎终追远万代子孙继德馨，经传文章百年后世之典范”。故此，流域内居民都认可祖宗、信奉祖宗，并以死后归入家族祠堂为荣耀。经过世世代代的发展，居民们对祖先的信仰愈加弥笃。“重忠义，讲世好，上下六亲之施，村落家构祠宇，岁时俎豆其间”。

一、宗族结构与习俗惯制

《白虎通义》中这样描述宗族：“宗”是“尊重”之意，是族人敬重的祭祀祖先并以之为中心和睦族人的人；“族”则是聚合自高祖至玄孙、相互恩爱不同辈分的各代人的家庭。故此，二者合意，“宗族”即为“由男性血缘关系的各个家庭，在宗法观念的规范下组成的社会群体”。它作为一种社会群体组织，通常为九族。即往上追溯至高祖、曾祖、祖父、父亲，往下延续至子、孙、曾孙、玄孙。

宗族成员结构基本呈金字塔形结构，高居顶端的是宗族族长，拥有对全族事务的处置权与决定权，一般是宗族中辈分较尊、处事公正之人，因能统一族之众，协服人心而被族众推选出来作为一族负责人。族长之下则是各房的房长，他们可以出席由族长召集的讨论会议，商议族中重大事务，拥有对某人、某事的发言权，与族长一同组成宗族缙绅决策集团。再次之，即为拥有本宗族血缘关系的家族成员。其为宗族中的主体，获得族籍可通过出生、婚姻、过继等途径；他们拥有参加宗族祭祀等活动的权力，可享受宗族的赈济、教育与保护；但同时必须遵守族规，不然轻则警告惩治，重则削除族籍。处于最底层的则是各类仆人，包括佃仆、庄仆、世仆、家仆和奴婢等。他们地位卑贱，且与主家并无血缘关系，只有较强的人身依附关系，但常年甚至世代与主家宗族成员生活在一起。

新安江流域内的徽州地区是个宗族社会。在徽州，人必有姓，姓必有族，族必归宗，每一个人都是宗族之人。从徽州族史考证看，徽州除本土氏族外，多为北方迁徙而来。特别是在晋、唐、宋时期，形成了三大迁徙高潮：第一次迁徙高潮源于两晋“永嘉之乱”，第二次迁徙高潮兴于唐代的安史之乱与黄巢起义，第三次迁徙高潮起于两宋“靖康之乱”。徽州多门名望族，素有“新安十五姓”和“徽州八大姓”之说。据徽州史志和《新安名族志》，“新安十五姓”是指古徽州程、汪、吴、黄、胡、王、李、方、洪、余、鲍、戴、曹、江、孙十五大姓。“徽州八大姓”是指“新安十五姓”中的前八姓，即程、汪、吴、黄、胡、王、李、

芹川村“光裕堂”

方八大姓。徽州历来是聚族而居，几乎每个村落都有祠堂。徽州宗族祠堂作为徽州宗族社会的重要活动场所、徽州古建筑的代表性作品，文化内涵丰厚，文物价值很高。宗族通过祠堂尊祖敬宗的功能，来体现宗族至尊的族权。祠堂也是宗族祭祀的圣地，象征着宗族的团结。

同一宗族有着相同的祖先，这就为大家共同的祖先崇拜明确了对象，即始祖或始迁祖等宗族或家族祖先，他们构成了徽州祖先崇拜的主体。他们不仅有着明确的崇拜对象，同时也有着一整套较为统一的程序，如祭祀程序、悼念程序等，最为鲜明的表现就是祖先祭祀。同时，祖先的昭穆次序在信仰与崇拜中是十分严格的，紊乱不得。《重修古歙东门许氏宗谱》所说：

> 祀中神主向次龛座，不序昭穆，殊为失次。考宗庙之礼，原所以序昭穆，是子孙入祠座次，且悉照祖宗昭穆为序，而祖宗座位昭穆先乱，何以示子孙乎？今议龛座中列为始祖，并所奉不祧之主座次，余悉以世次，分左昭右穆，相循而坐。此正名根本、千古不易之论也。

处理好昭穆次序，是徽州宗族祭祀远近祖先的关键所在。为此，在一些宗族势力较盛的地区，许多宗族在祭祀祖先时，往往将昭穆次序写在布毯上张挂起来，或于灵位、神龛上插上不同的牌位，以示区别。徽州对祖先的祭祀是隆重的，仅歙县北门许氏宗族的春秋二祭，即用猪胙五十余口，鸡百只，鱼百尾，枣栗时果各百斤，蜡烛百斤，焚帛百端，其他时鲜蔬菜、佳肴美酒之类不计其数。至于其他节日如诞日，忌日和中元等，徽州祭祀祖先的费用也不在少数。

二、宗族信仰表现

在流域内，居民们普遍认为同宗同族的祖先，不仅是与自己具有血缘传承关系的先人，更是因灵魂不灭而具有超人的能力，令人依赖或者畏惧的神灵。故此，在很早的时候，宗族先祖的崇拜观念便与鬼神观念相结合，发展出“祖先神”和“祖先鬼”的观念。每逢岁末、清明、中元，人们都要举行祠祭、墓祭、家祭来祭祀祖先，以表达对祖先养育之恩的缅怀，同时又祈望祖先能庇佑子孙，福荫后代。民间的族谱、神主牌、墓碑、祭祀活动等也是宗族崇拜在中国传统农业宗法社会的产物。大大小小的宗族对流域内传统社会影响深刻，在各个领域、各个方面都逐渐形成了一些相对稳定的习俗。较为重要而特殊的习俗列举如下：

(一)强宗大族，聚村而居

即使是强宗大族，也大都居于一村或相邻数村，过着一种聚族而居的生活。最终使得流域内的村落与聚居在此的宗族族姓几乎成为同义语，如“棠樾鲍氏”“呈坎罗氏”“雄村曹氏”“潜口汪氏”等，聚居是新安宗族的首要习俗。

在中国传统农业社会，流域内居民无论是外出经商，还是居家务农，都免不了同别的家庭进行合作。故此，便形成了传统农业社会时期的宗族聚村而居。与现代社会相比，在传统农业社会，农民家庭间的合作更需要有血缘、地缘等传统关系作为纽带，将不同农民家庭联结在一起，才能形成有效的合作。而在宗族制度有着久远历史，并得到意识形态强力支持和维系的中国，血缘关系，特别是父系血缘关系无疑是更为坚韧强劲的纽带，以这种关系为纽带组织合作更为有效，也具有更低的交易成本。

这类合作包括有日常生产生活的合作和与外部发生冲突时的合作。中国南方农村以种植水稻为主，在使土壤达到一定的浆状的稠度以适于种植秧苗时，就需要大量用水。因为在同一时间里只能给少量的田供水，这就需要大伙一起一块田接着一块田地耕种，这样才能节省花在每一块田里移栽的时间。为在合适的时间里完成移栽工作，就需要聚集起比单个家庭成员集合在一起更多的成员。当宗族成员与外部发生冲突时，特别是在群体性冲突中，人们更需要以某种形式建立合作关系。血缘、宗族无疑更便于将大家组织起来，减少合作中的交易成本，形成更有效、更持久的合作。当一个地区已经形成一些宗族之时，其他农民家庭就更有必要形成自己的宗族以应对宗族之间的冲突。每一次，不同宗族之间发生冲突后，同一宗族内部的关系便会得到强化。

(二)兴修族谱，世代传承

族谱是记载某个姓氏家族子孙世系传承之书，具有区分家族成员血缘关系亲疏远近的作用，是中国封建宗法制度的产物。新安江流域内多数士家大族都是在北方战乱时期南迁的居民，为了维持宗族血缘的纯洁性，体现追本溯源的意志，居民们都十分重视族谱的编修。流域内族谱多为私修，所录内容随着世代的更替而不断丰富、完善。“长江万里有其源，玉树千丈有其根。人生百岁有其父，祖孙万代有其宗”。族谱的修订，使得流域内宗族之间世系分明，血缘万代传承而不紊乱。故时人评价该池："谱之修，为人第一件事。苟代远年湮，生卒莫考，何从汇稿？今议嗣后三十年一小修，五十年一大修。"族谱的不断翻修，在一定程度上反映了流域内普遍存在的祖先崇拜之风。

盛世修谱，家谱族谱作为与国家史志、地方史志并称为重要历史载体，编修族谱有着极为重大的意义：一是寻根留本。用谱牒来追根溯源，既表现出修谱者的孝心，又可以给先人树碑，使之不被遗忘；二是清源备查。"子孙不知姓氏所从来，以昧昭穆之序者，禽兽不如也"。族谱上记载着本族先人在各个历史朝代的功绩，以及他们对于社会的贡献，查询族谱便可掌握自家宗族情况；三是增知育人。族谱中记载有大量规范本族后人言行的家训族规，并收录了历代经典之章句。翻阅族谱，便可知修身齐家治国平天下的道理；四是血脉联情。有族谱的联宗联脉，本族同一血脉的乡亲便可进一步加深了解。新安商人出门在外，总有为难之时，路人不如乡人，乡人不如族人。有了族谱的牵连，同族之人之间很自然地相互提携与帮扶；五是承前启后。本代兴修族谱，是一件上交代先人，下交代后辈的重要之事。族谱以立传的形式，将本族先人的那些美好品德、精神代代相传下去，作为永久纪念。

兴修族谱，延续着家族的血脉，传承着祖上的遗训。一代代族谱的接续，使得家风得以绵延，也铸就了族人们生生不息的人生格局，传承着中华民族的优良传统。

(三)修坟立碑，保护风水

新安人有着强烈的祖先崇拜意识，居民特别重视人的生死，导致祭祀先人的礼节极为隆重而繁琐。不仅会斥巨资精心选择墓穴，举办隆重的下葬仪式；同时，重视祭扫和保护祖先坟墓，年年岁岁培植保护。在族规和家法之中，保持祖先坟墓及其周围环境不受侵犯，被视为宗族的头等大事。故此，流域内的古墓，虽历经千年而依然存在。清光绪年间《婺源县志》所说，"尤重先茔，自唐宋以来，丘墓松楸世守勿懈，盖自新安而外所未有也"。强烈的风水意识使得流域内徽州人"泥于阴阳，拘泥废事，且昵鬼神，重费无所惮"。在新安，亲人死亡以后，并不立即埋葬。而是放在一地，等选好了合适的好风水后，再进行安葬。他们认为一块优渥的风水地，对于宗族的香火旺盛，子孙的人丁兴旺，有着极为重要的意义。故此，各个宗族都很重视自己的风水地，更有甚者因风水地而诉讼公堂。"坟田不讼卧治易，其奈杂碟如风雨"。

新安江流域之所以存在对阴宅风水如此重视的现象，主要有以下几点原因：一是移民的历史所决定。自永嘉南渡以来，中原战乱不断，北方的强宗豪族多来南方避乱。这些中原士大夫大量至此地避祸，其中不乏那些风水造诣极高的人。他们发现这里的山川形胜非常符合风水学理论中对好风水的要求，便纷纷择吉地安家。这一批风水大师开新安重视风水之先河。二是深受礼教风气的影响。新安作为程朱阙里，向来推崇孝道。孝的观念源远流长，也是当地社会的基本道德。为先人选一个好的风水之地安葬，是子孙孝心的体现，而保护葬地的风水林木，同样也是为祖宗尽孝。三是出于一种功利的考虑。在这里，人们普遍认为祖先可以显灵，经常敬拜可以庇护子孙富贵福泽。若不尽心，便可能遭到祖先的诅咒报复。墓地风水被认为是合族之干系命脉，后辈之所以能人丁兴旺、事业发达、安居乐业，全仗先祖护佑。故此，后辈便春祀秋尝，敬祖念宗。

(四)族规公约,有益补充

在长期的历史实践中，流域内各大宗族逐渐形成和发展了一整套治理宗族的族规家法。时日久后，这些族规家法便成为民间习惯法，对新安宗族成员形成了极强的约束力。部分家法甚至经过当地官府的认可，成为国家法的重要补充形式。其内容主要包括“维护封建等级名分制度”“维护国法、调整宗族内部的财产关系”“维护社会秩序，强化伦理教化”等制度。作为宗法制度下家族的法规，族规是同姓家族制定的公约，用来约束本家族的成员。全国各姓族谱大多有族规。族规作为家族组织的一种自治规范，是家族组织祖上流传而后代修订的为其族众所共同遵守的行为规范，是家族尊长用来调处、裁判家族内部纠纷的司法依据。它调整着基层的地区性势力和一定范围内的社会关系，是国家法律的重要补充，对传统法律文化影响深远。

流域内之所以族规盛行，主要三点原因：一是官府的政治诱导。通过宣讲上谕、律例的方式对家法族规给予相应指导。二是符合传统。族规的制定与中国主流儒家思想相符合，共同维护了封建社会的纲常礼教，对家族成员具有足够的约束力。三是机制保障。族规的制定是为了维系家族组织内部的团结和统一，它的制定，可增加家族的凝聚力，使得家族组织势力能够更加壮大。我们应该认识到，家族法规是中国传统法律的重要组成部分，它与国家法律具有同源性与互补性。它植根于家族组织的日常经济、社会、家庭生活之中，且因为血缘关系更贴近于族人，距离民众较法律靠近而深入。故此，具备有国家法律所不能比拟的伦理优势。在流域内每一个强宗豪族之中，家法族规都拥有着极为重要的力量，它影响了族人的思想观念，保证了封建国家政治、经济、文化的稳定延续。

(五)祠堂众多，四时祭祀

祠堂是祭祀祖先的地方，自明清以后便逐渐发展成为宗族成员集体活动、族长发号施令的场所。流域内保存的祠堂非常多，凡宗族聚居之地，必建有祠堂，所谓“家构祠宇，岁时俎豆其间”。这些祠堂大都富丽堂皇，它们历经数百年的风雨沧桑，多改为学校，或村内办理红白喜事的公益场所。这里的每一座祠堂都是当时经济、文化及建筑艺术的具体体现，更是当地历史的缩影。明清两代，传统的新安人讲究“学而优则仕”“学而困则商”，徽商常年在外经营，艰苦创业，筚路蓝缕，创造了充裕的精神与物质生活发展条件。在成为富豪大贾之后，大量新安商人投资故里，建造祠堂，达到树碑立传的作用，以博取声名，光宗耀祖。祠堂在乡土社会中，与宗教的发展和人民的生活需求相联系，是人们信仰的依托。祠堂是宗族外化的表现，大量地兴建祠堂，切合了当时新安族人共同的社会心理需要，也使其成为新安宗族权力象征与封建宗法制度的载体。胡氏宗祠位于绩溪县瀛洲乡坑口（龙川）村，建于明代嘉靖二十五年（1546），于清光绪四年（1878）重修，属于家族祭祀祖先和先

祠祭（林坚 摄）

贤的场所。至今仍以其高大宽敞、木雕精美、气势恢宏而享有“江南第一祠”的美誉。宗祠坐北朝南，前后三进，占地总面积1271平方米，以山带水，气势飞动。祠内装饰精美，尤以保存完好的各类木雕为最，中外建筑专家称为“规模之大、时间之长、完整之好、装饰之美，为天下第一”。龙川在明代曾出过两任六部尚书。1988年，被列为国家重点文物保护单位。

三、宗族势力——新安商帮

商帮是以乡土亲缘为纽带，拥有会馆办事机构和标志性建筑的商业集团。同宗同乡之间籍贯相同、口音相同、生活习惯相同，甚至思维习惯和价值取向都基本相同，从而同乡之间具有特定的亲近感。在中国，自古“他乡遇故知”基本被视为人生四大乐事之一。俗话说“亲不亲，家乡人”。这些都表明了中国人的乡土观念尤为浓厚。商帮就是建立在地缘基础上的商人组织。按地域划分，有所谓本帮和客帮之分；按行业划分，又有行帮之分。而在这众多商帮之中，凭借盐、茶、木、典而执商界之牛耳的新安商帮便是一朵艳丽的奇葩。新安商帮活动范围遍及城乡，东抵淮南，西达滇、黔、关、陇，北至幽燕、辽东，南到闽、粤。足迹还远至日本、暹罗、东南亚各国，以及葡萄牙等地。新安商帮的迅速崛起，和新安宗族的鼎力扶持有着密不可分的关系。正是由于新安商人对宗族势力的信仰与敬畏，才能有着极为强大的凝聚力与向心力，才能在商海叱咤中无往而不胜。宗族势力与徽州商帮之间的密切关系有如下四方面的表现：

(一)宗族势力与新安商帮员工的选取

对员工的血缘亲族习俗，即家族习俗，形成这种习俗一般有两个条件，“首先血缘的因素，各个家庭的男性成员有着一个共同的祖先；其次是地缘的因素，这些家庭要聚族而居”。新安人这两个条件完全具备，商人在用人方面表现出浓厚的血缘亲族习俗。在伙计任用方面，必选择族人乡党或亲戚知交同行等这些具有浓烈血缘与地缘关系的人。认为他们会对其忠义、无私、绝无染指，更不会对主人欺骗。明朝末年学者金声曾说过，休宁、歙县两地商人们常常是“挈其亲戚知交而与共事”。如，绩溪盐商章道对其侄委以重任，歙县闵世章早期也为同乡当掌计，汪氏益美布号的伙计也多是从家乡带来的族人。当然商人们会将那些志向高远、德才兼备、诚信敬业、吃苦耐劳，以致能“分身而自为贾”的伙计作为首要人选。这样的事例有歙县黄明芳“即负四方志，辅问政公经营江湖，往来南北”；歙县许朴曾说过，“大

宝婺中天坊

丈夫不能周游四方，获取十倍百倍的利润，来取得上人的欢心……不该是志向呀”。歙县人闵世章就是以“忠信”而被同乡选为掌计的，歙县江明生也因诚笃而被同族聘去管理业务。由于许多商人本身也是这样的人，当然也会对这样的伙计优先录用。胡开文墨业的创始人胡天注把资金的大部分用于招徕这样的人才。可见，血缘亲族习俗一代一代流传。新安是一个宗族社会，血缘伦理在这个地区被强化，在此之下的商人们对宗族组织体现出强烈的需求。宗族有助新安商人的商业经营，宗族也是许多老商人们的最后归依。他们需要宗族，并积极投身宗族建设之中，他们的心灵永远和宗族结合在一起。其管理制度也与晋商的现代企业观迥然不同，多用族规家法即血缘伦理来约束.“用儒家伦理学说的主流思想来统御商道经营活动”。明休宁商人汪太学经商于芜湖，生意很是红火，而其本人并不参与经营，但所有族人都会把账目详细禀告，不敢有丝毫隐瞒。再如，明代经营盐业的汪氏，任用同族子弟十多人，但所有子弟都俯首听命。究其原因，就是因为这种血缘伦理的约束。

(二)宗族势力与新安商帮员工的选择

以宗族血缘和地域为基础构建起具有极强凝聚力的商帮网络结构，新安商人也往往会凭借这种血缘和地缘的关系结成商业团体，形成独特的商帮，同时也熔铸了一系列具有浓郁地域特色的新安商业民俗。其主要两点，即行业血缘化和行业地缘化的传统。所谓行业血缘化，指一家世代或同一宗族的人从事同一种行业。如，歙县吴彦先其家七代都经营盐业；歙县吴中星世代经营典当业；胡开文的后人也都是从事墨业，是墨业世家。在徽州常听到盐商世家、典商世家，说的就是这种现象。

新安有许多大盐商，但绝大部分盐商都出在歙县，像棠樾鲍氏、唐模许氏、雄村曹氏、蓝田叶氏、郑村郑氏、潜口汪氏、丰溪吴氏等，都是有名的盐商世家。而行业地缘化，则是指同一地缘的人经营同一行业。在这里一般来说，歙县多盐商，婺源多木商，祁门多茶商，休宁多典商。这样的经营体制，有助于商人们相互协助，在激烈的竞争中能立于不败之地，而且，在别的地区这种情况也不多见。

(三)宗族势力与新安商帮资本的来源

明人金声在《与歙令君书》中指出："夫两邑（歙县、休宁）人以业贾故，挈其亲戚知交而与共事，以故一家得业，不独一家食焉而已，其大者能活千家、百家，下亦数十家、数家。且其人亦皆终岁客居于外，而家居者亦无几焉。今不幸而一家破，则遂连及多家与俱破。"由于业贾对解决土地与人口的矛盾及维持宗族聚居有如此重大的关系，因此族人经商得到了宗族势力的积极支持。不少族规、家典上明文规定：族人"业无所就，令习治生理财"。对于"族中子弟不能读书，又无田可耕，势不得不从事商贾者"，要求"族众或提携之，或从他亲友处推荐之，令有恒业，可以糊口"。

由于从事规模巨大的商品贩运活动，即便是拥有巨资的富商大贾也感到力不从心，也难免临时地或部分地借贷资金以便乘时逐利。如当时的盐业经营，清代两淮盐场，每行一纲之盐需用本银两千余万两，而营运商中实际贩运引盐的散商资本不过五六百万两，其余的都是来自借贷。再如茶叶贸易，茶商为了及时地采购大批价廉物美的茶叶，往往要在茶叶采摘之前发放定金，完纳茶课。茶叶采摘之后，又要补足茶价。其余如加工包装，远途运输，沿途纳税，凡此种种都需垫支巨额的资金。而大多新安人经商的原始资本都与宗族有关，凡"官有厚禄"或"商有余资"者往往资助族人业贾。如"某之先世，微时来扬投其戚属""至扬州，戚属各助以资，置质库中"，使他得以业贾。也有委托族贾附资经营的，如明清之际歙商江国政业贾淮阴，"亲友见公谨厚，附本数千金于公"。还有族人合资经商的，如明代休宁商人程锁"结举贤豪者得十人，俱人持三百缗为合从，贾吴兴新市"。有以妻奁为原始资本的，如歙商吴"公，字烈夫。洪武初，溪南有宋鲁公者，富而敦义。传三世至公父野牧公，淑倚豪逸，雅好觞咏，不事家人生业。公乃挟妻奁以服贾，累金巨万，拓产数顷"。日本藤井宏教授曾将这种资本的来源归纳为共同资本、委托资本、援助资本、婚姻资本、遗产资本、劳动资本和官僚资本7种类型。应该指出，除劳动资本外，其他资本大多与宗族势力有关。此外，还有借贷资本，也应是新安商人资本的重要来源。如明代天顺间歙人许积庆，“委财利为外物，九族贾而贫者多惠贷，不望其息”。

(四)宗族势力与会馆的建立

出现于明末，盛行于清代前期的会馆，则是新安江流域地方乡土性的商人组织。在明清时期，广泛建立会馆，“以会馆为主要特征的商业行帮，大概兴起于明中叶……比如山西帮、徽帮就很有声势”。会馆是新安商人在异乡的联络、计议之所。最早的是1560年北京歙县会馆，明中叶以后，遍布全国。苏州、杭州、澳门、广州、汉口，甚至于一些地方小镇如姜湖、黄康、淄院等都有会馆；在南京有五六处之多。会馆的活动不只是商业内容，也从事一些公益活动，如办理善举、救济、安排生老病死等,有的还延师教习同乡子弟,代为传送信函和官府文告等。这些会馆的董事们，多由宗族势力中较为年长或德高望重者出任。会馆在商业活动中所起的作用，主要如下：

1. 联合众商力量，摆脱牙人控制。会馆为摆脱牙人控制，遂集合众商之力，援结宦官之权势，于会馆处开设属于本帮的店铺、仓库、码头，逐步夺取牙人所控制的中间垄断特权，以为本帮商人提供方便。

2. 扶持本帮势力，扩大商界影响。倘若新安商人在经商之地遭到地方势力或别帮商人欺辱之时，会馆便集合众商之力“以众帮众”。高度紧密的团结使得商人们能迅速站稳脚跟，实现对某一行业的集中垄断经营。

3. 办理同乡公益，举办商业工程。商人走南闯北，四海为家。诸如生老病死、丧葬归乡、子侄教育等公益性事业，需要会馆帮扶处置。同时，一些大型的商业工程的兴建，单靠一家一族的力量难以做到，便由会馆牵头举办。

4. 代表商贾势力，交涉商业事务。会馆的董事们代表着众商的利益，当众人行商之际，遇有政策问题之时，便由会馆出面解决。如，新安木商将木材运往杭州出售，中间经过严州之东关、闻堰两卡。会馆中的木商公所便代表众商与督办浙江通省厘捐总局、司、道反复交涉，使木商得到免验单，大大增加了木商的贸易实力。

四、宗族民俗信仰的重要作用

新安江流域是一个信奉儒家文化的流域,流域内徽州府更是具有“程朱阙里”“东南邹鲁”的美称，浓厚的儒家思想氛围使得大家对自身家族有着极为浓厚的崇拜和信仰。而这些信仰又对流域产生了极为重要的积极作用。

(一)互惠作用

由于活着的人无法确知死后的世界，也无法捉摸死者的意愿，因而对死者的感情总在悲哀中夹杂着恐惧。一是怕祖先在地狱受苦或成了饿鬼孤魂，二是怕饿鬼作祟子孙。故此，借着祭祀，一方面安抚祖灵；一方面避凶趋吉，求祖灵保佑。即使是在现代社会，科学技术高度发达，人们有着充分的理由来坚持不迷信的态度，但在潜意识里仍然对祖先有着某种崇拜或是说恐惧。同时，流域内新安商人认为自己积累的大量财富，和先祖的保佑有着密不可分的关联。淳朴的新安人相信祖先可以保佑自己的子孙，但若得不到适当的供养也会降祸惩罚子孙。再加上，圣贤的理论如“事死如事生，事亡如事存，孝之至也”。故此，通过祭祀先祖，敬畏祖宗，信仰祖宗，从而使自己能得到祖宗的保佑，互惠互利。

大学士门额

(二)整合作用

就儒家而言，“家族”是祖先生命延续的具体表现；就百姓而言，家族或家是供给祖灵必需品最稳固的社会团体。所以，家族成为连续过去与未来的一环，一个人死后是否能成为祖先，并不因为他的死亡，而是因为他有后嗣。父子关系才是维持祖先崇拜的依据，然而仅以父子世代间的关系还不能充分说明祖先崇拜，还要考虑社会组织中的权威与社会地位之传递。可见，祖先崇拜是父权父系制度的基础，而父权父系是家族制度的根本，也是社会组织得以延续的依凭。因而，祖灵的祭拜与家族的建立扩展，成为中国社会发展的连锁因素。祭祖成了中国宗法社会的骨干内涵，中国人借此形式来发挥中国式地方政治的权力，以致于祠堂如解决家庭纠纷的法院，并担任社会治安的维持，以及发挥主办义仓、济贫、义学等功用。如斯，宗祠隐然成为维系社会、法律、道德、传统的重心了。很明显，祖先崇拜发挥了加强家族意识，整合社会的功能。

(三)教化作用

“树高千丈，落叶归根。”只有拥有宗族信仰的人，才会敬畏祖宗，信仰祖宗。也才会崇尚孝道，并最终形成民风淳朴、和谐统一的社会。也只有人们更多地去信仰祖宗，才能实现孝敬父母、友爱兄弟、父子相亲、夫妇有别、长幼有序、朋友有信这些最基本的人伦信仰。“老吾老以及人之老，幼吾幼以及人之幼”。一个民风淳朴、和谐统一的理想社会才能建立。上升到国家层面而言，“天下之本在于国，国之本在于家”。宗族崇拜是中国人之家国情怀的重要来源。可以说，正是这种宗族崇拜，才使得中华民族五千年文明经久不衰。

第四章　新安物质生产民俗

新安物质生产民俗是指在生产过程中形成的一系列民俗事项，它特指新安江流域这个社会群体，在一定生存环境中所创造、享用和传承的民俗文化。按照不同的生产门类，可将新安物质生产民俗分为农业民俗、狩猎民俗、渔业民俗、工匠民俗、商业民俗等。各个不同的分类物质民俗，又都大致包括以下三个内容：

一是生产工具的制作与使用。新安生产工具种类繁多，每一生产门类长期以来都形成了自身独有的、代代相传的传统工具，具有较为稳固的传承性。生产工具的制造，尤其是大型工具，对制造者而言是一件大事，往往要择吉日开工，祭供神灵，完工后要举行一定的仪式。当制作某些特殊部件时，仪式更为隆重。如，为渔船安装“船眼”和“船灵魂”；农家新置大农具，在完工时，也要以简单祭品，点烛插香，祈求上苍，意在望上天给予风调雨顺，年岁稔熟。在工具的使用方面，各行业都有一定的习俗惯制。从业者对生产工具都颇为尊重，甚至认为每种工具都有神灵。如船有船神，锄头有锄头神，床有床公床母等。即使一根扁担，农民也敬若神明，决不让妇女从扁担上跨过去，认为不吉利。

二是生产仪式。生产活动的周期有长有短，农业生产、畜牧业生产、林业生产等，有一年甚至数年一个循环；狩猎、手工业等可能只有几小时、数天时间。无论周期长短，每种生产活动都有一个完整程式。如，狩猎活动从出行前的祭神，进入猎区后的种种行为规范，到猎取猎物后的谢神、猎物的分配等，都有约定

水上公社

俗成的规定；商业活动中，年初迎财神，年末送财神。这种程式同生产活动紧密结合，成为物质生产的重要组成部分，对协调人员关系、规范生产程序等都起到重要作用。

三是生产技艺。新安居民在长期的生产过程中，不断总结经验教训，逐渐积累起丰富的生产技艺。如，水稻生产中，田间管理技术、抗旱技术、抗病虫害技术；渔业生产中，追踪鱼群技术、预测风浪技术；猎民发现野兽踪迹技艺，捕捉不同猎物的不同方法；商业习俗中，招徕顾客技术，买卖技巧等。各行各业都有具有自身行业特点的技艺，起到提高劳动生产率的作用。它们代代相传，成为从业人员传承和提高技能的重要手段。

第一节　山林习俗

一、种山

生活在新安江流域的农民，向来有“力向山上使，粮向山上求”的说法。大山不仅为居民们提供了丰富的山林资源，更是居民们吃粮的重要来源地。

新安江流域山区的杂粮以小麦、番薯、玉米为主，其次是大豆、荞麦等。小麦和番薯是轮番着种的，即冬天播下小麦，到了第二年的春天收割；然后再种番薯，秋天收挖。小麦和番薯大多都种在比较平坦，相对来说又比较肥沃的山地里；而玉米、大豆、荞麦等，则可以种在相对较陡，且土质不太肥沃的山地里。

“种田靠人工，种山靠天宫。”山民的生活向来是比较清苦的。山民们大多是在战乱年代逃进深山，在长期的开荒种山过程中，积累了丰富的经验，也形成了特有的风俗习惯。

种山人首先要选土质好且向阳的山头来开荒。其标准是杂木丛生、落叶深厚、泥土湿润而发黑，这样的山头适宜开发。开山的第一步是清除杂草野树，其方法有劈山和炼山两种。劈山就是用刀把要开发的山上的杂草野树全部砍去；炼山就是在要开发的山的四周劈出一条防火带来，然后再放火烧。据说炼山开出来的地更加肥沃，但这种方法比较容易引起山林大火，不宜使用。

当杂草野树清除完毕之后，就要开始挖山了。在开挖之前，还要做两件事：一是搭个茅草棚，用来挡风避雨，作为挖山人休息之所；另一件事就是要在向阳、避风、朝南的地方，立个“山神”之位，供上熟猪头等，放一通鞭炮，由山的主人挖第一锄头，然后大家一起动手挖。因为山上难免有蛇、虫等对人有伤害的东西存在，同时开山时难免有石块滚动伤及到人的事发生，山民们就是想通过祭“山神”来加以规避。

挖山时，都打绑腿，穿草鞋。挖山用的锄头也都是特制的。从锄头到锄柄，都有很大的弯度。用这种锄头挖山，可以挖得更深，遇到柴根石头之类，也不易把锄头挖折了。这些都留有很深的刀耕火种时代的痕迹。

挖山一般都在冬天进行。一来因为冬天的杂草野树都已经枯干了；二来冬天比较闲，是挖山的好时机。山挖好后，第二年春天就好播种了。新的荒山开发出来的第一年，最好种大豆或玉米。因为这两种杂粮对地的要求不高，也不需要基肥，只要把种子点播下去就行了。山民们发明了一种很好的点播方法，就是用一根木棍做成一个枪的样子，头上套一个铁锥，这叫“苞萝枪”。腰里扎一块围裙布，把围裙布的两只角拎上来扎在腰里，形成一个口袋状，里面装玉米种子。一手持枪戳孔，一手从腰间摸玉米种子放入孔里，随手用点泥土把种子盖上。这样一戳一放一盖，动作很快，一天下来，一个人可以完成好几亩的播种任务。后来这种方法也应用到扦插番薯上，大大提高了劳动效率。

流域居民种山时，往往要带饭带茶水，这里面也有很多风俗习惯。饭菜一般都是装在一种特制的篓里拎上山，菜则装在几只大碗里，和饭放在一起。有些人专门用香椿树挖制出饭筒来装饭，据说用这种饭筒装饭不容易坏。茶水大多用竹筒来装。后来有了军用水壶，成了人们喜欢的茶具，但有很多山民还是喜欢用竹筒来装，因为用竹筒装茶水有一股特有的清香，还不容易被太阳晒烫。带上山的饭菜、茶水，如果没用完，是不好带回家的。茶水就直接倒在山上，或回家的路上。饭菜则带下山，倒在自家门前给鸡吃，或倒进猪圈直接给猪吃。

山上有鸟类、野兽等，对杂粮有很大的危害。为驱赶鸟兽，山民们想出了很多办法。如在地的中间和边缘支起几根木棍，扎上一些稻草，然后穿上旧衣服，戴上草帽，看上去就像一个人手握一根棍子站在那里。有些人干脆在地边搭一草棚，在瓜果杂粮即将成熟的时候住进去，日夜守候，有时半夜起来放几个鞭炮，达到惊扰的效果，从而保护庄稼。

有些山地经过开挖以后，地质越种越好。而有些山地则由于太陡，种过几年之后便容易水土流失，几年下来就不宜再种。这时山民们便要退耕还林。还林也不是随意让它自然荒芜，而是要有计划有目的地种一些经济林，比如板栗、杉木、油桐等。这样轮番种山开挖的好处是，既开发了山地资源，又保护了山地资源，不会出现掠夺式的开发现象。

田野（丁珂 摄）

二、林业

以前的山大多都属于私人所有，其界线一般以山脊、山坳等为界。但在没有山脊、山坳的地方需要划界时，则以种一排与原有树种不同的树为界。如果一边是竹林，新竹长过山界发到邻家的山上去了，则归邻家所有。

有些山林面积过大的东家要雇人看山，外人不得随意入内砍伐。某些山民的少量用材（如栋梁、嫁妆用材、寿材等）需要到他人山上去砍的话，则要事先向东家通报，并由自己去山上物色，得到主人的同意后方可砍伐，然后付给主人一定的报酬，比如稻谷、苞萝等，当然也有付现钱的。在砍之前，要先用“口福”（以大块方形的猪肉制成）祭山神，祈求砍伐平安。树木砍倒了，如何从山里往外运，不同的地形有不同的运法。如果山体较陡，则用溜的办法。就是把树枝全部砍去，大头朝下，让它顺势从山上往下滑。如果地形较复杂的地方，无法用溜的办法，那只能扛或抬了。

单根树不重，一个人可以扛得动就扛着下山。扛树时，可在树的中间部位（用肩的地方附近）留一小截树枝，用来扶手。另外找一根有一枝杈的木质较硬的野杂木做搭柱，行进时可用来当手杖，保持身体平衡；歇力时，用搭柱撑着树木。这样就不需要把树木放到地上，就可以省去很多歇下、扛起的力气。树大一个人背不动，那就要抬了。抬树用的搭柱和扛树用的差不多。因为山路复杂，行走不便，就需要由一个人担任喊号，以保持步调一致。号子都是由山民自已编唱的，没有什么讲究，只要有节奏就行，一般以“嗨唷吭唷”为多，也有听上去有点意思的，如“抓好搭柱”“用力晓得”“看清脚下”“不要打滑”“前面转弯”“一起换肩”等。因为树有大头小头，大头重，小头轻，为保持重量相对平均，下坡时，小头在前，大头在后，上坡时再掉过头来。

在过去，新安江流域木头的运输多依靠水运。以前的寿昌江、新安江、兰江、富春江上就有很多的木排顺流而下，或者单根放漂，或扎成木排顺水而下。流域内不光出产木料，也是下游（比如杭州等）地区燃料的提供地。一些山民专门就以砍柴、烧炭为生。

除了私家山林外，还有一种林木属公共所有，比如“堂中树”“坟头树”“村口树”等。“堂中树”和“坟头树”属一个家族共有，而“村口树”则属全村人所共有。“堂中树”只有在修祠堂等家族公益事业时，方可砍伐。而“坟头树”和“村口树”（“坟头树”大多以松树、柏树为主，“村口树”则以樟树、枫树等为多）无论在什么情况下，都不能砍伐，违者将会受到全家族、全村人的处罚。因某种需要必须砍伐时，也要请来道士（民间的一种半民半仙之类的人）做过道场，再用墨斗在树上定一点，弹三条墨线，以镇压恶神不使作祟；或在树的四周贴上写有“甲马将军”“百无禁忌”红纸条。然后才动斧砍伐，否则是要遭到报应的。因为像“坟头树”“村口树”一般都是很大的树，都被视为有神灵保佑。

第二节 商业习俗

新安江流域诞生了明清时期著名的新安商人，他们大多沿着新安江东下，在建德等地歇脚，然后再奔赴全国各地，驰骋商海。因此，新安江流域在历史上是商贾云集之地。大量商人聚集在这里，相互交流、相互学习、相互竞争，形成了极富地方特色的商业风俗。

一、商帮

商帮是以同乡商人为基本组成单位的一种民间组织，这在传统社会是很盛行的。商海茫茫，处处有风险。为了相互之间有个帮手，个人利益得到保护。在外闯荡的商人们总是结成一个个帮派，选出帮头。出面维护他们的利益。旧时在新安江流域的多是徽州商帮，其他也有金华商帮、宁绍商帮、严州商帮等。

徽州商帮是新安江流域内最大的一个商帮。新安江流域多山，自然条件一般，所以就有大量的商人涌现。过去有一句话叫“无徽不成镇”，哪个地方没有徽州人，就没有商埠。徽州商人大多以经营茶叶、生漆、生丝、绸缎、棉布等为主，作为大宗商品，营业额大、利润丰厚，是徽州商业帝国的主力军。他们经营的商品，除了茶叶、生漆是流域特产，其他商品大多是由外地进货来的，如生丝、绸缎等，大多来自新安江流域下游杭州、嘉兴、湖州地区。

严州商帮则主要做一些水果、小吃、猪肉等副食品的买卖生意，较有特色的如严州酥饼。

二、会馆

商帮是一个特殊的社会团体，一旦形成后就需要有一个办公的地方，即会馆。过去，杭州、湖州、苏州、扬州等地，大多设有会馆。新安江流域中各商帮内部有什么事，一般都在会馆里商议处理。商帮与商帮外部有什么事情，一般也都会在某一方的会馆里协商。同时，会馆也为来府城办事的同乡提供各处方便，类似于现在的驻某地办事处。甚至有同乡客死异乡者，会馆有义务为其提供暂时停灵场所，并帮助其子弟运回新安故里安葬。

三、拜师收徒

新安江流域商贾之风盛行，外出经商之人情况各不相同。有些是自己祖上世代经商，到他这一辈有雄厚的资金，只要雇几个员工，一个账房先生。再找一处门面便可开张经营，被居民们称作“阿大”。也有些人是因为家中人多地少，两手空空被迫外出经商，自己一个人出来闯天下。所谓“前世不修，生在徽州。十三四岁，往外一丢”。这些人出来多会通过亲友等关系，找一个老板向其拜师学艺，形成师徒关系以图安身，然后再寻找机会发展。

拜师和收徒一般都在同乡人之间进行，而且很多都是亲戚关系，很少有异乡人之间师徒相称的。为了慎重起见，收徒弟时，都要有一个介绍人和一个担保人。拜师当天，介绍人和担保人领着徒弟进店，向老板行拜师礼，徒弟进贡“糕包”之类的礼品给师父。然后拜过“香火”“财神”“灶司老爷”等神灵，再依次引荐师兄、账房先生，有些还要出去拜过同行老板，以求日后多多关照。最后，大家在一起共同吃一顿“拜师酒”以示庆祝。拜过师之后，老板就对徒弟负有教诲、培养的责任，徒弟也要兢兢业业、忠心耿耿地为师父工作。师满后，既可留店工作，也可以另立炉灶，自闯天下。

拜师学艺

四、赊账讨债

有些商店为了扩大销售门路，实行赊账制度。但随意赊账风险很大，必须要有人担保，担保人一般都是有一定经济实力、老板信得过的人，通常以当地的乡绅为多。顾客在商店赊账，都有一个归还的期限，期限一到，要是顾客没有归还，店里就要派人上门收取。一年当中有三个比较集中的讨债期，即端午前后、中秋前后及年终除夕前。因为端午前后是春花、茶叶上市的季节，中秋前后是稻谷收获期，对一些农村客户来说，这两个季节多少都有一定的收入，有一定的还债能力。但是一年当中的债必须当年还清，一过年三十晚上亥时（即现在的12点钟），就不能再讨债了，一些商店会在年关前派出强大的讨债阵容外出讨债。所以，过去新安江流域年关将近之时，大街小巷到处都是手提某字号灯笼的讨债人往来讨债。

五、讲生意

所谓“讲生意”，就是决定店里员工的去留问题。以前的老板做事都很含蓄，不想当面得罪人，所以讲员工的去留问题采用“讲生意”的方式来表达。

一般一年当中讲三次生意，即春节前夕、端午和中秋，最多的则是正月初四或初五。到了“讲生意”这天，老板要摆一桌酒席，把本店的所有员工都叫来一起吃。其中尤以全鱼这一道菜最为关键，这道菜得由老板亲自端上桌，鱼头朝向谁，就表示谁已经被解雇了，被解雇的员工当即站起来，去账房结算工钱离开店家；如果这条鱼的鱼头朝向老板自己，则证明谁也不解雇，大家皆大欢喜。当然，还有一些员工是因为其个人原因要主动辞职的，则他需要向老板写一个红帖，若老板愿意放他离去则可去账房结账；若老板希望能挽留的，便会与其深谈一次，然后再做出裁决。

财神

六、供行业神

做生意的都希望生意兴隆，都要敬财神。传说每年正月初五是财神爷下凡的日子，商人们都要在这一天做好迎接财神爷的准备，以求财源广进。大体而言，正月初一至初四，各商户是不开门的。直至正月初五当天，才鸣放鞭炮，迎接财神准备开张。以前，每家商店都设有一个“财神堂”，里面供奉着财神爷。初五当天，店主便早起摆好香案，向财神爷敬三牲礼酒，烧上香烛纸马，行三叩大礼，心中默念着祈求财神爷保佑本店生意兴隆，财源广进。礼毕之后，便鸣放鞭炮，开始新的一年营业，部分店铺还会向当年第一个来店的顾客赠送一份礼品表示感谢。在迎财神结束以后，店主要召集全店员工一起吃糕饼茶，讲一些同心协力等动员的话以资鼓励。

除财神之外，各行业还有各自的“行业神”。如做茶叶生意的要供茶神陆羽，做粮食生意的要供仓神，做文具生意的要供文昌帝君，做中草药生意的要供药王，做酒生意的要供杜康，做陶瓷生意的要供陶朱公，做豆腐生意的要供乐毅，就连卖猪肉的也要供张飞为神。这些行业神，有些是雕塑，有些是画，供在自己店的上横头，四时祭祀。

第三节　手工习俗

新安江流域的手工匠，主要有木匠、篾匠、石匠、铁匠、泥水匠、油漆匠、裁缝师傅等。当然也有从外地来的农家子弟学手艺之风，都说家有万斗粮，不如有一技之长。凡学手艺必先拜师，无师自通者当然也有，但容易造成“同行不认，乡人不请”的尴尬局面。只有拜过“老师傅”的，才能在新安江流域民间凭手艺谋生，也才能有出路。

一、工匠习俗

工匠习俗，源远流长，规矩森严，一些行业等级自然形成。泥、木、石、铁、瓦，俗称“五匠”，唯石（匠）为大，其次是泥、木。俗谚有“木匠让泥水，泥水让石匠，石匠让铁匠”的说法。又有民俗谚说：“泥水木匠，日头三丈；裁缝篾匠，门外等天亮。”

工匠行业不同，其习俗也各不相同。泥、木、石、铁、瓦工都把鲁班当作自己的祖师。俚语“鲁班门前弄大斧”，意思就是徒孙们不能在祖师面前显威风。诸匠所用的锯、角尺、墨斗、线锤等工具，相传都为鲁班的门徒所传，其尺寸长度也有自己的规定（一尺相当于市尺八寸），至今仍为工匠们所沿用。

二、拜师学艺

拜师学艺一般多在正月里。拜师要先请一位“搭桥人”，第一次见面要送见面礼。师父经过目测、答问后，认为可以收为徒弟的，才收下礼物，然后择一吉日正式拜师，并签订师徒契约。学徒时限一般为三年，在这期间只供吃食，没有工钱。三年徒满后，转为“半作”，也就是一种半师半徒的角色。“半作”时间一般为四年，这期间可发一半的工钱，仍管吃食。学徒期间，要吃苦耐劳，要殷勤从师，更要学会忍耐。

俗谚云：“师傅先吃饭，徒弟先放碗；师傅空手走，徒弟背斧头。”就是说吃饭时，由师傅先吃，徒弟是绝不能先捧碗的；也要先于师傅吃好，饭碗不能后于师傅放下。徒弟要抢着背工具，平时还要适当帮着师傅干点私人活。学徒不准抽烟，不准喝酒，做工时不准与人交谈。等到七年满师后，徒弟就要离开师傅自行独立谋生了。在离开师傅之前，要摆“满师酒”。开席前，先跪拜鲁班祖师神位，后拜师傅及师娘。吃完“满师酒”就算正式出师了，才能被同行认可为正式师傅工匠。在劳作时，也有多禁忌。比如，砌墙时忌哭声，尤其是忌女人大哭，说是有哭声，墙要倾倒。这是从“孟姜女哭倒长城”这个传说中来的。再就是忌用旧料，说用旧料，房屋不牢。出工忌逢“七”，回家忌逢“八”，有“七不出八不归”之俗，“七上八下，心神不定”的说法也与此俗有关。

第四节　农耕习俗

新安江流域是个以农业生产为主的地区。在长期的农业生产中，形成了很多农耕风俗习惯，形成了独特的新安江流域农耕文化。农耕习俗最为农民们重视。以“开秧门”与“关秧门”为例。

一、开秧门

有关“开秧门”的说法，在流域内就有很多种类。其一，认为“开秧门”实际上是从拔秧开始的。由于拔秧是用两只手同时拔的，两只手同时向内转动，使手中的秧形成一个由内向外的卷帘状，而卷帘的末端又俗称“秧门”。插秧时，从“秧门”口开始取秧，依次向内，十分方便，所以俗称“开秧门”。其二，人们也将插秧时将秧把的两部分分开这个动作称之为“开秧门”。两手秧拔好后，要呈交叉状用稻草捆在一起，插秧时不是先解开稻草，而是从中抽出一半来插。其三，插秧时，往往要先用绳子在田里打出一条一条的格子来，这有利于把秧插得整齐，每一格里插六到七棵秧苗，每人一格。由于插秧速度有快有慢，到了后来，田里就会出现长长短短的条块，看上去就像一扇一扇的门，所以还有人称这叫“开秧门。”不管采取哪种说法，“开秧门”都是很被农民看重的一件事。在过去，一些人家要先做好几坛糯米酒，以备“开秧门”时用。到了这一天，还要宰猪杀鸡，请一些帮工来同“开秧门”。帮工中，一定要有一位年龄较长、插秧速度又较快的人当“秧头”。所以，在这个季节，“秧头”就特别吃香。一些人家以能请到个好“秧头”为荣，有些甚至很早就和“秧头”讲好，不要答应别人。

在新安江流域农村地区，早上一般是不喝酒的，可是在“开秧门”这天早上，主人家却要打开早已做好的糯米酒，给每人倒上一碗。同时，每人面前还放一只咸鸭蛋，“秧头”则坐在“上横头”。有些主人家还要到村口的五神殿（庙）里去烧上三炷香，祈求谷神保佑来年风调雨顺，五谷丰登。

开秧门（林坚 摄）

在吃完早饭后，大家一起下田，由“秧头”先拔第一把秧，然后其他人才开始拔。同样，插秧时也由“秧头”先种第一棵秧，然后其他人才开始种。在拔第一把秧和种第一棵秧时，不准开口说话。据说要是开口说话，就要发“秧疯”，手要伤筋痛。插秧时，不能直接相互传递秧把，而是要把秧把丢到田里让另一人去捡，所以有时候，一些爱捉弄人的人在丢秧把时，故意狠狠地用力，给对方溅一身泥浆水。插秧插到头了，如果手里还有多余的秧苗，既不能丢掉，也不能带到另一头去，而是要放在田埂边上。要是丢掉了余秧，就意味着丢掉“余粮”，是很不吉利的。如果所有的田都插好了，还有多余的秧苗，更不能随便丢弃，最好是调剂给别人家，要不就直接犁到田里当肥料。

一般而言，一丘田要当天插完，要是估计来不及，宁可当天早点歇工，等第二天再插。当天拔的秧也要当天插完，不能留到第二天，隔夜秧叫“馊秧”，不利成活。可见，农民们对秧是十分敬重的

拔秧扎秧把时，是要把两手秧苗交叉着扎的。有些年轻人不会拔，往往把两手秧苗一并拢，扎起来了事,这样的秧把就叫“独头秧”。“独头秧”的“秧门”很难找，所以会给插到这样的秧把者引来不快。

二、关秧门

和最后一天田（也有人说最后一棵秧），俗称“关秧门”。在整个插秧的过程中，有很多讲究，所以大家都格外小心，气氛有点严肃。而“关秧门”时，就没有太多的讲究，大家都爱在这个时候轻松一下。一般都在拔了秧的秧田里相互泼水、泼泥浆，甚至相互用烂污泥去糊别人的脸；在田里摔跤，直摔得全身污泥，成了一个泥巴蛋也不会发火。据说摔得越热闹，脸上身上的泥巴越多，主人家越高兴，俗称“糊秧门”，这是很吉利的。

第五节　渔猎习俗

一、捕鱼

新安江流域水产丰富，渔民较多，有不少居民世代靠捕鱼为生，因此就沿袭下一整套彼此熟悉的捕鱼习俗。

新安江、富春江上有一种鱼叫鲦鱼，这种鱼体型很小，呈条状，侧扁，白色，这种鱼被认为是一种不吉祥的鱼。早上开船捕鱼，要是第一网就捕到这种鱼，则认为这一天的运气都不会好，轻者白辛苦一天，重则将有可能网破船漏，甚至会有更不祥的事情发生。要是这种鱼跳进船舱，那就更不吉利了。江上渔民有这样的说

法："鲦鱼跳进仓，全家吃砻糠。"意思是说，遇上鲦鱼跳进船舱，就捕不到鱼，全家人都要饿肚子。因此，遇到鲦鱼跳上船，就要立即用刀把鲦鱼的头砍下来，以血破法。

鲤鱼历来就被认为是一种吉祥之物，最典型的是"鲤鱼跳龙门"。生活在新安江上的渔民认为，如果早上出船第一网就捕到鲤鱼，就认为这一天很"利市"，网网丰收，大家都会很高兴。要是第一网捕到一条黑鱼，也被认为是大吉兆。因为黑鱼全身都黑，这就意味着渔民的心也"黑"。这里的"心黑"并不是心眼坏的意思，而是有"贪心"的意思，也就是说这一天的鱼捕不够，会捕到一大批鱼。但是要是遇到黑鱼跳上船，那就认为不吉利了。因为黑鱼的样子又黑又长，像抬棺材的杠子，所以也要用刀把黑鱼砍断。

如果捕到鱼头上有斑点的鱼，预兆捕鱼的好生意就在近几天；若捕到鱼身上有斑点的鱼，预兆捕鱼的好生意在这个月的中旬：若捕到鱼尾巴上有斑点的鱼，预兆捕鱼的好生意在月末。若是在正月里捕到身上有斑点的鱼，则认为六月里捕鱼生意会很好。

如果早上开船出去捕鱼，发现有狗在水里游泳，则认为要交好运；若发现有老鼠从船头游过，则认为这一天将捕不到鱼，那就要返航。

有趣的是，有很多渔民都要在船上养鸭，这并不是现在所讲的多种经营，而是图个吉利。渔民们喜欢用绳子把鸭子的一只脚系在船尾，让鸭子一边在水里游，一边嘎嘎地叫，说是可以"压后稍"，预兆有头有尾。

新安江上的渔民也信灶王爷，他们认为灶王爷是兼掌管水里鱼的，每年农历的十二月廿四——灶王爷的生日，渔民都在灶前供鱼肉、豆腐等，祈求灶王爷保佑捕鱼丰收。有些渔民还专门找一条黑鱼来祭灶王爷，祭祀完毕后便将黑鱼放生，看黑鱼游向何方，然后沿着黑鱼游去的方向去捕鱼，一定会有大收获。

二、水运

水运是使用船舶运送客货的一种运输方式，其主要承担大数量、长距离的运输，明清时期亦是在干线运输中起主力作用的运输形式。同时也常作为小型运输工具使用，担任补充及衔接大批量干线运输的任务。在新安江流域，大量新安特产如茶叶、文房用具、木材等，都通过新安江顺流而下，通往杭州、扬州等地。而外出经商谋生之人由此开始踏上商人波澜壮阔的沉浮一生。

新安江水运

在新安江流域，从事水运的大多为长期居住在江上的船民，同时也有沿江居住的农民兼做水运。这些船民大多长年居住在船上，以船为家，很少上岸，久而久之，他们便以水为生，爱船如命。

船民对于船及船上的设施有自己的说法。称船为“宝舟”，便将其布置得如一个小房间一般，称船舵为“家主”，意为船之主心骨。同时，称桅杆为“大将军”，有“大将军四海为家，八面威风”之意。

船民以水为家，为讨个平安吉祥，船桅、船篷、船舱门前也常贴些对联。如，“生意兴隆通四海，财源茂盛达三江”“无浪行千里，有风送万程”“破浪乘风送君千里，浮水泛宅涉彼五湖”等，横批多为“招财进宝”“顺风顺水”“船平水稳”等盼平安、祈吉祥之词句。在船民心中，“翻”“沉”这些都是最为忌讳的言语。吃鱼时，如果想要把鱼翻个面，不能说翻过来，只能说“正过来”。旅客或货主也不能问船老大货船几时能到，因为“到”与“倒”同音，有走回头路之意，所以为船家所忌。

航船者有许多较为独特的风俗，如不能在船艄大小便，不能在船上吃瓜子，跳板上不能坐人。船篙要吊在船帮上，篙头必须朝前。船民睡觉要大家睡一头，船民吃饭的筷子不能搁在碗上，吃完要将筷子往桌上轻轻一放，表示“顺顺当当”。同时，当两条船靠在一起之时，不能脚踏两只船。船航行时如遇风暴或搁浅，就焚香祈祷，求天神，拜水神保佑平安。

船民的生活时忙时闲，所以常常相互打趣。“闲时像公子”（船一靠岸就进茶店、上馆子），忙时像“花子”（叫花子，蓬头垢面，不修边幅），背纤像“猴子”（身子躬起来），从而给忙碌的生活增加一些趣味。

过去，新安江流域的船民还有一个风俗恶习。那就是见溺水者一概坐视不管，直到其淹死才打捞尸体。那是因为船民中有这样一种说法，说溺水者是“溺死者在找替身”，如救了溺水者，溺鬼无法投胎还生，便会怀恨在心，伺机报复。所以人人自危，不敢施以援手。但随着人们思想的进步，封建迷信的逐渐破除，这样的人间惨剧也就不会再出现。

三、打猎

新安地区多山，导致野禽猛兽、山珍异物就比较多，特别是野兔、野猪、野鸡等。既有专职靠打猎为生的猎人，更多的则是普通农民在农闲时候，上山打猎从而获得猎物补贴家用。在猎物中，野兔、野鸡等个头小，单枪匹马便能轻易打到。而野猪则不同，不仅个头大，而且凶猛具备杀伤力。打野猪则一定要成群结队，不能盲目行动。这里主要介绍一下打野猪的习俗。

打野猪一般会四五个甚至更多的人组成一个帮，并选出一位枪法好、威望高的人为帮首，再选出一位经验丰富、能识别野猪足迹者为探手（有些地方也叫作割手）。出猎之前，大家会凑钱买一只猪头、酒、香纸等祭品，在专门的山神庙把猪头煮熟了，连同酒、香纸等抬到山神庙前，祭过山神后，大家把猪头和酒分吃了，再上山打猎。如果该地没有山神庙，仪式也可以在帮首的家里举行。

在猎人上山之前，都需要统一先洗个澡，然后更换衣物，把身上的汗味洗干净，而且要选择逆风的方向进山，其目的就是为了不让野猪闻出人味来。因为野猪的嗅觉很灵敏，在很远的地方都能闻出人味，然后逃之夭夭。进山时，探手走在最前面，他的任务是寻找野猪的足迹。一旦发现，就立刻通过学某种野兽的叫声向其他人发信号。

帮首在听到信号之后，就要迅速布置好猎场，准备围猎。猎场的布置也很有讲究。平时，野猪都喜欢在山坞里藏着，在遭到惊扰之后，才从两山之间的岗凹处翻山而逃。帮首就要在两山之间和岗凹处布置两位枪法好、反应灵敏的猎手把守，且呈 90° 交叉火力。其他人跟随探手进山围剿。一时间，山里人声鼎沸。野猪便会逃往山岗，枪法好的猎手此时便会精准捕杀。

第六节 畜牧习俗

畜牧业是利用畜禽等已经被人类驯化的动物，通过人工饲养、繁殖，使其将牧草和饲料等植物能转变为动物能，以取得肉、蛋、奶、羊毛、山羊绒、皮张、蚕丝和药材等畜产品的生产部门。区别于自给自足的家畜饲养，畜牧业的主要特点是集中化、规模化，并以营利为生产目的。新安江流域的畜牧业种类繁多，鸡、鸭、鱼、猪、羊等多种多样，尤其以养猪、养鸡两种家禽最具特点。

一、养猪

新安江流域居民由于饲料的关系，几乎每家都养一两头猪。如果只养一头，那么到了腊月里杀了过年，俗称“杀过年猪”；如果养两头以上，要么这一年家里要办什么喜事，否则就卖钱。养猪对一户普通农家来说，可不是一件简单的事。就连建猪栏、修猪栏这样的事，都要择一个“黄道吉日”，把它当作一件大事来看待，正式养猪就不用说了，这方面的风俗繁多，以下进行逐一介绍。

(一)养彘娘

新安江流域居民管母猪叫“彘娘”。一般人家是不专门养母猪的，养母猪也是为了生小猪卖钱。养母猪选种很要紧，对母猪来说，猪奶是关键。要选猪奶发育正常、整齐的母猪来做“彘娘”。母猪发情后，主人家专门要到养公猪的人家去，请他们把公猪赶来交配。交配完了，主人家要专门给公猪喂一顿好饲料，再付给公猪的主人一定的费用。母猪临产前，主人家还要给它“催生”，方式是：先给母猪专门煮一顿好的饲料（以豆腐渣为多）让母猪吃。再做一些糯米汤团，煮好后，端到猪圈边，点上蜡烛，祭过栏神，全家人分而食之。小猪出生时，主人还要祭一次栏神，祈求神灵保佑所有的小猪都能成活。三天之内也不准邻家来借火。因为以前没有火柴，家里用火都是用打火石打的。有些人图方便，常向邻家去借火说法是，把火借给别人了，财气也会跟着被借走。想要买小猪的人也在这个时候陆续上门来订购小猪，主人就和他们约定一个时间统一来捉小猪。

(二)捉小猪

小猪长到一定的时候，就要出卖了。凡村里（甚至外村）订过的都在同一天来捉小猪。等全部买家到齐后，主人要先用香纸祭过“栏神”，把所有小猪赶到一起，喂顿好猪食，让所有来捉小猪的人看，因为从吃相上最能看出头猪是否好养。然后，买家各自把喜欢的小猪捉进自己带来的猪篰，分别过秤，按斤论价。有些好客的主人，还要留一些路远的客户吃饭。这顿饭又叫“捉猪饭”。客户吃得越多，就意味着他所捉的猪越好养。所以，“捉猪饭”菜不一定要好，但饭要备足。客户挑起猪篰准备回家时，主人还要从客户的猪篰里抽回几根稻草放回猪圈，意思是下一窝小猪还要睡的。

(三)赶豘牯

新安江流域居民管公猪叫“豘牯”。和养母猪一样，养公猪也是专门给养母猪的人家的母猪配种,并收取配种费的。民间很轻视养公猪的人，把这种行业看作贱业，有时骂人，也会骂出“你下辈子要赶豘牯”的。但选公猪要选体形高大、四肢健壮的猪为好。无论路途远近，为了给母猪配种，主人都要把公猪赶着去,俗称“赶豘牯”。

(四)结豘

小猪提回来后，无论是雌还是雄，都要择时阉掉，目的是猪能多长膘。民间有一种人是专门阉猪阉鸡的，叫“结豘鬼”。他们经常肩上挂着一只捕鸡用的网，腰里挂着一只精致的金属小盒子，里面是一些金属小刀，有用来阉鸡的，也有用来阉猪的。雌猪和雄猪的阉法不相同。阉雌猪时，把猪放倒在地，一只脚踩住猪的脖子部位,从腰部割一个洞,伸进一个指头,分别掏出两只卵巢来割去就行了。阉公猪时，是把猪的两只后脚抓住挂在横挡式梯子上，割去两只睾丸就行了。

(五)冲豘

新安江流域居民管卖猪叫“冲豘”。猪养到一定程度，要是不杀了吃，就要适时卖掉。卖猪的活总是由家里的主要男劳力来承担，尤其是在交通工具欠缺的时代，要把猪运出去卖，一般都是抬的。用稻草绳子在猪的肚子上绑上一根木棍，然后在木棍的两头分别扎上粗绳子，用一根长竹竿来抬，这样不会伤到猪。有些养猪的妇女由于对自己所养的猪有了感情，在猪被抬走的时候，心里总是很难过。她们跟在抬猪的人的后面，嘴里不停地“啵啵啵啵”呼唤着。据说这样不停地呼唤，可以让来年的猪更好养。

(六)杀猪

如没有婚丧嫁娶等特殊情况，农家养的猪一般只在过年时才杀，俗称“杀过年猪”。农家除了整只猪出卖的情况，也有杀了之后卖猪肉的，目的不外乎想留点猪油、猪肚里的货自家享用，整块白肉就委托屠夫挑出去卖。卖肉要赶早，在天还没亮之前就要把肉挑出去。这个时候挑肉，不能让肉露在外边，要用东西遮盖起来，否则是要招来不吉的。过年时，因为家家都要忙着杀猪，屠夫就很忙，往往要从早杀到晚。在杀完最后一只猪的时候，屠夫要带几块猪骨头在身边，晚上回家时，遇上野狗等，将骨头抛给它吃从而保身。

二、养鸡

新安江流域有一句老古话："金钱树，银钱树，不如老鸡娘（母鸡）的鸡屁股。"家里养几只老母鸡，就相当于建了个小金库。养鸡是新安江流域农村的传统，生活再艰难，都要在自家庭院养几只鸡。养鸡者一般都是一些不再下地干活的老妇人，她们养鸡不是为了杀了吃，而是让它们生蛋，换取油盐酱醋、火柴肥皂、针头线脑等日常生活必需品。

(一)养鸡

新安江流域居民叫公鸡为"雄鸡头"，叫母鸡为"鸡娘"。一户人家最多养一只"雄鸡头"，其余的雄鸡都要阉掉，过年时杀了吃。"鸡娘"则越多越好，因为"鸡娘"会下蛋。"鸡娘"下的蛋,俗语叫"鸡子"。为让"鸡娘"多生"鸡子"，生好"鸡子"，老妇人们要给"鸡娘"做个鸡窝，鸡窝里放个"引窝子"。"引窝子"要么用真鸡蛋，要么用木头或其他东西做一个鸡蛋样的东西放在窝里，这样，"鸡娘"就会把鸡蛋生在做好的鸡窝里。"鸡娘"生的第一个蛋叫"开窝子"，是十分珍贵的。按农村风俗，这个鸡蛋，养鸡者一般是不自己吃，也不卖的。而是留给自己的新媳妇，或刚出嫁的女儿吃，以祝早生贵子。如果没有新媳妇，或刚出嫁的女儿，则留给儿子吃，以做滋补。

(二)孵蛋

农户所养的鸡大多是自家孵的。"鸡娘"下蛋下到一定的时候，就要抱窝，俗称"孵鸡壳"，只有"孵鸡壳"才能孵小鸡。成了"孵鸡壳"的"鸡娘"是不生蛋的。为了多产蛋，老妇人们把多余的"孵鸡壳"弄醒重新生蛋，只留一只孵小鸡就行。弄醒"孵鸡壳"的方法只有一个字——吓。吓的方法很多：有些是扔到水塘里去，把它们吓醒；有些是在鸡尾巴上绑一张包粽子的叶，据说鸡一边走路，粽叶一边发出响声，也能吓醒它们；更有意思的是把鸡的眼睛包起来，放到晾衣服的竹竿上，鸡在竹竿上前后摇晃，也能吓醒它们。一窝一般孵二十几个蛋，孵到一定时候，要拿出来照一照，把没受精的蛋拿掉，然后继续孵。大约 21 天后，小鸡就出壳了。小鸡出壳后，先喂碎米粒，并把空蛋壳串起来，挂到厕所里去，据说这样小鸡就会顺利成长。

当然也有农户从流动的小鸡贩子手里买小鸡的。过去常有人挑着整担的小鸡或小鸭走村串户卖的。流动的小鸡贩子叫"放小鸡的"。放小鸡的人随身都带有一些碎米，送给每个买小鸡的人，这是种特有的风俗。另外，放小鸡的人的扁担也很有讲究，不能平更不能往下挂，要两头翘，这才吉利。鸡是老妇人的心肝宝贝，鸡蛋是老妇人待客的上品。有客自远方来，大多煮一碗鸡蛋，或下一碗鸡蛋面待客，至少也要炒碗鸡蛋给客人下酒。除此之外，按新安江流域习俗，新女婿上门，岳母大人要煮一碗糖氽鸡蛋。家里有人要出远门，要煮几只茶叶蛋带着路上吃。走亲戚、看产妇，一般都以生鸡蛋为礼物。所以，鸡蛋便成为新安江流域农村里的一种既很普通又极为珍贵的东西。

第五章　新安物质生活民俗

生活民俗是新安江流域社会群体在特定的生存环境中所创造、享用和传承的民俗文化，是与可感可见的居住、服饰、饮食、交通、工艺制作等物质文化传承相伴随的民俗事项的总称。为了生存和发展的需要，新安江流域居民长期与自然交流，并逐渐懂得利用自然物质为自己服务。随着历史的发展，技术的进步，经验的积累，社会分工越来越细，人们的生活内容和生活质量也随之提高，生活民俗的内涵日益丰富，成为新安江流域风俗文化中重要的组成部分。

第一节　居住民俗

居住民俗的形成与居住的自然环境、社会习俗，以及文化心理等诸因素密切相关。中国的民居形式相当丰富多彩，各个地区都有其独特的居住形式，如客家的土楼、苗家的吊脚楼等。但具体到新安江流域而言，其居民历来以经商为主业，建筑风格之间相互影响较大，多以徽派建筑为代表。喜欢聚族而居，且建筑多以木结构为主，防火设施完备。

一、村落组合方式

新安江流域境内地貌为江南丘陵，境内多山。山与山之间偶尔有小块平地，耕地不多，自然村落大多都选在山脚、山坞居住，以不占或少占耕地为目的，有的甚至选在山顶。明清之后，随着中国政治、经济、文化南迁，人口急剧上升，村坊也因此而繁荣起来。

新安江流域村落组成方式中，尤以“同一姓氏聚族而居”最具特色。这类村落在流域内随处可见，很多在村名上便能看出宗族大姓，如休宁县溪口镇汪村、歙县王村镇王村、淳安县威坪镇叶家村、横双村、建德县大慈岩镇新叶村和里叶村等。

他们以一姓为主，往往历史比较久远，追溯起来，都有一个或几个最早从别处迁来的“始祖”，加上包括家族内部和外部在内的原因的共同作用，使得整个家族逐渐兴旺起来，一个以家族为组合方式的村落就这么形成了。如建德县更楼街道甘溪村，就是在北宋宣和年间，因起义失败而逃难出来的淳安方腊的族人，经过近千年的发展，形成了现在这个有着近千方姓人氏聚族而居的村坊。这类村坊通常都修有家谱、祠堂等，记载着本家族的兴衰变迁史，是研究新安江流域乡土文化的活化石。

原淳安县威坪镇全景（蒋建坤 提供）

二、建屋

(一)择基

择基是建房的第一步，也是最为重要的一步。在传统的风水观念里，通常认为一个好的房屋住址，可以影响户主乃至子孙辈的运气，新安江流域民间对择基一事尤为重视。在当地，广泛流传着这样一首择基风俗歌谣：

择基歌

阳宅来龙原无异，居处须用宽平势。
明堂须当容万马，厅堂门庑先立位。
东厢西塾及庖厨，庭院楼台园圃地。
或从山居或平原，前后有水环抱贵。
左右有路亦如然，但遇返跳必须忌。

由于新安江流域地处北半球，为便于采光，择基时，一般都选择坐北朝南的位置比较好。对屋基的地势要求大致是地势平坦，背山依水，东边地势低，西面地势高。最理想的屋基是“左有流水，右有长道，前有污池，后有丘陵”。这样的宅基地显示其大吉大贵。抛开风水层面分析，这样的环境确实是人居的最佳之地。左有流水潺潺，这就解决了淘洗饮用水问题；右有长道，这就解决了交通问题；前有污池，排污问题解决了；后有丘陵，不但给居所创造了优美的环境，也阻挡了西北风的入侵。同时，在流域内民间受风水学影响，还流传着以下几点择基要求：

1. 选择东边的山头比西边的高些的地方；

2. 房前要有大路，但大路不能直对大门，屋后不好有路，也不能有池塘；

3. 大门不能直对人家的屋顶、墙角、烟囱和山尖等。

屋基选定之后，就要请泥水师傅来勘测打桩。对于勘测打桩，流域内民间也有较多讲究。第一步，要找一张长条红纸，上面写上“天无忌地无忌姜太公在此百无禁忌”，把它贴在一根事先选好的粗壮的木桩上；第二步，把这根木桩钉在屋基的后正中，再用一根红线往前拉，一直拉到屋基的正前门的位置打个桩，这前后两根桩之间的延长线要正对屋前的山坳。这两根主桩定好后，整个屋基的朝向就定下来了；第三步，以两根主桩为基准，往两边延伸一定的距离，就可找到房子的四个角。找到后，分别也要打上四根桩，每根桩按后东、后西、前西、前东的次序，分别用红纸写上“甲”“马”“将”“军”贴上，为屋基的四个角。这样，整个屋基的择基步骤才算完成。

(二)动土

新安江流域居民向来对养育他们的土地怀有深深的敬畏之心，大凡有重大的动土兴造之事，都要有开工仪式，即先祭拜土地神，以征得“他老人家”的同意、批准和保护。按照传统风俗，大凡要建房屋，在开工动土的这天早上，主人先要煮好一只猪头，猪头上再盖张大红纸，放在一只大盆里面。另外，再倒上一壶酒，配上几只酒杯，然后再由主人一起端到村口的土地庙里去祭土地神。没有土地庙的地方，也可把猪头端到屋基里面去祭土地神。

祭土地神的仪式主要由主人、石匠师傅和木匠师傅一起来完成。整套仪式有些地方简单些，有些地方比较繁琐，差别较大。木匠师傅在祭土地神时，念的祭文有些是这样的：“日吉时良，天地开张，金炉之上，五炷明香……兹有某乡某村某人，择日于今年今日某时开工动土造屋，不敢自专，先奉为上，酒富三尊，愿沫临降，三奠杯觞，永灭灾殃，百禄是荷，万寿无疆。自此门庭常吉泰，从兹男女永安康。”在祭神完毕后，鸣炮三响，由石匠师傅、木匠师傅和主人先在钉有“天无忌地无忌姜太公在此百无禁忌”的木桩下各挖三锄头，开工仪式就算结束了。

接下来，全体帮忙的一起动手，挖土的挖土，开石的开石。如果顺利的话，几天工夫，就把一幢房子建造完成。当然，按照流域内农村风俗，谁家有事都是你帮我我帮你的。造房这类的大事，有些左邻右舍即使你不去请，他也会主动来帮忙。主人对帮工只管吃，不开工钱，下次你家有事，再帮工还人情就是了。

(三)偷梁

过去，新安江流域农村造房大多是用泥土夯墙的，现在生活条件逐渐改善，逐渐改用砖头砌墙了。用泥夯墙的房子，都造成人字顶形。在夯到平楼处，要埋一排木头，这是准备用来钉楼板的。而夯到房顶，再埋上一排木头，叫作横梁，这是用来钉椽木盖瓦片的。但是，所有的横条都埋好了，只有最顶上那根横梁也叫“栋梁”空着。

究其原因，“旧时新安地区房屋大多以楼房为主，房屋建筑主要采用的是砖木结构”。[①] 而这根横梁是一幢房子最主要的部位，必须选根最好的木头来充当，而这根木头又必须是偷来的，这就是建德农村所特有的风俗“偷梁”。在造房子的同时，或者更早，东家就在村里村外到处物色这根栋梁了。有些是物色好之后，找个适当时机，偷来了事。但是，更多的则是物色好之后，找到这棵树的主人，向他说明要某棵树做栋梁。一般情况下，东家都是乐意的，因为造房子是很难得的，而且有人选中你家某棵树做栋梁，也是一件让人自豪的事！栋梁物色好，就要找一两个帮手，选好某个晚上上山。砍树也有很多讲究，最主要的是，树砍倒后不能让它倒到地上，而是由几个身强力壮的劳力用肩膀用力扛着，然后削去树枝，扛下山来。主人家还要在树桩上放一个红包，算是给树的主人的一点报酬。

树扛回家，要用木头做的三脚架架着，等木匠师傅来做。

(四)上梁

在“偷梁”结束后，经过木匠整修，就要择时架上去了，这就是造屋过程中最

① 汪慧：《清代徽州民俗略论》，《赤峰学院学报(汉文哲学社会科学版)》2014年9月，第23页。

重要的项目——上梁。

上梁这一天，亲朋好友都来帮忙，而且还要带上各种礼物，其中多以馒头为主。上梁仪式由“带头师傅”(即木匠与石匠)主持。仪式开始时,带头师傅会吆喝一声 :“良辰已到，上梁开始。”此后二人分站在屋梁两侧，手里各扯着一根被染成红色的绳子，绳子一头系住大梁的两端，绳子上还系上一些小小的红绸布。大梁的正中间除了挂一张写有“紫微高照”的红纸外，还要挂一块竹筛、一把尺子、一面镜子、一把剪刀和一杆秤杆。在民间，这些都是被认为可以避邪的东西。上梁开始时，主人家先要摆上鲤鱼、猪头等牺牲祭过天地，接着就燃放鞭炮，一根披红挂彩的大梁就在“带头师傅”的牵扯下，徐徐上升。“带头师傅”一边扯，还要一边高唱 :“脚踏云梯步步高，新造大厦接云霄。上梯一步高一步，下梯步步后来高。”待到大梁被架上屋顶，两位“带头师傅”同时动手，把大梁固定在榫头内。与此同时，边上的人就开始向下抛馒头、纸包糖、香烟等，也要一边抛，一边唱 :“抛梁抛得处处有，四方邻里带喜走。主人量大福气大，晚上大家喝美酒。”有的人家一气要抛掉好几箩筐的馒头，抛得越多，就越显示主人家的气量大，也就越吉利。而在下面抢馒头的也要尽情地抢，

上梁

抢得越多，运气越好。上好梁，接着就是钉椽树，盖瓦片。因为这一天帮忙的人最多，所有的工序都能在天黑之前完成。晚上，主人家大摆宴席，叫“上梁酒”，以酬谢所有的帮工，特别是两位“带头师傅”，他们会被主人请到堂前最主要的位置就座。

在以前，上梁的日子都由风水先生择定。一旦择好日子，无论晴天还是落雨，都要照常进行，不得更改。若是遇上晴天，大家就会唱“阳春布德泽，万物生光辉”的美词；若是遇上雨天大家就要唱“风也好，雨也好，风调雨顺全都好”。总之都是一些赞美之辞。吃完上梁酒，帮工的和客人都要陆续回去了，主人还必须把他们送来的酒肉面馒头等礼物分出一半，让他们带回去，不能全收，这叫还礼。

(五)进屋

新屋落成，由风水先生择好日子，举行一个仪式，全家人才能住进去。而这个仪式，在新安江流域有个专属名词，即“进屋”仪式。

进屋的时间，一般都选在凌晨天将亮未亮之时进行。在此之前，主人要早早起来，蒸好一大锅白米饭，等着吉时一到，便先放几通鞭炮。由男主人将白米饭盖好，放在箩筐里，然后一头挑着白米饭，另一头挑着一箩筐衣物，在家人和亲朋好友的护送下，走进新屋。家里的其他成员手里也都各自拿着不同的物件，走在主人的后面。这些不同的物件包括：一块竹筛，一面镜子，一把尺子，一杆秤，一盆火和一棵万年青等。所有这些东西，都有着其特殊的意义。主人挑的一锅白米饭和一箩筐家里人的衣物，表示在今后的日子里，全家人有吃有穿，吃穿不愁。吃的和用的之所以要一家之主来挑，是因为一家之主将负责起全家人的吃穿问题。家里其他成员手里拿的物件，竹筛、镜子、尺子、秤杆都有避邪的作用；火和万年青象征着香水不断，万古长青，家业兴旺发达。

一家人进了新屋，男主人先要在新屋的堂前设下香案，点上香，先朝大门外祭拜过天地和土地神，然后朝堂前拜过祖宗。接着在堂前的八仙桌上摆上糕饼茶，邀请亲朋好友坐下来吃。女主人则要马上到新灶头上去开火，首先要炒一大盘子的年糕或面条，让大家吃。年糕的含义是新居新生活一年更比一年高，面条的含义是勤俭持家精打细算幸福生活长又长。还有一点需要格外注意，即女主人生火炒年糕或煮面条所用的火，必须是从原居住地带来的，以示薪火传承永不熄灭。等到这些仪式进行得差不多的时候，天也渐渐开始亮了起来。这时，又要放一通鞭炮，表示白天的进屋仪式告一段落。

等到夜里，主人通常要摆进屋酒，招待所有帮助建过房屋的师傅和亲友。亲友们提前带着贺礼前来祝贺。贺礼一般有礼金（现金）、酒、肉、干面条等，但最为重要的则是立轴。所谓立轴，通常是一幅用红纸进行简单装裱后的年画，用来作为贺礼的立轴都要请人在上面写上“勤俭持家”“大展宏图”等字样。进屋当天，由主人家找一位颇通文墨，且在村里有一定名望的人充当理事。他们除了收理好客人送来的贺礼、招待好所有的客人外，最重要的任务便是挂立轴。立轴的排列顺序是按辈分大小，从中间向两边、先左后右依次排列。这涉及送立轴之人的身份地位，所以需要格外重视。

三、其他

(一)砌门墙

一栋房子的关键部位是大门，第一件事便是要将大门安置好，即砌门墙。大门的朝向，首先不能对着正南方。因为在新安江流域内盛传，正南方意味着大福，只有皇宫、寺庙祠堂的大门可以，一般平民百姓是挡不住如此大的“福”的。若对着正南方，不仅挡不住，反而会给家人带来灾难。所谓砌门墙，是石匠用一种叫门星尺的设备来定好门的方位、高度，然后安下一块事先凿好的长条形的门枕石，最后再把门框安上。安装的时候，还要在门框上挂一张红纸，上面写着“安门大吉”四个字。门顶和门框之间还要嵌入一索由各种颜色布条组成的五彩布。

(二)门扇

是人们居住建筑中一个重要组成部分，也是屋子内外的一道隔离界线。按照安置地点的不同，大体可将门扇分为大门、边门、院门和窗门等。大门（即正门），一是要双扇门，意思讨个“双喜临门”的吉利；二是气派。特别是一些大户人家，以及寺庙、祠堂等大型建筑，不但大门要双扇的，而且门上还装有铜铃、铜制门环等，一般人家则贴个门神之类亦可。其余如边门、房门则多以单扇门为主。这些门扇都起着隔断房子内外视线的作用，都是密缝的，要用木板来制作。除此之外，在新安江流域还广泛流传有“腰门”这一特别的门扇。腰门，顾名思义，即及齐腰门扇。它通常是安装在大门之上的一种附设性的门。白天之时，大门敞开而腰门往往是关闭的，作为“一种有礼貌的拒绝”，既让访客可以一览无余地看清楚屋里的细节，却仍然矜持地把你隔离在主人家的领地之外。除此，还可以防止家里孩子乱跑，周围猫、狗等动物闯进家中。

（三）照壁

即影壁，是一种建在门前的建筑物。有些人家的房屋建好以后，发现门向不太对劲，就建一个照壁来遮挡一下，希望将晦气隐藏。在风水先生看来，住宅的大门，一不能正对南面，二不能直对山尖，三不能对着人家的屋顶、墙角、烟囱等，四不能直对着大路。认为这些都是不吉利的，有了影壁，就能挡住以上东西。但照壁的更大作用，却是用来装饰和改造建筑结构的。过去的人家是不太愿意让人直接看到房屋的内部的，那么照壁就起到了遮挡视线的作用。同时让人感觉房屋的内部结构有层次。有些人家还在照壁上雕有诸如松鹤延年之类的图画，或者在照壁上刻个“福”字，或八卦图案等，以示吉祥。

（四）门当、户对

在一些比较大的房屋门前，比如以前的一些大户人家、祠堂门前等，可以看到大门的左右两边，各放着一只用石头凿成的石鼓，这就是所谓的“门当”。因为鼓敲起来声似雷霆，俗信能辟邪驱鬼，民间常用石头凿成鼓形来代替真鼓，放在门前的地上，也有用青砖雕成镰影在门楣上的，这样不仅有辟邪驱鬼的作用，而且有装饰作用。

抱鼓石

除了“门当”以外，还可以看到门楣上用砖或木雕成的圆形的短柱，短柱长一尺左右，与地面平行，与门楣垂直。由于它置于门头之上，且成双数，故名“户对”。“户对”是原始的生殖崇拜符号，是男根的象征。由于男根是阳器，被认为可以退辟阴祟。

一般来说，有“门当”的人家，也有“户对”，门当和户对是紧密相连的，因此“门当”“户对”并称。又因为只有在大宅门前才能见到，所以“门当户对”又成了门第身份的一个标志，并被转义为在男女婚配上出身相当的俗语。

(五)四不像

在新安江流域古严州的府衙前，有一照壁，在照壁的背面有一石座，石座上蹲着一只石兽，石兽张着大口面向正南。这只石兽高近六尺，似狮非狮，似虎非虎，似狻猊又非狻猊，似狴犴又非狴犴，老百姓就干脆叫它“四不像”。

在府衙前立这样一只“四不像”，其用意何在？有人认为：其一，因这种怪兽很贪，只要能吃到的，它都要吃，就连天上的月亮都要吃。有一天晚上，月亮倒映在水中，它跳入水中去吃月亮，结果被淹死了。府衙前立此怪兽是用来警醒那些贪官的。另有一种说法是禳火灾。过去南门外有一条黄浦街十分繁华，可是经常失火，有人就认为南大门开得太正，触犯了“南方丙丁火”，因而招致“火神”经常光临。又因“四不像”口很大，能吞“火神”，在府衙前立这么一只正对南方的怪兽能禳火灾。

第二节　服饰民俗

“佛要金装，人要衣装。”穿衣着装是人类告别愚昧，进化到人的一种标志。在漫长的人类社会发展过程中，新安江流域居民服饰也在不断地发生着变化，成为该流域中最为丰富多彩的物质文化现象之一。

在新安江流域居民的日常生活中，服装不仅仅用来裹体、御寒、美化，而且是政治的象征，是流域居民社会等级的表现形式之一。“君子不可以不饰。不饰无貌，无貌不敬，不敬无礼，无礼不立”。在传统认知中，什么样的人只能穿什么样的衣服，不能乱穿。乱穿了，轻者被人视为“无礼”，重者甚至是犯罪的。然而，随着时代的进步与发展，世界文化趋同现象日趋明显，女士裙装高跟，男士西装革履，几乎是全世界通行的一种服装了。本节内容主要介绍新安江流域居民在服装穿戴上的一些特点及风俗习惯。

一、帽子

帽子是最能体现流域特色的一种饰物，是一个地方的象征之一。新安江流域地处江南，既无风沙，亦不严寒。但居民为了遮阳、避雨、御寒等多样原因，也产生了为数不少的具有流域特色的帽子样式。

荷叶绣花帽

(一)习惯

冬天，通常我们所看到的小孩子的帽子大多是用毛线编织的，帽檐上翻，上小下大，呈螺旋状，色彩斑斓，顶总还有一个同样用毛线扎的线球。走起路来，前后左右晃动，很是好看。青年男性则以戴有帽舌的布帽为主，而老年男性戴的也是从商店里买的东北瓜皮帽为多。与男性有所不同的是，女性戴帽者大体年长，所戴的大多也是线帽，不过和小孩子戴的有所不同。首先是色彩上比较深，以蓝黑为主；顶部也没有线球之类的装饰物。随着时代的发展，现在的一些年轻女性也喜欢戴线帽了。不过，那已经不是为了御寒，而是一种装饰品，追求的也是式样和色彩，看上去很青春，充满活力。

(二)笠帽

在新安江流域，用来遮阳、挡雨的帽子以笠帽为主。笠帽有两种，一种是用麦秆编织，叫草笠帽；一种是用竹篾和箬叶等材料做的，即传统意义上的竹笠帽。草笠帽是专门用来遮阳的。一般在春夏之间，麦子收割完毕后，妇女们把麦秆的顶部剪下，放到水里浸泡一段时间，把里面的黄水浸掉，起漂白作用。然后就在每天的午后，三五一堆地轧在一起，编织起草笠帽来。草笠帽的编织方法和麦秆扇子的编法差不多，即首先用七根麦秆编成宽约两三厘米的长条，然后再用线把它盘成一个帽子的样子就行。这种帽子透气性好，用来遮阳是最理想的。但不能淋雨，淋雨不但要变色，还会变形。若要挡雨，就只能戴竹笠帽了。因为这种帽子的材料是竹篾和箬叶，不怕雨淋。而雨打在上面，还能发出十分清脆的笠音，很有诗意。这种竹笠帽外形极具新安地方特色，其直径较小，顶部扁平，须用系带方可戴牢。唐代浙江金华诗人张志和有一首诗叫《渔歌子》："西塞山前白鹭飞，桃花流水鳜鱼肥。青箬笠，绿蓑衣，斜风细雨不须归。"其中的青箬笠，指的是这种竹笠帽。

二、衣裤

新安江流域居民在衣裤方面特色不太明显，人们多穿自家所纺织的粗布衣裳。中老年男人常穿对襟衣服，而中老年妇女则一直都穿大襟衣服（衣襟向右斜开）。这些衣服的纽扣都是布做的，属于满族人的服饰。衣领较低，俗称"和尚领"。颜色则以蓝色、灰色和黑色为主。青年人穿得相对要艳一点。小孩子穿开裆裤，老年人穿大腰裤，裤腰部分是白色的，很宽，两边往中间一折叠，用裤腰带一扎就行。

对于青少年而言，时兴穿圆筒衣，这是夏天穿的一种衣服，短袖，低领，没有纽扣。穿时从头上往下一套就行了，有点像现在的 T 恤衫。

新安江流域居民的穿着也和全国人民一样，从旧时代的长袍马褂瓜皮帽，到新中国成立后的列宁衫，到 20 世纪 60 年代的军装、中山装。直到 20 世纪 80 年代之后，无论男女老少，在衣着方面才开始呈现大放异彩的局面。西装、领带、喇叭裤、牛仔裤等，遍布流域街头巷尾、田间地头。

衣裤方面尤为值得一提的是挡雨的"蓑衣"。它的材料是棕，先选整片的棕拼成像衣服一样的前后两片，再用棕丝密密地缝好。这种蓑衣无领，袖子是蝙蝠袖，衣裙连体，前短后长，下摆留出棕毛。蓑衣穿在身上，看上去就像是古代的铠甲。它一般都和笠帽相搭配穿戴，特别受长期在田间劳作的农民喜爱。因为蓑衣不但能挡雨，还能御寒。在休息时，还能当垫子躺在上面休息。

三、鞋子

(一)草鞋

新安江流域地处山区，因为草鞋价格低廉，且不易打滑，便于农民上山干活所需，深受居民喜爱。草鞋品种多样，花样繁多。从样式上看，主要分为无帮草鞋、有帮草鞋、船型草鞋三种。从编织材料上看，主要又分为稻草草鞋、苎麻草鞋、笋壳草鞋、混合草鞋等几类。

无帮草鞋是由一个鞋底，边上四个纽，头上一个头纽，后面一个后跟纽构成。穿时，只用草绳将四个边纽与头纽、后跟纽穿起来就行了，这是一种比较简单的草鞋。

一般来说，穿一两次便可丢弃，其制作材料也多以稻草为主。

草鞋

有帮草鞋则不同，除了鞋底以外，还在四周编一圈鞋帮，和布鞋相类似。这种草鞋制作考究，所选材料也以苎麻为主，有时还在苎麻里混进一些旧布条。一双这样的草鞋可以穿很多次。有的居民为了使草鞋更加耐穿，往往在穿了快一半时间时，把鞋底翻过来再穿，这样又可以穿一半的时间。

(二)布鞋

布鞋在新安江流域别称“千层底”，是用旧布一层一层粘好，然后用鞋底绳（一种用苎麻搓成的线）纳起来的。过去因为穷困，所以人们的衣服破了之后也舍不得丢弃，总是补了又补，实在补不起来了，便一块一块地撕开、摊平放好。等一有空闲，就坐下来粘鞋底。在粘之前，先要按家里人脚的大小剪一个鞋样，粘的程序是这样的：第一步，先在一块整块的相对比较新的布上涂一层麦粉炖的面糊，再把旧布一块一块地拼贴上去，然后把鞋样放上去，沿着鞋样，把多出来的布剪去，接着再粘第二层。直至粘贴至十多层，最后同样用一整块的布粘下去，作为面料。鞋底的厚度一般在 1 厘米左右，用同一个鞋样粘两只鞋底，放在太阳底下晒干。第二步，纳鞋底，即将粘好晒干的鞋底用细麻线一针一针紧紧地纳结实。纳鞋底的秩序是从外边向里面一圈圈地缩进，让其逐渐变硬，增加布鞋使用寿命。第三步，做鞋面，鞋面也是由好几层布粘合而成，一般都用新布，这样鞋面就更加干净。第四步，在鞋面粘好之后，最后就是定型，用新安江流域俗语称呼即为——栓。可请人用木头制作好模具，分鞋头、鞋跟两部分，两头塞好，中间部分可用木块塞紧，在鞋面上洒点水，放太阳底下晒干，一双布鞋就算完成了。

四、穿戴禁忌

自宋代以降，新安江流域深受“程朱理学”的影响。表现在衣帽上，便有很多的禁忌与忌讳。这些禁忌大多是毫无科学依据的，但由于积久日深，口耳相传，在流域内已约定俗成。具体如下。

(一)忌裹绿头巾、戴绿帽子

头上裹绿头巾、戴绿帽子的人，说明妻子有了外遇。《中国娼妓史》中云："后代(元以后)人以龟头为绿色，遂目着绿头巾为龟头。乐户妻女大半为妓，又开设妓院以妻女卖淫的人为龟，或叫乌龟。又以官妓皆籍隶教坊，后人又呼妻女卖淫的人为戴绿头巾，或叫戴绿帽子。"

(二)忌戴白帽

父母在，子女忌戴白帽，因为白帽是居丧时戴的孝帽。有些地方还忌穿白衣，因为孝服都是白的。

(三)忌反穿衣

新安江流域有在给死者穿寿衣之前，要由孝男反穿一下，然后脱下来正穿到死者身上的习俗。所以反穿衣服会被人说成是穿寿衣。与此相类似的，还有忌反戴帽。

(四)忌穿未折过的衣服

衣服晾干后收回来没有折过，是不能直接穿的，穿了之后有要变成"竹篙鬼"的说法。

(五)忌在身上直接缝补和钉纽扣

衣服破了，或扣子掉了，一定要脱下来再缝补、钉纽扣，如果直接在身上缝补或钉纽扣，会被误认为是小偷。

(六)男人忌穿女人的鞋

男人穿了女人的鞋子，会被鬼嬉笑，走路就要伤脚指头。

(七)忌穿戴捡来的鞋帽

穿戴捡来的鞋帽要有坏运。

(八)忌衣裤晾在外面过夜

这主要是指小孩和妇女的衣服和裤子，不能晾在外面过夜，否则会冲犯了夜游神煞，穿了这样的衣服，要"发梦癫"(说梦话)的。此类风俗较好，有教化人们讲卫生的作用。因为小孩、妇女的衣服晾在外面过夜，可能会沾上诸如蜘蛛等有毒的东西。

其他还有一些诸如儿童的衣服不能晾得太高，说是三尺以上有神灵，要伤着儿童的；妇女的衣裤不能晾在男人的上面，恐男人要走倒运；竹竿尾上不能晾挂衣服，这与丧事中的旗幡相似；结婚时，忌女人的鞋子压在男人鞋子的上面，恐日后女的压住男的。随着时代的发展，人们知识体系的不断更新，有很多禁忌都已被冲刷得荡然无存了。

第三节 饮食民俗

新安有民俗说，“民以食为天”“人是铁、饭是钢，一顿不吃饿得慌”。这些话都说明，饮食对于人们而言是何等的重要！中国幅员辽阔，因各地自然条件、社会风俗等都有着很大的差异。因此，在吃什么和怎么吃这样的问题上，各地有着很大的不同。新安江流域地处皖浙边界，在饮食上亦有很多较为有意义的风俗。本节将着重介绍新安江流域居民在饮食方面的习俗。

一、饮食礼仪

(一)一日三餐

据古籍记载，在秦朝以前，人们一天只吃两餐，如一天吃两餐以上，或不按时吃饭，则被认为是失礼的。自汉朝以降，才开始盛行一天吃三餐。到了唐朝，把吃早饭称为早点，中饭则称为午饭，晚饭则称为晚餐。新安江流域居民向来把一日三餐更多地看作是时间的分段，以吃中饭为界线，把一天的时间分为上午、下午、晚上，吃过早餐是一天的开始，吃过晚餐是一天的结束。

(二)八仙桌

新安江流域居民喜好在堂前摆放一张八仙桌，这种桌子长、宽、高各自为80厘米左右，平时放在堂前。四周各配一条长凳子，叫四尺凳。摆放八仙桌有一个规矩，一般情况下中间木板的方向是横着的，遇有丧事时则要竖起来，即八仙桌朝着大门和堂前。在流域内民间俗语中，也常有这样一句“有事放到八仙桌上来讲”，寓意着大家不要在背后议论，有事当面说清。八仙桌最主要的功能是吃饭，这其中的座次也很有讲究。上横头的左边最大，右边第二。这两个位置称为上首，只有这一桌中或辈分，或年龄，或地位最高的人方可坐在这里。接下来是左边的上下位，右边的上下位，下边的右位。最后是下边的左位，坐在这个位置的人一般都是这一桌中或辈分，或年龄，或地位最低的人，他还兼有接菜、筛酒的职责。

(三)菜的摆放

一般而言，上横头的菜要好于下横头。有一句俗话是这样说的 :“下横头看上横头的肉都要大块一些。”意思是总觉得别人的比自己的好。

(四)倒酒的秩序

由坐在下边左位的人起来，按顺序倒酒，倒完之后，倒酒的人回到自己的座位，才开始喝酒。要让坐在上首的人先喝第一口酒，吃第一口菜。吃完了，最好也要等上首的人先站起来，其他人才起立离去。如果其他人要想先离去，则须礼貌地先向上首的人告辞，再和其他人告辞离去。在站起来之时，还要一手按住自身凳子的一端，并告诉自己的同位“您坐好”。

(五)筵席禁忌

桌面板要对直放，不得横放，横放是请神鬼 ；六人一桌，不得对座各二人，另对座各一人，这被称为“乌龟坐”；吃酒时，不可把脚搁在别人的椅凳上，这称“踏牢吃”，否则别人不负担饮食费。家有宾客，妇女一般不上桌。结婚酒、红白喜事酒，菜盘不能重叠放 ；对周酒、寿酒，菜盘则越叠高越吉利。

二、特色酒水

米酒

米酒，又叫酒酿，甜酒。旧时叫“醴”。在新安江流域，农家自制的米酒是冬天家家户户必备之物。这些米酒多用糯米酿制，其酿制工艺简单，口味香甜醇美，含酒精量极低。因此，深受人们的喜爱，已有千年以上的悠久历史。米酒已成为农家日常饮用的饮料。

1. 生产工艺流程

米酒的制作技艺大体为浸米→蒸饭→冷却→拌曲→糖化→前酵→养酒→陈酿→出酒。这一流程，步骤较为复杂繁琐，且要严格控制好发酵的时长、温度、气候、原材料等种种要素，这都直接决定着米酒成品质量的好坏。具体步骤如下 :

①浸米 :凉水浸泡，以米粒无硬心，手捻即碎为浸泡标准，时间以当时气温而定。浸泡好后，捞出沥干。

②蒸饭 : 木甑蒸饭，饭熟而不烂。

③冷却 : 可采用淋饭法或摊饭法进行冷却。

④拌曲 : 酒曲粉碎后，均匀拌入糯米饭中，拌曲温度 33℃ ~ 36℃。

⑤糖化：拌曲完成后，糯米饭入缸，搭窝。酒缸保温糖化，温度为 28℃ ~ 30℃，时间为 24 ~ 48 小时。

⑥前酵：糖化后，下浆发酵，前酵时间为 2 ~ 3 天。

⑦养酒：前酵后密封酒缸养酒，根据气温确定养酒时间，养酒时间≥ 30 天。

⑧陈酿：取酒缸内上清液进行倒缸，酒糟进行榨酒，与上清液合并至另一酒缸进行陈酿。陈化时间≥ 30 天。

⑨出酒：陈酿完全后，按质割酒脚出酒。

2. 五城米酒

在新安江流域，最具特点的米酒当属休宁县五城米酒，它的发展迄今已有 1300 余年的历史了。在唐至德二年（757），五城黄姓人每年举办“将军会”，祭祀为平叛安史之乱而殉国的张巡将军，米酒为祭会主饮料。千百年来，酿造米酒技艺一直在五城黄氏家族中世代传承。直至清代初期，才有外姓人介入，米酒生产随后也向周边地区扩展。到民国时期，五城街上百余家商铺中，仅米酒作坊就有 20 多家。如今的五城米酒，既有精美瓷瓶，也有古拙瓦罐；既有现代气息型的纸盒，也有返璞归真类的提篮；既摆放在寻常百姓的饭桌上，也飞上了高档酒店的大雅之堂。销售额大幅增长，部分高档米酒的价格增长了 10 倍以上，产品已远销合肥、杭州、南京、苏州、上海等地。

3. 大曲酒

在新安江流域建德一带，还有一类较有特色的米酒——大曲酒。因为当地“大”“土”同音，所以也称为“土曲酒”。这种酒采用的是一种叫蓼草的野草，将其采摘浸泡至水中，等到草汁全泡出来以后，沥干渣滓，把汁水拌入谷粉、小麦粉等，做成土曲酒药，捏成块，挂起来让它自然风干。到了初冬时节，再把新收的糯米煮熟，拌入土曲，放到酒缸里酿一段时间，即成大曲酒。这类酒色泽较黄酒淡，但甘冽醇厚，入口后虽不感觉特别浓烈，但后劲却非常足。

4. 甜酒酿

甜酒酿是新安江流域传统特色小吃之一，是用蒸熟的糯米拌上酒酵（一种特殊的微生物酵母）发酵而成的一种甜米酒。酒酿，也叫醪糟。它虽不完全属于酒的类别，却又有着酒的芳香，因其由糯米制就，因此有醇醇米香。有着益气、生津、活血等功能价值。

5. 金刚刺酒

金刚刺，又名考刺，其根茎横生，质硬状圆，富含淀粉。多生长于潮湿山坡下。中医一直将金刚刺作为养心、安神、祛风、散瘀的主药。1949年之前，农村粮食困难时期，很多山民挖金刚刺块当食充饥。20世纪50年代，国家白酒供应紧张，山区农民将新鲜金刚刺块切成片，晒干后捣碎用来酿酒。金刚刺酒上口好喝，酒劲足，制酒的人日益增多，逐步形成规模。为改变酒质，每50千克金刚刺片中掺入20千克谷糠或其他杂粮，发酵后，酿出的酒清香醇厚。60年代，新安江流域内淳安酒厂开始生产高酒精度的金刚刺白酒，质高价廉，对风湿性关节炎、肌肉麻木、疗疮、肿毒、痔疮等具有一定疗效，受消费者喜欢。

三、特色茶叶

(一)黄山毛峰

中国十大名茶之一，属于绿茶。产于安徽省黄山（徽州）一带，所以又称徽茶。由清代光绪年间谢裕大茶庄所创制。每年清明谷雨，选摘良种茶树“黄山种”“黄山大叶种”等的初展肥壮嫩芽，手工炒制，该茶外形微卷，状似雀舌，绿中泛黄，银毫显露，且带有金黄色鱼叶（俗称黄金片）。入杯冲泡，雾气结顶，汤色清碧微黄，叶底黄绿有活力，滋味醇甘，香气如兰，韵味深长。由于新制茶叶白毫披身，芽尖锋芒，且鲜叶采自黄山高峰，遂将该茶取名为“黄山毛峰”。

(二)太平猴魁

太平猴魁，中国传统名茶，中国历史名茶之一，属于绿茶类尖茶，产于安徽太平县（现改为黄山市黄山区）一带，为尖茶之极品，久享盛名。其外形两叶抱芽，扁平挺直，自然舒展，白毫隐伏，有“猴魁两头尖，不散不翘不卷边”的美名。茶叶中所含的化学成分达500多种，具有抗菌、抑菌作用，减肥作用，防龋齿、抑制癌细胞等功效。清咸丰九年(1859)，猴魁先祖郑守庆在麻川河畔的山中开出一块茶园，生产出扁平挺直、鲜爽味醇，且散发出阵阵兰花香味的“尖茶”，冠名“太平尖茶”。猴魁茶界普遍认为“太平尖茶”是太平猴魁的前身。2004年，在国际茶博会上获得“绿茶茶王”称号。并参加世界地理标志大会、世博会等活动。

(三)祁门红茶

祁门红茶，简称祁红，茶叶原料选用当地的中叶、中生种茶树“楮叶种”（又名祁门种）制作，是中国历史名茶，著名红茶精品。由安徽茶农创制于光绪年间，但史籍记载最早可追溯至唐朝陆羽的茶经。产于新安江流域祁门、东至、石台、黟县，以及江西的浮梁一带。“祁红特绝群芳最，清誉高香不二门”。祁门红茶是红茶中的极品，享有盛誉，是英国女王和王室的至爱饮品，高香美誉，香名远播，美称“群芳最”“红茶皇后”。

祁门红茶（林坚 摄）

（四）淳安大方

“淳安大方”产于临安县的顺溪和淳安县的唐村、驮岭脚村一带。该茶为稀有扁形绿茶，已有一千多年历史，亦称“拷方”。淳安县严家乡金家岙村坐落在被誉为“天下第一秀水”的千岛湖“金岙幽谷”景点，清澈的溪水，陡峭的悬崖，其风光令人陶醉。金岙牌龙井茶的前身为严家大方。严家大方，又称“闻家大方”，为淳安千岛湖地方特种茶，至今已有一千余年历史，在五代即为贡品名茶。清代陆廷灿《续茶经》引《旧五代史》载：“乾化五年（915）五月十二日，两浙进大方茶二万斛。”该茶产于淳安县西北海拔 500 ~ 1200 米的严家、闻家、金家岙一带高山茶区。

严家大方茶制作

（五）千岛玉叶

千岛玉叶，原称千岛湖龙井，产于新安江流域浙江省淳安县千岛湖畔。1982 年创制，月白新毫，翠绿如水，外形扁平挺直，绿翠露毫；芽壮显毫，翠绿嫩黄，香气清高，内质清香持久，汤色黄绿明亮。纤细幼嫩的千岛玉叶，获得了茶叶专家的一致好评，先后荣获中国首届国际农博会名牌产品、浙江省著名商标、浙江名牌产品等荣誉称号 30 多项，堪称上等好茶。经国家工商总局商标局认定，“千岛玉叶”

荣获中国国家地理标志证明商标。千岛玉叶属于绿茶，具有抑制癌细胞、抗菌抑菌、防龋齿、抑制动脉硬化等多种作用。

(六)遂绿眉茶

遂绿眉茶，以产地遂安、形似眉而定名，为中国茶叶珍品。早在清朝末年就大量出口，远销50多个国家和地区，在国际市场享有盛誉。遂绿眉茶的原料，主要选自县境内海拔500～1000米雾多、湿度大的高山茶园。精制眉茶外形条索紧结硕壮、锋苗显露；茶汤黄绿明亮，香浓味醇耐冲泡；叶底柔嫩厚实，内含物丰富，能解渴、润喉、生津、减肥、助消化。制作中，按毛茶细嫩程度、条索长短、粗细形状、过筛分等，精工细制而成特珍、珍眉、秀眉、雨茶、贡熙等5大类16个等级。外销眉茶，1983年荣获国家对外贸易部荣誉证书。特珍一级、雨茶自1981年以来屡次获部优产品称号，1985年又获部优质产品奖。

(七)建德苞茶

建德苞茶，又名严州苞茶，为一种兰花型细嫩半烘炒绿茶。产于新安江流域建德市（古称严州）梅城、三都一带山岭峡谷中，多次被评为浙江省优质名茶。建德苞茶始创于1870年，制法源于四川蒙顶茶和安徽黄芽茶，原属黄茶中的一种。其品质特征为芽叶成朵带叶柄与鱼叶，鱼叶呈金黄色，叶柄蒂头呈微红色，外形黄绿完整，短而壮实；内质香气清高，叶底绿中呈黄，茶汤清澈明亮，以外形独特、品质优异、香气清幽而著称。2008年5月，国家质检总局批准对建德苞茶实施地理标志产品保护。2018年12月，浙江建德苞茶获评农产品气候品质类国家气候标志。

四、特色饮食

(一)淳安冬酱

淳安冬酱是新安江流域淳安县传统的特色名菜，以辣椒和酱黄为主料制成，因其制作和食用多为冬季，故名冬酱。淳安冬酱以色泽红亮油润、酱香浓郁、鲜辣味美、清香可口、营养丰富、经久耐藏而著称，具有增食欲、助消化的功效。冬酱既可做菜肴，又可当调料，其制作简便，经济实惠。当地民间，家家户户每年都有制作冬酱的传统习俗。制作冬酱的主料有黄豆（大豆）、面粉、辣椒，辅料有生姜、大蒜、白糖、白酒等。制作冬酱的黄豆以颗粒饱满整齐、无杂质、无虫眼、无发霉变质的新豆为好，辣椒选用无虫蛀、无霉烂、自然完熟的红椒为佳。

(二)豆制品

1. 腊豆腐

该特产遍布新安江流域全境，以淳安最为有名。据传，腊豆腐是丈母娘在腊月做好，用来回赠女婿吃的，故称之为“腊豆腐”。制作腊豆腐的豆浆要磨得特别细嫩，豆腐起锅上榨后，拌入辣子丁、橘皮丝、生姜末、茴香粉和精肉松等佐料，然后紧压漏尽酸水。出榨后，切块开片，用文火焙，直至两面发黄时取出，再放进配有桂皮、茴香等佐料的五香酱油中煮沸，约半小时起锅，风干后即成腊豆腐。这种腊豆腐色黄，坚似玉石，半透明，韧性好，咸淡适中，色、香、味俱全，细嚼后回味无穷。

2. 臭豆腐

臭豆腐，俗名“大呆臭”，是新安江流域特色传统小吃。其表面多为灰、蓝、黑综合色，内里洁白如玉，闻着臭，吃则异香，独具一番风味。臭豆腐主料为黄豆，辅料则为清水、石膏汁、辣椒油、酱油、麻油等，制作工艺较为复杂，所以流传范围也仅限于流域附近。

关于臭豆腐的创制，还有一个耐人寻味的传说。相传清朝康熙八年(1669)，进京赶考的王致和金榜落第，闲居在会馆中，欲返归新安故里。但因交通不便，盘缠皆无，便打算在京攻读，再次应试。但此时距离下科试期甚远，无奈只得在京暂谋生计。王致和的家庭原非富有，其父在家乡开设豆腐坊，王致和幼年曾学过做豆腐，于是便在安徽会馆附近租赁了几间房，购置了一些简单的用具，每天磨上几升豆子的豆腐，沿街叫卖。时值夏季，有时卖剩下的豆腐很快发霉，无法食用，但又不甘心废弃。他苦思对策，就将这些豆腐切成小块，稍加晾晒，寻得一口小缸，用盐腌了起来。之后歇伏停业，一心攻读，渐渐地便把此事忘了。秋风飒爽，王致和又重操起了旧业，再做豆腐来卖。蓦地想起那缸腌制的豆腐，赶忙打开缸盖，一股臭气扑鼻而来，取出一看，豆腐已呈灰色，用口尝试，觉得臭味之余却蕴藏着一股浓郁的香气,虽非美味佳肴,却也耐人寻味。送给邻里品尝,都称赞不已。王致和屡试不中，只得弃学经商，按过去试做的方法加工起臭豆腐来。此物价格低廉，可以佐餐下饭，适合收入低的劳动人食用，所以渐渐打开销路，生意日渐兴隆。后经辗转筹措，在延寿街中间路西购置了一所铺面房，自产自销，批零兼营。据其购置房屋的契约所载，时为康熙十七年（1678）冬。从王致和创造了独一无二的臭豆腐以后，又经多次改进，逐渐摸索出一套臭豆腐的生产工艺，生产规模不断扩大，质量更好，名声更高。

清朝末叶，传入宫廷。传说慈禧太后在秋末冬初也喜欢吃它，还将其列为御膳小菜，但嫌其名称不雅，按其青色方正的特点，取名“青方”。

3. 毛豆腐

毛豆腐即霉豆腐，是新安江流域传统名菜之一，是一种表面长有寸许白色茸毛的霉制品。主要做法是将豆腐切成块状，再进行发酵，使之长出寸许白毛，然后用油煎成两面略焦，再红烧。关于毛豆腐的来源，民间说法不一而足，下面例举二则：

一则是相传朱元璋一次兵败徽州，逃至休宁一带，腹中饥饿难熬，命随从四处寻找食物。一随从由草堆中搜寻出逃难百姓藏在此处的几块豆腐，但已发酵长毛。因别无他物，随从只得将此豆腐放在炭火上烤熟给朱元璋吃。不料豆腐味道十分鲜美，朱元璋吃了非常高兴。转败为胜后，下令随军厨师制作毛豆腐犒赏三军，毛豆腐遂在徽州流传下来。

毛豆腐

另一则是相传朱元璋幼年在一家财主家做苦工，白天放牛，晚上还要和长工们一起为财主推磨做豆腐。后来被财主辞退，过着沿街乞讨的生活，食不果腹。那些长工们十分同情朱元璋，每天偷了饭菜和鲜豆腐藏在草垛里，朱元璋悄悄取食。一次，朱元璋去外地行乞，几日未归，回来后，发现豆腐上长了一层白毛。但饥饿难耐，只好煎了就食，不料清香扑鼻，可口异常。朱元璋做了反元起义军统帅后，一次率十万大军途经徽州，令炊厨取当地溪水制作毛豆腐犒赏三军。从此，油煎毛豆腐很快在新安江流域流传，成了美味可口的传统佳肴。

4. 八都霉腐乳

八都霉腐乳主产威坪（严家）一带。其制法将白豆腐切成小块，放入蒸笼或箩筐中，垫上梧桐树叶，上覆布。任其发霉菌为好，再沾拌辣椒、茴香粉和炒食盐．入罐时加入少量黄酒密封，数日后便可食用。

(三)臭鳜鱼

臭鳜鱼是新安江流域的一道传统名菜，也是徽菜的代表之一。相传在200多年前，

臭鳜鱼

沿江一带的鱼贩每年入冬时将长江名贵水产——鳜鱼，用木桶装运至新安江流域山区出售（当时有“桶鱼”之称），途中为防止鲜鱼变质，采用一层鱼洒一层淡盐水的办法，经常上下翻动。如此七八天抵达流域各地时，鱼鳃仍是红色，鳞不脱，质未变，只是表皮散发出一种似臭非臭的特殊气味。但是洗净后经热油稍煎，细火烹调后，非但无臭味，反而鲜香无比，成为脍炙人口的佳肴，延续至今而盛誉不衰。如今烹制此菜不再使用桶鱼。而是用新鲜的自产桃花鳜鱼，用盐或浓鲜的肉卤腌制，再用传统的烹调方法烧制，故又称“腌鲜鳜”。正宗的臭鳜鱼菜品，鳜鱼形态完整，呈鲜红色，散发出纯正、特殊的腌鲜香味，肉质细腻，口感滑嫩，醇香入味。

(四)蟹壳黄烧饼

蟹壳黄烧饼，又名皇印烧饼、救驾烧饼、黄山烧饼，是新安江流域的一种特色传统小吃。刚出炉的蟹壳黄烧饼色泽金黄，吃起来酥脆爽口，油而不腻，令人回味无穷。通常以面粉、肥肉、霉干菜、芝麻、盐、菜油为原材制作皮、馅，经泡面、揉面、搓酥、摘坯、制皮、包馅、收口、擀饼、刷饴、撒麻、烘烤等工序制成，烘烤在炉中进行，内燃木炭，将饼坯贴于炉的内壁，经烘烤、焖烘及将炉火退净后再焙烤，前后数小时而成。

关于蟹壳黄烧饼的创制过程，在新安江流域内也广泛流传着一些典故。

其一：相传 1357 年，朱元璋避难来到徽州一农家，饥饿难当。这家主人便拿出平日爱吃的烧饼给朱元璋充饥，吃得他是满口生香，大为赞赏。次年朱元璋称帝时，没忘这家农户的救命之恩，说救驾有功，就册封为救驾烧饼吧。

其二：相传，乾隆皇帝第一次下江南时，由清代“两淮八大总商”之首、被誉为“以布衣结交天子”的徽州人江春张罗接待，即所谓“江春大接驾”。“江春大接驾”的第一道茶品，是由江春的徽州班底构成的家厨团队根据他的精心设计并集体开发研制的烧饼。其外层酥脆，内滋润鲜香，嚼之异香可口，令舟马劳顿的乾隆帝顿感身心舒畅，精神倍增，并欣然御赐名“皇印烧饼”。寓意乾隆帝对该烧饼的喜爱程度堪比随身皇印，予之以最崇高的褒赏。

蟹壳黄烧饼层多而薄，外形厚，口味香、甜、辣、酥、脆，不待入口，便觉得香味浓烈。咬一块，既酥又脆，层层剥落，满口留香。很有特点的是，蟹壳黄烧饼很容易存放，由于烘烤时间长，饼中水分大多蒸发，利于贮存，一旦受潮，烘烤后依然酥香如故。又因上白面粉搓酥，使面皮分层薄如纸，致烤制后酥松油润而不腻。

(五)顶市酥

顶市酥，又称麻酥糖，是新安江流域特色有名的细糕点，始产于南宋，闻名于明清。俗称“红纸包”或“红包糖”，是用炒熟的芝麻研粉和糖加料制成，用一张小红纸包成长约 3 厘米、宽约 2 厘米的长方体，小红纸上印有店家的招牌。其味香甜，质感松软，是麻酥糖中的精品，称为“顶市酥”。顶市酥采用脱壳的白芝麻、白糖，配以少量的面粉或米粉，拌以饴糖精制而成。成品白中显黄，抓起成块，提起成带，进嘴甜酥，满口喷香，不粘牙不粘纸，老幼皆宜。按新安江流域习俗，过年时家家都把小红纸包糖装在果子盒里招待客人，到亲戚家去拜年一定要送上麻酥糖。民谚曰：“拜年不带麻酥糖，请君不要进厅堂。”

(六)徽墨酥

徽墨酥是新安江流域内特色名点，被誉作“能吃的徽墨”的特产糕点。其外形酷似徽墨，乌黑油亮，芳香四溢，油酥柔韧细腻，甜润清爽，入口即化，口感绝佳。此外，还兼有润喉、滋肺、乌发等功效。关于徽墨酥的创制，有着这样一段历史。1978 年，时任屯溪利民食品厂厂长、党支部书记的程积如外出参观时发现，人们一听说他来自徽州时总会首先提及徽墨，同时他又不时听到外地食品界同行关于“开发黑色食品”的信息，于是，脑海中便形成了徽墨酥的创意。回厂后即着手研制，经过几十次配方、筛选、试制、试销，终于取得成功。并以“猴桃”商标注册，投入正规生产，中国特产史册上于是有了“徽墨酥”。之所以将其命名为“徽墨酥”，一来它属于酥糖类精细糕点，可与徽州原有传统食品“顶市酥”媲美；二来它外形酷似徽墨，可借徽墨之盛名巧打徽墨酥品牌；三来它有着鲜明的地域特征，可让人一目了然便知道它的产地。后来，程积如团队又成功地开发出“椒盐咸味徽墨酥”“极品徽墨酥”等“徽墨酥”系列新产品。

(七)苞芦粿

苞芦粿是新安江流域的一种独特美味的主食。苞芦，学名玉米，性喜高温，适宜疏松肥沃的土壤。流域内田少山地多，所种山地苞芦生长期长，结出的苞米粒似珍珠，晶莹透亮，有的洁白如玉，有的金黄闪亮。做苞芦粿，首先要将晒干的苞芦籽用石磨碾成粉。用石磨磨出的粉有韧性，且能保留苞芦的清香味。做粿时，铁锅内盛入适量的水，水烧开后将苞芦粉倒入让其煮沸，边煮边用锅铲拌搅，用力翻压，并适时加入开水，使粉成团块，将其掏起放案板上，将粉团反复地搓，边搓边均匀地把粉团分成小粉块，再将小粉块用手掌挤压成厚薄匀称而圆的饼（粿），做好的粿放入热铁锅内煎，掌握好火候，锅不能太热，待粿的两面都黄硬时起锅。冷苞芦粿可于火炉上烤，烤后硬而松脆，再抹上农家腐乳，余香悠悠。苞芦菜粿的馅用青菜或腌菜，掺入碎精肉，杂入白豆腐，再拌上少许野小菜，洒上猪油，用温火烤成两面溢油、香气四溢时起锅，菜粿食味使人念念不忘。淳安山区有句老话：“脚踏木炭火，手捧苞芦粿，除了皇帝就是我。”

苞芦粿

五、饮食禁忌

新安江流域向来注重饮食，并上升成为一种饮食文化，饮食禁忌就是其中一个很重要的方面。产生禁忌大多是因某种联想而引起的，或是饮食某类特定的食物带有象征意义，或是因为某种动作类似祭祀制度，这些禁忌并没有科学依据，大多带有迷信的成分，但也有很多是有一定道理的。现列举新安江流域地区所约定俗成的一些饮食风俗如下。

(一)食物禁忌

1. 忌食牛肉

在人们的心目中，牛是农民的朋友，是必不可少的劳动工具。因其有助于人，终年劳苦，且通人性，人们不忍杀而食之。即使吃了，心里总有一种负罪感。

2. 忌食龟

龟是长寿的象征，杀而食之，传闻将减寿。另一种说法是，有些山龟常出没于乱坟之间，认为不洁，所以不能吃。

3. 忌食螺蛳

新安江流域民间普遍认为，吃一颗螺蛳，死后就要被小鬼打一大板,所以较为忌讳。

4. 忌食母猪肉

母猪肉很“发”，吃了伤口容易扩大，导致人生病。与此相类似的，还有正在孵卵或带小鸡的母鸡也是不能吃的。

5. 忌食蛙类

主要以青蛙和癞蛤蟆为主。因为青蛙是害虫的天敌，是农民的朋友，所以忌食；癞蛤蟆一身全是鸡皮疙瘩，有人认为人吃了身上也会生出鸡皮疙瘩来。其实，癞蛤蟆是种有毒的蛙类。

除此之外，还有部分食物只在某些特定的场合或季节忌食。如祭祀过的糖果、酒菜不能吃；夏天不吃狗肉，甚至包括一些野兽肉，一是这些动物的肉是热性的，二是这些动物都没有经过阉割，也很“发”，所以大多禁食。

(二)吃相禁忌

俗语常常说“站有站相、坐有坐相”，饮食作为人们生活中一项必不可少的事情，自然受到流域居民的高度重视。无论贫富，稍微有些教养的人家，都会教育子女在吃东西时，要保证恰当的姿态神情。不然，容易被视为缺乏教养与素质，从而引发矛盾与不快。具体如下。

1. 捧碗的规范

捧碗要用大拇指扣住碗沿，其余四个指头担底。不能托碗，也不能只用食指和大拇指抓碗沿，那样会被视为乞讨的样子。

2. 不能用筷子敲碗

过去，乞讨者在行乞时，常用筷子敲碗从而吸引旁人眼球，增加乞讨获得概率。

所以，普通人家吃饭时，绝对不能用筷子敲碗，人们认为会招致霉运。

3. 不能把碗倒扣在桌子上

将碗倒扣在桌子上，有些类似于坟墓的形状，所以深受人们忌讳，也是绝对不能容许的行为。但有一种情况例外，那就是在喝完药时，将碗倒扣在桌上，表示不再喝药了，寓意着身体健康，不再生病。

4. 抓筷子的规范

忌用一只筷子扒饭，因为在新安江流域的丧葬习俗中，出殡时棺材上要放五碗（有些地方放七碗）饭，每碗饭上各插一根筷子，那是给鬼吃的，寓意不祥。

5. 不能把筷子插在饭上

其形状有些类似祭祀时候所用的上香，这也是祭祀死人时的一种习俗，所以受到大家忌讳。

6. 不能把一双筷子分开

不能放在碗或杯的两边，谐音为“快分开了”。

7. 不能把筷子一长一短地放在桌子上

这会让人想起“三长两短”这个成语，而“三长两短”在流域内民间被视为棺材的代称，似有凶兆，不够吉利。

8. 吃饭时照镜子

被认为要得口吃病。

9. 在别人家吃饭忌把碗转来转去

因为“转”与“赚”谐音。把碗转来转去，意思是赚碗吃，将别人的风水财运给转走了，会被认为很不礼貌。

10. 忌把饭粒掉在桌子上或地上

如果真的不小心掉在了桌子上，要捡起来吃掉；而如果是掉在了地上，则要打扫起来给鸡吃。切忌用脚踩踏粮食，否则会遭到雷劈。同时，舀到碗里的饭粒都要吃光，否则会生麻子或者瘌痢头。

11. 剩饭剩菜不能倒入厕所之中

否则会因为糟蹋粮食而遭到雷劈，要倒给鸡、狗、猪吃。

第四节　行旅民俗

水上交通

“七山半水半分田，二分道路和庄园。”受限于耕地过少的地理环境，新安江流域大量成年男子需出门远行经商。离家千里，前路漫漫，行旅便成为流域内居民在日常生活中常遇到的事。或许因为时代的进步，现在交通安全便捷，各种现代化交通工具极大地缩短了路途时间，一路轻松，行旅风俗便不再为人们所重视。旧时，交通极不方便，山地平民百姓大多靠两条腿走路，路途辛苦不说，在路上还会碰到很多困难，尤其有很多想不到的安全风险，人们最怕碰上不测的灾祸。也就因为如此，民间素来对出行特别慎重。于是，就演变出了诸多的行旅风俗。此节就新安江流域行旅风俗做一简要介绍。

一、出行日期选择

在出门或回家日子的讲究方面，新安江流域流传最广的俗语便是“七不出门，八不归家”，也有地方说“七不住，八不归”，或者说“七不出八不归，初九出门惹是非”等。

对于“七”“八”“初九”的说法，新安江流域各地解释同样不一而足。或说是每个月逢七、逢八和每个月的初九，也有的地方说是正月的初七、初八、初九，而有的地方则指每个月的初七、初八、初九。为什么会有这种说法呢？流域内各地也有不同的解释。

(一)七不出

1. “七不出”是因为古代的休妻中有“七出”条规，因而忌讳之。

2. 老人去世后，要在家中停七天，在第七天时才送出门，因而忌讳“七出”。

3. “七”与“齐”谐音，“七出门”即“齐出门”，这些地方的人认为，只有家里老人去世送出门时，家里人才“齐出门”，故此特别忌讳逢七出门。

4."七不出"指日常生活中的"柴米油盐酱醋茶"七件事,没有办好就不能出门。

(二)八不归

1."八"是鳖的别名,"归"谐音"龟","八归"就成了这两种动物的组合,在旧时民间是对人的一些侮辱性说法,也就为人们所禁忌。

2."八"字是一种分离的形状,逢"八"回家意味着家人分开,当然是人们所忌讳的。

3."八"与"爬"谐音,一般来说,只有家里老人去世,孝子才"爬"在地上,也就是说逢八回家,即为回家奔丧,为人所忌讳。

4."八不归"中的"八"指封建社会时期的"孝悌忠信礼义廉耻",如果出门在外的人,没有遵守这八种道德准则,就不要回家。

(三)出行月份忌讳

1.新安江流域有民间俗语说"六月腊月出门,神仙也遭难"。这种说法主要是六月为大暑天,天气炎热;腊月为大寒天气,天气太冷。在这种极端天气的月份出门,行人的在路途中所遇到的困难可想而知。事实上,古代行军作战,六月和腊月也不宜出兵,主要是气候恶劣,行军作战不利,也容易造成非战斗减员。

2.古代的官员赴任时,也相信一些忌讳月份,民间搬家也是如此。如《清稗类钞》说:"官吏上任及人民移家,每忌正、五、九月。"民间的说法,主要是这些月份是"至尊之位",人们认为官吏上任也好,民间搬家也罢,都要回避这些月份。如此看来,古代官吏这些有文化的知识分子出行时,都有这种迷信禁忌。那时的农村平民百姓,文化不高,甚至有的大字不识一个,普遍讲究出行的迷信禁忌,也就不足为奇了。

(四)出行忌讳

1.杨公忌:清代梁章钜《浪迹续谈·杨公忌》中记载:"宋术士杨救贫,习堪舆术,为时俗所推,其说一年有十三日,百事禁忌,名曰杨公忌……以正月十三日为始,余每月皆隔前一日,惟七月有两日,一为初一日,一为二十九日,亦隔前一日也,故合为十三日。"这便是"杨公忌日",古人又称之"杨公十三忌"。传说此日为百事禁忌,也就是什么事也不能做的日子。后来,演变成专门避忌出行的日子。

2.忌正月初五出行,因为流域内俗称初五为"破五",出门恐不吉利。

3.忌初五、十五、二十五出门,说是这些日子为"黑道日"。

4.俗语"要出走,三六九,要回家,二五八"。

二、出门前禁忌

(一)忌哭声

旧时，人们出门时，如果听到有哭声，会认为不够吉利。如果不是很急的事，一般要推迟出门的日子，另择吉日出门。

(二)忌吵架

忌与家人吵架，人们认为，吵架后出门，会让出门的人心神不宁，容易出事。其实家人也一样，在家里也心神不安，总是牵挂着出门的人，唯恐有什么不测之事。尤其是丈夫要外出做高风险的事，比如，走水路、上山伐木、开石头、建房、独自走山路等，对此尤为忌讳。更不能在丈夫出门前几日骂丈夫的狠毒话，这样会使丈夫心神不宁，精神不振，做事时注意力不集中，容易发生安全事故。因此，有的农村俗语说："家有贤妻是个宝，家有恶妻灾祸招。"

(三)其他忌讳

旧时，在新安江流域农村民众出行前还会忌讳一些现象。比如，经过占卜，认为路上有凶兆，或因为某件偶然的事情，就可能会中止外出的念头，或者改日再出门。比如说，出门前吃饭噎住了；筷子掉到地上，或者筷子折断了；碗打碎了，如此等等。其实，就是平时不出门在家里，一旦家里出现这种情况，一家人都会小心翼翼度过一天，怕家里出事，何况家里有人打算出远门，一般情况下只能取消行程了。这种说法，自然是迷信思想的一种。同时也说明，在旧时交通不便，路途艰难的条件下，人们对出门非常慎重。

三、出门敬神

旧时，农村人普遍崇拜鬼神，出门也要敬神。农村有俗语说："在家不敬月，出门招风雪。"人们出门前，要敬路神、天神、日月神、祖先神等。敬路神、天神和日月神，虽然是一种迷信的方式，但也是为了求得出门后的心安。

在这里尤为值得一提的是敬"路头神"。"路头神"是新安江流域民间所信奉的一位财神。路头神，又称"五路神"。据说元末有一何五路，为抵御外寇而死，人们因此祀他为神，名"五路神"。在清康熙年间，汤斌毁禁上方山五通寺以后，民间不敢祀"五通神"，故改其名为"路头"而祀之。新安江流域一般以此"路头"为古五祀中的"行神"，所谓五路，乃东西南北中。新安江流域内多商贾之人，随着商业的发展，财货流通的加剧，财货往来于陆水之间，人们直观地认为，路在冥

祭祀五路神

冥之中主宰了财货。财货无不凭路而行，故人们以行神为财神，谨加祭祀，冀求它引财入门，或出行获利。在民间风俗内，以为接路头越早越好，最早接到的才是真神，特别灵验，因此流传下“抢路头”这一习俗。有的地方，真的在元日初四便“匆匆抢路头”了，且相沿成俗。至于人们在元月初五祭拜路头神，并以此日为其生日，乃五路神中之“五”与初五之“五”牵连之故。北方于此日祭“五穷”也是一样。在正月而非其他月，乃取新年新气象，图一年吉利，财源茂盛，东西南北中，财富五路并进。

而出门前祭祀祖先，这一作为也是新安江流域独特之处。旧时，人们迷信地认为，敬神除了祈祷神灵保佑，也是为了不得罪神灵，或者说平时得罪过神灵，出门后神灵就会原谅他们，在路途不遇祸事。而敬祖先神是因为居民们认为，天下神灵太多，祭祀之人也比较多，神灵们难免忙不过来，出现遗忘现象，最可靠的还是与自己有血缘关系的祖先神。只有自己的祖先，才会对自己更加庇护，格外关心自己。所以在出门前对祖宗进行祭祀，告知祖宗儿孙将要出远门，请祖宗在天之灵保证一路平安。当然，这种说法无疑是一种迷信观念，但也体现了旧时新安江流域居民的宗族观念及对祖先的敬畏之心。

四、行旅日常行为

(一)结伴而行

旧时，交通不便的情况下，最怕的就是一个人上路，出门上路最好能结伴。主要是担心路上如果遇到难处时，相互间有个照应。如果只有一个人上路，特别是走山路，比较偏僻的路，既有猛兽，又有山贼出没；或者说路上突发疾病，迷路等，路上没有人照应，出事时连捎个信回家的人也没有。因此，农村有俗语说：“一人不上路，二人不看井。”

(二)出门讲究“穷家富路”

旧时，交通条件很差，俗话说“在家千日好，出门一时难”。对于大多数出门的人来说，都是靠两条腿走路，在路上要消耗大量的时间和体力。因此，在路途之中要“穷家富路”。意思就是说，家里再穷，出门在外也要舍得花钱，忌讳吝啬。旧时，人们在路途中行走是体力活，每天走路很劳累，不能亏待自己的身体。假若因为吝啬，不愿多花钱，损伤了身体，能不能回到家里还说不定呢。如果再因此落下了一身病，就很不划算了。民间俗语还说“富不住大屋，穷不走远路”，主要就是怕家里没钱，出门在外，身上的钱不够用，会陷入没有东西吃，也没地方住的绝境，再也回不到家里了。

(三)出门在外“钱不露白”

旧时，出门在外，人们最怕的也是最忌讳的事，就是不小心暴露自己所带的钱财，主要目的是为了防贼。农村有俗语说“出门不露白，露白会失财”，又有俗语说“财不露白，货不离身”。俗语中的“白”指古代普遍使用的一种货币银子，后来被人们用来指代钱。现在有一些农村人还习惯说：“你带了多少银子”。现在银子只是值钱，而不是现行的货币，因此，人们用“银子”来指代钱。

(四)出门在外忌走夜路

旧时，农村有俗语说“爱走夜路，总要撞鬼”。出门在外的人，哪怕再紧急的事，最好在白天赶路，没有急事的人，就更应该在白天赶路。黑夜赶路有两种危害：一是要受到惊吓。旧时农村人很迷信，相信世间有鬼祟，风吹草动，因心理作用，会被吓破胆，有的因此会吓出病来，路上有病是极麻烦的事；二是过去社会不安定，夜晚常有强贼出没，对人身和财物均不安全。农村还有的说法，如果有急事非要走夜路不可，在走夜路时，若有人喊叫时，不可轻易答应。一些山区农村，即便在白天的山路上行走，若有人喊叫，也不能随便应答。

(五)出门在外饮食禁忌

出门在外在饮食方面，新安江流域内各地也有不同的说法。比如说：

1. 休宁地区有“出门不吃带馅的”说法，主要是怕带馅的食品不卫生。

2. 绩溪地区则说，出门在外，吃饭时不要先喝汤，不要端着碗喝汤，要用匙往嘴里送，碗里的汤忌泼到碗外。这种说法实际上也是一种安全防范。

3. 吃饭时要抓牢碗筷，忌筷子掉落在地上，忌打破碗。

4. 出门在外不食枸杞等补肾壮阳的食物，新安江流域盛传俗语“男人行千里，切莫吃枸杞”。大概意思就是男人出门在外不能做一些有悖道德的事情，因为枸杞这种药材具有补肝肾、益精血、明目的疗效，也是一种传统的滋补药材。为了让言语更加美满一些，便用对身体好的药材来形容这种事情。男人就应该有担当，对自己对别人都要负责，更要对家庭负责。

总而言之，旧时，新安江流域行旅风俗中有一些禁忌，来源于人们的行旅实践，是人们行旅安全经验总结。在旧时代社会背景下，有一些禁忌对行旅安全具有较大的实用价值，至今依然有参考价值。但一些行旅禁忌则带有浓厚的迷信色彩，对于科学文化先进、经济发达的现代文明社会，我们当然不能相信这些迷信说法。

第五节 游戏娱乐民俗

当流域内居民物质生存得到切实保障以后，便开始探索精神上的需求，游戏民俗正是在这种情况下产生的传统文化娱乐活动。它不仅仅是纯粹的为了娱乐而娱乐，其中还包含着流域内劳动人民各种思想感情、对自然与社会的看法、对生活的热情

富山庙会（程贤高 摄）

态度，以及乐观精神等因素，从而演变成为居民生活不可缺少的重要物质文化习俗之一。它是千百年来普通民众平凡生活中的闪光点，是一种释放生活重负的方式。

生活在社会底层的广大民众，一方面承受着生活的重压，另一方面他们会寻求各种减压的方法，比如空闲的时候，玩一玩各类游戏，从而放松精神，调节情绪，增进情感。“许多民间文化活动有一个十分明显的特点，那就是它的集体性，民间游戏和竞技则更是如此。人在集体地参加生产活动或社会活动之后，余暇的时间也往往是在集体中度过的。这种集体活动，既是个人的休憩、身心的松弛、个人情感的流露和宣泄，也在客观上促进了群体的团结、和谐，增强了群体的感情交流和凝聚力。”

新安江流域的孩童们，都玩过各种各样的游戏，有些代表性经典的游戏，即使成年了之后依旧还在玩耍。各类游戏五花八门，且嬉戏中带有诵词。本节就对新安江流域流行的游戏及玩法做一个介绍。

一、特色游戏

(一)打发哥哥进学堂

儿歌嬉戏。婴孩由大人抱着跨坐在并拢的双膝上，大人搜扶着婴孩的双臂，前后推搡，边推边诵：“推搡哥，摸搡郎，打发哥哥进学堂，学不到三年书，出来考个状元郎。竖旗杆，挂旗帐，先拜天地神，再拜老子娘，一拜拜到新人房。”随着推搡，婴孩发出咯咯咯的笑声。

(二)木推碓

儿歌嬉戏。孩童用手掌在爬行的蚂蚁前挡拍，不让蚂蚁向前爬行，边拍边诵：“蚂蚁姑姑，出来打豆腐，豆腐没做好，快点去割稻。蚂蚁弟弟，出来去崒米，崒米崒粉碎，罚尔吃馃莱（米粉做的实心圆子）。”

(三)吃龙肉

儿童游戏。许多儿童后一个扯住前一个衣服后襟，排成龙阵。一儿童与龙对峙，伺机抢抓龙身，龙阵第一位儿童伸开双手遮挡躲避。一问一答：要吃头，要吃尾？要吃头，头有角。要吃尾，尾有刺。要吃中间段，中间段肉给奶奶，印想吃。那你就来试试看。

(四)小媳妇坐轿

两组多人游戏，每组人数相等，其中两人手腕互搭成轿，其余人为小媳妇。每轿每次抬送一名小媳妇到指定地点，先将小媳妇送完的组为胜。

二、经典游戏

(一)捉七

捉七，即巧手抓子，一些地方俗称“钳麻”，两人或多人游戏。用小布袋装沙子,或用小石子 7 ~ 18 只(粒),将沙袋或石子撒向桌面，抓取一只或几只抛向空中，后迅速抓取桌面上一只或几只，并接住空中落下的小沙袋或小石子。若没抓起，或没接住皆输，让对方玩。

(二)挑担棋

挑担棋，又称猫捉老鼠。棋盘为正方形，每边四等分直线相连，然后顶点、中心点斜线对应相连即成棋盘。棋盘中心大子代表猫，四边 16 小子代表鼠。大子先行，当大子走在两小子之间时，两小子被吃掉，称挑担。大子走在任何直线一端时，若该直线四点均有小子，则小子全部统吃，谓一长枪。大子走在任何边线中央点时，与其点连接的一条或两条斜线上的小子即被吃掉，称一鳖腿。若大子走到某小子相邻点上，另一小子占领大子后空点，成两小子夹大子直线局时，即老鼠抬猫，猫输。

(三)乌龟棋

乌龟棋，因棋盘形如乌龟背得名。两人游戏，每人六子，各走一步，子沿弧线、直线交叉点前进、后退。若被对方围住，即被吃掉。最后双方都不能将对方吃定时，以剩下子多者为胜。

三、一般游戏

(一)上天棋

三人游戏，一四七、二五八、三六九各为一方，各方有走子一粒，猜子三粒。每走一步棋前，三人同时报子，或以三个手指出指猜枚，三人出子总和对上哪一方，即由该方走棋，如三人出子总和为“七”，即是一四七方走棋，如三人都出空子，则重新出子。依此类推，如每次出子总和都属于某方，该方可连续走棋。走子路线为顺时针每次一步，走完方格回到原地后，再依次走“金、木、水、火、土”各点，然后直上依次走天各点，走天、门二字各点时，次序为先下后上，先左后右。任何一方棋子赶上他方停留棋子时，可将他方棋子打回原出发点，先走到顶点，即为成仙，为胜。

(二)打弹子

三人游戏。在等边三角形顶角挖三个弹坑，每人持一玻璃球(弹子)，以同一弹坑为出发点。三人以剪刀、锤子、布猜枚先后，走子时用大拇指、食指、中指护住弹子，然后用大拇指将弹子弹向前方弹坑。弹子进坑，可击走别人停留坑口附近的弹子连续前行。如未进弹坑，即停弹在原地，让他人走子。先入三坑，并返回第一坑者胜。

(三)躲羊

躲羊，又称捉迷藏。人数不限，一人坐庄，一人为捉者，其余为躲者。坐庄者用两手蒙住捉者双眼，待躲者四散躲好，坐庄者念诵："一更羊，二更鼓，三更半夜捉老虎。老虎捉不着，一顿瓜栗凿。吃乌炭？吃灯草？"（若提者答：吃乌炭）吃乌炭，放得晏。又重念一遍，（若答：吃灯草）吃灯草，放得早。念完放手，捉者开始寻捉，只要捉到一个，被捉者即成了捉者，先捉者则成为坐庄者。

(四)踢毽

人数不定，以踢的次数多者为胜。且边踢边诵："一手心，二手背，三手盅，四丫筷，五铜锤，六手脉，七丫杈，八八抓，九上脸，十上踢。"如踢者技巧好，次数多，可反复念诵。

第六节　工艺民俗

工艺一般是指手工艺美术品。这类手工品通常装饰精美，具有实用性或目的性。其使用的各种手工技术包含了当地人们的审美情趣，也反映出人们的生活习惯。木工、编织、裁缝、塑料造型，以及雕刻、版画制作和绘画的技法。作为物质产品，它反映着一定时代、一定社会的物质的和文化的生产水平；作为精神产品，它的视觉形象（造型、色彩、装饰）又体现了一定时代的审美。它们的生产，常因历史时期、地理环境、经济条件、文化技术水平、民族习尚和审美观点的不同，而表现出不同的风格特色。以下就新安江流域工艺美术做简要介绍。

一、徽墨

徽墨是新安江流域独具特色的文房产品之一。其原料除了松、油、漆三种点烟方式以外，常见的辅助材料有胶、药物、添加剂等。胶是墨的黏合剂，多用牛皮胶，阿胶、鱼胶、猪皮胶亦可用；常见的入墨药物有熊胆、藤黄、丹参、黄连、自然麝香、大梅片、公丁香等数十味；常见的添加剂有金箔、银箔、珍珠粉等，起增光助色作用。制作工序有造窑、发火、取煤、和制、入灰、出灰、磨试、晾干、挫边、描金、装盒等。

徽墨生产始于唐代末期。当时，由于战乱，著名墨工奚超、奚廷珪一家由河北易水来到皖南山区。他们见流域内多松，新安江水清澈，是制墨的好地方，便定居歙州，重操墨业。他们以皖南古松为原料，又改进了捣松、和胶等技术，终于制成"丰肌腻理、光泽如漆，经久不退，香味浓郁"的佳墨。南唐后主李煜，闻之十分赏识，并赐给"国姓"奖励。于是，李延珪成了古今制墨家的宗师。到了宋代，形成了"徽人家户习"，以及"新安人例工制墨"的盛况。这一时期，黟县的张遇创制了油烟墨，以制"供御墨"闻名于世；黄山的沈珪以古松烟杂用脂，漆渣烧之，得烟极黑，为漆烟墨；歙县的潘谷，新安的吴滋所造之墨，也风靡一时。1121年歙州更名徽州后，李墨及其他各家所制的墨都统一称为"徽墨"了。

元代，墨业不像宣纸那样仍集中于皖南地区，而是分散到浙江、江西，以至湖南等许多地方去了。徽州墨业无甚发展与创新，唯元顺帝时（1333 ~ 1367），歙县陶得和以专制桐油烟墨颇享盛名。

明清时期，徽墨制造呈现出长足发展和繁荣的局面，此时墨肆林立，墨工众多，墨品新颖，墨谱问世。尤为显著的是，制墨业名家及门派逐渐形成。制墨名家有明代程君房、方于鲁、罗小华、汪中山、邵格之、叶玄卿等；清代有曹素功、汪近圣、汪节庵、胡开文等，以造集锦墨为能事，称为"四大家"。徽墨色泽黑润，香气沉郁，舐笔不胶，入纸不晕，且造型优美，深受历代书画家喜爱。明代程君房制百牛图墨、五岳图墨、百爵图石绿墨、方于鲁五清图墨；清代曹素功制寥天一墨、紫玉光墨、青麟髓墨、天禄阁墨，汪近圣制金壶汁墨、小品墨，胡开文制人像墨、秦权墨及地球墨等。

二、砚

(一)歙砚

歙砚产于新安江流域歙县境内，砚石采自江西省婺源县龙尾山，婺源古属歙州，故名歙砚。歙砚石质细腻，色纹绮丽，抚之如柔肤，扣之有金声，磨之如利锋，发墨如泛油，具有不吸水，不涸墨，不损笔，易洗涤等优点，为中国四大名砚之一。歙砚的制作，据宋代洪景伯著《歙砚谱》，始于唐开元年间（713 ~ 741）。1976年，合肥地区发掘一唐墓，出土文物中有一方箕形双足石砚，长20厘米，上宽11厘米，下宽15厘米，高3.5厘米，呈青碧色，质地坚润，经鉴定为歙石砚，墓葬年代为唐开成五年（840）。

唐以后，歙砚进入朝廷，受到重视。梁太祖朱温于开平二年（908），赐宰相张文蔚、杨涉、薛贻“龙鳞月砚”各一。《清异录》称“龙鳞月砚”乃歙砚。南唐元宗李王景得歙州太守所献之砚，十分喜爱，因在歙州设砚务官，专门搜罗佳石为御府造砚。龙尾石砚，一时为天下冠。宋初，因龙尾石产坑被大水淹没，砚石开采曾中断50多年。至景祐年间（1034～1038），经治水恢复开采，扩大规模，砚石名色增多，精品不断涌现。宋洪景伯《歙砚谱》记载歙石品目有：眉子纹7种，外山罗纹13种，水舷金文厥状10种，而以罗纹、眉子、刷丝为佳。“性皆润泽，色俱苍黑，缜密可以敌玉，滑腻而能起墨，以之为砚，故世所珍也”。加之，宋砚雕刻线条明快，浑厚大方，人物多为单线阴刻，也有线刻和半浮雕相结合的，并注意凸现石上星眼纹色加以巧作，浑然天成。苏东坡《偶于龙井辩才处得歙砚甚奇，作小诗》，开头两句是“罗细无纹角浪平，半丸犀璧浦云泓”，将砚石中的暗细罗纹、角浪纹、古犀纹等一一点明，精到贴切。欧阳修、蔡襄、周必大、黄山谷等北宋名家，也都有赞美歙砚的诗文。南宋时，由于开采失度，景炎二年（1277）曾发生一次坑洞塌崩事故，石尽山颓，压死数人。但为了满足朝廷和显宦之需，转坑继续挖掘。故宋代是歙砚大发展的时期，歙石名色之多，质地之佳，为诸砚之冠。元初，婺源龙尾石仍有开采。但在至元五年（1339），又在紧足坑发生一次坑洞坍塌事故。元江光启《送侄济舟售砚序》一文，记述甚详：“今至元五年十月廿八日夜，湮声如惊雷，隔溪屋瓦皆震，人惊兽骇；数年前工人告予，紧足石斫凿已尽，予不之信，至是果然。六十年两见此事，亦可一慨！”从此以后，歙石就长期没有开采。明清时期，歙砚在众多砚石之中独树一帜，与端砚、洮河砚、澄泥砚合为“中国四大名砚”。其纹斑绮丽，玉德金声；坚嫩润滑，发墨如油；砚锋自磨刃，久用不退锋；积久墨渍，涤之即净；石破天惊，出神入化。歙砚石品繁多，天然纹饰有眉纹、罗纹、金星、银星、金晕、银晕、玉带、紫云、歙青、歙红等。歙砚雕刻题材十分广泛和全面，山水、楼台、亭阁、树木无所不取，人物、走兽、禽鸟、虫鱼无所不包。歙砚造型艺术式样多变，圆饰匀称，线条挺秀。主要采用浅浮雕、浮雕、深雕、半圆雕等，雕琢一般以浮雕线刻为主，不做立体镂空雕，但由于受到砖雕的影响，间或出现深刀雕刻。明清歙砚则利用深刀所琢殿阁、人物等，手法比较细腻，层次分明。歙砚雕琢风格主要继承宋砚雕琢的传统，并在此基础上，发展了精细工整的特点，所琢瓜果、鱼龙、殿阁、人物诸图，无不精细绝伦，神态入微。传世明清歙砚，以方正大砚居多，显得气宇轩昂，端庄雅健。

(二)青溪龙砚

青溪龙砚生产历史悠久，素有盛名。据传，早在宋朝，新安江流域淳安威坪岙岭的龙眼山就已采石制砚，距今已近千年历史。青溪龙砚有 30 多个品种，造型有方、圆、腰形等。特制的精品，其砚内能呵气成雾，储水不涸，砚面纹理清晰，雕琢典雅别致，图案浅、深、平、浮式多样，并配以动、植物及人物等雕像，构思奇特，堪与端砚、歙砚媲美。砚台配有古色古香的樟木盒，砚盒正面刻有当代书法家沙孟海题书“青溪龙砚”四字，其中“云龙”“雨雪”砚行销东南亚、西欧的 10 多个国家。“小寿星”“九龙戏珠”分别获杭州市工艺美术工业公司二等奖和三等奖。

青溪龙砚“九龙戏珠”

三、砖木石竹雕刻

明代中叶，随着人们审美意识的提高，手工技艺的改进，加上日益增长的生活需求，因此，对美的表达也更加丰富多样。这个时期新安江流域内开始大量在建筑上运用砖、木、石、竹雕刻工艺，逐渐形成新安四雕这一特色工艺美术。石雕。在新安江流域内，无论是民居、祠堂或牌坊，随处可见雕饰精美的图案。木雕梁枋、砖雕门楼、石雕漏窗、竹雕文房等与建筑巧妙地融合在一起，形成了独具特色的建筑文化。

(一)砖雕

新安江流域的砖雕工艺多呈三种类型：一是模印纹砖，用事先制好有文字、几何图案或人物、动物等图案的印模，在制砖泥坯时模印在砖坯上，待阴干后再进行烧制；二是泥塑烧制砖雕，用细腻的无砂碛泥土经过沉淀，用沉积泥进行捏塑，有高浮雕纹饰或基本圆雕的纹饰。塑造好后泥坯阴干再烧制，出窑后依整体要求再用刻刀进行修整；三是雕刻砖雕，直接在烧制好的淡青色的砖上，按预先设计的纹饰进行雕刻。模印纹砖雕有大型的空心砖和一般尺寸的墓砖、城墙砖。新安古民居建筑有部分门罩上的砖雕有些也是采用模印烧制的。

明清时期砖雕大多用于住宅、祠堂、寺庙、塔等建筑上的装饰。图案包括人物、楼台、花草、树石、动物、飞禽、果蔬、渔樵耕读、历史故事、神话传说、戏曲人物等，内容非常丰富。在表现手法上，明代三雕风格古朴粗犷简练，用刀刚劲洗练，雄浑有力，整体效果强。一般为透雕、高浮雕、浅浮雕或圆雕，景物前后紧贴，多借助于线刻造型，画面内容单纯，但装饰性强。到了清代，技艺日臻成熟，由于受到绘画的影响，砖雕趋于写实细腻繁复，并注重情节性构图与均衡呼应等。

(二)木雕

明清时期新安木雕在长期的历史传承和积淀中形成，并烙下了独具一格的审美形态、技艺形式和文化观念。它以皖南徽州地区为代表，并延伸到淳安、建德等地。

新安江流域地处山区，盛产多种优质木材，如松木、杉木、樟木、楠木等，因此给木雕匠人发挥木雕技艺提供了用武之地。明代，木雕主要装饰于梁枋、平盘斗、雀替、楼层栏杆或飞来椅等处。清代由于生活空间转移至一层，因此木雕雕饰也随之转向一层天井处的撑拱、槅扇门窗、门罩等处。由于受到地方文化的影响，木雕图案从花鸟虫草到人物风水无不表现出高度的文化气息。从雕刻手法上徽派木雕主要有线刻、高浮雕，透雕与圆雕（主要用于梁枋、斗拱与雀替等构件上）。到清朝木雕又与其他技艺结合起来，出现了贴雕与嵌雕等工艺，如镶嵌玉石、象牙等材料，使得木雕更加精美。木雕工具主要有用于分割大块木材的钢丝锯、小斧头、硬木锤、雕刀、魔石、砂布，凿为砖雕中的重要工具，分为平凿、圆凿、翘头凿、蝴蝶凿、三角凿五种，但是各种凿在型号与规格上又有很多种，因此工匠所用凿能够达到上百支。

新安木雕工序：第一步取料，需要配合大木师傅与建筑整体构造要求，来确定雕刻的尺寸与规格、形式和内容；第二步放样，将图案绘制在木材上；第三步打粗坯，凿打出图案的大致轮廓，并分出层次；第四步打细坯，进行深入的雕刻，完善图案整体形象；第五步打磨，进行全面修整并打光；最后，揩油上漆，徽州地区一般对木构件仅刷一层桐油以防腐。

（三）石雕

明清两代，新安石雕亦多用于牌坊、碑刻、墓葬、勾栏、踏步、柱礅、抱鼓、石狮等建筑上。因新安江流域内各处山地较多，主要盛产茶园石与黟县青等石料，故石雕多用此料。例如，位于古徽州歙县的“许国牌坊”“棠樾牌坊群”等，便历史悠久，号称石雕瑰宝，完美地诠释了新安匠人精湛的石雕技艺。

石雕手法有线雕、浮雕、平雕、圆雕、透雕，主要工具有錾子、楔、扁錾、刻刀、锤、斧、剁斧、哈子、剁子、磨头等。石雕工序有：首先，对石料进行加工，出坯；第二步起谱，将雕刻图案描画在石坯上，并在雕刻过程中边画边雕刻；第三步打荒，凿打出图案轮廓；第四步，掏挖空当，最后打细，并修正干净。

新安石雕题主要是动植物形象、博古纹样和书法，至于人物故事与山水则较为少见。其在雕刻风格上，浮雕以浅层透雕与平面雕为主，圆雕整合趋势明显，刀法融精致与古朴大方一体。明清两代，新安石雕工艺在艺术表现上具有细腻流畅，精雕细镂，繁富华丽的特征，充分显示了古代徽州劳动人民巧夺天工的艺术才能。

（四）竹雕

新安竹雕一般以流域内盛产的毛竹为原料，以刀代笔，因材施艺，运用线刻、浅浮雕、深浮雕等工艺，雕出各种书画。这些作品，有名人的书法墨迹，有名胜古迹的山川风貌，有民间传说的神话故事，有珍禽异兽的千姿百态，题材极其广泛。

竹雕主要用于摆设装饰，常见的竹雕工艺品有屏风、台屏、挂屏、插花瓶、文具盒、牙签盒、烟灰盒、茶叶筒、笔筒、筷筒、楹联、餐具等。新安竹雕被广泛使用始盛于明清。清代以后，随着竹雕工艺的发展，其在内容、形式、技术等各方面都日趋丰富和完善。由于拼接工艺的创造和使用，竹雕突破了原竹大小的限制，使较大面积的竹雕成为可能，也使得竹雕器具的制作更加方便灵活。

竹雕的制作很别致，将竹子从中剖开，形成两块半弧形竹片可以用来制作包柱的雕刻楹联，一般将文字雕成阴文，填以石绿色料，悬于厅内，古色古香。有的还在半弧形竹片上雕成画面，用作建筑物的装饰部件，但多数是独立成画，雕刻较为精绀。竹雕有的用漆，有的保持竹质本色。竹雕用漆，一般也都用浅色，多用桐油涂于表面，这样既有光泽，又能透出竹质纤维的脉理，以达清新淡雅的审美效果。其高超的雕刻技艺和不朽的艺术价值，无不显示了古代劳动人民的勤劳智慧和卓越才能。

四、木版年画

木版年画既指新安江流域本地刻印的木版年画，还包括新安江流域籍艺人在外地印制的木版年画，兼容皖、浙、赣三省的艺术风格。在19世纪中叶以后，随着西洋版画技术的传入，新式印刷术在中国逐渐兴起，木版年画的制作工艺及销售市场在流域内受到明显冲击。这类木版年画承袭了画稿精巧、雕工精细、印制精良、气韵精雅的传统，又沉淀着丰富厚重的人文底蕴。因此，在制作风格上既精致秀丽，又富有文化内涵。常常以大幅或是多幅成套的木版年画布置于明堂大厅，其他空间则量体裁衣，因空间格局而定式。在艺术价值方面，新安木版年画的观赏性较高，其造型及工艺手法多是简练精雅的线条，浓郁的抒情色彩，精益求精的工艺，既能从谨严中散发出淳厚朴拙的乡土气息，又能透露出人文风采。

五、山越麻绣

山越麻绣是新安江流域淳安民间手工艺术的传统产品，为古山越人文化遗存，有两千多年的历史。威坪地区及六、七、八都一带农村仍盛行麻绣，尤以八都为最，故也称“八都麻绣”。麻绣在自种自制的苎麻布上用蓝色麻线织绣出各种花纹图形，常见的图案有“龙凤呈祥”“百鸟朝凤”“金鸡嬉菊”等。山越麻绣挂在居室墙上，或作门帘，充满古朴气息；或将它制成围裙头巾，别具一格。

第六章　新安社会组织民俗

社会组织民俗指存在于人们社会生活中的约定俗成的集体文化行为。它以血缘、地缘或社缘关系为基础，由家庭、村落或社区共有的民俗事象和民俗事件作纽带，调整群体的生产活动和个人与社会群体、自然界之间的关系平衡，维系民间社会群体的凝聚性，形成保障人们的精神生活与物质生活的传统力量。

社会组织通常是指有意识地建立，以便达到特定目标的社会单元。传统民俗学中的社会组织，通常是指中国传统社会中民间各种形成稳定互动关系的人们共同体，如宗族、行会、帮会、秘密宗教等。

第一节　宗　族

一、宗族组织

在新安江流域传统社会中，宗族是最基本的社会单位。

在长期的历史发展中，形成了丰富多彩的宗族组织民俗。中国的基层组织及其传统文化典型地体现在宗族制度中。“一姓也而千丁聚居，一抔也而千年永守，一世系也而千派莫紊，率皆通都名郡所不能有。此岂非谈道讲学，沐浴紫阳之所留遗欤？”[1]

宗族是同聚落居住的父系血亲按伦常建立的社会组织，通常拥有一些共同的财产和一定的共同文化，具有政治、经济、宗教、教育等方面较为完整的功能。

宗族是由家庭组成，家庭是亲子所构成的生儿育女、养老送终的群体。作为一个生育单位和经济单位，家庭通常作为宗族的一份子而存在。

---

① 康熙《休宁县志·卷1》《风俗》。

祠堂（林坚 摄）

二、宗族组织活动

较为完整的宗族组织包括有血缘关系的族丁人口，显示这种血缘关系的族谱、祠堂、祖坟，资助这一组织及其活动的族产，以及协调这种关系的族规和族长、房长。

普通人的族，通常是指“五服”和“九族”。“五服”即斩衰、齐衰、大功、小功、缌麻，本来是丧服制度，用五种丧服作为差等，标志一家人分别与死者的关系。后来，在新安江流域民间，“五服”便成为血缘组织的范围，“出五服”便不算是一家人了。宋代以前，宗族的祭祀以高祖为限。因而，“五服”也指称同一高祖的血缘祭祀群体，通常为若干个家户所组成的一个家族。

九族，《三字经》中曰：“高曾祖，父而身。身而子，子而孙。自子孙，至玄曾。乃九族，人之伦。”从汉代起，“九族”有两种说法：一说九族仅限于父宗，包括上自高祖、下至玄孙的九代直系亲属，即玄孙、曾孙、孙、子、自身、父、祖父、曾祖父、高祖父；一说九族包括父族四（姑之子、姐妹之子、女儿之子、自己同族）、母族三（外祖父、外祖母、娘舅）、妻族二（岳父、岳母）。

（一）族长、宗子

宗族的权力执掌在族房长及族产的专职管理人员手中。族长对外代表宗族，由他出面见官，与外族打交道。族长在宗族内召集房长议决宗族事务，对族人行使教令权和惩戒权，与宗子一起主持祭祀。在民间，族房长一般是在宗族内按辈分、年龄、名分来看都处于较高地位的人员之中推举产生。宗子是历代长房长子，与官方的礼制不同，他在民间只是宗族血脉的象征，主要在宗族祭祀中担任主祭，且有许多宗族并不立宗子。

(二)祠堂

是最基本的族产，按照封建王朝的礼制，立庙祭祖一直都是上层阶级的特权。先秦时期，从天子以降，各有不同的“庙制”。大致说来，历代宗祧由嫡长子单独继承，维持着“百世不迁”的大宗之祭；而其余诸子只能另立“五世则迁”的小宗，并接受大宗宗子的统辖；庶人不能立庙祭祖。然而，宋代的百姓逐渐开始在居室之外，择风水宝地修专祠祭祀列祖列宗。到明清时期，朝廷规定九品以上始可设立祖庙。但在民间，修祠供祖之气已蔚然成风。围绕祠堂的习俗惯制主要是按昭穆供奉历代先人的排位，按规定的时间举行祭祀。族规通常明文禁止借居祠堂及堆放杂物，一般都是请外族人看守祠堂。

(三)族田

族田是宗族重要的经济基础，又称庄田、义庄。其来源有二：一为某位先人的遗产及其增值；二为全体丁口集资的结果，或个别成员的捐献。因为族田有多种来源，其收入也有多种用途。所以，分别被赋予不同的称谓。祭田，又称祭祀公业、祭产，是专门用于资助祭祀祖先或某位祖先的；学田的收入平时用来延请塾师办学，资助族内子弟赴考，供考取功名的子弟设席庆贺。

(四)修族谱

族谱是宗族共同体存在的文字形式，包括本族源流世系、族籍登记、先贤礼赞、界址墓图，以及族规家训之类。通过编纂一些传说史事，宣扬祖德，确记本族的社会名望和地位，用以感发子孙的崇敬之心和认同意识。新安一些宗族对谱书有一套严格的管理制度。

(五)分家

“新安多大姓，莫不聚族而居，而以汪、程为最著，支祠以数千计。”[①] 宗族在

① 陈去病：《五石脂》，江苏古籍出版社，1985年，第306页。

结构上的总趋势是：一方面家庭和房支不断分裂。维持着相对稳定的规模，从而形成支祠；另一方面，宗族的不断合组、发展成越来越庞大的组织。传统的家庭是一个同居共财、养老育小、举行家祭的多功能社会单元，分家包括分灶、分居、析产、划分养老送终义务、设立单独祭祀等多项要求。

(六)立族

立族通常需要设立族产，编修族谱，成立宗族管理班子。立族的方式通常不是直接把各个家庭网罗在一起，而是按血缘序列用树状结构把各个家庭归属于一层层的“房”或“支”，由房或支构成族。因此，家族包括多层次的组织。从立族的过程来看，一村一乡的家族组织往往是一个个的房、支组织不断加盟的结果。

(七)入族

关于入族的习俗，主要涉及确认因婚姻和生育而新增人口的宗族成员身份的程序。入族包括两层意思，既成为宗族生活中的一员，又在族谱中占有一席之地。

(八)合谱

两个宗族的族谱上所载的祖先相同，证明他们是同源分流，他们协议合并成一个宗族组织，此为“合谱”。合谱要举行盛大的庆典，要设立共同的祠堂、祭产，编写新的族谱。

(九)宗族成员参与的民俗活动

宗族成员集体参与的民俗事件按参与时机可以分为三类：第一类是按节候（年历）举行的，如拜年、清明、寿庆等；第二类是择吉日举行的，如婚嫁、建房等；第三类是随机发生而成员闻讯前往的，如生诞、丧葬、家族救助等。

第二节 乡 约

乡约是一种民间教化组织，它源于宋代蓝田吕氏乡约，是居住在乡村或城镇中一定范围的人群，为了御敌卫乡、劝善惩恶、厉行教化、保护山林或应付差役等共同目的，依地缘或血缘关系而建立起来的一种民间组织。在明代时，经王阳明实践调整后向全国范围内推广。新安的乡约正是在这一大背景下产生的。这里地处山区，宗族聚居，以宗族性的乡约为主，成为新安流域的重要基层社会组织民俗。新安江流域是乡约发展和运作较为迅速和规范的地区之一，不仅地方各级官府重视提倡和建立乡约，而且聚族而居的宗族和乡绅也积极投身乡约建设。可以说，这里是全国乡约建设的发达地区之一。

一、乡约的形式和发展

宋神宗熙宁九年（1076），吕大均于陕西蓝田建立了中国历史上第一个乡约——吕氏乡约。明初，全国普遍建立了乡里老人为首的乡村教化体系。但至明代中期以后，随着土地兼并的愈演愈烈、村民素质的下降等多方面因素，乡村教化体系遭到严重破坏，地方社会逐步陷入了不安定状态。为了改善乡里民俗，致力教化乡民，从正德年间起，王阳明等人便提出了比较系统的乡约建设理论。王阳明等甚至在江西地区创建了《南赣乡约》，以便代替已逐渐瓦解和破坏的乡村教化体系。

明世宗嘉靖初，礼部正式檄文全国，举行乡约。在这一历史大背景下，新安江流域地区的官府、士绅也开始响应乡约建设行动，新安乡约建设得到初步的发展。至嘉靖五年（1526），应天巡抚陈凤梧行文流域内所辖各县，进一步推广乡约制度，希望乡约能起到劝善惩恶、道德教化、治安防御等功能与作用。

在此，这里以歙县岩寺镇为例，说明新安江流域内乡约制度的发展过程。嘉靖

祁门《文堂乡约》（林坚 摄）

二十三年（1544），歙县岩寺镇率先建立了《岩镇乡约》，规定乡约建立的宗旨首先是为了共同对付奸党和强盗。乡约中规定，将岩寺镇划分为十八个辖区，每个辖区数十人，专门承担习武、稽查、巡逻等任务。显而易见的是，新安江流域乡约在建立初期，有着明显的军事防御性质。嘉靖三十四年（1555）八月，流域内淳安地区有流寇攻入岩寺镇，当地官民、士绅为防御倭寇入侵，遂重定规约，建立了岩镇备倭乡约。这是岩寺镇历史上的第二个乡约组织。约定每十家置锣一面、铳一把，闲暇时刻操练。一旦遇到有歹人袭击，则鸣锣号召，并力追捕。嘉靖末至隆庆时期，以岩寺为代表的其他新安江流域地区更是涌现出了大量的乡约组织。这些组织不仅结构严密、定期宣讲，甚至还将乡约与宗族的族规家法结合起来，以教会村民劝善习礼。

事实上，新安江流域地区乡约制度与保甲制度有着相辅相成又互相渗透的性质。自嘉靖朝乡约制度建立以来，直至明朝末年，新安江流域乡约制度一直兼具防贼防盗、治安防御、移风易俗、道德教化等多重功能与角色。明末时期，新安江流域各县的乡约制度得以建立起来。

二、乡约基本类型

乡约在最初兴起之时，主要以道德教化、劝善惩恶、消除盗贼为目的。但是，随着乡约制度的逐步发展，新安乡约为适应当地自然和人文发展实际情况，逐渐呈现出纷繁复杂、丰富多彩的特色。我们可大致将新安乡约划分为以下几大类型：

(一)地缘性乡约/宗族性乡约

乡约原本就是一种地缘性民间社会组织，歙县岩镇乡约和岩镇备倭乡约就是属此类型，其范围限于岩寺一镇。“乡约会依原编保甲。城市，取坊里相近者为一约；乡村，或一里,或一图,或一族为一约，其村小人少附大村。”但是，我们也要认识到，新安江流域绝大多数乡村皆为聚族而居的实际状况，因而，流域内以宗族血缘关系为主体结成的乡约，也是受到乡约倡导者认可与支持的。“乡村的乡约，除按地域由一里一图村民组成外，一族亦可单独组成。族小人少附大族，合为一约。”资料统计，明清时期以宗族血缘关系为纽带所组成的乡约，在新安江流域各地的乡约中权重应更大。

(二)道德教化型乡约/军事治安型乡约

劝善惩恶，“欲人人同归于善，趋利避害。”这是封建统治者倡导乡约的主要目的，也是乡约的主导性功能之一。“政治以风俗为先，而风俗以教化为本。”明代乡约的勃兴，本身就是基于风俗乖戾、奢靡相竞、治安日坏的社会现实。所谓：“迩来人繁约解，俗渐浇漓。或败度败礼者有之，逾节凌分者有之，甚至为奸为盗、丧身亡家者有之。以故是非混淆，人无劝惩，上贻官长之忧，下致良民之苦，实可为乡里痛惜者也。”而以弭盗防贼为目的的军事治安型乡约，也是在新安江流域社会治安日益恶化、强梁横行、奸党窃发和地痞无赖充斥的背景下诞生的。岩镇乡约和岩镇备倭乡约，即属此类以治安防范和军事防御为特征的军事治安性乡约组织。不过，道德教化型乡约和军事治安型乡约并不是截然分开、互无联系的乡约组织，两者实际上是兼而有之、相辅相成的。明清时期新安江流域乡约，通常兼具道德教化和军事治安两种功能与作用。

(三)经济型乡约/环保型乡约/教育型乡约

明清时期的乡约组织更是五花八门，其中既有应付差徭、互助互济和发展经济为宗旨的经济型乡约，也有以保护山林、维护生态平衡、保护居住地人群利益的环保型乡约，同时还有以讲学和支持教育文化事业为宗旨的教育文化型乡约。这种类型的乡约，更多地与上文所讲到的会社组织有着相同或相近的性质与功能。明清时期，新安江流域乱砍滥伐森林现象十分严重，尤其是乾隆中期至嘉庆时期，棚民大量进入新安江流域山区，或开采矿产，或开山垦荒，种植苞芦等农作物，使新安江流域山区的生态平衡受到了严重破坏。于是，休宁、黟县和祁门等棚民涌入较多的地区，不少都成立了以保护山林、维护生态平衡、保护居住地人群利益的环保型乡约组织。这类乡约是会社组织的一种变异。

三、乡约运作形式

(一)建立

创建乡约，并明确规定乡约的宗旨和任务，这是新安乡约运作的起点和开始。明清徽州乡约大多是在新安江流域各级地方官府的倡导下建立的，但一般具体的事宜都是由地方乡绅或宗族族长牵头组建，如流域内较为重要之岩寺《岩镇乡约》、祁门《文堂乡约》等。

(二)组织

明清时期新安乡约的组织，主要以地域范围为主，以宗族血缘范围为辅。“城市，取坊里相近者为一约；乡村，或一里，或一图，或一族为一约。其村小人少附大村，族小人少附大族，合为一约。各类编一册，听约正约束。”乡约的负责人为约正、约副，其具体办法为“择年高有德、为众所推服者一人为约正，二人为约副”。各户立定户长，以为会宗，以主各户事故。或会宗有年高难任事者，择年稍长有行检者为约正；又次，年壮贤能者为约副，相与权议事。对约正、副的责任和道德涵养，新安乡约有着严格的要求，约正、约副要为众所推举，要能主动承担起管理乡村的积极作用，要能以身作则，为乡党之表率，劝人从善，不做恶事。

(三)管理

乡约是有着严格的管理制度的。这些管理制度体现在：1. 有着明确的目的；2. 有定期举行约会活动的制度；3. 对约中成员有严明的奖惩规定。各乡建立乡约的目的十分明确，那就是立约本欲人人同归于善，趋利避害。是故要定期于每月举行乡约家会，预设圣谕屏、香案于约里祠堂。至日，侵晨鸣锣约聚，各户长率子弟衣冠齐诣会所，限于辰时毕至。非病患、事故、远出，毋得偷息因循不至。其会膳只用点心，毋许靡费无节，以致难继。文堂陈氏乡约奖惩制度严明，专门于乡约之所设立纪善和纪恶簿二扇，对约中成员的善恶言行进行监督和奖惩。规定：约所立纪善、纪恶簿二扇，会日，共同商榷。有善者即时登记，有过者初会姑容，以后仍不悛者书之。若有恃顽抗法、当会逞凶、不听约束者，即是侮慢圣谕，沮善济恶，莫此为甚。登时书簿，以纪其恶。如更不服，遵廖侯批谕，家长送究。对其他违反约会规定的事项，文堂乡约家法规定：若户下有经年不赴约会，及会簿无名者，即为梗化顽民，众共弃之。即有变患之加，亦置不理。自约之后，凡我子姓各宜遵守，毋得故违。如有犯者，定依条款罚赎。对约内子孙，若有忤犯父母、祖父母者，有缺其奉养者，有怨詈者，本家约正、副，会同诸约正、副言谕之。不悛即书于纪恶簿，生则不许入会，死则不许入祠。这一惩罚措施，可谓是严厉的。

四、乡约功能作用

对于文会这样的乡村自治组织，许承尧在《歙事闲谭·歙风俗礼考》说：“各村自为文会，以名教相砥砺。乡有争竞，始则鸣族，不能决，则诉于文会，听约束焉；再不决，然后讼于官，比经文会公论者，而官籍以得其款要过半矣，故其讼易解。若里约坊保，绝无权焉，不若他处之持唆使之纷纷也。”据此看来，文会的调解纠纷的功能已经超过了宗族；如果文会一旦调解无效，事情闹至官府衙门的话，官府往往把文会的“公论”视为解决争讼的重要依据，表明官府支持、尊重文会的公论。

这是在强化文会乡村组织的功能。

据《休宁县茗州吴氏家族记》所载，明成化二十三年（1487）江氏盗伐吴氏山木案件告府审理记：“浯潭江宗岳等率无赖多人，于后山侵砍木搬去。我族告府，蒙判：山仍照原买，六分为率，族分五分，江宗润等业一分，以立合同佐证。请府篆钤印合同，功达收执。”据此例表明，文会私下调解和官府分豁，都是解决宗族间矛盾纠纷的途径。

新安江流域自唐代以后，区域稳定，辖土面积广阔。如婺源县有3000多平方公里，小县如黟县也有800多平方公里；人口数量少则数万，多则数十万。到清朝人口鼎盛期，大县人口达50多万。这里山川阻隔，山高皇帝远，鞭长莫及。每个县亦只有个别县官和县衙不多的官吏，又置身于陌生的环境中，对所辖和统治的一方土地和人民几近茫然，实无力亦无良策可以管理好这样的广土民众。

明、清吃皇粮官吏不仅人数不多，而且朝廷也不鼓励官员直接到乡村活动。据明代《皇明制书·人浩续编》等文件汇编，明代开国皇帝朱元璋颁发了限制县官下乡扰民的命令，以及回避制度。

新安江流域内县以下农村，长期以来社会秩序稳定，无政府状态的混乱局面很少出现，聚啸山林的匪祸极少，民风古朴，安居乐业。这除了新安宗法制度、宗族势力所起的作用外，文会自治组织也填补了官府机构与农民之间的政治空白，就地、及时地化解民事纠纷，不使人民内部矛盾激化。正如方西畴作《新安竹枝词》所说：“雀角何须强斗争，是非曲直有乡评。不投保长投文会，省却官差免下城。”

第三节　会社（民间结社）

作为民间组织的一部分，新安江流域历史上的会社组织十分发达。这一组织类型广泛，既是按个人意愿结成的社团组织，如行会、秘密宗教组织、帮会等，也有具备生息功能的金融性会社、钱会等。尽管这些会社组织功能不一，但在新安江流域内却广泛存在，其严密的组织与管理体系，以及其所发挥的祭祀与娱乐、教化与救济、自我管理与自我服务等功能，都对稳定基层社会起着共同作用。

一、会社含义

"会社"犹"社会"，在汉语中原指集会、结社之意，也指人与人之间互相联系会和从而结成的社团组织。新安江流域会社的繁荣昌盛绝非偶然与巧合，有着其深远的历史背景和必然的现实因素。而大量会社的出现也绝不是单一、孤立、无意义的社会现象，它从一个侧面反映了新安江流域社会出现的变化与发展，反映了新安江流域社会文化、城市生活、商品经济等社会文明各领域发展的高度。流域内众多的会社可分为秘密性会社、宗教性会社、军事性会社、经济性会社、文化娱乐性会社五个大类，并有其组织结构、成员构成、活动情况、形成背景、社会功能、维系其存在的力量，及其对整个社会的影响和对后世的影响等。

竹山书院

会，其含义主要是指人群的聚会，即人相聚者称"会"。其与"社"之含义相差不大，在有些记载中，甚至将会、社并提。在新安江流域大体也是一样。因该流域文风昌盛，人才辈出，所以存在着大量的"文会"。这类结社、集会，在新安江流域受到宗族和社会的高度重视，热烈而浓重。据佘端华《岩镇志草》记载，流域内南山文会会例规定："凡本籍新文学，入会则用彩旗鼓吹前导至南山亭，祝史执香作乐迎于道左。"万历末年，"复建友善会馆于株山之东，别为明经胄监会业之所。每岁二月二十日祭文庙，于其中即为课期，而文学不与也。"歙县雄村的"文会条约"碑刻，中坎村的文会名册，至今尚存。

社，在新安江流域最为广泛的是以拥有共同信仰和志趣相投者所组成的团体。换言之，即是有组织的民间聚会。这种会社组织繁多，既有文人的集会结社，也有缅怀先人的祭祀性会社，所谓“后人聚徒结会，亦谓之社”是也。如明清时期的歙县首镇岩寺，就有永兴义井社、长兴社、四义井社、龙潭社等达15种之多的社团。

二、会社功能

(一)娱乐功能

会社本身就是一种人群的聚合与聚会。因而，联合人群、联络感情的娱乐功能是其最基本、最首要的功能。这种功能虽然宗族也具备，但范围仅仅是联合族众和联络宗族成员所用，只限于本宗族内部成员，其他外姓人群是无权参加的，相对较为狭窄。而会社便突破了这一成员的限制，使得可联络之人范围更加宽广。这些会社打破了同姓宗族的限制，成为具有共同信仰或志趣相投者的聚会组织。最为典型的便是绩溪庙子山的寺后古社，该民间团体由周围数村数姓人群所组成的。通过此类会社的活动开展，参加会社的人得到了感情上的满足、宣泄和慰藉。如，各类迎神会社，就是通过迎神赛会等娱乐活动，把人们的情感调动起来的一种会社组织。黟县十月初一日的城隍会，“好事之徒扮演鬼神，声状百出，甚或涂脂抹粉，乔装女鬼，彻夜街游”。演者激情四溢，观者如痴如醉，如此祀神、娱神亦娱人的活动，

绿狮(程海波 摄)

在沉寂的流域内确实具有联络人们情感的娱乐功能与作用。再如，绩溪的上元日，各种灯会所组织的活动尤其丰富多彩。是日，“各处社土坛神庙，张纸灯，或演剧，或扮童戏，驰火马，舞青狮，游烛龙，遍巡衢巷，名曰闹元宵。米粉为丸，祀灶神，谓之迎灶神。是日，西北乡有太子会，灯剧尤甚……五都、六都、八都香火最盛，或结数社，或结十数社，而为五朋、六朋（俗以朋为会），挨年轮值。正月则同以元宵日迎神赛会、演剧，七月则六都，十八日五都，二十一日八都。二十五日，迎神赛会演剧，进香者以千计妇女跪拜焚纸箔者无算。花朝日会社活动，“东南乡十八社，按年轮祀汪越国公（华）。张灯演剧，陈设毕备，罗四方珍馐，聚集祭筵，谓之赛花朝。总之，徽州会社这种联合人群、联络感情的功能是十分显著的，尽管这一功能往往以娱神和娱人的方式进行，但恰恰是方式，使参与会社的成员范围更加广泛，会社的影响也更加深远。

(二)祭祀功能

新安江流域会社繁多，更有很多明确的祭祀会社。如祭祀忠壮公程灵洗的世忠会、祭祀阳德坚府君的元宵灯会、祭祀灯的忏灯会，还有在流域内分布极其广泛的祭祀关帝的英义会、崇义会、正义会、叙义会、复关会等重要会社。由此可见，新安江流域会社的祭祀功能是极为鲜明的。也正是由于有这些不同的祭祀，新安江流域的各类城市、乡村等基层社会才能保持长久的、持续的稳定。只有祭祀，才能使人们追本报远、慎终追远，让人们感觉到祖先和神灵的伟大。通常而言，这类会社的祭祀仪式是十分严肃、十分庄重的。尤其是对于祖先祭祀，更是容不得半点的不敬和亵渎。从古训“国之大事，在祀与戎”，再到流域内的宗族家训“祭祀乃是大事，必精洁，必诚敬，否则祖宗不歆。如苟且应以故事，当事者从公声罚，毋得徇情缄默，且祖宗之灵无所不鉴，可不致慎”。这些无一不体现出人们对会社祭祀功能的重视。还有一点需要格外重视，那就是新安的祭祀会社往往由宗族族众所组成，因而族规家法中的规定往往也适应此类会社的祭祀要求，使得会社的祭祀功能实质上就是一种维护封建等级秩序的功能。

(三)经济功能

在任何会社的成立之初，都必然会考虑到其活动经费问题，这就凸显出了会社的经济功能。同时，在会社中，有一类专门的经济性会社，其经济功能是较为突出和显著的。会社的经费来源大体有割田入会、交租入会、出钱入会等多样的方式。

通过多样化的经费来源渠道，壮大会社的经济实力后，会社才有生存和发展下去的可能，才可以发挥其他的功能。除维持日常的社团运营以外，部分会社还可以发挥其他的经济功能。如，成立于清代嘉庆十九年（1814）的祁门王履和堂养山会，就发挥着共同保护山林免遭乱砍滥伐厄运的经济功能。当然，也还有一些茶会、商会等是以生息增值为目的，他们的经济功能往往也能得到最大程度的发挥。

(四)裁判功能

新安江流域历来区域稳定，人口众多。自洪武皇帝朱元璋以降，颁发了限制县官下乡扰民的命令，以及回避制度。在讲究亲缘和桑梓之情的社会中，这些制度直接切断了官员与家乡、宗族的直接联系，减少徇私舞弊和地方割据势力出现的可能性，官员一般不能直接插手亲族纠纷、争讼。而里甲制、保甲制等奉命而建立的乡村组织，其主要职责是负责办理官府明文规定的各种具体事务，并无明确的权力，更没有权威，如许承尧所说的“若里约坊保，绝无权焉”。因此，裁判的权力多是集中在会社手中。由此可知，新安江流域农村长期以来社会稳定秩序，除了与流域内的宗法制度、宗族势力所起的作用外，会社的自治组织功能也能及时解决官府机构与农民之间的矛盾，能够妥善地化解民事纠纷，从而达到和谐的局面。

(五)教化功能

新安江流域不少会社是由当地的乡绅文人组成，其中最为典型的则是文会。这种类型的会社，大多扮演着移风易俗、厉行教化的目的，其成员多由当地有名望人士或精英阶层组成。他们平时以文会友，充当着当地教化组织的部分功能。新安江流域会社之所以能拥有此功能，其主要原因在于这些文会会员文化素质高，为人诚信，处事公道，能够真正地使人心悦诚服。以歙县岩寺南山文会为例，这是流域内较为有名的大文会。该会于每年农历三月二十日祭祀文帝于友善会馆，其组织管理者由五位会首轮值，有余资则五人分领，但必须在次年三月十日之前交出。时有名汪嘉骏者，为五位会首之一，其所分领之金为子携带外出经商，约定在三月十日前邮回，然至三月九日时子尚无回信。汪嘉骏焦急万分之下，在傍晚时分便投潭自尽。汪嘉骏之诚实守信若此，足见文会信誉和威望之高。还有一例会社教化也较为著名，那就是绩溪县庙子山的寺后古社。该社经数百年发展，至清末光绪年间，“稍稍讲经义，通翰墨。潘家潘文波、李家李世恩、八亩丘汪英如、社屋冲汪养吾、胡家说胡润民、庙子山曹健甫诸君，一时并出”。通过教化，为新安江流域培养了一大批栋梁之材，又反过来进一步促进新安江流域会社制度的发展，带来良性循环。

三、会社特点

(一)显著宗族特征

新安江流域是一个十分重视宗族关系的地方，大量同姓、同宗、同族之人聚居，宗族性对每一个聚族而居的流域居民有着不可磨灭的深刻影响。尽管部分会社能突破宗族聚会的局限性，但更多的会社还是等级森严，有着浓厚的宗族色彩。由于宗族成员居多，毫无疑问地，他们必然会受到宗族的约束与控制，甚至说有很大一部分会社，尽管它发挥着娱乐、祭祀、教化、经济等功能，但归根结底它的成立就是为宗族统治服务的。维护既有社会秩序，稳定社会平稳发展是绝大部分社团成立的总目的。而正是由于这类宗族性质，传统会社就成为官府、宗族以外的另一非正式组织，起到辅佐官府和宗族对广大会社成员教化、约束的作用。

(二)突出祭祀功能

新安江流域的会社大部分皆有祭祀活动，流域内流传着"重社祭，里团结为会。社之日，击鼓迎神，祭而舞以乐之"之说法。有部分会社甚至将祭祀忠孝信义之神，或祭祀祖先神位、墓宇作为会社的主要任务。由于祭祀对象的不同，祭祀目的自然也是有所不同的。如宗族会社中祭祀先祖者，便是为了追本溯源，通过祭祀发挥教化和祈福的功能。"至于宗属之谊，当此之时则讲之殷矣。报本之礼，祠祀为大"。若是祭祀文帝则是为了文风昌盛，祭祀关帝则是以义相教，祭祀土地和城隍之神则是为了祈求风调雨顺、五谷丰登，祭祀瘟神则是为了驱避灾祸。每一个会社的祭祀都有着其功利主义的思想与目的。

(三)严密管理制度

自明清以来，新安江流域的会社在地方官府和宗族的倡导和鼓励下，得到了长足的发展，大部分会社都订立有社规、会簿等，并设立有会首，实行严密的管理。一般会社在成立之初，便订立有条规，明确规定会社成员的权利、责任、义务和奖惩。"凡宗祠、文会、社仓、善堂规则，皆郑重分明，有条不紊"。大多会社都要求入会者缴纳一定数额或股份的钱粮和土地，作为会社活动的基本条件。有了充足的经费，才能取得会员资格，进一步开展活动。同时，也只有足额缴纳田产租谷银两的会员，才能履行轮值或监督会首的权利和义务。至于会首的产生，则或采用推举，或讨论确定，或抓阄进行，或以入会股份多寡确定，或轮年值守。一般而言，会首拥有管理会费和利用会费增值的义务，他们必须在任职期限内，按照会社规定开展活动，履行职责。会首待遇在不同会社也有不同的规定，甚至还要成立专门会费收支簿册，每一笔收入和支出都要详细记录在簿册之上，以备监督和检查。

(四)一人参加多会

新安江流域会社发达，各类会社大量建立，并频繁开展活动，尤其是在地产变动加剧的情况下，会社可给居民带来种种物质和精神上的利益。对于新安江流域会社而言，互相周济、以钱生息，在流域会社内是一个极为普遍的现象。更有甚者，可从手里拿出入会的会费，并从会中收回利息。如此一来，一人参加多会便可获得多项收益。在流域内，不仅是乡绅阶层、宗族组织等对会社建设有着极大的热情，几乎所有阶层者都与会社有着或多或少的联系，或直接入会，或参与观会。甚至地痞流氓也有着具有黑社会性质的打行、斧头会、太保会、天罡会等会社，直接给新安社会治安与稳定带来了冲击，这是新安会社中的一股暗流。

第四节 家 庭

家庭是社会的细胞，是社会的最小单位，也是构成宗族的团体单位，它是由夫妻关系与亲子女关系结成的最小的社会生活共同体。它的稳定与否直接关乎人类自身的传承与社会的稳定。

一、家庭类型

新安江流域居民宗族观念普遍较为浓重，因而，以父母与已婚子女同居共食的主干型家庭、父母与未婚子女同居的核心型家庭，以及以祖孙三代或多代同居的联结型家庭(或称“大家庭”)，是传统新安家庭类型的主要构成。在这里，我们尤其要注意的是，至明清时期以降，佃仆制仍然存在。所以，我们也应将佃仆视为新安家庭成员（特别是地主家庭成员）中的特殊一员。

在上述三种类型的家庭，尽管封建社会历代王朝都倡导和表彰世代同堂的行为，如早在南朝时期，歙人鲍安国一门就是“富甲一方田置六邑，宗族三百余口同爨”的大家庭。但是在现实社会中，此类家庭并非徽州家庭结构中的主体。新安江流域

原淳安县蜀阜乡蜀阜村“达尊”牌坊下合影——王谏正编《山城秀水情》

大部分居民基本上还是呈现出单个小家庭，即核心家庭和主干家庭的基本特征。尤其是在大量成年男子外出经商、社会急剧变迁的明代中叶以后，这种世代同居的联结式共祖大家庭正在不断地减少，大家庭的共产正在为小家庭的析产所取代，兄弟或父子等家庭成员在经商和产业方面的纠纷与矛盾，正在荡涤着大家庭的经济基础。至清末，连一向民风淳朴的绩溪，或大家庭或小家庭成员之间的矛盾，已使同居共爨成为无法实现的理想。“我绩析产者十之八九，共产者不过百分之二三……然兄弟叔侄之析产者，商铺仍合赀。不肖者彼此妒忌，大都貌合神离”。从各类史料以及明清以来分家阄（关）书大量存在的情况来看，我们不难得知，新安江流域历史上父子、叔侄、兄弟之间严格按法律程序进行田宅买卖交易、钱财借贷典当，流域内的联结式共祖大家庭正在日益减少。因而，徽州家庭的真正主体类型是主干型或核心型的小家庭。

二、家庭内部结构

(一)家长

历史上新安江流域家庭的内部成员大体上呈金字塔般分布，高居金字塔尖的是家长。家长不仅掌握着整个家庭的田宅、钱物，而且控制着家庭成员的日常活动，特别是经济行为。在“父母之命，媒妁之言”的家长制统治下，儿女的婚姻大事也受着家长的强烈支配。“家国一理齐治一机，况国易而家难，家之齐者尤难乎”。当社会发生急剧变迁之时，作为一家之长，家长们会深刻地感觉到治家的艰难。为使家庭保持稳定，维护家长的权威，就显得特别的重要而迫切。为此，在一个家庭内，都较为提倡和强调家长的权威，要求家族所有成员，“凡事属兴废大节，管理者俱要告各房家长，集家众，商榷干办。如有徇己见执拗误事者，家长家众指实纠正，令其即行改过。如能奉公守正者，家长核实奖劝，家众毋许妄以爱憎参之，以昧贤否”。家长对内管理家庭成员的共同生产与生活秩序，维持家庭成员之间的和睦相处；对外则以家庭名义处理各种日常事务与邻里之间纠纷，承担封建国家的赋税和差役。家属以及寄养在本家的佃仆等成员，一律在家长的统一管辖下，按尊卑、长幼男女的等级次序行事。

(二)子女

子女是家庭中的又一主要成员。对于未成年幼子，家长有教育其人成才的责任与义务。“若人家有子孙者，用心教训，则孝顺和睦延不了，读书者可望争气做官，治家者可望殷富出头，就是命运稍薄者，亦需立身学好。如树木枝干栽培不歇，则所结果子种之别地生发根苗，亦同甘美，是光前裕后第一件事也”。而对于成年男子，或读书入仕，或经商力田，总之要以各安生理为要。对女子，受到传统“男主外，女主内”思想的禁锢，家长常常教以闺门礼仪，严男女内外之别，做到“男不言内，女不言外。非丧非祭，不相授器。男女相渎，便非佳事。须要慎闺门、别嫌疑，非同父子侄，不得穿房入户”。新安江流域在卑幼尊长关系的处理上，特别强调“卑幼不得抵抗尊长，其有出言不逊、制行悖戾者，姑诲之。诲之不悛，则众叱之”。子女应对家中老人善待之以孝，使其颐养天年；对奴仆、佃仆和婢女，则要严尊卑等级名分。“脱有稍紊主仆之分，始则一人争之，一家争之，一族争之，并通国争之，不直不已”。

子女

(三)妇女

在新安江流域的家庭中，受到程朱理学中关于“三从四德”的强调，妇女的地位常常显得十分卑微，部分《家规》甚至明确歧视妇女，认定“女子小人，最能翻斗是非”。很多家庭在管理家庭的《家规》中，都对妇女的言行有严格的约束。如，休宁《茗洲吴氏家典》在其近80条的《家规》中，就有19条有关妇女的规定。其中既有关于长辈主母、少母的规定，也有晚辈子女、媳妇以及诸妇的详细规定，其内容涉及言行举止等各个方面。谆谆告诫家长和家众，“切不可纵其往来，一或不察，为祸不浅”。另外，如歙县潭渡黄氏家庭家长，也在《家训》中明确教训妇女，“使之安详恭敬，俭约操持。奉舅姑以孝，侍丈夫以礼，待娣姒以和，抚子女以慈。内职宜勤女红勿怠，服饰勿事奢华，饮食莫思饕餮；毋搬斗是非，勿凌厉婢妾；并不得出村游戏，如观剧、玩灯、朝山、看花之类。倘不率教，罚及其夫”。尤为值得一提的是，新安节烈妇女数量之多，是其他地区所罕能与比的，故有“新安节烈最多，一邑当他省之半”的记载。

三、家庭习俗惯制

(一)家世

家世是家族世系主要职业特征所标志的社会地位。历史上，新安江流域所属家世，通常是指家族的世业或门第、门祚，如官宦人家、世代为农、书香门第、祖传名医等。职业或特定的地位与身份一旦确定往往世袭不变，尤其是地位卑贱的佃仆、奴婢，其家世一般是很难改变的，“奴而兼佃户者，即退佃而名分永存”“严主仆之分，数世不更其名，一投门下，终身听役，即生子女，一任主为婚配”。奴婢出身的人，即使是日后致富或入仕，其仆人的身份和地位都不能改变，“即其人盛赀积行作吏不得列上流”。这种顽固的家世观念，严重阻碍了新安江流域社会的进步与经济的发展，使出身卑贱的人失去了进取的意志。流域内仍然现存“累世簪缨”（存徽州区呈坎）、“大夫第”（存黟县西递）、“父子进士”“同胞翰林”等牌匾，成为这一家庭或家族家世的标志。

(二)家产

新安江流域家庭以主干和核心家庭为主。历史上，新安江流域内家庭其上有房，房上有族。家有家长，房有房长，族有族长。家产是指家庭的私有财产，这些财产包括不动产的土地、山场、房屋和动产的金钱银两、生产和生活用具。在私有制下，家产是家庭的经济基础，是家庭赖以为生的命脉，家产的多寡决定着家庭的经济影响和社会地位。在传统家庭中，家长对家产拥有绝对的支配权。在家庭财产继承和处置方面，当时的封建法律规定，“凡嫡庶子男，除有官荫袭先尽嫡长子孙，其分析家财田产，不问妻、妾婢生，止倚子数均分。奸生之子，依子数量与半分。如无别子，立应继之人为嗣，与奸生子均分；无应继之人，方许承绍全分”。所以一般都由家长或父母主盟，以分家阄（关）书的方式，实行诸子均分制，所谓“父业子分，兄弟均分”。同时要注意的是，在家庭财产处置与继承上，妇女的权利和地位是极其有限的。但是，因丈夫去世、丈夫在外经商或游学经年不归，或家中发生意外变故等因素的影响，妇女（主要是祖母或母亲）往往可以以主盟的身份，对家产特别是土地、房屋等不动产进行买卖、转让或分割。

(三)家务

家务是指一个家庭日常生活事务。开门七件事，柴米油盐酱醋茶，都属于家务的范畴。这其中既有饮食、衣服、起居等家务劳动，也有社交往来的安排与应酬。家务习俗是流域内家庭习俗中最具有普遍性意义的内容。从传统意义上来说，家务主要是由妇女承担的。流域内妇女向来是相当勤快，且吃苦耐劳的。她们不仅操持着上述各种家务、相夫教子，而且还直接参加生产劳动，如采茶、砍柴、舂米。“妇女尤勤勉节啬，不事修饰，往往夫商于外，所入甚薄，数口之家，端资内助，无冻馁之虞”。从另一个角度上看，徽商之所以能够取得空前成功，从某种程度上说，也是与妇女勤俭操持家务、勉励维系家业的“内德”分不开的。除家务之外，妇女还被家长或宗族族长赋予其他必须恪守的诸多清规戒律，即“必须安详恭敬，奉舅姑以孝，侍丈夫以礼，待娣姒以和。无故不出中门，夜行以烛，无烛则止。如其淫狎，即宜屏放。若有妒忌长舌者，姑诲之。诲之不悛，则出之……妇女宜恪守家规，一切看牌、嬉戏之具，宜严禁之，违者罪家长”。因此，妇女在家务操持中的勤俭节约、主内不主外的习俗，作为一种传统，至今仍普遍存在于流域内各地乡村。

(四)家教

新安江流域素有重文兴教的良好传统，注重子女的教育，是流域内普遍存在的一种家庭习俗。在徽州人的心目中，“养儿不读书，不如养肥猪”。因而，各个家庭几乎都对子女教育给予了特别的关注，有的甚至在家族的族规家法中予以强调。如休宁茗洲吴氏家族就在《家规》中明确要求：“子孙自六岁入小学，十岁出就外傅，加冠入大学。当聘致明师，训饬以孝悌忠信为主，期底于道。若资性愚蒙，业无所就，令习治生理财。”在重视子弟教育的背景下，一批学者名儒开始把精力投向蒙学和小学教材的编纂上，如明初名儒朱升专门编纂了《小四书》，以其作为蒙学的教材。除蒙学、小学外，各级、各类学校也在流域内大量兴起，使得整个流域内“十户之村，不废诵读”。为了鼓励子弟读书入仕，宗族往往专门辟有膏火田、学田，或由宗族祠堂专门出资资助贫困子弟读书。“族中子弟，有器宇不凡、资禀聪慧而无力从师者，当收而教之，或附之家塾，或助以膏火，培植得一个两个好人，作将来楷模。此是族党之望，实祖宗之光，其关系匪小”。流域内家教的育德育才是社会教育的基础。也正是由于流域内成功的家教，直接净化了社会风气，促进了整个社会的进步。

(五)家法

历史上，新安江流域内家法严苛，神圣而不可侵犯。几乎每一个家庭都有自己独立的家法以约束家庭成员，著名的有休宁的《茗洲吴氏家典》、祁门的《窦山公家议》和《文堂乡约家法》等。这些家法大都经过当地官府的认可，具有一定的民间习惯法的性质。这些家法的内容涉及家庭和宗族的管理、生产和生活的组织、尊卑长幼等级秩序的维系家庭或家族子弟的教育、和睦乡邻的强调、扶贫济困的举措、皇粮国税的劝纳、危害社会行为的惩治、祠堂坟墓的保护，以及各种陋俗的革除，等等。应当说，历史上新安江流域的家法规定是全面的、具体的，构成了流域内家庭或家族民俗的主要内容。

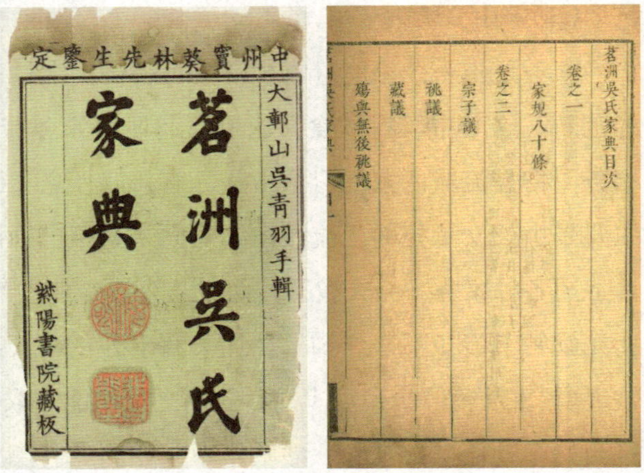

茗洲吴氏家典

第七章　新安岁时节日民俗

岁时，出自《周礼·春官·占梦》："掌其岁时，观天地之会，辨阴阳之气。"意味着一年四季。也称之为岁时、岁事、时节、时令等，是人们社会生活中约定俗成的一种集体性习俗活动，反映了古代的社会现象和人们的生活情趣。各种岁时风俗活动的产生，显示了我们祖先对自然运动规律的认识与把握，探究其根源，即是人们祈望五谷丰登、人畜两旺、岁岁平安。本章就新安江流域内的"岁时"民俗逐一介绍。如除夕、清明等"岁时"与节日有所重合，故在此不再赘述。

第一节　岁时民俗

一、腊八节

每年农历十二月八日，又称为"法宝节""佛成道节""成道会"等。本为佛教纪念释迦牟尼佛成道之节日，后逐渐也成为民间节日。在新安江流域，有关腊八节的习俗例举如下：

(一)腊八粥

流域内各县都有喝腊八粥的习俗。腊八粥是一种由多样食材熬制而成的粥。新安地区普遍以"杂米豆果实施僧寺为粥食"。[①] 这一习俗来源于佛教。传说此日为佛祖释迦牟尼成道之日，人们为了不忘佛祖成道以前所受的苦难，也为了纪念佛祖悟道成佛，便在这天以吃杂拌粥作为纪念。自从佛教传入中国，流域内各寺院都会在这一天举行法会，效法佛陀成道前牧女献乳糜的典故，用香谷和果实等煮粥供佛，并赠送给门徒和善男信女们。也有的寺院于腊月初八以前由僧人持钵，沿街化缘，

---

① 黄桂：康熙《太平府志》卷五，《地理志·风俗》。

将收集的米、栗、枣、果仁等煮成腊八粥散发。大家认为吃了腊八粥便可以得佛陀保佑，所以贫穷人家称它“佛粥”。一般，寺院的佛粥既美味且量多，有些信众专门奔“粥”而来，认为腊八供养佛陀的粥吉祥，不仅自己食用，还带回家给家人享用。年复一年，寺院做腊八粥的传统便广泛地传播到民间，由此在流域内逐渐形成了过“腊八节”、喝腊八粥的风俗。

(二)腊八豆腐

腊八豆腐(施亚磊 摄)

腊八豆腐是流域内特色节日食俗之一。因多在腊月初八日制作，故此流域内村民将这种晒制的豆腐，称作“腊八豆腐”。“腊八豆腐”制作是先用上等小黄豆做成豆腐，并切成圆形或方形的块状，然后抹上盐水，在上部中间挖一小洞，放入适量食盐，置冬日温和的太阳下慢慢烤晒，使盐分逐渐吸入，水分渐晒干即成。该小吃成品色泽黄润如玉，入口松软，味咸带甜，又香又鲜。如在晒制时加入虾米等配料，味则更好。平时用草绳悬挂在通风处晾着，吃时摘取，一般可晾放三个月不变质、变味。它既可以单独吃，也可与肉类同炒、同炖。招待贵宾时，居民还将其雕刻成动物、花卉，浇上麻油，拌上葱姜蒜等佐料，配成冷盘，成为酒宴佳肴。

(三)备年货

腊八一过，家家宰杀年猪，互相请吃“杀猪饭”，裹糯米粽，做米粿、蒸糕，炒花生、蚕豆、苞芦松，做冻米糖、芝麻糖等准备年货。

二、立春

立春，又名正月节、岁节、改岁、岁旦等，为二十四节气之首，是干支历的岁始，代表万物起始、一切更生之义。立，是“开始”之意；春，代表着温暖、生长。大地回春、万象更新，在传统观念中，立春具有吉祥的含义。为了迎接春天的到来，在立春时节，新安江流域内有各种方式不同的节令习俗。

(一)接春

“立春”标志万物更新，这天为新春节，俗称“新春大似年”。各家把写好的“迎春纳福”红纸贴在堂桌的香炉上，八仙桌正中放一大碗，内种一棵大青菜或万年青。大碗四边摆四只碟子，分盛米、麦、豆、玉米。立春时辰到了，各家各户焚香烧纸、燃放鞭炮，家中主人向上躬身拜揖，并念祝愿祈祷之类的吉利话。或用红纸写一“春”字，倒贴在大门上，以示“春到福到”。随着时代的进步，“接春”习俗已逐渐简化。

(二)带春

孩子们将竹枝松柏编成圆环，戴在头上，以保一年无病无灾。

(三)插春

流域内成年居民一般会采来冬青树枝、竹枝、松枝插在门上，或插财神、门神、灶神的神位上，表示四季常青，生活富裕。

(四)咬春

春暖花开之际，有很多特色的节令饮食，如春饼、春卷、春盘，囊括了春天的各种味道。例如，春盘就是立春特色饮食风俗。它将蔬菜、瓜果、饼糖放盘中为春盘（或拼成盘），馈送亲友或自食，取迎春之意。盘里主要有果品、蔬菜、糖果、饼、饵五种，蔬菜主要有豆芽、萝卜、韭菜、菠菜、生菜、豆子、鸡蛋、土豆丝。

(五)游春

春季以后，天气逐渐回暖，流域内各村各社的居民都会纷纷出行，踏青游玩，因此发展成为游春的风俗习惯。在游春之时，锣鼓队和仪仗队走在前边，由四人或八人抬的巨大春牛塑像走在后边，边走边舞，锣鼓喧天，鞭炮齐鸣。游行的队伍浩浩荡荡，十分壮观。游遍周围村庄，大街小巷。

(六)鞭春

“立春日，各省会府州县卫遵制鞭春。”[①] 又称鞭春牛，或鞭牛，是新安江流域的传统节日习俗。在立春之日，人们多造土牛以劝农耕，州县及农民鞭打土牛，象征春耕开始，以示丰兆，策励农耕。《周礼 · 月令》:“出土牛以送寒气。”后来一直保留下来。尤其是宋仁宗颁布《土牛经》后，鞭春风俗传播更广，成为立春重要的传统民俗。“所在官司鞭春牛如制，如其色，制小土牛，颁缙绅家，谓之送春”。[②] 鞭牛者站立的方位颇有讲究：立春在春节前，就站在春牛前；立春在春节后，则站在

① 潘荣陛:《帝京岁时纪胜》,北京古籍出版社,1983年,第8页。

② 黄桂:康熙《太平府志》卷一,《地理志 · 风俗》。

春牛后。鞭打时，口中念念有词："一打风调雨顺，二打地肥土暄，三打三阳开泰，四打四季平安，五打五谷丰登，六打六合同春。"鞭春完毕后，人们还要进行象征性的耕地，表示新一年农事活动的开始。

接春鞭春(林坚 摄)

三、二月二

二月二，又称春耕节、农事节、青龙节、春龙节等，是中国民间传统节日。"龙"指的是二十八宿中的东方苍龙七宿星象。每年农历二月二，"龙角星"就从东方地平线上升起，故此日又被称"龙抬头"。表示龙离开了潜伏的状态，已出现于地表上，崭露头角，为生发之大象。在农耕文化中，"龙抬头"标示着阳气生发，雨水增多，万物生机盎然，春耕由此开始。自古以来，人们亦将此日作为一个祈求风调雨顺、驱邪攘灾、纳祥转运的日子。俗传该日还为土地爷生日，也称"中和节"。以下介绍一下流域内"二月二"的特色风俗。

(一)吃龙食

"二月二"这天在饮食上也有一定的讲究，饮食多以龙为名。吃春饼名曰"吃龙鳞"；吃面条，名曰"吃龙须"；[①] 吃馄饨，为"吃龙眼"；吃饺子，则叫"吃龙耳"；面条、馄饨一块煮，叫作"龙拿珠"，吃葱饼，叫作"撕龙皮"。流域内部分地方还有吃"龙眼""龙须""龙舌""龙耳""龙皮""龙子""龙蛋"，以及吃春饼、吃猪头肉的习俗。一切均取与龙有关的象征与寓意。这些都寄托了人们祈龙赐福的强烈愿望。

(二)剃龙头

流域内居民多喜于此日理发。儿童叫剃"喜头"，借龙抬头之吉时，保佑孩童健康成长，长大后出人头地；大人理发，则为辞旧迎新，希望带来好运，新的一年顺顺利利。

(三)起龙船

龙抬头之日，人们要祭祀龙神。每年的这一天，人们都要到龙神庙或水畔焚香

① 富察敦崇：《燕京岁时记》，北京古籍出版社，1983年，第56页。

上供祭祀龙神，祈求龙神兴云化雨，保佑一年五谷丰登。在流域内部分地区，会有“起龙船”的活动，请龙出水，以及祈求事事顺利的心愿。

(四)打老虎

流域内黟县风俗。是日，各家用米粉做一只猪脚，又做些铜钱大小的米粿，叫“老虎粿”。蒸熟后装入一个红漆茶盘装着，中午或晚上点起蜡烛，焚烧香纸、祭拜神明。祭拜时，焚烧“勇士打虎”纸面，用一枚生鸡蛋朝墙上砸去。口中念道：“上不打天，下不打地，单打白虎连厉厉。”然后燃放鞭炮，表示老虎已被赶走。“老虎”，是指“白虎星”；“连厉厉”系黟县方言，意为老虎被打痛后，脚连连发抖，再不敢为害人家。仪式结束，全家人吃“老虎粿”，意为避邪。

(五)聚会

相传是日为文昌帝君诞辰，故文人士子喜欢于此日到文昌阁上香、聚会、论文。但清末废除科举制度后，此风渐衰落。

四、春社

春社是最为古老的汉族传统民俗节日之一。“社者，戊日也。立春以后，五戊日即为社，春秋二社皆然”。[①] 在商、西周时期，是男女幽会的狂欢节日，而后来则主要用于祭祀土地神。春社的时间一般为立春之后的第五个戊日，约在春分前后，但在民间也有二月初二、二月初八、二月十二、二月十五之说。春社距今已有两千多年的历史，在流域内一直都是一个非常重要的传统节日。昔时族祠举行“社祭”，子孙上新坟祭墓。演变至今，春社的习俗在流域内已不多见，但仍有部分风俗被保存下来。

(一)社戏

社戏，又称社火。流域内居民多“尚戏”，此风尤其在明清徽商壮大之后更甚。流传至今，在许多地区的民间。春社之日，会根据村落大小、地位高低而凑钱演社戏。同时，也有举办香火会、扮社火的风俗。虽然社戏十分消耗财力，但经过发展改良至今，已有社会教育之意。

(二)社祭

百姓们会在此日，或凑金具酒醴，或蒸米作糕，或作米粢等，来祭祀土地神。

---

① 阮葵生：《茶余客话》，中华书局，1959年，第374页。

社祭时大多以酒糕、鸡豕来奉祀社神，但也有的地方用其他祭品。社祭时的社饭大多各地有各地的特色。

(三)巫祝

在流域内各地，有延巫祝以祭社的习俗。巫祝时，很多地方多以敲锣打鼓来迎神。

(四)聚饮

社祭仪式结束后，男女老少坐在一起聚饮也是许多地方的习俗，认为在此日饮酒有利于子孙成长等说法。

五、立夏

立夏，是二十四节气中的第 7 个节气，夏季的第一个节气，在每年公历 5 月 5 ～ 7 日，是标示万物进入旺季生长的一个重要节气。历书云："斗指东南维，为立夏。万物至此皆长大，故名立夏也。"立夏后，日照增加，逐渐升温，雷雨增多，农作物进入了茁壮成长阶段。立夏表示告别春天，是夏天的开始。春生、夏长、秋收、冬藏，时至立夏，万物繁茂。这天，新安江流域各县都有特色的风俗，在共性的基础上略有不同，下文逐一进行介绍。

(一)饮食习俗

1. 吃嫩豆荚、猪肉

淳安民谚云："立夏吃荚不生疮""立夏吃肉不生毒。"一是农村流行晚餐吃炒面，以示长寿。晚饭后，开始称体重，意为夏天无病身不瘦。二是吃馃汤羹。此风俗尤以淳安遂安为主。这一天，家家户户都做米粉馃汤羹。馃汤并非汤，而是用细米粉倒入锅内的滚水里，水要适量，加盖闷滚，滚至 2 ～ 3 小时，再用锅铲用力擂，使米粉与水充分和匀，成为硬软适中的粉团，俗称粉芡。将粉芡起锅后放在这砧板上反复揉搓，使粉芡柔而绵软，再搓成圆圆的小团团颗粒，状似宁波汤圆，但形状较小一点，置于大盆内，俗称馃汤粒。再煮一锅放有小竹笋、白豆腐、猪肉丁等菜肴而又有辣味的稀薄粉羹，倒入馃汤粒。拌匀稍煮后，一锅气香味鲜、可口宜人的馃汤羹即成。三是吃苎叶馃、蚕豆。艾叶馃用苎叶捣汁和糯米粉加糖蒸制而成。苎叶有清凉解毒作用，吃了可以防止生疖长痱。用嫩蚕豆（或豌豆）和鲜笋、肉煮糯米饭，谓之尝新，盼望有个好年岁。

2. 称人

立夏吃罢中饭，还有秤人的习俗，看这一年内体重增加或减少多少。流域内居民多会在村口或台门里挂起一杆大木秤，秤钩悬一根凳子，大家轮流坐到凳子上面秤人。司秤人一面打秤花，一面讲着俚语吉利话。秤老人要说“秤花八十七，活到九十一”。秤姑娘说“一百零五斤，员外人家找上门。勿肯勿肯偏勿肯，状元公子有缘分。”秤小孩则说“秤花一打二十三，小官人长大会出山。七品县官勿犯难，三公九卿也好攀”。打秤花只能里打出（即从小数打到大数），不能外打里。

3. 预测天气

淳安农民在立夏时对天气也进行预测，淳安西南地区的农谚云：“立夏晴，柴草抽两层；立夏落，大麦小麦炒破镬。”意思是说，立夏这天天气晴好，肯定有倒春寒来袭；如果立夏这天下雨，此后多以阴雨天气为主。

4. 斗蛋、耐夏

俚语有云“立夏吃了蛋，力气大一万”“立夏蛋，满街甩”，斗蛋通常是流域内儿童们的游戏。斗蛋多用熟鸡蛋，一般是用白水带壳煮的囫囵蛋（蛋壳不能破损），经冷水浸过，然后装在用彩色丝线或绒线编成的网兜里，让孩子挂在脖子上。斗蛋的规则挺简单，说白了就是“比比谁的蛋壳硬”：大家各自手持鸡蛋，尖者为头，圆处为尾，蛋头撞蛋头，蛋尾击蛋尾，一个一个斗过去，斗破了壳的，认输，然后把蛋吃掉，而最后留下的那个斗不破的“小强”，被尊为“蛋王”。吃鸡蛋时要将鸡蛋从门槛上滚下，让孩子拾起来再吃，寓意孩子健健康康、无灾无病，耐过炎热夏天，俗称“耐夏”。

六、乞巧节

也称七巧节、七姐节、女儿节、七娘会、七夕祭、牛公牛婆日、巧夕等，是中国民间的传统节日。它由星宿崇拜衍化而来，为传统意义上的七姐诞，因拜祭“七姐”活动在七月七晚上举行，故名“七夕”。经历史发展，七夕被赋予了“牛郎织女”的美丽爱情传说，相传每年七月初七，牛郎织女会于天上的鹊桥相会，使该日成为象征爱情的节日，从而被认为是中国最具浪漫色彩的传统节日，在当代更是产生了“中国情人节”的文化含义。流域内乞巧节风俗颇多，主要有：

(一)听天语

七夕夜晚，夜阑人静，她们三五一群相邀聚集在一起，或瓜棚架下，或花丛园边，坐看牵牛织女星，是新安江流域民间的传统习俗，在七夕夜晚，年轻的姑娘们要摆上事先准备好的时令水果，对着皎皎明月，朝天祭拜；举行各种乞巧仪式，虔诚地乞求织女神赋予她们聪慧的巧手，祈求自己能够得到美满爱情的姻缘巧配。待夜深人静之时，偷听牛郎、织女鹊桥相会时说的悄悄话，如果能听到，待嫁的少女日后能得到千年不渝的爱情。

(二)斗巧

“斗巧”是七夕节期间的一种竞赛性的传统民俗文化活动，主要是女孩子们比赛穿针引线。谁的手艺好，谁就“得巧”。斗巧寄托着中国劳动人民朴素的审美情趣和对美好生活的追求。决定斗巧者巧拙的“卜巧”方法，主要有“穿针乞巧”“对月穿针”“投针验巧”等几种形式。

1. 穿针乞巧

穿针乞巧，也称“赛巧”，即女子比赛穿针，她们结彩线，穿七孔针，谁穿得越快，就意味着谁乞到的巧越多。穿得慢的称为“输巧”，“输巧”的人要将事先准备好的礼物送给得巧者。

2. 对月穿针

对月穿针，是指七月初七这天傍晚，家家户户都把庭院清扫干净，年轻妇女和姑娘们先要向织女星虔诚跪拜，乞求织女保佑自己心灵手巧。然后，她们把事先准备好的五彩丝线和七根银针拿出来，对月穿针，谁先把七根针穿完，就预示着将来她能成为巧手女。

(3) 投针验巧

投针验巧，事先准备一只面盆，放在天井里，倒入“鸳鸯水”(白天取的水和夜间取的水混合在一起)，到中午或下午就可以“验巧”了。原来面盆里的水，经过半天太阳光照射，表面依稀生成薄膜，于是取缝衣针，轻轻平放在水面上，针不会下沉，水底下，就出现针影，这针影若是笔直的一条，即是“乞巧”失败；若是针影形成各种形状，或弯曲，或一头粗，一头细，则是“乞巧”成功。

(4) 求姻缘

牛郎和织女的爱情故事在中国家喻户晓，按照民间传说，“七夕节”表达的是已婚男女之间“不离不弃”“白头偕老”的情感，恪守的是双方对爱的承诺。未婚女子便在这一天晚上向织女祈求得到美满的姻缘。

七、中元节

中元节是道教名称，民间世俗称“七月半”“鬼节”；佛教称为“盂兰盆节”。它的产生可追溯到上古时代的祖灵崇拜，以及相关时祭。七月乃吉祥月、孝亲月，“七月半”是民间初秋庆贺丰收、酬谢大地的节日。七月有若干农作物成熟，民间按例要祀祖，用新稻米等祭供，向祖先报告秋成。该节是追怀先人的一种文化传统节日，其文化核心是敬祖尽孝。

(一)饮食

淳安地区各家多做米馃，蒸发糕、炸油糖馃。休宁农家则以做灰汁果、煎油果、蒸菜、蒸猪肉等菜品，祭祀祖先后自食。

(二)祭祖

民间人们认为，祖先会在“七月半”返回家中探望子孙，所以需要祭祖。这种祭祖行为是慎终追远、固本思源的传统伦理的一种体现，是一种感恩祖先的文化传统。“七月半”正逢小秋的农作物收获，此时祭祖是将丰收的喜悦与祖先分享。祭拜的仪式一般在七月中旬傍晚时分举行，大人们带着小孩，端着纸衣裤、纸包和斋盘上坟祭祖。晚饭后，大人都要求小孩早早回家。平常日子要对先人祭拜，一般都不动先人的牌位。到“七月半”祭祖时，则要把先人的牌位一位一位地请出来，恭恭敬敬地放到专门做祭拜用的供桌上，再在每位先人的牌位前插上香，每日晨、午、昏，供三次茶饭。流域内居民的民间祭祖行为中，最为突出的是烧纸。据传说，阳间的纸就是阴间的钱，人们烧纸就是给亡故的先辈亲人送钱。通常上坟烧纸时要留下几张，到十字路口焚烧，目的是给无家可归的野鬼一些施舍，它们就不会再去抢劫送给其祖先的钱了。

(三)祭祀

1. 祈雨

遂安地区农谚云：“大旱不过七月半。”意指农历六月至七月上旬之间会久旱无雨，但旱情一般不会超过“七月半”，到时总会或大或小地下场雨以缓旱情。

2. 祭祀土地

中元节，流域内民间还盛行祭祀土地和庄稼。将供品撒进田地。烧纸以后，再用剪成碎条的五色纸，缠绕在农作物的穗子上，传说可以避免冰雹袭击，获得大秋丰收。一些地方同时还要到后土庙进行祭祀。定襄县民俗有将麻、谷悬挂门首。而祭祀土地又往往同祈望丰收联系在一起。中元之夜，家家户户要在自己家门口焚香祷祝稻谷丰收，并把香枝插于地上，这叫作“布田”(插秧)。插得越多越好，以此象征着秋收稻谷丰登。

3．度孤

晚上，有的村庄请道士来做道场，午夜放莲花灯于河中，谓之“度孤”（超度孤魂野鬼）。河灯也叫“荷花灯”，一般是在底座上放灯盏或蜡烛，在中元夜放在江河湖海之中，任其漂泛。“选僧为瑜伽焰口，造盂兰盆，放荷花灯，中夜开船，张灯珣元夕，谓之盂兰会。盖江南中元节，每多妇女买舟作盂兰，放焰口，燃灯水面”。① 民间认为，上元节是人节，中元节是鬼节；人为阳，鬼为阴；陆为阳，水为阴；上元节张灯在陆地，中元节就是在水里了。水下神秘昏黑，使人想到传说中的幽冥地狱，鬼魂就在那里沉沦。放河灯的目的，是普度与祈祷。大概从阴间到阳间的这一条路，非常黑，若没有灯是看不见路的。所以，放灯这件事是件善事。可见，活着的正人君子们，对着那已死的冤魂怨鬼还没有忘记。

4．禁忌

因中元节被赋予了鬼节的特殊含义，随着时间的流逝，流域内也产生出了许多的禁忌。例如，床头挂风铃，风铃容易招来鬼魂，而睡觉的时候是最容易被入侵的时刻；夜游，八字轻的人尽量不要夜游；非特定场合烧冥纸；忌偷吃祭品，这些是属于鬼魂的食物；忌乱踩冥纸，冥纸是献给鬼魂的祭品，忌乱踩。

八、重阳节

重阳节，是中国传统节日，节期为每年农历九月初九。“九”数在《易经》中为阳数，“九九”两阳数相重，故曰“重阳”；因日与月皆逢九，故又称为“重九”。九九归真，一元肇始，古人认为九九重阳是吉祥的日子。流域内将“登高赏秋”与“感恩敬老”作为当今重阳节日活动的两大重要主题。1988 年，国家重阳节定为老人节。1996 年，中共淳安县委、县政府确定每年“九九”重阳老人节期间，举行庆祝集会和开展敬老活动。

(一)登高

重阳节登高的风俗历史悠久，故重阳节又叫“登高节”。重阳登高习俗源于此时的气候特点，以及古人对山岳的崇拜。登高“辞青”也是源于大自然中的节气，重阳节登山“辞青”与古人在阳春三月春游“踏青”相对应。据文献说，“登山祈福”

---

① [清]李斗：《扬州画舫录》，中华书局，1960年，第137页。

歙县阳产(林坚 摄)

的习俗在春秋战国时期已流行。登高的地点，没有统一的规定，所到之处大抵分为登高山、登高楼，抑或是登高台。高风俗其由来大致有三：其一是源于古人的山岳崇拜；其二是源于“清气上扬、浊气下沉”的气候；其三是源于登高“辞青”。故此，流域居民多在这一天登高游览，民国以后，学校师生和城镇居民都在这一天成群结队，登高览胜，观赏秋色，发展至今便是携带饮料食品进行秋游野餐。

(二)赏菊

重阳日历来就有赏菊花的风俗，故重阳节又叫“菊花节”。赏菊习俗源于菊文化。菊本是天然花卉，因其花色五彩缤纷且傲霜怒放而逐渐形成在重阳之日赏菊、赞菊的菊文化。在中国古俗中，菊花象征长寿。菊是长寿之花，又为文人们赞美作凌霜不屈的象征。重阳菊文化在流域内最主要的表现就是——饮菊花酒。菊花酒，在古代被看作是重阳必饮、祛灾祈福的“吉祥酒”。菊花酒是药酒，含有养生成分，味道微微有一点苦，饮后可使人明目醒脑，而且具有祛灾祈福的吉祥寓意，是盛行的健身饮料。在饮酒后，还有赠菊祝寿、采菊酿酒的环节。

(三)佩茱萸

流域内出产的茱萸质量甚好，有九九插茱萸的习俗，重阳节又叫作“茱萸节”。茱萸是一种可以做中药的果实，流域内居民普遍认为在重阳节这一天登山插茱萸可以驱虫去湿、逐风邪。于是，便把茱萸佩戴在手臂上，或磨碎放在香袋里，还有插在头上的。大多是妇女、儿童佩戴，有些地方男子也佩戴。茱萸入药，可制酒养身祛病。插茱萸和簪菊花在唐代就已经很普遍。茱萸香味浓，具有明目、醒脑、祛火、驱虫、去湿、逐风邪的作用，并能消积食，治寒热。插茱萸等古俗则是民间登山祛风邪的行为，重阳节清气上扬，浊气下沉，人们用天然药物茱萸等调整体魄健康，使其适应自然气候变化。

九、冬至

冬至，又称冬节、亚岁等，兼具自然与人文两大内涵，既是二十四节气中一个重要的节气，也是中国民间的传统祭祖节日。冬至是四时八节之一，被视为冬季的大节日。“长至南郊大祀，次旦百官进表朝贺，为国大典”。[①] 冬至过后，白昼一天比一天长，阳气上升，是个吉日，流域内居民会彼此庆贺，互赠一些食品，一般家庭多在中午做几个荤菜加餐。流域内民间有“冬至大如年”的讲法，冬至习俗因地域不同而又存在着细节上的差异。

(一)祭祀

冬至是传统的祭天祀祖节日，这一天农村定为筑坟立碑、动土除草、移坟砌灶之日，各家各户多做麻糍、米馃，端斋盘上坟祭祀。新安江流域内居民宗族观念强烈，是日，流域内俗话称“冬节大如年，不返没祖先”，外出的同姓宗族到冬至节，无论如何要赶回家入祠堂敬拜祖先。祭祀罢，祠堂用族田收入宴请年过花甲的男性老人、族长、房长、读书人等，大家开怀畅饮，相互联络久别生疏的感情。许多地方把冬至当作团圆节。但此风俗随着流域内宗族体系的瓦解已逐渐废除。

(二)冬至饮食

1. 麻糍

麻糍为新安江流域居民的传统小吃、祭祀供品。麻糍阴干后蒸、煎、火烤、烧炒皆宜。其原料为上好糯米、猪油、芝麻、花生仁、冰糖等。麻糍香甜可口，食后耐饿，有着甜、滑的口感，且软韧、微冰。成品色泽鲜白，滑韧透明。

2. 冬至面，冬至肉

“吃了冬至面，一天长一线。”在安徽歙县，冬至吃面的风俗与节气、气候、农事有关。冬至过后，即是数九寒天，每隔九天数作“一九”。在滴水成冰的严冬，吃一碗热腾腾的鸡蛋挂面，才算是过了一个冬至。

---

① 潘荣陛：《帝京岁时纪胜》，北京古籍出版社，1983年，第36页。

3．炸点心

流域内部分地区，在冬至这天要吃炸点心，炸糍粑、炸南瓜饼，作为当天的主食。从冬至开始，需要进食一些富含油脂的食物来补充热量，抵御严寒。

十、其他时令节俗

(一)正月初七

称“上年头”,也叫“人日”,或“上七日”。黟俗为“定工”日,商家店铺雇佣店员，都在这天宣布店员的去留。是日，店主设宴招待雇员，酒过三巡，店主或管事表态。

(二)正月二十三

故知，宋代“天穿节”次日为“穿地”日，有水中摸石习俗。“天穿节”为女娲补天神话形成习俗，明清以后渐废。黟俗“打煎饼”沿袭至今。

(三)二月十五

农历二月十五，旧俗为百花生日，亦称“花朝”。是日，祭花神，少女这天在头上插花，以迎花朝。男女常在这天结伴春游，还有的于这天完婚。是日，城乡各地文人集会，赛花赋诗，称“文昌会”。至民国期间，花朝节的会文活动渐衰，其习俗渐废。

(四)三月三日

古时农历三月初三，仙源城厢吏民登亭子山紫极殿，祭奠真武祖师诞辰。故此古人多在这一天到水边洗净身体以祛除污秽与不祥，谓之“修禊”。后演变为文人到水边游戏、饮宴、谈诗、论文，近现代逐渐演变为踏青节。至民国时，仍有此俗。

(五)四月初八

是日为释迦牟尼如来诞辰，寺僧放小佛像于木盆中，用香味水为之沐浴，故称“浴佛节”。民间采摘乌饭树叶捣汁浸糯米蒸饭献佛。饭呈紫黑色，故名乌饭。除自食外，并互相赠送。乌饭树的枝叶籽根，具有益精气、强筋骨、明目、止泻等功能。明李时珍《本草纲目》载 :“乌米饭乃仙家服食之法,而今释（僧）人于是日以供佛。”由于乌饭的食疗功能逐步为人们认识，民间沿袭至今。每年节前两三天，市场上到处有乌饭叶和乌米出售，蒸煮乌饭十分方便。流域内对此民俗格外重视，若在忽视后突又想起，则称“错过了四月八”。

(六)五月十三

农历五月十三，俗称关王爷（关公）磨刀。是日，天空常下小雨（称磨刀水），此后还会出现数天阴雨，这样有利于水稻生长。四乡农民多在田头焚香祈祷。

(七)六月初六

农历六月初六，俗称“安苗节”。古时，农家备供品到田头焚香烧纸，祭祀谷神，祈求丰收。人们多在这天翻箱倒柜晒衣服和书籍字画，俗称“晒醭”。“六月六，猫狗溪滩洗浴”。是日，孩童会将猫、狗等带至河里洗澡。

(八)休冬节

一般在农历九月下旬，东临溪大阜一带，则以立冬日为休冬节。这一天家家户户打糍粑（又叫糍馃），有咸有淡，香味可口，以此敬神或送人。

打糍粑(林坚 摄)

(九)寒衣节

农历十月初一，祭拜祖先亡灵的节日。民间折红绿纸为仙衣，折锡箔为银锭，装入纸袋中，上书“谨具冥宝一封，彩衣一身上献某某受纳”，下书“子孙某某百拜”，背面写“某年某月某日谨封”。俗称“金银包”，叩拜后焚化。

(十)下元节

农历十月十五日，俗称“十月半”。昔时家祭祖先，外祭“鬼魂”。这天习惯用糯米做麻粿。

第二节　节日民俗

中国传统节日，是中华民族悠久历史文化的重要组成部分，形式多样，内容丰富。传统节日的形成，是一个民族或国家的历史文化长期积淀凝聚的过程。涵盖了原始信仰、祭祀文化、天文历法、易理术数等人文与自然文化内容，蕴含着深邃丰厚的文化内涵。它不仅清晰地记录着中华民族先民丰富而多彩的社会生活文化内容，也积淀着博大精深的历史文化内涵。

新安江流域的节日民俗兼具南北之特点，受社会变迁、外来文化传播等因素影响，各地的节日习俗在相似的外表下，又存在着些许差异，造就了新安江流域内异彩纷呈的节日民俗。但总体而言，其自身的内涵与功能却没有消失，依旧对人们的生活有着深远的影响。

一、春节

春节，俗称过年，包括农历腊月二十四、除夕和正月初一。春节即农历新年，是一年之岁首，传统意义上的年节。俗称新春、新年、岁旦等，口头上又称“过年”“过大年”。春节历史悠久，由上古时代岁首祈年祭祀演变而来。它的起源蕴含着深邃的文化内涵，在传承发展中承载了丰厚的历史文化底蕴。在春节期间，各地均有举行各种庆贺新春活动，带有浓郁的地域特色。这些活动以除旧布新、驱邪攘灾、拜神祭祖、纳福祈年为主要内容，形式丰富多彩，凝聚着传统文化之精华。

(一)淳安地区

在淳安地区，居民一般将腊月二十四称之为“过小年”。作为过年的开始，在这一天，家家户户都要掸尘、洗扫、上坟祭祖，有部分农家还保留有当夜送灶神的习俗。过完小年之后，就是除夕，人称“过大年”。除夕是阖家团聚的日子，是一年中最隆重的传统节日。大年三十早饭后，家家户户都要在大门、小门上贴上大红对联。“桃符以画，春联以书”。[①] 祠堂和居房中堂挂上祖先容像。在各种房间、仓库门前贴上利市纸。到了晚上，吃年夜饭之前，长辈要先用草纸擦小孩的嘴，表示过年期间如果小孩讲出不吉利的话不算数。饭后，长辈要向未成年家庭成员分红纸包，俗称“压岁钱”。到了晚上，家家户户张灯结彩，大人小孩燃放烟花，家里要灯火通明到天亮，火炉中要加添木炭，炉中炭火不能熄灭，寓意满堂红。这一夜，“家人围炉团坐，小儿嬉戏，通明不眠，谓之守岁”，[②] 也叫“坐寿”。如若就寝，也可称之为“享福”。20世纪80年代始，随着城乡居民生活条件的提高，在吃过年夜饭后，全家男女老少有看中央电视台春节联欢晚会的，也有打扑克、玩麻将、下象棋的。至零时，新一年开始，各家各户要燃放爆竹除旧迎新，俗称“开门”。“开门”要把八仙桌抬至中堂中间，桌上放上果子盘，有茶叶、米、黄豆、糕、红枣之类，左右两旁摆烛

---

① 李光庭:《乡言解颐》,中华书局,1982年,第65页。

② 顾禄:《清嘉录》卷十二《守岁》。

屏门绿狮(许瑞生 摄)

台。时辰快到，家里人必须回到家里，女人要带上孩子"享福"（指睡觉）。祠堂里爆竹一响，各家各户立刻开门，点燃蜡烛，烧香，面朝外拜三拜，接天；默默许愿，接着朝里拜三拜，接地。燃放爆竹，打开大门，再到灶台、猪栏上香。正月初一，早晨煮食蜜枣、汤圆、长寿面或年糕（寓意年年高）。早饭后，大人们带着小孩上坟挂纸，燃香烛、放鞭炮，躬身祭拜，给祖宗拜年，让祖先保佑全家身体健康。聚族而居的村庄还要背着猪头、褪毛公鸡去坛主殿烧香祈福。接着，由家长带上儿孙给本家长辈拜年。一般是"亲者登堂、疏者投刺而已"。[①] 每至一家，拜年者（小孩例外）必须与主人干一杯酒，主人热情再邀碰杯，来客必说把酒存着以后再来喝，意为吃有余。在走访互拜中，即使过去有些隔阂的也会笑脸相迎，在拜年、祝福、饮酒中重新和好。村干部还要给军烈属、复员退伍、转业军人拜年，送上拜年帖、年画和红纸包，以示慰问。中饭后，自行娱乐，走亲访友。从初二开始到元宵节，亲戚间互相拜年。部分村庄请戏班演戏三至五天，竹马班、舞狮班也轮番进村表演，各村都鞭炮迎送，还送上红包酬谢。

(二)歙县地区

在歙县地区，风俗略有别于淳安。每年的年初一早晨，人们都要在房间内洗漱后才出房，出房后第一件事是祭拜祖先（祖容），然后向家中长辈拜年，长辈要向拜年的年幼者送红包。早餐有特殊的规矩，即"吃三茶"（清茶、鸡子茶、枣栗茶）。吃完三茶后，主食吃肉丝盖面，俗称"朝头面""长寿面"。饭后，要去亲房本家道喜贺年，给上年结婚的新嫂娘和生有小孩的族亲、邻居送糕点道贺。新年开始时，各家堂前八仙桌上都放有果子盒，来者都是客，待以果子茶，五香茶叶蛋。歙县一

① 富察敦崇：《燕京岁时记》，北京古籍出版社，1983年，第45页。

县之内，风俗还有不同。歙南会接菩萨至祠堂设坛祭拜；歙东设香烛祭天地，谒祠祭祖；歙西则在祠堂举行全族团拜祖灵仪式。大年初一还有着各种忌讳，如不动刀，避凶；不扫地，忌财气外流；不担水，不借火，显示百物不缺，样样富足；第一次出门要择吉向走，如沿上水或东方走几步，然后再随意走动。初二，女婿到岳家拜年，歙西习俗则"初一亲，初二邻，初三初四拜丈人"。初三开始，亲友相互拜年，先上门者称拜年，回拜者称回年。旧俗初一至初十每日主一物，即一鸡、二犬、三猪、四羊、五牛、六马、七人、八谷、九麻、十粟（有说十麦，歙东则说十豆）。其日之晴雨，主其物当年之盛衰。中华人民共和国成立后，过年中的许多迷信习俗淘汰，扫尘、聚餐、节享、贺年、祭祖等习俗相沿。

二、元宵节

农历正月十五为元宵节，又称上元节。家家做粿、备酒，上坟祭祖，傍晚合家再次吃团圆饭，燃放烟花爆竹。有的村晚上舞龙灯、舞麒麟、唱戏、跳竹马，俗称"闹元宵"。有的地方接神问年，预卜丰歉。次日早晨，祠堂和各户将挂在中堂的祖宗画像取下卷藏，过年结束。也有少数村，过元宵的日子与众不同，有正月初九、初十、十一、十三、十八的，且各有缘由。

元宵节最重要的习俗是"吃元宵"。元宵是用芝麻糖、豆沙或猪肉为馅，外用糯米粉包成的小圆球，入锅煮熟而食，又名"汤圆"，寓意团团圆圆。从正月十三至十八，万安、溪口及各乡较大村族均有闹龙灯活动，间以鸟、兽、鱼、虾等小型花灯，以及采莲船、蚌壳精、高跷、抬阁、地戏等游艺，元宵夜尤为热闹。同赏花灯一起的习俗，就是打灯谜，这是富有民族风格的一种传统民俗文娱活动形式。在这一天，流域内各地都要挂起彩灯，燃放焰火，把谜语写在纸条上，贴在五光十色的彩灯上供人猜。因为谜语能启迪智慧，又迎合节日气氛，所以响应的人众多，而后猜谜逐渐成为元宵节最为重要的节目之一。灯谜增添节日气氛，展现了古代劳动人民的聪明才智和对美好生活的向往。

元宵节下午，家家焚香奠酒，叩拜祖先后，收藏祖宗画，送祖宗回山。从腊八至除夕的22天为"忙年"，大年初一至十八为"过年"，全程40天，至元宵节后，春节结束。如今，元宵节全家团圆的习俗，随着工人、干部上班，农民外出打工，学生上学等缘故而逐渐淡化。

三、清明节

清明节，又称踏青节、行清节、三月节、祭祖节等，节期在仲春与暮春之交。清明节源自上古时代的祖先信仰与春祭礼俗，兼具自然与人文两大内涵，既是自然节气日，也是传统节日。扫墓祭祖与踏青郊游是流域内清明节的两大习俗主题，这两大主题在流域内自古传承，至今不辍。

(一)清明粿

清明节是传统的重大春祭节日，流域内自古以来就重视扫墓祭祀、缅怀祖先。这不仅有利于弘扬孝道亲情、唤醒家族共同记忆，还可促进家族成员乃至民族的凝聚力和认同感。在淳安，清明节的主要习俗：一是做清明粿，二是扫墓。清明前一天，家家户户都要做清明粿。在民间俚语中，有“比你多吃几个清明粿”之说，以显示个人资历较深。清明要青，所以清明粿有白、青两种颜色，寓意着清清白白。清明粿的形状很多，但主要有两种，即篦子粿和祭祀粿。篦子粿状似梳子，内有馅菜，黏合处掐有齿形花边；祭祀粿状似饼，无馅，用雕有“福”“寿”等花纹的糕模印成，用以呈供坟茔。有的人家还用粉芡做猪、牛、鸡、金童、玉女等各种动物、人物造型的，以增情趣。除了做清明粿以外，遂安一带还用粉芡搓成球状的粒粒粿。粒粒粿一般都做得比较多，吃不完，则把它浸入水缸里，用来招待客人，或自己节后食用。在歙县地区，还有用事先准备好的面粉、米粉饺子，米粉糕等清明粿烘焙食之；歙东一些地方还蒸圆形小面包，称寿包。淳安西乡流行出嫁女在头一天给娘家送“清明节”（新鲜猪肉和清明粿）。“吃了清明粿，就到田里过”，表明农忙季节开始。

(二)祭祀祖先

清明节是族祭户祭祖灵的节日，祭祖扫墓是该节的另一项重要习俗。平常日，祖坟上是不能轻易乱动的，但在清明的前三（日）后七（日）则可以立碑、修坟、添土等。旧俗，寒食节前数日即可上坟割荒草、培坟土、扫墓、挂纸、祭拜，过了清明日挂纸则视为不孝。另有“新坟不过社”之俗，即新近逝世之坟挂纸须在春社日前。这一天，流域内家家户户都要带祭品去祖坟，为祖坟除草培土，用竹枝系上纸钱，插于坟头，谓之“扫墓”“挂钱”。民谚“只领儿孙挂钱，不带儿孙拜年”，寓有认祖之意。扫墓时，坟前置祭品，焚香叩拜，并给山神土地和左右邻坟插香，如有寻不到祖坟或祖坟路远，可在山边道旁烧纸挂钱，以示纪念，叫“寄钱”。纸钱有铜钱连串状和网袋状，色有红白之分，上贴葫芦顶，系以桑皮纸绳，腰匝红纸。挂钱时，往往带上银圆大的米饼，分赠坟地牧童，俗名“守牛饼”，以示感谢照料祖坟之意。中华人民共和国成立后，族祭废除，户祭沿袭。

(三)踏青郊游

踏青为春日郊游，也称“踏春”，一般指初春时到郊外散步游玩。清明时节，春回大地，人们神清气爽，农村里一年的劳作也就此开始，春耕春种之间开始了一天的忙碌。这一天大部分居民会进行祭祖，而祭祖活动往往在郊外进行，人们把扫墓和郊游结合起来，既陶冶情操又促进身心的健康。流域内长期保持着清明踏青的习惯，踏青习俗由来已久。清明期间，正是春风得意、春意盎然的时节，万物萌动之时，迎春郊游于野外早就已成为风俗。据《晋书》记载：每年春天，人们都要结伴到郊外游春赏景。踏青风俗至唐宋尤盛。据《旧唐书》记载：“大历二年二月壬午，幸昆明池踏青。”可见，踏青春游的习俗早已流行。

(四)植树插柳

清明前后，种植树苗成活率高，成长快。流域内又多山，山林的绿化格外重要。因此，就有清明前后植树的习惯，有人还把清明节叫作“植树节”。植树风俗一直流传至今。除植树外，流域民间有插柳习俗。有人认为，插柳是为了纪念“教民嫁穑”的农事祖师神农氏。也有说是清明正值鬼节，有驱鬼辟邪之效。

1949 年后，吃清明粿、上坟祭祖的习俗沿袭不变，但很多地方，为安全燃放鞭炮已改为敬献鲜花。

四、端午节

农历五月初五，俗称“端午节”。传说端午节是为纪念屈原而设的。屈原因遭流放，悲愤难忍，于五月初五中午投江自尽。因屈原投江时正值中午，大家正端着碗筷在吃午饭，故称“端午”。这一天，女婿要给岳父母送端午礼；学生、徒弟要给塾师、师傅送礼。礼品大多为酒、绿豆糕、发酵饼、咸鸭蛋等。

(一)饮食习俗

传说人们为使他（屈原）不挨饿，也有说是为使鱼虾不吃他，向江里投放粽子。端午节这一天，节庆食品中以粽子品种最为丰富。在流域内，多流行吃艾香粽、腊肉香肠粽、火腿粽、蛋黄粽等。旧谚“吃了端午粽，棉衣箱里送”；又云“吃了端午粽，还要冻三冻”，提示天气乍暖还寒，尚有阶段性反复。这些俚语都说明了端午吃粽子的风俗。端午节另一重要饮食习俗是喝雄黄酒，古语云：“饮了雄黄酒，病魔都远疰。”雄黄酒有杀菌驱虫解五毒的功效，中医还用来治疗皮肤病。在没有碘酒之类消毒剂的古代，用雄黄泡酒，可以祛毒解痒。未到喝酒年龄的小孩子，大人则给他们的额头、耳鼻、手足心等处涂抹上雄黄酒，意在消毒防病，虫豸不叮。另外，端午节还有吃发酵面饼、茶叶蛋、腌鸭子、绿豆糕，以及鲜猪肉烧大蒜等菜肴的习俗。

(二)赛龙舟

赛龙舟是中国端午节的习俗之一，是古代龙图腾祭祀的节仪。流域内以祁门县赛龙舟习俗最为有名。据载："端午日，观龙舟竞渡，是日，迎神船袭画似鳅，载而游诸市，钲鼓导引。”十分热闹。赛龙舟历史悠久，是多人集体划桨竞赛，一般分为请龙、祭龙神、游龙和收龙等流程。

赛龙舟(林坚 摄)

在赛龙舟前，一般都要举行隆重的祭祀仪式，先要请龙、祭神。祭过神后，再安上龙头、龙尾，准备竞渡。人们祭祀龙神时气氛很严肃，多祈求福佑，风调雨顺，去邪祟、攘灾异，事事如意。除赛龙舟外，因流域内千沟万壑，水网密布，但并不湍急，所以还有放纸龙舟的习俗。纸龙舟有长形、方形、船形、龙形等，纸龙舟上插上蜡烛，点燃烛火，顺溪河而下，水面上烛火点点，热闹好看。

(三)大扫除、贴端午符

除了饮食习俗外，端午节还有很多别的不同类型的风俗习惯。是日，家家大扫除、大门、贴端午符，传说可以驱邪避毒。端午符有很多种，大门、耳门和后门贴钟馗像符，大门又并贴财神送宝符；屋角落贴五毒符；水缸脚、锅台脚和屋柱脚贴蜈蚣符；房门贴麒麟送子符。孩子胸前佩戴樟脑香囊和蒜头囊、菱角彩，谓“端午锦”。流域内歙县东部用茧壳剪“王”字贴于童额，歙县南部则直接在额上用雄黄酒粉写“王”字。村民们一早大搞卫生，通水沟，并在房前屋后撒石灰，以驱逐蚊蝇、蜈蚣之类的毒虫，口里念着：“赶苍蝇、赶蚊虫，赶到老柴林里过端午。”

(四)挂艾草与菖蒲

流域内各县，还有在端午节布置种种可驱邪祛病的花草之习俗。这其中，艾草和菖蒲则最为主要。如挂艾草于门，如宗懔的《荆楚岁时记》中曰 ："鸡未鸣时，采艾似人形者，揽而取之，收以灸病，甚验。是日，采艾为人形，悬于户上，可禳毒气"。这是由于艾为重要的药用植物，又可制艾绒治病，灸穴，又可驱虫。五月艾含艾油最多，此时正值艾生长旺期，功效最好。人们争相采艾，往往会在家门口挂几株艾草。由于艾草特殊的香味，人们用它来驱病、防蚊、辟邪。"艾"，又名家艾、艾蒿，它的茎、叶都含有挥发性芳香油，所产生的奇特芳香，可驱蚊蝇、虫蚁，净化空气。菖蒲的叶片也含有挥发性芳香油，是提神通窍、健骨消滞、杀虫灭菌的药物。

(五)拴五色丝线

传统文化中，象征五方五行的五种颜色青、红、白、黑、黄被视为吉祥色。以五色丝线系臂，是端午节很流行的节俗之一。流传至今，就发展成长命缕、长命锁、香包等许多种漂亮饰物，制作也日趋精致，成为端午节特有的民间艺品。在端午节这天，孩子们要在手腕、脚腕上系上五色丝线以驱邪。用红、绿、黄、白、黑色粗丝线搓成彩色线绳，系在小孩子的手臂或颈项上，自五月五日系起，一直至七夕"七娘妈"生日，才解下来连同金楮焚烧。还有一说，在端午节后的第一个雨天，把五彩线剪下来扔在雨中，意味着让河水将瘟疫、疾病冲走，谓之可去邪祟、攘灾异，会带来一年的好运。

五、中秋节

中秋节，又称拜月节。中秋节自古便有祭月、赏月、吃月饼、玩花灯、赏桂花、饮桂花酒等民俗，流传至今，经久不息。中秋节以月之圆兆人之团圆，为寄托思念故乡，思念亲人之情，祈盼丰收、幸福，成为丰富多彩、弥足珍贵的文化遗产。在这一天，是阖家团圆的传统节日，离家在外的人一般都要在这天赶回家与亲人团聚。发展至今，流域内留下了很多独特的习俗。

(一)拖中秋石

在新安江流域内遂安地区，流行有拖"中秋石"的习俗。拖中秋石并非一定要在中秋夜拖，而是在农历八月初有弯月之夜即开始，一直拖到农历八月底没月亮时才结束，中秋夜前后为活动的高潮期。拖中秋石能集健身、情趣、竞技于一体，因此十分时兴。中秋石是块呈方形的青石，材质有粗细之分，大小不一，式样各异。儿童们玩的中秋石很随意，随便找块底部平整的即可。青壮年拖的中秋石就不同了，须选一块大而无裂痕的青石料，经石匠师傅凿刻成四面平整，除底部外均刻有龙凤、弯月、月饼之类的装饰图案，很有点像民间艺术品。拖法十分独特有趣，其阵式可分四、六、八人为一组。如四人一组的为：一人双脚蹬牢中秋石，名曰“坐桩”；另一人立于坐桩者身后，双手从坐桩者腋下伸进箍牢其腰，名曰“扶桩”；另外两人分别立于坐柱者的两侧，牵着其左、右手，名曰“牵桩”。若六人或八人一组的，则在牵柱者的两边各加二或四人即可。场地应选在村中青石板铺设的长街上，每逢中秋佳节，大家分组对垒，或比阵容大小，或比速度快慢的，而最有趣、最刺激的当属两组对垒赛。对擂赛的规则很严，竞赛双方的中秋石必须大小相等，人员相同，双方从东、西街头相对缓缓驰来，以造声势。临接近时双方突然加速，以增强撞击力。两石相后各自使劲，退者为输，进者为赢，好似水牛斗角般。奖品多为月饼，输家一人一个，为安慰；赢家一人一筒，以做奖赏。

(二)舞草龙

歙县中秋节，村族之中多以稻草扎草龙嬉舞于村衢，俗称“舞草龙”。龙身遍插香火，参与者一人叉一小南瓜，并在瓜上插香火，谓“龙珠在前引路”。后有儿童若干人各执稻草编之辫鞭地，谓“鞭鞑子”。草龙嬉舞时，锣鼓爆竹喧天，利市彩纸漫天飞撒。每舞到一家门口即喊：“龙来,龙来，四季发财！龙到有福，买田做屋！”各户放爆竹献供以应，又将点燃之香插入草龙身，每家每户舞到后出村，推草龙于河而散。昔时是夜还兴月下游，谓“走月亮，除百病”。又兴摸秋，即于深夜潜入别家田园，摸摘瓜果回家以趋吉。

(三)祭月赏月

祭月，是流域内一种极为古老的习俗，源自于人类对“月神”的一种崇拜活动。在古代有“秋暮夕月”的习俗。从古到今，部分地区，人们都有在中秋晚上拜祭月神（拜月娘、拜月光）的习俗。拜月，设大香案，摆上月饼、西瓜、苹果、红枣、李子、葡萄等祭品。在月下，将“月神”牌位放在月亮的方向，红烛高燃，全家人依次拜祭月亮，祈求福佑。祭月的仪式表达了人们的美好祝愿。现已逐渐演化为民间的赏月、颂月活动，同时也成为现代人渴望团聚、寄托对生活美好愿望的主要形态。据说，此夜月球距地球最近，月亮最大最圆最亮，所以从古至今都有饮宴赏月的习俗。回娘家的媳妇是日必返夫家，以寓圆满、吉庆之意。文字记载流域内中秋赏月活动约始于魏晋时期，但未成习俗。到了唐代，中秋赏月、玩月颇为盛行，许多诗人的名篇中都有咏月的诗句。

(四)吃月饼

月饼，又叫月团、丰收饼、宫饼、团圆饼等，是古代中秋祭拜月神的供品。月饼最初是用来祭奉月神的祭品，后来人们逐渐把中秋赏月与品尝月饼，作为家人团圆的一大象征。月饼象征着大团圆，人们把它当作节日食品，用它祭月、赠送亲友。至今，吃月饼已经是中国南北各地过中秋节的必备习俗，中秋节这天人们都要吃月饼以示“团圆”。

(五)赏花灯

流域内中秋节还有许多的习俗游戏，玩花灯就是其中最为重要的一个，主要是在家庭、儿童之间进行的。早在北宋《武林旧事》中，就有将“一点红”灯放入江中漂流玩耍的活动。中秋花灯各种各样，芝麻灯、蛋壳灯、刨花灯、稻草灯、鱼鳞灯、谷壳灯、瓜子灯及鸟兽花树灯等，令人赞叹。除了以纸竹扎各式花灯让儿童玩耍外，还有很朴素的柚子灯、南瓜灯、橘子灯。所谓柚子灯，是将柚子掏空，刻出简单图案，穿上绳子，内点蜡烛即成，光芒淡雅。有些孩子还把柚子灯漂入池塘河水中做游戏。南瓜灯、橘子灯也是将瓤掏去而成。虽然朴素，但制作简易，很受欢迎。

里商仁灯(程海波 摄)

第三节 赛会民俗

赛会是一种由来已久的民俗及宗教文化活动，通常是为了纪念某一个对当地做出巨大贡献的人物而举办，锣鼓喧天、人声鼎沸，表达了劳动人民善良的愿望，祈求风调雨顺、五谷丰登。新安江流域自古便是庙宇林立、香火旺盛，除举办赛会祭祀管仲、关羽等全国信奉的历史人物外，还有许多供奉贺齐、汪华、九相公、方仙翁等当地地方神的赛会。他们或是历史人物，或是民间传说；有的神主有治理地方的政绩，有的神主有为民排难解忧的义举，有的神主有高风亮节的品格。这些人物，千百年来形成流域内人民的信仰习俗，也由此形成独特的赛会风俗。赛会发展到今天，既成为当地群众精神的寄托，也是传统文化物资交流的一大平台。

一、共性赛会

赛会作为一种民间风俗，在全国各地都有广泛的留存。它与佛教、道教等宗教活动密切相关，是伴随着民间信仰活动而发展、完善和普及起来的。人们通过赛会的形式，祭祀那些在全国范围内有着广泛影响的神灵和人物。早期赛会仅是一种隆重的祭祀活动，后随着经济的发展，逐渐融入了集市交易活动、娱乐性活动等功能。新安江流域内也广泛留存有一些在全国都具备影响力的赛会，具体介绍如下：

(一)土地赛会

土地赛会是古老的传统民俗及民间宗教文化活动。按照习俗，每个人出生都有“庙王土地”——即所属的土地庙，类似于每个人的籍贯；人去世之后举行超度仪式，获取其所属土地庙。又因为土地能生五谷，是人类的“衣食父母”，因而人们敬重土地、崇拜土地，祭祀土地神。土地赛会作为人们集中祭祀土地神的风俗习惯，自然随之兴盛起来。

在新安江流域内也有土地赛会的风俗。在流域内，农历二月初二为土地老爷生日，在这一天，民间家家户户都要到本村土地庙祭拜土地爷，祈祷风调雨顺，庄稼丰收。这一天，农民不下地劳动，妇女不拈针线，清闲休息，迎接即将开始的春耕生产。

(二)关帝赛会

关帝赛会，亦称“老爷赛会”，是一种广泛流传在全国各地的祭祀风俗，是为祭祀三国时名将关羽所举行的盛会。新安江流域内各地都先后建有关王庙、关帝庙、老爷庙、关庙、武庙等多种庙宇。流域内传说祀典关帝，便可使关老爷显灵，驱邪避灾，普降甘霖，以解农忧。若祭祀时恰逢降雨，则称“天降磨刀水”。[①] 流域内关帝赛会的祭祀方法、内容不一而足，试举休宁县关帝赛会祭祀为例。

在新安江流域内休宁县城小北门城楼设有关帝庙（今海阳中学操场门口），每年立夏日和冬至日前后，举行两次赛会。立夏日起，演戏娱神，会期天数无定。出

① 传说为关羽单刀赴会前磨刀之水。

会时，由4～8名彪形大汉，每二人一班，轮流替换，扛着关帝惯使的200余斤的青龙偃月刀在前开路。关帝全身新装坐在雕镂彩饰的八人大轿上，关平、周仓各由四人扛抬，一男孩身背关帝印信。继名团（过继给关帝的孩子）均穿夏布长衫，手捧两尺高的炷香后随。一路上旌旗凉伞飘扬，鼓乐声喧，鞭炮礼铳齐鸣。关帝遍游“七城”后，回至关帝庙前神台落座，“得胜鼓”在庙前演出，迎接关帝回驾。冬至前后，只演戏，不出游。小北门娱神戏，大多是三国演义的故事剧目，也是徽剧红生戏的重要源头之一。

(三)龙王赛会

龙，是中国人的独特文化、观念、符号创造，是人类想象出来的吉祥物。中国是龙的国度，龙崇拜体现了中华民族的民族精神。几千年来，中国人崇拜龙，信仰龙，祈望龙给人类带来祥和，带来发达。在一千多年的封建时代里，龙的神秘性和权威性被绝对化，并渗透到国家意识形态中。但在中国民间，龙始终保留了它原始的象征意义，即龙代表了喜庆、祥和与富足。龙王赛会更是以多种多样的形式，出现在有中国人生活的地方。祭祀龙王已成为民间赛会的一个广泛主题。

流域内龙王赛会多是由新安商人自发兴起的群众性消防组织，其经费主要来自商会与当地商人资助，除用于购置消防器材、组织各种消防活动外，还用于奖励积极参与救火的人员。以万安镇为例，龙王赛会于每年农历四月初十开始，时间持续三天。赛会期间，将水龙庙里的大小水龙、水枪及其他消防器材全部摆在外面展示，各商号自备的小水龙、水枪等消防器材也拿来展示。同时，在水龙庙前演戏三天，这种戏称为“火烛戏”。戏名、戏文都要与水有关，如“水淹七军”“水漫金山”等，以祈祷免火灾、保平安。这期间，流域内万安镇及四邻八乡的人纷纷前来参与和观看，非常热闹。

(四)五猖赛会

五猖赛会作为一种民间赛会习俗，广泛流传在新安江流域各地内。一说“五猖”为邪恶之神，在人间常做坏事，偷东西、抢劫、放火、调戏妇女；但他们又喜欢恶作剧，把偷抢某一家的东西，又放到另一家去，要是看某人顺眼，就把所有的东西都给他。老百姓对“五猖”既怕又敬，于是就祭起来以博其高兴，使其降福给自己。另一说则是明太祖朱元璋夺取了江山在南京建立大明政权后，大封有功之臣，却忘了捐躯的官民，这些战死者“阴魂”向他诉苦讨功。于是，朱元璋就想出了以东、南、西、

五猖

北、中五路之鬼魂概括为“五猖”，让百姓举行活动纪念。此活动广泛流行于全国各地，在新安江流域以休宁海阳镇五猖赛会影响力最大。

农历四月初八，是休宁五猖赛会之日。当日，五猖赛会在县城东门五猖堂举行，在休宁万年台演戏以娱神。如遇五猖堂菩萨开光之年，除演戏三天三夜外，城郊各村还组织队伍，举行游会（又名游猖）。其中，有化妆的花猖，骑马的马猖，身背狩械的猎猖，挥动钢叉、旋盘、旋碗、夹筷的打猖等，每班十余人至数十人，入庙敬神后，再巡游四城。

二、地方赛会

每个地方在其发展的历史过程中，总会留下很多感人至深的故事，抑或是有一些神话传说。随着时间的流逝，这些传说、典故中的英雄人物，就逐渐被神化，成为保佑地方平安的神明。新安江流域亦是如此，除了土地、龙王、城隍、关帝这些全国性的共同赛会，也有汪华、贺齐、方仙翁、九相公之类的地方特色神明。为了纪念他们，在流域内也衍生出了各式各样的特有赛会。具体介绍如下。

(一)贺老爷赛会

在新安江流域内淳安城中，规模最大、影响最深远的当属贺老爷赛会。贺齐是淳安建县设郡始祖，故在淳安县城的东、西两段各有一座贺庙，称东庙、西庙，庙内各有一尊高约2米的贺齐塑像。

从明代开始，贺老爷赛会就定为每年正月十二。这天，贺齐塑像分别由16人从东、西二庙抬着出巡，8人一班，轮流替换。贺老爷塑像离开东庙或西庙时，爆竹齐鸣，惊天动地。前有4人鸣锣开道，随后是写着“肃静”“回避”黑字的4块大牙牌为前导，后随手执18般兵器的勇士；紧接着是贺老爷塑像乘坐的大轿；轿旁有4个衙役，各捧帅印、令箭匣、文房四宝、脸盆毛巾；轿后4人轮番撑着一面书有“贺”字的帅旗；跟在帅旗后的是仪仗队和至少30人的高跷队，整个队伍有数百米长。沿途“响铳”迎候，其声震天动地。县衙的大小官吏也和百姓一起点烛、焚香、烧纸，行跪拜礼迎接贺老爷。先至县前街，接受知县及县衙属员的焚香礼拜，尔后绕城一圈。东庙和西庙的贺老爷出巡所经的路线不同，不走重复之路。一般是上午 8 点出位，12 点前后归位。出巡踩街活动约持续 4 个小时。

在赛会前后，东、西两庙还分别上演 10 天的会戏，邀请最著名的徽班（徽剧）、兰溪班（婺剧）、绍兴班（越剧）及三脚班（睦剧）演出。

(二)方仙翁赛会

方仙翁是新安江流域内方姓始祖，名储。汉时黟县侯，懂医识易（《易经》）。民间传说他死后乘鹤西去，故尊为“方仙翁”。每年正月初六，在流域内淳安县东源港一带都会举行大规模方仙翁赛会，会期 10 天。日夜演大戏，商贩云集，盛况空前。

正月初六那天，全村人（每家每户一般都有代表）在村中央的富春堂汇集，准备好两个秋千和一个露台。在秋千搭建一座由四人抬起走动的木台，装有木制秋千柱架，柱架上装木轮，以转十字架；十字架上分设四副小秋千，每副小秋千各坐一位涂脂抹粉、披红戴绿的妙龄少女。巡回表演时，有四个大汉抬着木台，

方仙翁赛会(方樟和 摄)

边走、边转、边演唱，兼有乐队伴奏，为乡间百姓喜闻乐见。露台则融杂技、舞蹈、歌唱于一身。由一位小女孩手持芭蕉扇扮演“铁扇公主”，一位男孩童扮演孙悟空，并铁架上设有一根套有钢管的运动木，“铁扇公主”扇动芭蕉扇，孙悟空在铁架上翻滚，煞是惊险。整个仪式过程，表演惊险、演出欢快，并配有乐队伴奏，场面十分欢快热闹。

当方仙翁进村后，村里的人马上涌上去，大家一起把方仙翁扶到富春堂，热闹非凡。前有仪仗队鸣锣开道，秋千、露台，载歌载舞，后有上千青壮男子紧随簇拥，队伍壮观，气氛热烈。在祠堂通往富春堂的路上，途经一户人家，秋千露台就会停下来唱戏表演，这户主人很早就准备了迎接方仙翁的祭品，先放鞭炮欢迎，然后点香祭拜。此举就是把方仙翁领到自家来，一起过新年，慎终追远，尊祖敬宗，希望方仙翁保佑全家平平安安，美满健康。前后仪式要持续到下午一两点钟。人们把方仙翁迎接到村中央，把其安顿祭祀好，戏班子就开始唱戏。戏班是从外地请来的，一般以婺剧为主。那个时候，方仙翁不参加巡游，目的是把老祖宗接来，给他换新龙袍，与民同乐，跟后代一起看戏，一起过个热闹愉快的新年。期间，唱戏要唱五天五夜，其中有三个通宵戏，主要是以前家里床铺紧张，人又多，只能轮流休息。戏唱完后，方仙翁供奉在原地，受本村人、左村右舍、由方家村迁移繁衍的人的祭拜。期间，商贩云集，盛况空前，日均上万人次。在正月十六那天，全村人一起把方仙翁按照原路送回新殿（真应庙），称为“入位”。仪仗队和方仙翁在队伍前面，秋千露台在后面，表示欢送。

农历三月初三，原进贤渡和茶园一带都举行赛会，祭拜方仙翁。进贤渡赛会隆重热烈，除抬神像游行外，下午和晚上都开台演戏，方圆百里的民众前去观看，热闹非凡。1949 年后，光昌乡富山村仍于每年正月初六举办方仙翁赛会，演大戏，抬秋千。各种器乐的精彩表演，踩高跷的高超技艺闻名遐迩。

(三)九相公赛会

九相公赛会，是淳安县中洲镇札源村举办的大型赛会。相传，九相公是“古徽州第一伟人”汪华的第九子汪献。其父汪华是隋末农民起义领袖，于唐武德四年（621）主动归唐，封越国公。武德五年，汪华奉诏入朝伴君。入朝后，得九子汪献。汪献仪表堂堂、聪慧过人，深得唐太宗李世民喜爱。一次，唐太宗召汪献对弈，哪知汪献棋艺高超，且年轻气盛，不知轻重，竟连赢太宗帝三局。见汪献才智如此了得，唐太宗自叹，今后天下可能就是他的了。此话传至越国公汪华的耳里，深感不安，越想越怕。为打消唐太宗对汪家功高撼主的疑虑，避免再度战乱，他竟狠下心亲手将九子汪献杀了，以表忠心。唐太宗得知，深感内疚与痛心，特令宫内巧匠用名贵的沉香木雕了尊小巧的汪献神像——九相公，敬奉在宫里供大家祭祀。之后，汪华、汪献父子的忠孝之举受历朝皇帝追封．至南宋德佑元年（1275），九相公汪献被恭帝追封为“崇福衍正公”。

汪献死后，神像由札源村农家轮流供奉，每户一月。唯农历十月十五这天，抬至吴氏宗祠中受人参拜。赛会期间，安徽的休宁、歙县，江西的玉山、婺源及开化、常山等地百姓前来朝香礼拜，各地商贩也纷纷相聚札源村吆喝买卖，络绎不绝。当地农民始终举办不辍。

(四)乌龙王赛会

乌龙王赛会，神主姓邵，名仁祥，是东晋时任始新县令邵坦之孙。传说，邵仁祥是个“性倨傲，不拘小节”的读书人。与弟邵仁应隐居建德梅城的蟠山，喜读《道德经》，深得其奥。当时有巫何氏虚谈祸福，妖言惑众，并与县令狼狈为奸。邵仁祥对此深深厌恶，以万斤之重的二石木荷，至巫前折木植土。巫惊走。时人名其树曰虬锡。后邵仁祥为建德县令周光敏所害。邵仁祥受此冤屈，大声呼喊：“吾三日之内必报也。”至期，雷电晦瞑，有大蛇长数丈，至县庭，周光敏惊怖而亡。神（邵仁祥）空中语曰：“立庙祀我，当福汝。”民间尊其为乌龙王，并在蟠山立庙祭祀，蟠山亦改名为乌龙山。后梁开平元年（907），封贞应；宋熙宁八年（1075），封仁安灵应王；宋绍兴十三年（1143）赐额广济。陆游为睦州刺史时，曾写下《乌龙广济祠记》。其后累朝敕封，至清代已封为“洛天无疆大帝”。

邵仁祥系新安江流域内淳安县东乡人，当地建有多处乌龙王庙。每年的正月十八举行乌龙王赛会。每年一小祭，十五年一大祭。赛会期间，前往祭拜者数以千计。新安江水库形成后，多处庙宇淹没。千岛湖镇大坞山村仍遗有乌龙庙，每年农历十二月廿四，男女老少吃过晚饭，换上新衣，备足香纸、鞭炮、蜡烛到庙中许愿祭拜，年长者谈天说地到天亮，意为陪神仙过夜。除夕傍晚，村民挑上猪头、鸡、鱼肉、寿面和年糕等祭品到庙里跪拜，然后回家烧年夜饭。大年初一再次拿着鞭炮到庙里给乌龙王拜年。年复一年，从不间断。

(五)七老爷赛会

七老爷赛会兴于淳安县东、县东北一带。传说七老爷名叫张七相公，原是烧炭翁，有一身真功夫，重情义，为贫苦百姓办了不少好事。有人嫉妒他，在烧炭佬中挑拨，致使众人对七老爷无事生非，围攻追打。但七老爷心知肚明，提前遁迹，并在地上画写四句话："张七为人重义行，伴尔烧炭为穷人。好心当作恶人报，尔做炭佬我做神。"

后来人们省悟，纷纷捐资为他建庙塑像，尊之为神。并于每年农历九月十九举行盛大的祭祀"七老爷"赛会。淳安贺城后长龙山淡竹村等地建有七老爷庙，旧时香火盛极一时。20世纪90年代后，富文乡聚壁村、文昌镇阆苑坞重建了"七老爷"庙（殿）。左口乡一带也恢复七老爷赛会，每年农历九月举行祭拜活动。

(六)周宣灵王赛会

周宣灵王赛会在原淳安港口一带最为盛行。传说神主为晋代周处，入水斩蛟而捐躯，被"敕封为护国庇民督理水陆海潮王，晋封宣灵王，加封显祐王"。农历十月十八日，在周王庙前的麦田里搭台演戏。在赛会的几天里，周宣灵王由镇上三大姓轮流在祠堂里供奉。先周姓，次洪姓，最后为徐姓，每姓三天。三大宗族各摆排场，比祈祭猪头大小，比祭品多少，相沿成习。除此，原遂安县十一都（汾口镇）毛家村在农历九月十二日也举办周宣灵王赛会。清人毛际可曾为毛家村重修周宣灵王庙写过《庙记》，称其"孝德格天，殁而为神"。这天，四方香客携带三牲、香烛前往烧香瞻拜，绝大多数为求子许愿者，也有得子还愿者。还愿的妇女特地制作一些男孩的小布鞋，朝天抛扔，让求子心切的妇女抢取。如今，此俗已消失。

(七)文昌赛会

新安江水库建成前，文昌村每年要举行两次赛会。正月十五日是纪念何氏祖宗何文建而举行的赛会。何文建，东晋时曾任吏部侍郎，其祖曾封牧亭侯。赛会期间要举行龙灯、銮驾、敕印、祭献、大乐、十番、凉伞、抬锣、锣鼓、吊炉、百盘、标枪等13个小会。这些小会有序地交织一处，簇拥着文建公塑像，组成盛大的出行队伍，甚为壮观。其中大乐会，就是全村男女老少在大街上尽情地跳跃，唱笑打闹，相互追逐；百盘会，就是全村各家拿出最好的厨艺，做成花色菜肴敬献祖宗，有芳草跃白兔、姜太公钓鱼、老寿星、鲤鱼跳龙门等，形象逼真生动，并配以各类水果组成100盘。第二次赛会在农历六月初六举行。这是为祈求风调雨顺、五谷丰登、六畜兴旺而举行的，同样热闹非凡。

文昌何氏庙会

(八)蜀阜"迁火"赛会

20 世纪 50 年代，淳西蜀阜有独特的大型"迁火"祭神赛会。相传，蜀阜西北的照山，石峰裸露，焰柱状的石林、石柱宛若炎炎烈火，直逼村庄。蜀阜村千灶万丁，房屋鳞次栉比，为防火灾，凡逢"巳年"的正月二十至二十六都要举行盛大的"迁火"赛会，全村斋戒 7 日，广请法师到村做功德，意将火神迁出，祈求神灵保佑。赛会不仅请徽班演大戏，还有大型的游艺活动。其中木偶"三十六行"令人叫绝，由能工巧匠制作的木偶，造型逼真，各色人物皆有，一开机关，全会自动行走，还能表演各种动作，活灵活现，风姿多彩。游行时，明代御赐銮驾开道，爆竹齐放，万头攒动，场面十分壮观。届时，方圆百里来观看"迁火"的乡民蜂拥而至。为表心诚，蜀阜村家家户户敞开大门，设桌椅，备饭菜，招待外村乡亲。

(九)吴山赛会

吴山赛会兴于淳安县富文乡吴山一带，神主为仙姑娘娘。相传当地一位何姓姑娘美丽聪颖，乐于助人。她见天气大旱，附近农田的禾苗都干枯了，只有她家田里有股泉水，大旱不涸。农历六月十九，她代父看田水，偷偷把自己田里的水引到别人田里，救活了众多乡邻的禾苗。霸道的父亲要打死她，何姑娘无奈，逃进吴山洞里再也没有出来。第二天，山洞里一股清泉流出，浇灌着山脚大片良田。为纪念这位善良的好姑娘，人们把何姑娘尊称为仙姑娘娘，吴山洞也改名为仙姑洞。并在洞里塑造仙姑像，定每年六月十九日为祭祀日，举行赛会。

(十)霞社重阳赛会

霞社重阳赛会（俗称“迎重阳”），因其在重阳节期间举办，故名重阳赛会。赛会规模颇大。

相传，当年遂安郭村一带闹瘟疫，死了不少人，是朱夫子（朱熹）将瘟鬼捉牢，封入酒坛，深埋于山中。哪想，数百年后的重阳前突发山洪，竟将酒坛冲起，随浊浪漂至霞社村前的龟石湾，在洄水中旋转不去。村里的愣头后生不知酒坛里有什么宝贝，即将酒坛捞起，打开封口，只见一团黑烟飘向村中。霞社因此闹起了瘟疫，死人不断，人心惶惶。

族长见此状况，只得率众乡亲到村头的武林庙烧香拜佛，求寿王菩萨驱赶瘟鬼。当夜，寿王菩萨托梦给族长，要他于重阳日在徐家溪滩里备好酒坛、污物、干柴，到时会有人前来捉拿瘟鬼。重阳当日，果见一黑脸大汉来了，手执桃木剑，口里念念有词，将一股黑烟吸入酒坛，用泥巴封牢，贴上符咒，泼上污物，架起干柴焚烧。从此，霞社村太平无事。为庆贺寿王菩萨替民除害，众乡亲请戏班，燃鞭炮，拜菩萨，抬台阁，放响铳，敲锣打鼓，大闹大庆，逐渐就演变成了重阳赛会。重阳赛会隔年举办一次，头个月就开始筹备。八月初，先在徐家溪滩里搭戏台，历时一月，需化费千工，又称“千工台”。戏台下扎梅花桩，上铺木板，顶盖篾帘；台两边挂对联，上联为“左逸樵，青山秀水逶迤曲折成圣地”，下联为“右武南，峻岭崇崖气势磅礴伏卧龙”。台前两侧设有摊位和乌烟棚。同时，给武林庙里的菩萨退神“换衣”开光，由各洪氏族人分支装扮的台阁也着手挑选童男童女，并开始演练，精心做好各项巡街准备。

准备工作有简有繁，如菩萨开光“点眼睛”的程式就较繁杂。菩萨开光需磨墨点睛，磨墨的水称“圣水”。单接“圣水”的仪式就十分庄重而神圣：农历九月初五凌晨，由主持神头（赛会总主持）撑黄旗，画师拿三支毛笔，客姓神头捧圣水壶，率领36个青壮后生分别举着火把、钢叉，敲锣打鼓，先到武林庙里祈祷；然后到庙下第一座水碓的转轮，方言称“杌头”处，用圣水壶接7滴圣水；而后逆溪而上，途经鲍家、庙岭、木旺、伊家坞四村，依次接毕7座水碓上的圣水后，迅速返回武林庙。初六凌晨，菩萨开光。仪式仍由主持神头主持，寿王菩萨的香案上置一大青花碗、一把菜刀、三支毛笔、三块徽墨、一把圣水壶和一只大公鸡。仪式开始后，由画师先将鸡冠血滴入碗内，用圣水调匀；再依次用三块徽墨研磨；揭掉贴在菩萨脸上的道林纸；然后再开光点睛，使菩萨恢复神灵。

农历九月初六，台阁试巡街。初七，戏班首演。先在徐家溪滩里演7天7夜，后到洪氏宗祠里演3天3夜。看重阳戏规矩很严，男女不得混杂。溪滩里看，男前女后；祠堂里看，男左女右，中间用低矮木栅隔开。

重阳日，赛会进入高潮。凌晨，先由戏班子到武林庙内（排八仙），迎八尊菩萨下殿巡街。每尊菩萨由4名上了年纪的男丁抬，哪尊菩萨由哪个族支抬则用抓阄的办法确定。巡街时，前有大锣鸣锣开道，后有十番锣鼓相送。菩萨后面是台阁，每个分支各一台，有死台阁（人物造型装扮不动），也有活台阁（有旋转、翻跟头等表演），中间还穿插旗牌五彩凉伞。有舞大刀、抛钢叉、顶缸、玩碟等民间绝活表演。巡街队伍从武林庙出发，绕村巡游，途经沿街农户门口，农户需燃放鞭炮迎送；店铺和摊位前还需备糕点水果；药店门口则备铜板。巡游结束后，除将香廷菩萨抬到溪滩里去看重阳戏外，其他菩萨均被送回武林庙归位。到初十，众菩萨要再次“下殿”到康塘村去祭祖。凌晨，祭祖队伍沿康坑溪而进，先到“三瑞堂”内祭祖排辈分，再到“百琴楼”祭拜朱夫子，然后绕道豸山脚村返回。

整个重阳赛会历时半月，吸引方圆百里的摊贩和观光民众，盛况空前。1949年后，仅举办过一次。后因新安江水库形成，霞社村整体移民后靠而停办。

(十一)正月十八赛会

淳安各地都是正月十五闹元宵，而大墅镇儒洪村却把元宵节和纪念程炳生日的赛会统一改为正月十八，故有“正月十八闹元宵”之俗。程炳，明代严州知府，平素爱民如子，受百姓拥戴。有一年旱魔肆虐，土地龟裂，禾苗干枯，程知府在烈日下跪地祷告，祈求苍天普降甘霖，以拯救黎民百姓。跪祷三天，日晒昏迷而卒。他的爱民之心感动上苍，卒后连降大雨三天，万物复苏，百姓得救，其舍己为民行为感动四乡百姓。为感其恩德，儒洪村民建庙奉祀。并于正月十八这天，舞龙灯、耍狮子、演大戏，代代相传，沿袭至今。

大墅赶十八

第八章　新安人生礼仪民俗

礼仪，通常是指礼节和仪式，出自《诗·小雅·楚茨》之中："献酬交错，礼仪卒度。"在新安江流域几千年的岁月长河之中，人类的各种行为，创造出了许多有意义的礼仪仪式。人们不断地创造礼仪，利用礼仪，规定礼仪，并最终为礼仪所约束。作为社会生活中的一种最直观、最生动又最具规范性和操作性的礼仪，是诸多文化现象的承载体。在人的一生中，出生、成人、拜师、婚姻、丧葬等关键节点，新安江流域内都衍生出了一整套完整的礼仪形式贯穿始终，并逐渐成为当地人心中的慰藉与情感需求。

第一节　诞生礼仪

一、诞生礼

诞生礼是新安诞生礼俗之一，多在小孩出生三天后举行，形式包括催生、做三朝、做满月、百日抓周等。同时，新生儿家人亦会摆酒宴，准备包含有喜蛋、喜饼、喜糖的礼盒分发给亲朋好友，一般多含有祝福、保健、占卜等几层含义。

(一)催生

旧时，妇女生头胎临产前，娘家要送衣着、米粿至婆家，称"催生"。催生多是在婴儿出生前发生的，催生的时间多选在孕妇要生产的月份，娘家需要为即将出世的孩子准备"催生担"，多是婴儿衣物。送'催生担'必须要选在双日子，送时路上要撑伞，并且不能说一句话，因催生衣物有神灵护送，能够保护孩童日后平安长大。如若沿途说话，便会惊扰到神灵。"催生担"又被称为"外婆衣""催生衣"，数量依家境而定，以五件、九件、十三件居多。其包括婴儿帽、和尚衣、开裆裤、软底鞋袜、包背、背带、抱裙、兜肚、腰带、尿片。"催生担"中除了婴儿的衣物外，还有催生的食品，有鸡蛋、长面、红糖、桂圆、红枣、朝糕、鸡子糕来催生，寓意得贵子。

流域内歙县习俗中，“催生衣”中必须有一套男孩穿过的旧衣服，以祈求孕妇能生得男孩。流域内屯溪习俗中，婴儿催生衣中还需要有一件用高寿老人旧衣物改作的“套帽衫”，即“毛衫”，以此希望能够沾上长寿老人的福气。据说“毛衫”是明代服饰样式，因清人入关之际，曾强迫汉人更改衣冠，其中一条为“生从死不从”。因此，清代至民国，徽州人生死之时穿“毛衫”，谓“生死不降清”。至今，农村此俗依旧。待婴儿出生剪完脐带后，便用抱裙包裹；直至三朝后，才可穿胎衣。

当胎儿落地之时，女婿需要自备黄酒、红鸭蛋送到岳父母家报喜。报喜很有讲究，黄酒满壶，壶嘴朝前为男，壶柄朝前为女，人们一见便知。亲族中，每户分送鸭蛋 4 个、8 个、12 个不等，许双不许单。即使是折半送，也必须是双数。俗话“一双二双接接吃，三双四双要复壁。”复礼一般则送红糖、鸡蛋等。

(二)做三朝

婴儿出生第三天，便是俗称“三朝”，又称“汤饼之喜”。这一天，要请公婆、接生婆吃红鸡蛋和喜酒，俗称“做三朝”。同时，大人要给婴儿洗澡，俗称“洗三朝”。其意为洗去婴儿前世带来的污垢，使之今生平安吉利。“洗三朝”作为一项重要的出生礼仪，非常考究。仪程如下：第一，准备工序。首先，要燃放鞭炮，叩拜祖先；其次，在洗澡用的澡盆内放置一撮葱，一个铜钱，并兑些生水。“葱”与“聪”谐音，放葱是希望孩子长大之后聪明伶俐。《徽城竹枝词》云：“才试啼声争门锁，洗儿盆内祝青葱。习知何物代汤饼，苏木染成鸡蛋红。”放铜钱则是希望孩子长大后富贵多金，而兑生水则是寓意婴儿长大后不“怯”生。第二，“洗三朝”的操作工序：首先，将手沾湿在婴儿前胸摸三下，后背摸三下。其次，再将秤砣在婴儿的前胸触三下，据说这样可以使婴儿长大后“走路不喘气”；然后再用秤砣在婴儿的屁股上触三下，这样可使其“读书有坐性”。再次，接着洗手、头、足等处。

在流域内休宁县，“洗三朝”时，用扎有棉花球的筷子沾上黄连水轻轻地将新生儿的上下颚、上下唇、舌头和牙床的污垢洗去，谓之“吃黄连”。边洗还要边说道：“要想往后日子甜，得先尝尝小黄连。想想往后乐口福，先得知道怎是苦。”柯灵权在《古徽州村族礼教钩沉》一书中也写道：“先用温水洗双眼，谓‘开天门’；次洗鼻子，谓‘点龙鼻’；再用黄连水洗嘴，一谓‘开龙口’，二谓‘开乳’；最后

三朝酒(林坚 摄)

洗头及胸、手、足。”用黄连“洗三朝”，主要有两层含义：一是因为黄连性寒，婴儿洗过嘴后，长大不生疮；用艾叶洗身，可以解毒，起到去病驱邪之功效。二是因为黄连为苦，用黄连水洗嘴，其意是期待后代长大后能够“吃得苦中苦，方为人上人”。在婺源，“洗三朝”的水是用艾叶和橙叶泡的。婴儿擦洗好之后，要为孩童穿上胎衣，行穿衣礼。这是婴儿第一次穿衣服，穿好衣服后要在婴儿的衣袖袖根处用红头绳系缚，当地称其为“缚手”。“缚手”的原因主要有两种：一种是出于实用目的，因婴儿胎衣袖口宽大，在袖根处用红绳系缚以防止婴儿的手被屈在衣袖里，造成不适之感；另一种则是，“缚手”的目的是为防止孩子将来好动“手多”，即爱乱拿东西，乡间见到“手多”的儿童则说，“小时没有缚手的”。在绩溪，“洗三朝”时，要请所谓的“白虎”，其意为何不知。在流域内淳安县境内，还流传着“做七朝”的风俗，即在新生儿出生 7 日内，娘家准备给产妇吃的鸡蛋、红糖、奶粉等营养品和给小孩准备的衣帽、鞋袜，在 7 天内带着去看望女儿。同时，还要给刚出生的孩子送上红包。“洗三朝”程序完成以后，婴儿见客，亲族邻舍来贺，送红纸包“百岁钱”；东家备酒席宴客，俗称“三朝酒”。有的人家因时间紧迫及其他原因，等到第 12 天酬客，则被称为“十二朝”。

“做三朝”另一件重要程序是给新生儿取名。在流域内歙县芳坑村，在“三朝”这一天，需要抱出房门，进厨房拜灶王爷。若为男子，祭拜灶王爷结束后便进本族祠堂，按辈分取名，即为该男丁在祠堂之名。此名多由祖父所取，为乳名。这类乳名多分为四类。其一，带有祈求性质的乳名，如“富贵”、“福来”、“大兴”等等。其二，据“生辰八字”“五行八卦”而取，如“金旺”“木盛”等等（或取用带五行偏旁之字样，如“坤隆”“尘杨”等等）。其三，故意以动物中猪、狗等命名，说明这是一头牲畜而不是一个人，以使新生儿更易养活。如“来犬”“黑牛”等。其四，流行于淳安部分农村地区。父母怕孩子养不大，让孩子认古柏树、古樟树为“亲伯““干妈”，或认讨饭行乞者为父母的，取“贱人之子易大”之意，称“寄名”。独特的取名风俗，为“做三朝”增添了亮丽的民俗色彩。

(三)做满月

婴儿满月,要剃满月头,并宴请亲戚乡邻,称“做满月”。满月,即婴儿出生一个月,这日孩童要剃头,又称为剃“福头”。“福头”的形式有两种,一种是和尚头,一种是“嘻嘻旦”,以后者为多见。和尚头,即光头。“嘻嘻头”,是指头顶心留一块不剃。徽州当地称为“留兽尾”,俗称“性命瘩”;歙县雄村人称之为“鬼见愁”。常有“留有兽头尾,出门不怕鬼”之谚语,用于辟邪,农村孩子常以“光头老板一块铁”之语戏之。在剃“福头”时,先用三个染红的鸡蛋在孩子的头上各辘三圈,为辘成“圆头圆脑好品貌”。边剃边说:“宝宝乖,宝宝胖,宝宝高,宝宝乐,剪个聪明好头脑。”有的剃头师傅边剃边赞好话:“金钩挂起银落帐,请出小倌来剃头。昨日朝中剃宰相,今朝又剃状元头。”剃掉的胎发不能丢,要用锦囊或红纸包起来挂在窗前保存,也有人家特别是书香门第将儿童胎发收集交于匠人,制作成“胎毛笔”。

淳安县当地也流行有初胎生子“做满月”的习俗。当日,须请亲戚朋友、乡邻、族中长辈吃满月酒,应邀者必送孩子红包。当日也需要请理发师剃胎头,并将胎发制成荷包香袋挂于孩子胸前,以防邪气缠身,护佑孩子健康成长。1949年之后,淳安地区有很长一段时间不流行做满月习俗。在2000年之后,局部地区又恢复了这一风俗习惯。

休宁县,胎儿满月之日,外婆家应送弥月礼,礼品中有带盖的锡坛一只。内装有核桃、花生等山果,称之为“安根坛”,其意为外孙安下根基之兆。家中当日也需请弥月酒,产妇需抱婴儿出房门拜见宾客。

(四)做百日

在新安江流域内,百日又叫“百晬”。在当日,流域内各地区也有着较为繁杂而吉祥的习俗。淳安部分地区流行在孩子出生百日时,娘家要送上很多花馃,女婿要宴请亲朋好友,庆贺孩子百日。百日礼当天,孩子会收到各种礼物,如百家锁、百家银项箍、圆铜镜、百凑鞋、辟邪手串、银手镯、罗汉帽等物品。在众多礼物当中,当属百凑鞋与辟邪手串最具特色。百凑鞋是集各家之布拼缝鞋面而成,其意是告阴司,“此孩为百家之子,非我一家之儿。”辟邪手串是用铃铛、棒槌、甘草段、鸡锁骨、老虎爪组合的红绳手串,其中鸡锁骨具有“锁命”之意,棒槌为“降魔杵”,老虎爪则具有驱邪的作用。外婆家送的银手镯、脚镯之类也是“锁命”之意,希望圈住孩子不被邪魔带走。

（五）拿端午

孩童出生后的第一个端午，在流域内也是重要的节日。在这一天，各地也有着较为讲究的风俗习惯。第一，孩童的额头上要贴上一个“王”字。贴“王”字的方法有两种：一种是用雄黄酒在孩子额头上写“王”字，以驱瘟、解毒、防病；一种是做母亲的剪一片蚕茧壳，写一“王”字，贴于幼童之额头。第二，孩童要身穿“拿端午”，这是外婆家给外孙的一套礼品，其中包括端午衣、虎头帽、两个红肚兜、一双虎头鞋、一个香包。清吴梅颠《徽城竹枝词》中的有，“儿童谁不喜端午，要戴花花红包肚。雄黄涂脸跳钟馗，髻扎红绳摇望虎”。记录的就是流域内的“拿端午”习俗。其三，就是佩戴端午帽。尽管进入端午之际，天气已逐渐转暖，但孩童较小，故此仍须戴帽防风、保暖，还要在胸前挂上“端午锦”（或称香牌）。端午锦的形式有好几种：一种为灯笼式，即用五彩丝线织成一个小网兜，里面兜着一个大蒜，下垂10厘米的丝穗；另一种是项圈式，就是先用五彩丝线在纸制的底板上扎出一些长约5厘米的小物件，常见的有粽子、铜钱、菱角、莲藕、三角包等。将这些物件挂在一个红布织成的项圈上，就构成了“端午锦”。

（六）过周岁

过周岁是流域内新生儿诞生礼仪活动中的重要一项，故此，过周仪式及其活动也较为隆重。在婺源东北乡一带，一般称新生儿过周为“百岁”，西南乡则多称其“长屁股肉”。在周岁生日之前的一段时间内，亲朋好友和左邻右舍便以轻重不同的礼物相赠，并选择逢双的日子前往祝贺。生日当天，主人家要于厅堂内燃烛烧香，做菜烧饭，抱着新生儿祭拜祖宗，并遍请所有前来送礼的客人吃喜酒。

在当日，流域内各地普遍流行一项重要仪式——抓周。歙县，抓周时母亲要给婴孩准备一条青裤，一件青布长褂，两双抓周鞋（一双连底鞋，一双软底鞋），一百个寿桃印的硬米粿，名为“着鞋粿”，小孩开始穿鞋，米粿分给众邻。并在桌上置一竹匾，内放糕点、书、笔、算盘、铜钱、秤等，让孩子任意抓取。若先抓书、笔、预示孩子日后读书做官；若抓算盘、铜钱，预示孩子今后从商赚钱；若抓到秤，预示小孩大了有尺寸，办事公正。这些都包含着大人对小孩的吉祥祝福。清代吴梅颠曾有诗云：“周岁外家来祝贺，要握窠染费钱多。金银帽絮衣鞋袜，买叫外公与外婆。”

安徽中国徽州文化博物馆现藏有一件银锁算盘，这件器物颇为考究。流域内古徽州地区，人们常常把孩童周岁雅称之为“晬盘之喜”，初期抓周和别处未有不同。但自明清时期，银锁算盘诞生于徽州以来，徽州的抓周习俗便发生了极大的改变，不少家庭都改用银锁算盘作为抓周的工具。抓周之时，家长们用红绸布蒙住了孩童的双眼，将外婆赠送之银锁算盘放置于圆桌之上，孩童的母亲将孩童伸直中指的小手引进银锁算盘。在众目睽睽之下，孩童中指最先触碰到银锁算盘上何物，便如同孩童抓到了什么。在明清之际，乃至民国时期，这种习俗均比较常见，极具流域内当地特色。

二、其他习俗

新安江流域内还有部分地区，有着其独特的出生习俗。这些习俗虽然流传范围不广，但是因其独特性和趣味性，颇具备研究价值。

(一)踏生

歙县地区，在婴儿出生之时，父母要选择一个福气好、长相好、身体好的外人，来家与婴儿见面，希望婴儿在见到这第一个外人之时，能将所有的好运气都带给孩子。

(二)开奶

歙县地区，当新生儿始喂奶之际，需由邻家或亲戚之哺乳幼童，为产妇嗦出头一口奶水。当地部分村落，在给婴儿开奶前，会先喂其少许艾叶水、黄连水，然后再给婴儿喂奶水，取先苦后甜之意。

(三)焐产妇

歙县地区，焐产妇在旧俗中是指产妇分娩后，须将房间关闭得严严实实，同时还再置一个火桶或是火钵，成天燃焐破鞋和柏木屑。无论春夏秋冬，产妇都需要穿厚衣裳，盖厚被子，在床上躺一个月。同时，该月内不能更换衣裳，谓之曰防“脐风鬼”。可这却苦了部分产妇，或落下病根，或因此直接中暑死亡。

(四)看产妇

婴儿出生后产妇在坐月子期间，若有娘家人及亲朋好友来看望产妇，则需要带上鸡蛋、素油、老母鸡、红砂糖等，部分人会携带婴儿衣物。多数带 40 余个鸡蛋，讨吉利语为“年年有余”、1 斤油、1 斤砂糖。其中，当以娘家看产妇携带物资最多，甚至达到 200 个鸡蛋以上，以至于当地流传有“（坐月子期间）前半月吃婆家的，后半月吃娘家的”俚语。

（五）祭祖

新安江流域多为礼仪之邦，对于祖先有着原始崇拜。故此，在新生儿“三朝”“满月”之际，流域内各地都需要上坟祭祖，向祖宗报喜，以让祖宗共享添丁之乐，祈求祖宗保佑母婴平安。“三朝”由婆婆（或丈夫）主祭，“满月”则由产妇主祭。祭品包含有喜酒、鸡子饼、鱼肉等，当日要焚香烧纸，燃放大小鞭炮。

（六）剐脚索

新生儿在初学走路之时，多摇摇晃晃，人们便认为是幼童被“脚索”绑住所致。要让孩儿能够尽快开步，则必须剐脚索。具体办法如下：需由两位成年人配合。一者在幼童前方，引诱幼童开步；另一人则手拿镰刀，在小孩两脚之间，由上到下，自前往后，反复“剐”，并边剐边念叨：“剐脚索，剐脚索，剐掉脚索大步走。”

（七）坐马桶

传说马桶有马桶官，其会施展魔力。为避免孩儿说话招忌讳，流域内便流传着将刚刚学说话的幼童抱上马桶坐一会儿的习俗。认为这样就可以使得孩儿说话不会犯忌应验，假使讲些不吉利的话，人们也不会计较。

（八）揩屁股

当幼童逐渐长大，好奇心和模仿能力也逐渐增强，有些不该问、不该讲的言语，幼童往往口无遮拦，随口说出，所谓“童言无忌”。故此，民间流传有“揩屁股”的习俗。即年三十夜，在孩子入睡之后，用草纸在孩子嘴上轻轻揩拭，边揩边说道：“三十夜，揩屁股，揩了屁股不瞎讲；话不粗，不乱咒，乖乖只读圣贤书。”

（九）哭百夜

幼童在新出生的百日内，夜间总是啼哭不断，民间俗称“哭百夜”。为治“哭百夜”的毛病，婴儿家属便在路亭或十字路口的墙壁上贴止哭咒语：“天皇皇，地皇皇，我家有个好哭郎，过往行人念一遍，一夜睡到大天光。”

出生礼，被称为“摇篮边的礼仪”。尽管在流域内，出生礼各有不同，但都表达了父母、亲属对于新生儿的憧憬与祝福。新安江流域内传统的出生礼，是儒家礼仪与世俗生活紧密结合的产物。随着近代社会的不断发展演变，很多民俗礼仪已逐渐为时代淘汰。但我们仍然要对此保留有敬畏之心，取其精华，去其糟粕，让出生礼回归其本质，成为一道独特的民俗文化风景线而一直流传下去。

第二节 成人礼仪

成年礼，亦称“成丁礼”“成年式”，是青年跨入成年阶段时举行的仪式。其形式因民族的不同而各具特点，但均表示青年至一定年龄，身体、心理已经初步成熟，并可以婚嫁，从此作为氏族的一个成年人，参加各项活动。新安江流域是一个重视礼仪的地区，素有“程朱阙里”“文献之邦”的美誉。每当族中有即将成年的青年，氏族长辈依据传统要为他（她）们举行一定的成年礼仪式，使其在族内及社会上获得承认。

传统成年礼，又分为冠礼和笄礼。“冠礼”，是指男子的成年礼；“笄礼”为女子的成年礼。“冠礼”和“笄礼”，合称“冠笄之礼”。由于历史上男尊女卑的传统偏见，古人在言及成年礼时，一般只称“冠礼”。冠笄之礼在周代就已产生，它是人一生中非常重要的仪式。为青年男女举行冠笄之礼，是向其表明他们已由毫无责任的孩童转变为正式跨入社会的成年人，迈入了生命的新阶段，具备了成年人的能力和资格，要承担成年人的各种社会责任。冠笄之礼自周代产生以后，在汉代随儒学的崛起，进入了它的第一个繁盛时期。南北朝时期，因社会的动荡而遭受破坏。隋唐时

成人礼仪（吴琳 摄）

期，得到一定恢复，到宋代再次兴盛。后因游牧民族南下，再遭破坏。明朝建立之后，在一定程度上得到恢复。清军入关后，逐渐被淡化，几近湮灭。

冠笄之礼是一切人生礼仪的开始。《礼记·冠义》说："凡人之所以为人者，礼义也。礼义之始，在于正容体，齐颜色，顺辞令；容体正，颜色齐，辞令顺，而后礼义备。以正君臣，亲父子，和长幼；君臣正，父子亲，长幼和，而后礼义立。故冠而后服备，服备而后容体正，颜色齐，辞令顺。故曰，冠者礼之始也。是故，古者圣王重冠。"故《仪礼》将《士冠礼》列为开篇。下面将从流域内成人礼仪的具体形式，以及举办过成人礼仪后所带来的具体变化两个方面，简要介绍一下流域内的成人礼仪。

一、成人礼

(一)冠礼

冠礼的仪式程序在《仪礼》中记载的最为详细。在新安江流域内，其仪式隆重庄严，具体如下。

1. 礼前准备

行冠礼之前，主人家首先要筮日、筮宾，即通过占筮的方式，选择举行仪式的日期和主持的人。"筮日""筮宾"都必须在家庙进行，即"筮于庙门"。"冠、娶妻必告"，这是尊神尊祖意识的体现。"旅（指众筮人）占卒，进告吉"。即加冠者的父兄（即主人）率领筮人、宗人等进行占卜，根据众人的占卜结果选出正确吉日。日期确定，主人提前三天通知僚友，邀请他们届时前来观礼，所谓"戒宾"。行礼的前三天，主人再占卜选择一位德高望重的人来担任"正宾"，还要为正宾请一个助手，即"赞冠者"，以协助正宾顺利举行冠礼诸项程序。筮日、筮宾和参加冠礼仪式的人员范围很广，基本包括主人所有的家人、族人和属臣，表明整个家族对此重视。在家庙中使用占卜、加冠时和醴冠者时祭祀祖先，也体现了冠礼仪式的宗教性质。

2. 冠礼正礼

正礼之前准备好加冠所用各种用品，将在仪式举办前摆出，即"陈服器"。主要用品有三类：一是冠与服；二是头饰，有栉、纚、笄等，三是敬神敬祖之祭品，如醴、勺、觯、木四、脯醢。其次，主人在祖庙阼阶偏北位置设好受冠者席位，这个位置原本是主人之阶。到行礼之时，让加冠者站在这个位置则代表他已成为可以代父行事的成年人。行礼前，受冠者仍然穿着童子的"采衣"待于房内，主人把宾迎接进来，受冠者再从房内走出，由赞冠者用栉替他梳头，以便加冠。冠礼的中心环节就是由正宾依次将布冠、皮弁、爵弁三种冠加到将冠者头上，同时受礼者改换三种服饰。第一加缁布冠，穿玄端、缁带、赤而微黑的蔽膝；再加皮弁，要穿素积、缁带、素蔽膝；三加爵弁，穿熏裳、纯衣、缁带。所加之冠服愈来愈尊贵，最后加用于朝堂的爵弁。《冠义》说："三加弥尊，加有成也。"每次加冠后，正宾都给受礼者不同的祝词。三加之礼完成后要醴冠者，即正宾给冠者敬醴酒。接着，由冠者下席，到席南端朝北坐下取脯，然后从西阶走下，到东边小门外拜见母亲，送给母亲"脯"，母亲"拜受，子拜送。母又拜"。母亲拜受的这一仪节，在现代韩国的成人礼中仍保留着。醴冠者之后是"命字"，由为他加冠的正宾取表字，以方便在社会交际中平辈之间、晚辈称呼长辈时使用，以示尊敬。冠者礼成之后就是成人了，这时用成人礼见兄弟、赞礼者、姑姊；接着"乃易服，服玄冠、玄端、爵韠"，执挚参见国君，拜见卿大夫、乡大夫。这时冠者所戴玄冠是通行的用于祭祀上朝等场合的正式礼帽，表明他"成人"之身份。首先拜家庭各成员，然后上至国君，下至乡党士绅。私人性的成人仪式，影响范围从个人到家庭，又扩展到了庙堂和乡里之间，受礼者从少年步入成年，从父母膝前转入社会庙堂，标志真正成人。在冠礼之后，主人向宾客敬醴酒，送礼物酬谢，将宾客们送至大门外，仪式结束。

成人礼仪（吴琳 摄）

(二)笄礼

笄礼，是女孩专属的成人礼。笄即为女子发饰的一种，施加笄礼后，就意味着该女子从此便告别孩提时代，而迎来了加笄后的人生。一般而言，笄礼行礼的时间多定在农历三月三日女儿节这一天，多在家庙中举办，并且在正堂东边还需要搭建房屋设施，称之为“东房”。家庙之中庄严肃穆，安静开阔，加之又有祖宗牌位，所以令人倍感庄重、威慑。

在笄礼开始以前，就需要择定好确切日期，通知前来参礼的亲朋好友。参加笄礼的宾客,则称之为“筮宾”(一说戒宾)。总体而言,会邀请笄者（等待加笄的女子)、主人（笄者的双亲)、正宾（有德才的女性长辈)、有司（为笄者托盘的人)、乐者（演奏乐器的人)、赞者（协助正宾行礼的人)、观礼者（观看笄礼的诸人）参加。同时，在整个笄礼的举办过程中，都需要有琴、筝等乐器伴奏，故曰“礼乐不分家”。

整个笄礼过程较为繁琐，且秩序井然，不得擅自调整。具体如下。

1. 迎宾

主人此时应当立于东面台阶位等候宾客，而有司则需托盘站在西面台阶下。笄者在沐浴后应换好采衣采履，安坐在东房的更衣间内等候仪式开始。等到所有人各就其位，音乐演奏才开始。

2. 就位

当正宾来到时，主人当上前迎接，相互行正规揖礼后入场，主宾落座于主宾座，客人则落座于观礼位。等到宾客都落座后，主人才可就座于主人位，笄礼正式开始。

3. 开礼

主人起身，简单进行致辞，即现代意义的开场白。

4. 笄者就位

赞者先走出来，以盥洗手，立于西面阶梯处。笄者此时应当从东房内走出，至场地正中，面向南方，向观礼宾客行揖礼，然后面向西正坐在特设出来的笄者席上。此时，赞者应当为其梳头，然后把梳子放在席子南边。

5. 宾盥

正宾洗手做准备后起身，尔后主人起身相陪。正宾此时应于东阶下，洗手，拭干，正宾与主人相互揖让后，才能各自归位就座。

6. 初加

笄者转向东正坐，相关人员递上罗帕和发笄。正宾走到笄者面前，高声吟诵祝词：“令月吉日，始加元服。弃尔幼志，顺尔成德。寿考惟祺，介尔景福。”然后跪坐下，为笄者梳头加笄，之后回到原位。此时，赞者将为笄者象征性地正笄。正笄之后，笄者起身。来宾向笄者作揖表示祝贺。笄者在接受众人祝贺之后，回到东房。赞者从有司手中取过衣服，去房内替笄者更换与其头上发笄相配套的素衣儒裙。服饰的变更，就意味着笄者的第一步成长与蜕变。

7. 一拜

笄者着襦裙出房后，向来宾展示。然后面向主人，行正规拜礼。这是第一次拜，表示感念父母的养育之恩。

8. 二加

笄者面向东正坐，正宾再次洗手，再次复位。有司奉上发钗，由正宾接过。正宾需走到笄者面前，高声吟诵祝词曰：“吉月令辰，乃申尔服。敬尔威仪，淑慎尔德。眉寿万年，永受胡福。”语毕，赞者则帮助笄者象征性地正发钗。正钗之后，来宾需向笄者作揖。笄者再次回到东房，赞者取衣协助，并陪同其去房内替笄者更换与其头上发钗相配套的衣服。

9. 二拜

笄者着深色衣服出来向来宾展示，然后面向来宾，行正规拜礼。这是第二次拜，

成人礼仪（吴琳 摄）

即向师长和前辈进行拜谢。

10. 三加

笄者面向东正坐，正宾再次洗手，再次复位。有司奉上钗冠，正宾接过，走到笄考面前，高声吟诵祝词曰 :“以岁之正，以月之令，咸加尔服。兄弟聚在，以成厥德。”之后，赞者将为笄者去发钗。正宾跪坐下，为笄者加钗冠，然后起身复位。待事情完毕，赞者需帮助笄者正冠。来宾再向笄者作揖，之后，笄者需回到东房。赞者将取衣协助，去房内替笄者更换与其头上幞头相配套的大袖长裙礼服。

11. 三拜

笄者着大袖长裙礼服集钗冠出房后，向来宾展示。然后面向家庙，行正规拜礼。这是第三次拜，表示传承家训、继承家族的决心。

12. 置醴

有司撤去笄礼的陈设，在西阶位置摆好醴酒席。正宾揖礼请笄者入席，笄者站到席的西侧，面向南。

13. 醮子

正宾面向西边而立，赞者将奉上酒。正宾接过醴酒，走到笄者席前，面向笄者。笄者行拜礼，接过醴酒，正宾回拜。接着，笄者入席。跪着把酒洒一部分在地上作为祭酒，然后持酒象征性地沾沾嘴唇。再将酒置于几上。有司奉上饭，笄者应当接过，象征性地吃下一些。吃过饭之后，笄者需拜，正宾答拜。

14. 字笄者

笄礼的一个重要环节，就是给笄者赐字。正宾起身下来面向西，宾为笄者取字，念祝词曰 :“礼仪既备，令月吉日，昭告尔字。爰字孔嘉，髦士攸宜。宜之于假，永受保之。”笄者答 :“某虽不敏，敢不夙夜祗来。”笄者向正宾行揖礼，正宾回礼，之后复位。

15. 聆训

笄者跪在双亲面前，听候双亲的教诲，此后答曰 :“儿虽不敏，敢不祗承！”对主人行拜礼。

16. 笄者揖谢

笄者分别向在场的所有参礼者行揖礼以示感谢。笄者应当立于场地中央，先后行揖礼于正宾、客人、乐者、有司、赞者、观礼者、主人。

17. 礼成

仪式在此时进入尾声，笄者与双亲并列，面向全体参礼者宣告礼成，并携笄者向全场再行揖礼表示感谢。

二、成人礼对于个人的影响

杨宽先生通过对汉族成人礼的研究，总结出成人礼所给予人们的十项权利和义务：1. 选举世袭领袖及普通领袖的权利。2. 罢免世袭领袖及普通领袖的权利。3. 遵守在氏族内禁止婚姻的义务。4. 氏族成员死亡者遗产继承之相互的权利。5. 援助、防卫及复仇之相互义务。6. 对于氏族成员命名的权利。7. 收养外人为氏族成员的权利。8. 有权参加宗教上的共同仪典。9. 有权葬于氏族公共墓地。10. 有权参与氏族会议。这一总结较为全面地概括成人礼对于仪式对象的人生意义，也说出了成人礼之所以曾经流行于各民族间的缘由。具体到新安江流域，成人礼具有亦具备以下几种不同的意义与变化。

(一)称谓、权利义务的变化

1. 称谓

“男子二十冠而字”。“命字”是冠礼仪式的一项重要程序，标志着受礼者已成为应加以尊敬的成年人。自加冠命字之后，除本人自称及君、父、师可称其名外，其他任何人不得再直呼其名，而只能以“字”相称。

2. 权利义务

“至十六岁方行冠礼，照所定冠仪遵行……子弟未冠者，不得以字称，必延聘明师教以孝精忠信为主。”[①] 男子行成人礼后，就跻身于成人的行列，流域内社会承认其已经成人的地位，开始以成人之礼待之。故此，他的权利和义务也有所改变，他已经完全脱离了长辈的护佑，而享有一个成人所具有的权利。作为一个成人，在权利方面，他开始可以参加社交活动，参加宗族祭祀。如遇家族议事活动，其亦可参与。流域内多重视村规民约，其不仅要遵守本民族的习惯法，也亦有权参加族内执法组织，处理违反本族规定之人，以保证习惯法得到切实维护与遵守，使得族内秩序井然有序。在义务方面，他也需要开始履行一个成人所承担的任务。他需要积极参加生产劳动，以分担家庭的经济压力，保护家人的安全，维护本族的声誉等。

① 雍正歙县《潭渡孝里黄氏族谱》卷四《教养》，雍正九年刻本。

(二)服饰的变化

1. 男子

流域内男子的成人礼，俗称“冠礼”，即“束发”之意。在行成人礼之前，男子或将头发自然下垂，称为“垂髫”；或将头发束在一起，垂在脑后，称为“总发”；或扎成左右两股，像两只犄角，称为“总角”。行成人礼之后，衣冠便成为身份的象征，故曰“君子无故而不去冠”。常服、祭服、朝服等便成为不可或缺的服饰。

男子冠礼(舒俊 摄)

2. 女子

流域内女子的成人礼，俗称“笄礼”。在未行成年礼之时，女子一般将头发分在两侧作成髻，长至一定年龄则行笄礼，将头发盘至头顶作髻，再插上笄。《礼记·内则》:“十有五年而笄。”已许嫁的女子，行过笄礼之后，即使平常在家也须插上发笄，作为成人装饰；未有许嫁的女子，在年满二十岁时，也要为其举行笄礼。不同的是，未许嫁的女子加笄后，寻常居家时要去掉笄，仍恢复原来未成年人的发式。

(三)婚礼的变化

成人礼标志成熟，流域内成员在行过成人礼后，才能获得恋爱婚姻的权利。“男子幼娶必冠，女子幼嫁必笄”。新安江流域各地素来重视礼法，而男子的婚姻要为宗族的繁衍、香火的延续负责。男子只有加冠后，方有资格娶妻生子；女子在许嫁后，才可结发加笄。女子 15 岁前已许嫁，15 岁行笄礼；15 岁后许嫁，于嫁前则可随时行笄礼；年至 20 岁，即使未许嫁，仍须行笄礼。

(四)丧礼的变化

“丈夫冠而不为殇，妇人笄而不为殇。”丧礼是一个人的最后一项人生仪礼，我国古代汉族极重丧葬礼仪，传统礼制中程序繁琐、旷日持久的丧葬待遇，只有行过冠笄之礼的社会成员方能享有，而为其所举行的丧礼却大为简化。若丧者已成年，在礼制森严的新安江流域，便需要完全遵从“五服”制度，即斩衰、齐衰、大功、小功、缌麻不同丧服规制，配以三年、一年(期)、九月、七月、五月、三月六种丧期。“五服”制度依据与死者的亲疏差别，对服丧者所着丧服和所行服丧之期等进行的细致、严密的规定。若丧者未成年，葬礼便可大大简化。殇服仅有大功、小功、缌麻三种规制，丧期也减配为九月、七月、五月、三月四种，而且与殇服的三种服饰规制的礼节也有所简略。

成人礼在当下社会已不普遍流行，渐渐地被人们遗忘。但作为一项传统的礼仪，应该得到国人的重视。它有着庄严性和崇高感，让成年男女能迅速意识到自己已经正式进入社会这样一个大舞台。成人礼是一个严肃而又隆重的开始，具有里程碑式的意义。我们应取其精华，去其糟粕，批判地吸收成人礼中的精髓，使其更符合现代青年心理，让当代青年们能更好地成为社会所需要的、有责任感的新时代青年。

第三节 拜师礼仪

中国拥有五千年文明历史，素有“礼仪之邦”之称，最为讲究尊师重道，注重拜师礼仪。俗语有云：“生我者父母，教我者师父。”而“拜师礼”就是尊师重道的体现，也是师徒结拜的见证。拜师习俗的形成主要受儒家传统的规制影响，最早可追溯至孔子收徒的做法，并由其演化而来。汉代以后，国家设学，博士弟子之从师，可能仍然依循此法，或由国家分配，也就不另设拜师之礼了。总之，拜师并没有进入国家正式的礼仪典制中，即或有之，概属私礼。

唐《通典》才开始提到拜师礼。该书卷六七《礼典》强调：“天子拜敬保傅。”说天子也要拜师，把拜师纳入国家典制中，即显示唐人对此已甚重视。正式的拜师礼也就是这时才确立的。新安江流域各地文化昌盛，耕读传家是流域内居民的传统与习俗。明清两代，流域内大量居民“寄名于商”，从事商贾贸易活动。诸如胡雪岩之类的富甲一方的晚清之红顶商人，亦是从钱庄学徒开始做起。学徒入店，亦有专门的拜师礼仪。同时，流域内商人贾而好儒，在商贾贸易的同时重视文化教育。

传统的拜师礼仪，一般由徒弟、师傅两人完成。也有一些由新入门弟子与已入门弟子、师母等人一起参加。传统的师徒关系仅次于父子关系，即俗谚所谓“生我者父母，教我者师父”“投师如投胎”。有的行业，一入师门，全由师父管教，父母无权干预，甚至不能见面。建立如此重大的关系，自然需要隆重的风俗礼仪加以确认和保护。

一、读书开蒙

“开蒙礼”是古代启蒙教育之初举行的“拜师礼”，既是中华传统的礼仪习俗、礼仪文化的传承与发展，又是儿童在其一生中进行传统文化教育的开篇之笔。开蒙礼之目的是让孩子们在接受现代教育的同时，感受先人留下来的传统习俗，树立起尊师孝亲、崇德立志、仁爱处世的中华传统文化精髓，树立“善”“正”等行为规范，汲取尊师爱学的思想精华，完成生命认知和角色认知，知聪识明，促进其在读书时代健康成长。流域内各地文风昌盛，私塾遍布全境，故此“读书开蒙礼”成为居民一生中较为重要的时刻。

水上课堂

居民在行拜师礼时，弟子多会赠予师父 6 种礼物，分别是芹菜，寓意为勤奋好学，业精于勤；莲子，莲子心苦，寓意苦心教育；红豆，寓意红运高照；红枣，寓意早早高中；桂圆，寓意功德圆满；干瘦肉条，以表达弟子心意。这些礼物，称之为“六礼束修”。据《礼记·少仪》记载：“其以乘壶酒、束修、一犬赐人。”郑玄也有注解为：“束修，十脡脯也。”老师在收下束修后，并回赠《论语》、葱、芹菜等礼物。同时，带领学子齐颂《大学》首章，象征担下“传道、授业、解惑”的重大责任。读书开蒙礼程序大体如下：学生先要叩拜至圣先师孔子神位，双膝跪地，再叩首；然后是拜先生，三叩首。古代的拜师礼适用于所有师生关系，不仅普通学生，就是皇太子也不例外。按照礼仪规定，皇太子初入学，拜见老师的程序及要求，与州、县学的拜师礼是相同的。

在行开蒙礼之后，教师便以《三字经》《百家姓》《增广贤文》《幼学琼林》、四书五经为课本，对儿童进行启蒙教育。若采取“延师坐学”的方式进行教育，教师的束修（工资）由各家筹集，或公堂祀会出资（凡公堂祀会出资者为“义秦”）；亦有私人出资办塾学，先生则由各家轮流供养。

二、学徒拜师

与开蒙礼相对应者，是手工业、服务业和娱乐业等多种行当拜师时通常所用之

"拜师礼"。新从业或学艺者通过仪式与授技授艺者结成师徒关系，谓之"拜师学艺"，这亦是一种职业民俗。通常，拜师者要有引荐人和担保人，师徒双方签订相应的契约后举行拜师仪式。由新从业者行拜师礼；再由师傅引领，拜行业祖师。各行各业的拜师礼仪程序大同小异，但也各具行业特点，甚至有入行拜师的行规。

新安江流域内拜师习俗的形成主要受儒家传授学术的规制影响，最早可追溯至孔子收徒的做法，并由其演化而来。至现代，传统之新安医学、各类工艺美术之传统艺术行当仍采取拜师从业、传授技能的方式。收徒和拜师是为了明确双方的责任和义务，使学者确有所成。师徒双方的责任和义务，大都由各行业的行规及特定的契约加以规范、限定。如一般不准各门师傅争带投师学艺者，亦不准学生在从师学习过程中另投他师，以免造成前师费力而后师享其成的情况。有的行业规定，出徒一个才能再招一个，不得同时招收两徒。对学徒还有许多规定。如，典当业学徒名为"学生"，每日不仅要例行早挂当幌、晚摘当幌、倒便桶尿壶等杂务，还要学习典当行特定的《当字谱》和《当谱》，并不得随意外出和省亲，违规者要受相应惩罚。这种学徒规约制度在封建社会受法律保护。流域内拜师学徒主要分为两大类：一为各类从事商贾者，进店学徒；另一类则为以"三班六匠"为代表的手工艺者的工匠学徒。具体记述如下：

(一)商贾学徒

学徒入店，拜老板和管事先生，称"当学生"。商店学徒六年，前三年只供伙食，不予探亲。学徒期间十分辛苦，大多数学徒需要起早摸黑，包揽杂事，服侍老板和管事。在晚间，需要睡店堂看店门。每逢夏天晚上，蚊虫叮咬难受；冬天时，手脚又生冻疮。但流域内居民多为勤奋好学者，肯吃苦，勤下工，凡学徒多怀有"吃得苦中苦，方为人上人"之信念，坚忍向上，勤谨奋发，不敢稍有懈怠。学习做人规矩，是当学生的中心内容。规矩可概括为"三礼"，即对老板、管事有礼，对同行同事有礼，对顾客有礼；"三勤"，即眼勤、手勤、脚勤；"三稳"，即嘴稳、手稳、身稳。另还有不得搬弄是非，乱传话语，高声喧哗，妄发议论，不得贪财偷物，不得对女性有不轨之举等诸多要求。其他行为举止都有一定之规，不得抢吃、拣吃、轻飘、浮躁，即所谓"上相"。凡不守规矩者，半路开除。开除是学徒及家长的奇耻大辱，将成为今后谋生找出路的重大障碍。三年以后称"半作"，视能力逐年加薪。有的人经过学徒训练做几年伙计，能把握商机，又积累了一定资本，即自行开店做老板；有的人则终身做店员。

(二)工匠学徒

木匠、砖匠、石匠、铁匠、裁缝、竹匠、桶匠，统称“三班六匠”。工匠讲究规矩，手艺精益求精，受人尊重。求师学艺从拜师做起，须立师徒约，请拜师酒。工匠学徒，定期三年，不拿工钱。伙食为粗茶淡饭，做神福日改善生活。学徒期满出师，师傅赠工具一副，须再跟师傅做一年，拿一半工钱。一年三节，徒弟向师傅送礼，所谓“一朝为师，终身为父”。徒弟随师父上工，不得上桌，夹一点菜蹲在一边吃饭，以示谦虚。工匠学徒的拜师礼程序大体有如下三点：第一，拜祖师、拜行业保护神。表示对本行业敬重，表示从业的虔诚，同时也是祈求祖师爷“保佑”，使自己学业有成。第二，行拜师礼。一般是师父、师母坐上座，学徒行三叩首之礼，然后跪献红包和投师帖子。第三，师父训话，宣布门规及赐名等。训话一般是教育徒弟尊祖守规，勉励徒弟做人要清白，学艺要刻苦等。

学艺

三、拜师意义

“师道”是中国文化一个非常重要的内容．它既是传承精神价值的方式，也是人脉延续的方式。它是非宗教的，但具有崇高感；它是个人化的，所以也是自由的。

同样的，“师道”也是受到制约的．尤其是受到内心的自我约束。“师道”是中国文化最重要的一种形式，需要有“拜师礼”这样的风俗出现。新安江流域人们多恪守祖训，尊师重道，因此赋予了“拜师礼”极为重要的意义，使之在流域内有着广泛而又深刻的影响。

(一)行业敬重

在拜师礼上，各行各业都有着一道必不可少的程序，即是“拜祖师爷”。祖师爷既是行业的开创者，更是行业的守护神。对祖师爷的崇拜或是信仰，即是对本行业的敬重，代表着自身从业的虔诚，同时也是祈求祖师爷“保佑”，使自己学业有成。对祖师爷的崇拜源自于中国师徒传承之中国手工业的传承方式。《周礼·考工记》中就提到“智者创物，巧者述之。守之世，谓之工。百工之事，皆圣人作也”。这也说明了中国人自古以来就有这种对行业始祖的崇拜精神，并在源远流长的中国历史中寻找一位合适的始祖，将其形象神圣化。比如，酿酒业的祖师爷杜康，木匠的祖师爷鲁班，医生的祖师爷华佗，茶业界的祖师爷陆羽等。通过拜师礼仪，让新入门的弟子懂得行业由来，对行业产生认同感与自豪感，奠定其将来在行业内稳步发展的基础。

(二)师傅敬重

良好的师徒关系便是尊师爱徒，这就要求徒弟作为晚辈，要懂得谦逊，懂得虚心，懂得尊敬长者和师傅；而师傅作为前辈，在专业上有着独到的见解与高超的技艺，故此则需要关爱晚辈、徒弟。在行拜师礼时，一般是师父、师母坐上座，学徒行三叩首之礼，然后跪献红包和投师帖子。这在无形之中，就产生一种威严感，从而保证了徒弟内心对师傅的敬重之心。在师徒关系之中，师傅是主导地位，代表着的是一种权威。在“寄命于商”的新安江流域，耕地面积狭小，就迫使大量的闲散劳动力从事手工业经济贸易活动。师父教给你手艺，教给你安身立命的本领，让你能够靠自身的能力谋得社会上的一席之地。故此，徒弟必须要尊重师父。

(三)学徒规范

传统的拜师礼仪之中，通常会有师父训话、宣布门规及赐名等流程，这就要求学徒要懂得规矩，做到干一行爱一行。训话一般是教育徒弟尊祖守规，勉励徒弟做人要清白，学艺要刻苦等。一般而言，学徒不仅要恪守学业，尊师重道，花费大量的时间精力在学业上，还要承担起师父家的一些琐碎家务事，繁忙不已。师父的训话就有利于学徒恪守本分，在入门前就懂得规范。门规又称戒条，是某门派自上而下都须遵守的行为规则，大致为不得欺师灭祖、奸淫好色，以及勤恳好学等内容，也有部分行业有着其独特的规范礼仪。最为独特的程序是赐名，这个名字反映的是其在本门中的辈分与序列。较为著名的行业赐名是梨园行业，诸如昆曲的“传”字辈、京剧的“正”字辈，都是出过很多行业大家。

第四节　婚嫁礼仪

婚姻作为繁衍子嗣扩大宗族规模的重要载体，在整个新安江流域内自古以来为各个家庭所重视。由于基层社会受程朱理学及宗族制度影响较大，无论大小宗族为绵延香火尤为重视子孙后辈的婚配事宜。区域内崇尚儒家的文化传统，导致婚嫁事宜也大多恪守儒家伦理的要求。婚配之事大多遵守着“男大当婚，女大当嫁”“父母之命，媒妁之言”及“门当户对”等习俗。婚嫁流程和仪式繁复而隆重，大致分为“说媒，行聘，请期，行嫁，开脸，迎亲，拜堂，闹洞房，回门”[①]等习俗。普遍遵行着“问名，纳彩，送节，请期，迎亲仪式，回门”等步骤。但在上游及下游地区，每一步骤的具体做法有细微差别。

一、婚姻习俗惯制

（一）早婚

在新安江流域内自明清时期始多有早婚的习俗。按照古礼男子年满 18 岁为“弱冠”，女子年满 15 岁为“及笄”。在行过相关礼仪之后，少男少女即为成年，此后便可娶妻生子。但在明清时期，早在孩童十三四岁时，父母及族中亲长便会为他们讲求亲事，其主要缘由是年轻男子背井离乡外出经商的需要。流域内多山少田，地势起伏，适宜于粮食种植的土地资源稀缺，且土壤多为黄壤与红壤，不利于粮食作物的种植。随着人口的日益增多，人口与土地的矛盾日益迫切，迫使流域内的劳动力由农业渐渐转向以谋求其他的出路，人们借助新安江丰富的航运资源，将区域内的经济作物贩售

① 朱生东：《徽州文化体验旅游开发探讨》，《黄山学院学报》2011年第13期，第16～18页。

至全国各地。家中男丁为了早早地外出经商谋生，尚在十二三岁的年纪上，便会娶亲，流域内流传如“十三爹，十四娘”一类的俗语体现的就是早婚这一习俗。

而后至太平天国时期，受到战争的摧残，流域内人口锐减。各个家庭宗族为了恢复人丁延续香火，早婚习俗日渐泛滥。

早婚的习俗也带来了相应的弊端与危害。首当其冲的便是给地区内的妇女带来了沉重的负担，还尚在新婚期的新郎便要立刻踏上外出经商的道路，而生活在对妇人“三从四德”要求极为严格的新安江流域，新娘需要留守家中以一己之力承担起侍奉公婆、操持家务的重任。由于当时外出经商十分艰辛，夫妻新婚后一别常常也是两人的生死诀别。而必须恪守妇德的女子，此后余生独守空闺，忍受寂寞，这是对妇女肉体与精神的双重折磨。此外，早婚习俗泛滥带来的另一个严重危害是，流域内人口素质的下降。尚且年幼的少男少女难以承担起父母教养子女的责任，同时较浅的人生阅历与知识储备也难以为他们教养子女提供理论支撑。

(二)门当户对

婚嫁礼仪(林坚 摄)

自古以来，流域内的联姻都是父母全程包办，子女在婚嫁事宜上没有自主权。无论大小宗族都十分重视门当户对，主要讲求双方家庭阶级门第上要能够相配，地方大姓家族不与小姓家族通婚，本地大族不与外地族人通婚。“婚姻论门第，辨别上中下等甚严。所役属佃仆不得犯，犯辄正之公庭，即其人盛货积行作吏，不得列上流”。[①] 但在实际操作上，女方通常希望能够高求，而男方必须适当低就。虽然很多家庭希望女儿的夫家能够拥有高于己家的门楣，但也并非一味地追求豪门贵族，而是更加看中对方的家风，受合族人称颂的正直家风才是优秀门第的衡量标准，受良好家风熏陶、品行端正的夫婿才是女方家人心目中的良人佳婿。门当户对的姻亲观念在流域上游的徽州地区人民心中根

① 万历《祁口县志·卷四》。

深蒂固，更有甚者，会将此写入宗族法规中，若族内有人未能遵守，便会遭受严重如开除族籍的惩戒。若族中之人真有发生门不当户不对的联亲行为时，人们会采取强行干预的方式进行反对，且此等做法在当时十分普遍。由此可见，宗族家庭是流域内古时候姻亲选择的重要考量因素。

(三)同姓不通婚

中国封建体制下，同姓不婚一直受严格的法律及道德伦理约束。古代多个封建王朝的律法中都有明确的条款禁止同姓结婚，以宗族制度为主要基层统治单位的新安江流域，更是出于宗族伦理严令禁止。但相较于上游地区，下游地区的淳安建德一带在此条婚嫁习俗惯制上便没有那么严格，淳安县区域内允许表兄妹联亲，以便双方家庭“亲上加亲”。按建德县内畲族族规，男女双方出了“五服”便可同姓联亲，以此更加巩固家族内部团结。

二、婚嫁流程

(一)问名

在双方家庭议亲的最初阶段，也就是订婚之前，最先要完成的便是问名与纳彩，这两个步骤通常会在同时进行。一般由男方家人聘请媒人，而媒人多由当地能说会道的中年妇女担任。她们做媒时还要着花衣戴花帽涂红唇，打扮一番，再携带男方家提供的彩礼来到女方家中提亲。若女方家人同意，便会收下彩礼，并将女子姓名及生辰八字写于大红纸上，套上红封由媒人带回男方家。带回男子家的年庚书要先存放于厨房中灶王座下三日，三日内若男方家中没有发生任何不祥之事，既无严重的天灾人祸，又无如破损碗碟等小意外发生，即视为初步吉利。之后，要将双方生辰八字拿给算命先生，请算命先生推算两人生辰八字有无相冲相克，生辰八字相合与否有诸多禁忌，如生肖一方为龙，一方为虎，不能相配，意为龙虎斗；生肖一方为蛇，一方为鼠，则不能相配，意为蛇鼠一窝；生肖一方为鸡，一方为狗，也不能相配，意为鸡犬不宁；生肖虎与羊不能相配，意为羊落虎口；生肖蛇与马也不能相配，意为蛇缠马足。故父母常将在虎、羊生肖年出生的女子年纪改大或改小一岁，以便日后在联亲时避开生肖禁忌，故民间常有俗语曰：“十女九不真，改命做夫人”。在年纪上，男女双方相差六岁或者三岁都为犯冲，是不吉利的象征。此过程通常要持续 1 ～ 3 个月，若生辰八字都相合者，议亲程序就可进行到下一个步骤。

(二)纳彩

纳彩，也称送定。就是由男方家庭择选日子，委托媒人携带之前双方商议好的聘礼及礼金送至女方家庭，在淳安及建德地区通常是聘礼的三分之一，聘礼通常为一定数量的酒、鱼、肉、鸡、粽子、印粿、馒头等。新安江上游的徽州地区是全数，聘礼常为鱼、肉、鼓饼、包子、衣料、果子等。聘礼有时按实物收取，但有时可直接折变成现银。按照清朝至民国年间歙县旧俗，男方还要将全家人脚的大小尺寸一并送去给女方。直至迎娶日，女方将做好的鞋子放入陪嫁品中带至男方家中。礼金的多少通常视家庭情况而定，但礼金尾数须取吉利数字八，意为发，讨一个吉利的意头。聘礼物品需放置于喜担中，喜篮上要贴上大红纸或裹上红布，礼金与男庚帖也需用红布包好复贴上红喜字剪纸，放入喜篮内，随后篮内还要放入一株连根的万年青和柏树枝。由媒婆与男方聘请的人将喜担挑至女方家后，女方将礼金与聘礼全数收下。建德地区女方还要回赠男方帽、鞋、袜、喜果等物，并将女庚帖用红布包好一同放入篮内，让其带回，同日，男方家庭还须宴请族老邻里和双方亲朋好友吃定亲酒。此时，两家算是正式定亲了，定亲男女本人不能相见。此后，无论二人对此门亲事是否满意，都不可反悔或毁约。

(三)送节

送节，也称“追节”。双方正式定亲之后至正式婚期之前，男方在每年的三时三节给女方送四色礼。在歙县、休宁等地，男方在春节、端午节与中秋节要给女方送去四时的衣服及节礼等。但在建德淳安等地，送节指的是送聘礼及礼金的日子，男方需将纳彩后剩余彩礼的半数雇人送至女方家，具体做法与纳彩相似。

(四)请期

定亲之后，男方要向女方提出选定迎亲日期。通常情况下，男方需要将全家人生肖及新人的生辰八字一同送去星象家处，请求帮忙选定迎亲的良辰吉日。选定日期后，宿儒会用骈俪语出具一份“日子书”，也称之为“日子单”。通常为红纸墨字，纸边印有金色花纹图案。待到主婚人签名后，男方会请媒婆将此单并彩礼送至女方家中，此称为“送日子书”或“送日子单”。在流域上游的歙县地区，送日子书时常有送“四色礼”的习俗，即为包子四斤、面条四斤、猪肉四斤、果干四斤。女方收到男方的日子书后，通常不会立即答复。女方家会将日子书占卜筮于宗庙，称为“谒庙”。民国以前，男方还要送谒庙礼，之后渐渐废除。若占卜结果为大吉，则回复男方应允婚期。否则，需要男方另取良辰吉日，再次商定结婚日期。女方也常常因婚期过于仓促，要求延缓日期。此为请期之礼。

双方家庭确定婚期之后，男方需要在大门门楣的正上方贴上红纸所剪的大“囍”字，在大门左右两侧贴上喜联，在门头上粘贴“天定良缘”的横幅，堂前厅内要悬挂十只红纱宫灯，厅堂里还要挂用红绸所扎成的花装饰，此为人们俗称的“张灯结彩”。同时，还要布置喜堂，装饰新房及预备迎亲所需物件。请期这一习俗一直沿用至今，现代男女双方要择期举行婚庆仪式前，也需要由双方家人共同商议。

(五)迎亲仪式

随着迎亲日期的确定，接下来便是最为隆重和热闹的迎亲仪式。迎亲仪式通常持续好几日，但早在双方约定好迎亲日期之后，男女双方需各自通知自己的亲朋好友婚期，亲戚及长辈需要新郎父母或其本人携带点心，亲自登门邀请。

在迎亲仪式前三日，迎亲的家庭就要开始请厨师和帮手来准备婚宴上的酒席菜品，如做豆腐、米粿、馒头、包子一类的食物，更要备下各类茶水，烟酒，糖果及糕点，为的是迎亲当日能够顺利地宴请宾客。

迎亲仪式前两日或三日，按日期为双数定，日子成双数为吉。男方家要专门派

迎亲(林坚 摄)

人前往女方家搬运嫁妆，俗称“搬嫁资”或“搬奁”。但也有些地区，女方的嫁妆是接亲当天随迎亲队伍一起抬进男方家中。女方嫁妆的数量视家境而定，没有特别的标准。而事实上，富裕和贫穷的家庭在嫁女儿时所备下的嫁妆数量往往相差甚远。通常情况下，陪嫁品一般包括妆奁、首饰、各类器皿、衣被等物，“满家鞋”，即女方为男方全家人制作的鞋子，在歙县地区也是无论家境如何都必须要准备的嫁资。但大户人家还会额外添置大如棺材，小至珠饰一类的物品。但无论贫富，一般嫁妆中都必须准备有一对灯盏、红漆马桶、脚盆、子孙桶（产妇分娩时所用器物）、杯子、枕头、床席等物。现有徽商江耀华家中存留的《家用总登》，按账册记载，光绪十六年（1890）巧月吉立“顺菊出闺支用”，其中记录的陪嫁物品有拜匣首饰分项开出的珠翠、金银饰物 20 件，衣裳 44 件，铺盖（帐、毯、被、床饰，共计 12 件），木器 19 件，铜、锡、瓷等器皿，押橱洋一千。按当时布料及工时价格，单压柜这一项就花费近万元。

嫁妆的准备与搬运也有诸多习俗礼仪要求。如，嫁妆中的马桶需要装上红枣、花生、鸡蛋和百子糕点，寓意早生贵子。灯盏抬至男方家中，必须立刻点亮，寓意发子发丁。搬嫁资当日，双方家庭要张灯结彩，燃炮鸣鼓。男方带去搬运的扁担、篓筐和绳索上，要贴上红纸。女方准备的嫁妆上，要贴上红纸剪的“囍”字；若是寿材，要用大红套套住。花瓶、烛台及梳妆台等物要用红绳固定于桌面上，向众人展示。搬运时，男方请的人一旦将嫁妆抬离地面，就不得落地，为的是防止带走女方家的“地气”。搬运的路线也十分讲究，必得沿大路穿闹市而行，为的是引起大家的注意，炫耀嫁资的丰厚隆重。而在建德地区，男方此时还要将纳彩和请期之后所剩部分的聘礼一并送至女方家中。女方收到后，需设数桌酒席以款待前来帮忙抬妆奁的人。嫁妆抬至男方家后，男方须先请出未出嫁女子两人，先将梳妆台搬入房内，其余各物才依次搬入屋内。

迎亲当日，男女双方都要请夫妇齐眉，子孙满堂的男女“利市人”来帮忙迎亲事宜。男方所请的男“利市人”需撰写一份“接亲书”，一份“轿夫参贴”，一份“灯人参贴”，三份“催亲书”及一份“谢亲书”。当日，还要请账房先生帮忙管理接亲及接待前来恭贺的亲朋好友等大小事务。新郎官则骑着高头大马，亲自带领迎亲乐队。迎亲乐队常由吹唢呐二人、打小鼓一人、敲小鼓一人和扇双铙一人组成，鼓吹班子演奏的欢快曲目烘托起迎亲现场热闹欢乐的氛围。迎亲鼓吹虽为纯粹的民间艺术，但常常为广大民众喜闻乐见，能够迅速地感染在场的人群。鼓吹班子会全程伴随于迎亲路程中，根据进程吹奏不同的曲目，为整个迎亲仪式增添喜庆的气氛。

男方需要雇接亲轿和小轿各一，并数名轿夫。此外，还要在族中选择两名未出嫁的少女，伴随花轿两旁，并撑一对红灯笼。接亲轿有大花轿、大红轿和青布轿三种，选用哪一种接亲轿与迎亲家庭的社会地位及富裕程度息息相关，大户人家常使用大红轿或大花轿接亲，并配有迎亲乐队同行。接亲团队浩浩荡荡 20 余人，不仅有媒人和轿夫，还须有提高灯 2 人，低灯 2 人，照应灯烛 2 人，撑松明火篮 4 人，挑松明柴担 4 人，沿路燃放爆竹 3 人，下书帖 1 人。较为清贫的小户人家常使用青布轿或亮轿接亲，免去鼓乐随行，并且时常在夜里接亲。民间迷信认为，若出身不高，“福薄”之人承受不住过度高调的仪式，因为这样有可能会“折福”。大花轿上还要扎上红花，在轿的四角要悬挂剪了洞箬皮各一张，是为了回避孕妇对亲事的冲撞，即古时人称的“四眼人”。若是青衣轿，只需要在轿子两边各悬挂一只灯笼。

迎亲队伍行至女方村头或村水口处，需要停下花轿，须燃爆竹，鼓乐齐鸣。此时，持接亲书的人须先行至女方家通传消息。女方接书后，先燃放爆竹回应，再派出 4 人提灯至村口处接轿，并在此时关闭家中大门。待到迎亲队伍行至家门前时，男方须向门缝中塞入事先准备好的红包，同时努力推开大门。而女方家里人则在门后接收红包，并奋力顶住大门。此习俗称为讨“市利钱”。若男方众人一时之间推不开大门，则需要再次塞入红包，如此反复多次，直至女方家人将大门打开。此习俗不过是在接亲过程中讨一个热闹，红包中放入些零星钱钞即可，女方家人一般不会过多为难来迎亲之人。女方开门后，轿夫抬轿至堂前不落肩，媒人须完成大冲花镇邪的步骤。轿于堂前落下的朝向，也按新人生辰八字不同而有所选择。还要将男方挑来的松明柴自村口至女方家宅燃烧大火堆 9 个，小火堆 13 个，意为“九子十三孙”和“烧发”。其后，女方要招待接亲者用餐，多为吃面条和茶叶蛋。若接亲群人在女方家等待太久，便会燃炮一枚，并递上催亲书一封。

新娘晨起沐浴后，在闺房内梳妆，需要请女发喜人或姑妈、舅妈为新娘“开面”，发喜人常由儿孙满堂、福寿齐全的本族妇人担任。发喜人先将红绿两根丝线相互缠绕，双手捏住丝线两端用力将其绷直，同时在新娘脸上扑上香粉，再用丝线贴在新娘的面部轻轻滚动，丝线会顺势绞去新娘脸上的汗毛。开面的同时，还需要诵开面词或唱《开面歌》。开面后，用鸡蛋清润面，再涂上胭脂水粉，梳头盘好发髻后簪上发钗与红花。开面这一形式不仅仅为了改善新娘容貌，使其更加得体。同时，也意味着新娘少女时代的结束。此后，新娘还需换上结婚礼服。结婚礼服更换前，需要在火熥上熏一下，火熥里需要先插一张箬皮和放入燃柏屑。新娘须先着白色内衣与黑色内裤，意为黑白分明。内衣四角需要剪小洞，或者缀上铜钱，意为回避“四眼人”。最后，穿上大红鞋，盖上红色盖头。新娘一旦换好结婚礼服后，双脚便不能落地，以免带走娘家的“地气”。在此期间，媒婆会到闺房门口催亲，新娘闺阁姐妹会提出各自刁难问题，媒婆百般说情或塞入红包，男方下书帖的人要递上催亲书，前后三次。新娘梳洗打扮完毕后，女方家就可以发亲了。

生肖属相与新婚夫妇相克之人及孕妇必须要回避不见。新娘由家中兄弟抱入先前在堂前正中放置好的竹簸内，给新娘套上太婆衣。此时，男方须递上“红鸾更帖”，将新娘庚辰添加于右侧。此帖有证明婚姻之效力，相当于现代的结婚证。之后，新娘兄弟将新娘驮入花轿，燃爆竹三声便可发轿。待轿子抬出家门后，下书帖的人须递上“谢亲书”，女方则立刻关闭大门。抬轿回男方家的途中，鞭炮齐鸣，鼓乐不断，女方来的送亲的人行至村口便可返回。迎亲轿快行至男方家时，男方要放爆竹迎接。轿子先停于男方家门口，由发喜人手持芝麻秆围绕轿子说一些吉利话，以达到趋利避邪的目的，再由轿夫将轿子抬入门厅中。要让新娘子在轿中吃完“三茶”（清茶、枣栗茶、鸡子茶）后再出轿。有的地方需要新郎将新娘驮入家门。紧接着便是拜堂仪式，夫家公婆端坐于正堂交椅上。新郎和新娘手持大红绸的两端，男方选出的市利人在旁高声发令，“一拜天地，二拜高堂”，新人皆行四跪四拜礼。最后一令“夫妻对拜”，新人双方一跪一拜或相互作揖即可。礼毕，婆家人将两只布袋铺在地上，两只袋子交替前进，新娘须踩在布袋上行入洞房，此举意为代代相传。新娘行走时，市利人伴随其边，大声说出传代赞语。每说一句，四周看热闹的亲戚友人便随声附和，将热闹的气氛推向高潮。新人入洞房后，新郎与新娘坐于床沿，两人要饮交杯合卺酒。之后，市利人递上秤杆，新郎用秤杆挑开新娘红盖头，此为称心如意。接着市利人便要向床上撒桂圆、瓜子、花生、红枣、红豆等果品，此为“撒帐”，是为祝福新人早生贵子。市利人一边撒，口中还要说着祝福新人恩爱白头的吉利话语。直至晚间，便可以开始举行婚礼的晚宴。喜酒宴席的安排，根据主办者家房屋大小及宴请的人数而定，一般有“一”字席、“品”字席、“二”字席，以及梅花席。酒席座次的安排也因各地习俗不同而有所区别，歙南地区席位是由账房先生来安排，朝向大门方向的座位为上座。一般新郎的舅舅坐首席首位，父亲的朋友、师傅坐次席，但外公和舅公不能坐首席。婚宴菜品一般为四盘小菜，并九碗菜肴，主菜常为猪肉、鸡肉、鱼、羊角干、萝卜丝、馒头、米粉粿、汤圆、红枣或蜜枣汤，但也并非绝对。喜宴形制有一定标准，但菜品可以更换。宴席期间，新郎和新娘需要每一桌轮流敬酒，宾客开怀畅饮，祝福新人恩爱白头，早生贵子。宴毕，新郎和新娘回到新房，宾客们晚上还可闹新房。无论长幼均可闹新人，闹法多种多样不一而足，使得新人常常通宵无法安睡。

新婚第二日一早，新郎需要先带新妇进入厨房，完成新妇“三日入厨”的习俗. 新娘需手持锅铲在锅内摆弄几下，便算完成。入夜后，婆家本祠各灶须出一份钱，准备六道菜肴，家里人在堂前将桌子拼成“一”字形，邀请亲朋好友左邻右舍中知礼已婚之人作陪：一是教导新郎回门时应守的礼节；二是相聚聊天逗趣，玩些行酒令之类的游戏。

结婚后第三日，需要“做三朝”。此日是新人夫妻正式谒拜宗庙宗祠和拜见家中长辈及平辈中年长者的日子。是日一早，新郎与新娘须身着礼服，携带上爆竹、供品与香烛。先到本村的社屋祭拜社稷明公，新人须行四跪四拜之礼，随从人员则需要为新人铺上红毡条做跪垫。第二站，新人须一齐谒拜本村观音庙。最后，须进本族宗祠祭拜祖先。在此期间，新人须低头低调行走，不可东张西望，否则本村好事之人会讥讽其为“躁浪”。新人回到家中后，要正式拜见长辈。长辈们依次坐于堂前，新人按长幼顺序依次向长辈们敬茶，以此明确辈分称呼。每一位长辈饮完茶后，都会递给新人事先准备好的红包。“做三朝”后，若从他地前来参加婚礼的亲友便可陆续离开。

“做三朝”后一天，新婚夫妇携带礼品，爆竹回到女方家，称为“回门”。新人回门时，要邀请一能说会道、礼仪周全的男子为陪郎和一位下书人同行。而女方家常常派出新娘兄弟到村口迎接，也有派小轿到男方家来迎接。新婿到了岳家门前，须行跪拜之礼，燃放爆竹，下书人递上“到门帖”。之后，岳家开门迎接新女婿。岳父岳母坐于堂前主位，岳家长辈及新郎同辈中的年长者依次坐于堂前，新郎立于堂前一一拜见岳家各位长辈，长辈回礼钱。之后，岳家小一辈的也来至堂前拜见新姑爷，新郎也须回礼钱。中午，岳家开“回门宴”，新郎须等到长辈全部入座才可安席。回门宴有不同形制，有九碗四盘、九碗八盘、九碗十二盘等规格。席间有作陪者极力劝说新郎饮酒的，最初三杯称为门前杯，新郎不可推脱。之后，喝不了的可让陪郎代饮。宴毕，新人须向长辈辞行，岳家会送一只公鸡、一只母鸡，并礼品若干，馈赠新郎亲友。新婚夫妻出门时，还须鼓乐放爆竹，作陪的人会一路相送新人至村口。等行至村口，下书人会呈上“谢席书”，之后夫妇一行人便可回家。

结婚一个月内，男方家庭还需将岳家亲属接来吃会亲酒。新娘结婚后一月内不得离家居住，每日晨昏定省向公婆请安。婚后第一年的正月初一，媳妇需要向公婆行年礼，“敬三茶”，即清茶、甜茶和鸡子茶。

敬茶（林坚 摄）

三、新安江九姓渔民婚嫁习俗

新安江流域内，九姓渔民的九姓分别为陈、何、袁、林、许、叶、孙、钱、李。流域内这九个姓氏的渔民自古以来遭受封建政治斗争的迫害，几百年来迫不得已只能居住在江上渔船中，无法回到陆地生活，故长此以往形成了不同于陆地上的习俗礼仪。婚嫁礼仪是在众多人生礼仪中与陆上习俗区别较大。明朝初期以来，由于统治阶级对的九姓渔民的苛责，他们不被允许与陆地上居民进行婚配，九姓间只能互相通婚，直至民国年间这一规定才被逐渐废弛。渔民的婚嫁礼仪习俗复杂而又富有趣味，而且直到现今都被保留得很完好。

在男女双方家庭定下婚约后，男方除了给女方商量定的聘礼外，还需要给女方家庭送盘，盘内通常装有猪肉、鸡、鱼、蹄膀等食材。而盘的数量由家庭的经济水平而定，多者有送 28 盘的，最少也应该送 8 盘．但盘的数量必须为双数，因为双数为吉利。直到结婚前三天，男方还需要送两担松柴、两担木炭及酒肉若干给女方。

与陆上居民不同的是，渔民接送嫁妆这一步骤通常安排在结婚前一日晚上进行。这一日，男方要邀请一对婚姻美满家庭幸福的夫妻充当“市利人”，妻子来到女方家帮忙准备送妆奁。直到傍晚，两家人将船并排停放，相隔数尺，在两船间安放一块踏板将两船相连。送奁开始时，女市利人手握秤杆站在女方船头，男市利人站在男方船头；女市利人每拿起一件嫁妆，便用手中秤杆钩一下，并说一句“称一斤”后递给男市利人；男市里人接到嫁妆，要高声回一句“长千金”。之后，男市利人再将嫁妆传递给男方家人，再依次送进新人婚房内。送完最后一件嫁妆后，男女市利人要和声高喊一句“荣华富贵万万年”，送奁仪式才算圆满完成。之后，女方家需要邀请男方及前来帮忙的人来到女方家渔船上吃“送亲酒”。这夜女方渔船上需要张灯结彩，并彻夜燃一对红烛，红烛不可熄灭，否则是不吉利的象征。此夜，男女双方渔船需要各挂一只铜锣，双方派人配合敲打，每次快敲三下慢敲十下，齐心合奏，通宵不停。新娘这晚须拜别家中各位亲长，新娘一边哭泣，一边拜别亲长，家中女眷此时需要陪着新娘一同哭泣。新娘每拜别一位长辈，长辈需要给一个红包，并对新娘说出自己的祝福语，此为“谢亲礼”。

到了第二日正式的送亲迎娶环节，男女方渔船的乌篷顶上都要盖上红色的布，女方家渔船停泊不动，男方家渔船从远处缓缓驶来，直至两船相距 1 米时停住，然后开始燃放爆竹。此时，新娘穿戴完毕从船舱内缓步走出，坐进已经放于船头的大红色木盆中，再由两位彪形大汉举起木盆递给男方家船头伫立的两位彪形大汉。接过新娘后，男方家的撑篙人用力一推，将渔船推至江心，在江心转三圈后，再将渔船慢慢开回，两条船舷又并排在一起，此时接亲仪式就算完成了。

渔民们的结婚拜礼在船头举行。新郎与新娘一齐立于船头，在他们前方还会摆上百果盘，盘中装有红枣、花生、桂圆等有美好寓意的果品，两位少女手持红烛立于新人两侧，点香意味着仪式正式开始。市利人在旁高声喊出口令，新人遵循口令进行拜礼。拜礼结束后，新人要正式拜见长辈。新人分别对长辈敬茶，跪拜，长辈要回以红包，并说一些祝福语。之后，要进行的是“洗和气面”，利市人端来热水，按照新郎、新娘、公婆、伯叔、妯娌、姑娘等顺序洗面。一家人在同一盆水中洗面后，就意味着今后一家人要和和气气，莫生嫌隙。接下来就是最为热闹的“并彩”环节。男女双方家庭的船又将船舷并在一起，两船间搭上踏板，两家人一同吃酒说笑，婚礼当日热闹祥和的氛围达到高潮。

最后是众人期待的入洞房环节。渔民们的入洞房仪式也不一般，仪式开始时，新郎从鱼棚内走出要爬上船篷，此举称为“站彩台”。当新郎站在船篷顶时，市利人要高声喊出市利话。话毕，新郎再从船篷上下来，从船尾进入船舱，才算完成了入洞房仪式。之后的闹洞房、做三朝、回门仪式与陆地上的礼仪相差无几。

九姓渔民水上婚俗

四、婚嫁陋习

在新安江流域内的婚嫁习俗中，也不乏存在很多陋习。自明清以来，流域内童养婚俗盛行。童养婚是指男女双方还尚在襁褓之中，便由家中长辈定下婚配，更有甚者长辈还会指腹为婚。但常常因女家贫困而无力赡养女儿，而将还尚在幼童时期的女儿送至男方家庭中寄养生活，等到她长大成人再举行婚礼的一种陋习。尚在幼童时期的女孩被送至男方家中，就需要承担起侍奉公婆、照顾未来丈夫的重任。在寄人篱下的生活中，女孩尚未成熟的身体与心理时常受到折磨与虐待，对于流域内的女孩来说，这陋习实为非人的迫害。

“抢亲”是新安江流域内长时间存在的另一种陋习。抢亲的出现，与流域内婚配礼仪过于冗长、女方要求聘礼之数过高等原因有关。抢亲的一种是在男女双方家庭定下婚约后，男方带人给女方送聘礼时，巧言令色、想方设法地将新娘从房内骗出；新郎带领身强力壮一众人将新娘拦腰抱起，立刻冲回家中，并燃放爆竹，举行跪拜礼，并大宴宾客，礼成便算将新娘娶过门了。另一种抢亲为，寡妇的公婆或叔伯与买家说定，到了约定好的日子，让买方将寡妇抢走举行接亲礼。抢亲普遍存在于流域内各个地区，各类抢亲的实例数不胜数，其中也不乏失败案例。而因抢亲而引发的诉讼案，或械斗案，也不在少数。这类抢亲案给社会带来了十分不好的影响。

第五节 敬老礼仪

“老吾老以及人之老，幼之幼以及人之幼。”尊老爱幼是中华民族长期养成的优良传统，也是每一位中国人固有的情怀。家族长辈们给予自己生命，抚养自己成人。当他们年老时，给予其必要的尊敬是理所应当的。

一、节日敬老

中国自古就是个尊老爱幼的国度，在不少的日子里，都被定义为必须孝敬老人。但凡老人生辰、农历除夕、公历元旦等，在这些日子里，后辈年轻人都需要表现出对老人的敬重与爱戴。在日常生活之中，老人也因为其饱经沧桑，德高望重，而在宴席、婚嫁等诸多场合位列首席。而在这众多的节日之中，当属重阳节最具备有敬老的含义。早在1989年之时，农历九月九日“重阳节”被国家定为“敬老节”，倡导全社会树立尊老、敬老、爱老、助老的风气。2006年5月20日，重阳节被国务院列入首批国家级非物质文化遗产名录。

重阳节的节期在每年的农历九月初九日。其源自天象崇拜，由上古时代仲秋丰收祭祀演变而来。“九”数在《易经》中为阳数，“九九”两阳数相重，故曰“重阳”；

因日与月皆逢九，故又称为“重九”。九九归真，一元肇始，古人认为九九重阳是吉祥的日子。古时民间便有在重阳节登高祈福、秋游赏菊、佩插茱萸、拜神祭祖及饮宴祈寿等习俗。后在历史发展演变中，因在民俗观念中“九”在数字中是最大数，有长久长寿的含义；又因九是久长久远的谐音，因此，九上又九、九九重阳，含有长长久久、长寿尊贵的隐喻。故此，重阳节被赋予有天长地久、生命长久、健康长寿的寓意，寄托着人们对老人健康长寿的祝福。人们纷纷于重阳之日享宴高会，感恩敬老。

在重阳节这一天，新安江流域地区会举行各式各样的民俗仪式。这类民俗仪式源远流长，据现存史料及考证，重阳节的源头可追溯到上古时代，古时便有在这一天举行丰收祭天、祭祖等活动。《吕氏春秋 · 季秋纪》中收录，古人在九月农作物丰收之时，有祭天帝、祭祖，以谢天帝、祖先恩德的活动。这是重阳节作为秋季丰收祭祀活动而存在的原始形式。其起始于上古，普及于西汉，鼎盛于唐代以后。重阳祭祖民俗相沿数千年，是具有深刻意义的一个古老民俗。流域内重要的重阳节习俗有如下几点：

(一)登高,佩茱萸

唐代诗人王维在其诗作《九月九日忆山东兄弟》中有：“遥知兄弟登高处，遍插茱萸少一人。”诗句里涉及“登高”“佩茱萸”两项重要的重阳节习俗。“登高”习俗的产生，是因为重阳节为“清气上扬，浊气下沉”的时节，地势越高清气越聚集，于是“重阳登高，畅享清气”便成了民俗事象。在这一天，流域内的晚辈多会搀扶着年老的长辈到郊外去活动，组织老年人集体登山秋游、交流感情、锻炼身体，使之达到心旷神怡、健身祛病的目的。佩茱萸亦是重阳节的一个重要习俗，茱萸是一种可以做中药的果实，将其佩戴在手臂上、磨碎放在香袋，或插在头上，都可以达到驱虫去湿、逐风邪的作用。在唐代时，插茱萸已很普遍。茱萸香味浓厚，对老年人能起到明目、醒脑、祛火、驱虫、去湿、逐风邪的作用。故此，能使人强身健体，使之适应自然气候的变化。

(二)享宴祈寿

重阳节的求寿之俗，现存文字记载最早见于汉代文学作品。汉代《西京杂记》中记载：“九月九日，佩茱萸，食蓬饵，饮菊花酒，云令人长寿。”《荆楚岁时记》云：“九月九日，四民并籍野饮宴。”隋杜公瞻注云：“九月九日宴会，未知起于何代，然自驻至宋未改。”据此可以得知，重阳节已然在祭天祭祖的基础上加入了求长寿的意义。在这一天内，家族中常常举办饮宴，并让辈分高、年纪长者坐于首座，而这实际上也成为重阳节具备敬老含义的基础。重阳时节的大型饮宴活动，其实是由先秦时庆丰收祭祀宴饮发展而来。发展至今，摆敬老宴、饮宴祈寿风俗仍在流域内一些地方流行。

祝寿(陈之耀 摄)

(三)赏菊、饮菊花酒

重阳节在流域内历来有赏菊的风俗，所以也被称为“菊花节”。重阳赏菊的习俗源于菊文化。菊本是天然花卉，因其花色五彩缤纷，且傲霜怒放，而形成赏菊、赞菊的菊文化。从三国魏晋以来，重阳聚会饮酒、赏菊赋诗已成时尚。在流域内民俗中，菊花象征长寿，也成为文人们赞美凌霜不屈品格的象征。菊花不仅仅是生命力的象征，而且含有养生成分，可以酿制成“菊花酒”。作为一种药酒，菊花酒味道微微有一点苦，但饮后可使人明目醒脑，对老年人更有强身健体的作用。晋代葛洪的《抱朴子》中，有南阳山中人家饮用遍生菊花的甘谷水而益寿的记载。重阳佳节饮菊花酒，已逐步发展为流域内重要的敬老习俗。被流域内居民视为祛灾祈福的重要象征。

二、寿诞敬老

中国民俗文化中对“庆祝生辰”的书面敬称，俗称“过生”，或“做寿”。流域内，老年人庆祝生日大多从60岁或66岁开始。此皆按虚岁计算，即按实际年龄便提前一年。一般60岁、70岁逢十整数的生日较为隆重，多由晚辈操持，可以是族内子侄、儿孙、女儿女婿、侄女侄女婿、徒弟、学生等。70岁以上的高寿老人做寿，街坊邻居也常备礼庆贺。亲友祝贺送来寿联、寿匾，或其他礼物，主人置酒款待，成为流域内重要的敬老习俗。

(一)寿诞前期准备

一般是早一个月向亲友、门生、下属发请帖。同时，准备招待宾朋的菜肴和酒水。寿诞当日，所准备的吃食也较为独特，多为寿面、寿桃、寿糕等。寿面也即长寿面；寿桃则是用精致白面粉做成桃形，内中含有豆沙等馅料；寿糕则是用白面和红枣蒸制的多层枣糕。

除此之外，寿诞早三天便要布置寿堂，张灯结彩。寿诞前一天，庆寿之家先要设寿堂。寿堂一般在堂屋正厅，屋内张灯结彩，正面墙壁中间悬挂寿星图画。寿星是分管长寿的神，被画成老人模样；男寿多为南极仙翁，女寿多为瑶池王母；或八仙庆寿，或百寿图，或红纸书一大金色“寿”字。中堂两边展陈“福如东海长流水，寿比南山不老松”等祝福语句的对联。寿堂正中放一把披着锦缎的八仙高椅，椅前摆一张围有桌衣的八仙桌。桌上烛盘点燃一双大金红蜡烛，椅后造壁摆一张长画桌。桌上展陈有寿桃、寿糕、寿酒等，两边两支红蜡烛。桌前地上铺设有红毡或花席，以备后辈人行礼。

(二)寿诞活动

寿诞当日，要先将祖宗的神主排位请于神案之上，点燃香烛，鸣放鞭炮，寿诞老人穿戴一新，率全家拜祭。之后，老寿星端坐在寿堂椅子上，儿女、亲友们带着寿礼、肉类、酒、茶及其他礼品来为老人祝寿。晚辈衣冠整齐，恭恭敬敬依次磕头祝寿，并献上贺寿礼品。祝寿磕头，称之为“寿头”。是作为祝寿礼仪中重要的一项，必定要磕的。1949

老有所乐(林坚 摄)

年之后，流域内也盛行三鞠躬礼仪。寿公寿婆接受晚辈跪拜，分赠“寿钱”。

拜寿毕，开筵席，寿公寿婆坐正席首位，众晚辈分别敬酒。寿星将寿糕、寿桃、寿蛋等吃食分给众人，众人踊跃嚼食，称之为替老人“嚼灾”。长寿面是寿宴上必有的食物，吃面之时，儿女们要把自己碗中的面条拨向老人碗中一些，谓之给老人“添寿”。

筵毕，向四邻分赠寿包、金团。大家陪老寿星看戏（1949 年后多改为放电影）。晚上请参加祝寿礼仪的亲朋好友吃酒答谢，自此寿礼圆满落幕。

(三)寿诞独特习俗

1. 出嫁女送独特礼品

“父母年到六十六，闺女送上一块肉。”肉要切 66 块，意取“六六大顺”之吉言。同时，还要蒸 66 个小寿桃为父母祝寿，以报答父母的生养恩情。肉和小寿桃必须父母两人吃，其他人皆不得分食，否则便谓之“夺福”。另外，老人六旬后，每逢数九寒天，嫁女都送一只鸡或鸭，用以“抚劳”。每逢闰月年，嫁女为父母送闰月鞋袜或衣料。

2. 儿孙主动张罗喜事

“请吃酒，挜拜生。”说明做寿是儿孙主动张罗，不必送请帖。亲戚一般送“四色”寿礼，女婿、外甥要送“八色”或“十二色”。所谓“色”，就是指一种果品，或一种菜肴。寿礼中必须有寿烛、寿桃和长寿面：寿烛，为红色，长一尺左右，重约一斤，蜡面上印有金色的寿字或松鹤图，上寿时点燃；寿桃又称寿包，是寿诞的主要礼品；长寿面，寿宴上食用的面条，寿日吃面，取“绵长”之意，以祝寿星延年益寿。

3. 重要节点寿诞礼仪

在老人众多的寿诞中，新安江流域居民尤为重视 73 岁和 84 岁这两个寿诞。因为俗语云：“七十三，八十四，阎王不叫自己去。”在这两个寿诞之时，有着特殊的习俗，即子女需买活鲤鱼为寿礼让老人吃。寓意为，鲤鱼擅长跳跃，吃了鲤鱼，便能越过这道年龄上的坎，从而获得平安健康。

近年来，为老人祝寿的方式，增添了现代色彩，如子女陪老人旅游；当地党政领导亲往祝寿、送寿幛、赠礼品、致祝词；老年协会在老人节期间，为当地逢十的老人照相留影、馈送礼物，为百岁老人祝寿；群众业余文艺组织为老人做专场演出。家庭则开筵席，宴请宾客，晚辈为长辈赠送礼物如旧。非逢十生日，一般送蛋糕，不受年龄限制。有的举办生日派对（聚会），相互祝贺。小孩子们生日，祖父母、外祖父母给孩子送生日蛋糕等。

三、敬老意义

孝敬老人是流域内千年传承下来的重要风俗，对于稳定流域内社会的稳定，保证老年人“老有所依，老有所养”有着至关重要的作用。而这，也正是习俗有益于社会的重要表现。敬老这一文化习俗，大体具备以下三点意义：

(一)有利于提高老年人的生活质量和幸福指数

孝文化的核心是爱亲尊亲、敬老养老。《尔雅·释训》把孝解释为：“善事父母为孝。”意思是说能够精心奉养父母就是孝，这是孝最基本的含义。《墨子·经上》说：“孝，利亲也。”孝就是关心关爱父母，为父母谋利。今天我们提倡孝文化，用孝道思想规范人们的行为，有利于促使人们自觉地从衣、食、住、行、乐等方面给予老人更多的物质帮助和精神慰藉，从而不断改善老年人的物质生活、精神生活和健康状况，提高老年人的生活质量和幸福指数，使老有所养，老有所乐，老有所为。

(二)有利于培养子女的道德修养和社会责任感

“百善孝为先。”“孝”的本质是一种爱与敬的情感和行为，它在中华民族传统道德体系中处于核心地位。《礼记·中庸》写道：“仁者，人也，亲亲为大。”仁者总是把父母放在第一位。子女通过日常饮食起居悉心关切和照料父母来表明自已对父母的尊敬之心，进而体现出个人的道德修养。除敬亲、养亲之外，孝道还提倡光耀父母。《孝经·开宗明义》写道：“立身行道，扬名于后世，以显父母，孝之终也。夫孝，始于事亲，中于事君，终于立身。”这不仅要求子女侍养父母，而且要求子女立身扬名，承担起社会责任，为国效力。在当前社会主义建设事业中，国家需要有责任、有担当的人承担起振兴中华民族的重任。提倡孝文化，有利于培养子女的道德品质和对家庭、国家、社会的责任感，从而激励人们积极地投身到社会主义事业建设中来，为社会主义建设贡献力量。

(三)有利于促进家庭代际和谐与社会和谐

当前我国正处于经济社会转型期，生产社会化，人口老龄化，养老问题日益凸显，涉及养老纠纷的案件也越来越多，严重影响着社会的稳定与和谐。现在，养老已不仅仅是老人和家庭、赡养人和抚养人之间的微观问题，它还是关系到社会稳定和经济发展的重大社会问题。《礼记·礼运》中记载：“父子笃，兄弟睦，夫妇和，家之肥也。”父子笃厚，兄弟和睦，夫妇和气，家庭才能和美兴旺。提倡尊老、孝亲，不仅能促使家庭成员和谐友爱相处，而且能促使家庭成员团结一心，共同努力，促进家庭发展。孔子认为：“教以孝，所以敬天下为人父者；教以弟，所以敬天下为人兄者；教以臣，所以敬天下为人君者也。”以孝来教育子女，能使其像孝敬父母那样来孝敬其他老人；以孝来教育臣子，能使其像尊敬君王那样来尊敬其他人。用这样的思想来教育人们，有利于促使人们由孝敬小家庭的老者上升到孝敬社会大家庭的长者和老人，这对协调整个社会代际关系和促进社会和谐具有重大意义。

第六节　丧葬礼仪

丧礼，即特指有关丧事的礼仪。语出《周礼·春官·大宗伯》：“以凶礼哀邦国之忧，以丧礼哀死亡。”“生要生在苏州，死要死在徽州”。在程朱理学盛行的新安江流域内，人们对死亡、对丧葬尤为重视，对待丧礼民间尤为认真。“亲丧，人子大事，当悉如文公《家礼》仪节里事，不得信用浮屠，以辱亲于非礼，以自底于不孝。”[①] 新安江流域人们从婚嫁时便置备棺木作为嫁妆，到了五六十岁即“办前程”（准备后事）。流域内有句俗谚称：“六十不办前程，死倒别怪儿孙。”因此，人们一般到五六十岁，便开始为自己准备“前程”，备置棺材，请风水先生选取“风水宝地”，作为葬身之所。丧葬礼俗极为隆重繁琐，大致可分为送终、报丧、入殓、请七、出丧、安葬等。

一、丧前准备

新安江流域内，人们对丧葬的准备十分充足，并不仅仅是在“人之将死”之时才准备，很多人在五六十岁步入即将步入老年之际，便开始为自己准备“前程”之事了。只要家中有老人，都要及早为老人准备身后丧事。具体而言，丧前的准备大体有如下一些：

(一)备棺木

棺木，又称为“棺材”，在流域内有着“升官（棺）发财（材）”的吉祥寓意。故此，

① 隆庆祁口文堂乡约家法

居民们对棺木的准备尤为重视。选取一个好的棺木，不仅关系到丧者百年之后的长居之所，更是关系到子孙后代的兴旺发达。因此，棺木的选取：首先，考究木材质量，民间有“一柏二杉三梓楸，槐桑枣榆是中流，楝树不做寿材用，杂木泡桐次杨柳”的说法。棺材一般都用杉木，普通棺材是“十二斗”（由十二块板做成），上等棺材为“十斗”，最差则是“十八斗”。其次，讲究棺材的大小厚薄，大小有“四梗”“十”“十二圆”“十三掺”“精镶”“穿枵”等多种。厚薄有大四、五、六，即底四寸、帮五寸、盖六寸之称；中等为三、四、五；小者为一、二、三。再次，要精细加工，用生漆漆三遍，一般是黑色或红色，棺头绘金色“苄”字图案。制棺要选吉日，请木工选材开锯。成棺后，亲友送酒肉面条祝贺，叫“翻棺材底”“寿材”，即祝其长寿，所谓“周岁办材百岁用”。

(二)制寿衣

“寿衣”是指给死者穿的衣服。一般多有三套至五套：一棉二单，或一棉四单。另，还有“三领五腰、五领七腰、七领九腰”之风俗。富者用绫罗绸子制衣，一般是蓝、青、红色，忌黑色。在民间，对寿衣的材质有着很大程度上的考究。一般而言，不能用缎子做寿衣，据说会有“断子绝孙”的诅咒。同时，还不能用皮毛做寿衣，因为若是给死者穿上皮毛，“来生”就会变畜生的可能性。故此，大多数贫家老人死后，穿一种黑袍了事。而信仰佛教的繁荣人家，在死者生前，由儿子将寿衣穿在身上。向九华山朝拜，三步一拜，一直拜到化成寺，请寺僧将地藏王金印加盖在寿衣上。据说，死者穿此衣，可避免“阎罗殿”的“恶鬼”刁难。

(三)造坟

新安江流域有民间谚语：“三十不娶亲，不能怪父母。六十不造坟，不能怪后辈。”还有“世上千人奔，不及地下一人困”这种说法，就是传统丧俗中的选坟。所谓坟山好，既是死者的“入土为安”，也认为关系到子孙的兴旺发达。先人的墓穴风水朝向好，后代就会发迹，做高官发大财。“造坟”前，当地居民会请风水先生用罗盘进行墓穴朝向的查看，如面朝什么，背靠什么，左什么，右什么。墓穴一般忌对山尖，宜对凹形山谷，俗称“元宝形”。当地墓穴多为嵌入式墓穴，只需在地磅上挖出一个比死者棺木稍大的缺口即可。开挖前，先要往四周撒上一升米麦谷豆，并点上香纸以祭山神土地。如果附近处有他人坟墓的，要在他人坟墓前插上三炷香，以示打个招呼。告知某某人从今起要到此地和诸位做伴。

二、丧后事宜

在老人临终之际，新安江流域流传有“送终”的习俗。送终，即送老。老人病危之际，所有亲属无论距家远近，都要尽可能赶回家来，为之“守夜”。老人停止呼吸时，亲属都齐声呼唤，使其了解至亲骨肉都围在身旁，使老人得到心灵上的安慰。在老人去世以后，便开始了以下一系列独特的丧后风俗。

百年之材(林坚 摄)

(一)下停板、下冷铺

1．下停板

下停板，即在老人死亡后，在亡者室内或堂屋明间，临时搭床或置一门板，将亡者抬到门板上。亡者头枕火纸，脸盖火纸，头前放两只碗。其中一碗放米，上插三支筷子，另一碗装两个鸡蛋，这叫“倒头饭”和“倒头蛋”。并插三根香点燃在亡者前。胸口敞开，摆一把剪子。有的地方老人亡故后，立即撤床帐，据说是避免亡者的灵魂罩在“网罗”中不得“超度”。

2．下冷铺

下冷铺，又名“摊门板、下地单”。即在堂屋左边置一门板，再铺上稻草，抬亡者于上面，立即将床上垫草及所穿布鞋放门外路口烧掉。冷铺以三片瓦垫草纸做枕头，头朝外，脸蒙火纸，身盖白被单，腰系白纱线；线数与亡者岁数相同，称“岁数线”;用绳将两脚绊在一起，称“绊脚索”。冷铺边放两碗清水，显示死者心明如水。并严防猫狗猪等家畜接触死者尸体，据说死者与家畜接触，即可变成害人的僵尸。

(二)祝祷“亡灵”

此是对死者临终时的祝祷“亡灵”仪式。或在床上放一个瓦盆，由后辈不断地烧纸钱，并哭喊死者受钱；或在大门口烧纸钱。有的地方还焚烧纸马、纸轿，子女跪拜于地，送亡者坐轿归天。有的还请道士来家念所谓“追魂帐”或“上路帐”。与此同时，还有如下风俗：

1．由孝子到堂屋向祖宗祷告：“×× 已于某时去世。”

2. 在冷铺边点“七星灯”一盏，为“亡灵”照明、指路。

3. 杀公鸡一只，剖后置于碗中，放冷铺边，为“亡灵”引路。公鸡和七星灯被尊为有“法力”的神物，所以用之为“亡灵”服务。

(三)起水、洗身

1. 起水

起水，即孝子挟亡者寿衣，手执破纸伞，端一饭碗，内放一小块青布；另有人打锣，放爆竹，并持祭品。孝子到附近井边起水时，向井（塘）礼拜，烧香；然后取水装碗中。回归时，将寿衣披孝子身上，撑开破伞，孝子端井水，边走边泣。到家门时，将破伞甩掉，将碗中沾湿的青布在亡者胸口按三下，有的则擦五心和七窍，随即将碗摔在大门外。亲族乡邻都上前道哀，向亡者磕头。孝子跪地答谢。亡者的至亲则守护在旁，哀哭声不断。

(2) 洗身

洗身，由长子或长媳亲自为父或母洗身，洗时将前胸、后背各抹三把。小洗毕，由下辈为死者更衣，即将内衣脱去，换上寿衣。在换衣前，衣服要事先由儿子或媳妇焐热。为亡者理发，如死者是女性，由孝女亲为其理发，用梳子在头发上梳三下，并边哭边念：“前梳金，后梳银，中间梳个聚宝盆。”这既为死者美容，并为后辈祝福。

(四)报丧

报丧，又称“报老”，或称“把信”。长辈逝世后，家人在祖宗牌位及左右门肩贴上火纸，并在大门贴上白纸。有的地方在两扇大门外贴上门状，状上记载死者的年龄及生卒年、月、日时。同时，家人还要到亲戚家报丧。如父母去世，儿子戴重孝，系麻纰，在亲房长辈的带领下，到外婆、外公、舅舅家跪拜报丧。不管天晴下雨，报丧人要带一把伞，进屋挂堂屋左边椅上，口称“××谢世了”！主人立即摆出糕点，泡茶两杯，左杯献给死者，右杯给报丧人喝，另做三个汤蛋款待。有地位的书香门第，口头报丧的同时，还要用讣文向亲友家族报丧。讣文有固定程式，即书写死者姓名、年龄、生卒年、月、日，以及生平简历与功绩。

(五)孝服

孝服，即“成服”，这是死者的晚辈为死者守孝的特殊服饰。下辈与死者关系亲疏不一，孝服也有区别。孝服有斩衰、大功、小功、缌服等“五服”的规定。死者的儿子媳妇及未嫁的女儿为重孝，孙子、孙女次之，侄媳等又次之。孝子头戴长孝巾，最长为五尺，亦有用孝巾折成间包帽；身披孝袍，腰系麻绦；鞋蒙全白布，父母双亡，双鞋均为毛口；一方在世，只留一毛口。媳亦如之。其他下辈的孝巾，或长三尺，或长一尺，鞋蒙半截，或仅蒙鞋头。曾玄孙则在白布上缀红鞋头；有的地方，曾孙帽用红布，玄孙帽用绿布。而白色的粗棉布，为各地孝服的共同色彩。先由道士推算是否冲煞，以择定入殓时间。

入殓前，孝子先请“八大仙”将死者“寿材”抬至堂屋当中，放置两条大板凳上，叫“升棺”。棺材大头朝外，材内铺上石灰，是按死者年龄，用皮纸包好陈石灰铺垫于棺底；其上垫铺棉絮，褥上放七个“垫背钱”。然后，由亲人用孝巾托住尸体放入棺内，并口喊“×× 别怕”！用底线校正尸体位置，对正死者鼻尖与棺材上木工刻的中线；底线下垂一铜钱，作为死者的“呛口钱，又名“压口钱”。并将死者生前心爱之物，能焚则焚，不能焚的放入棺内，作为陪葬品。富者则陪葬金银饰品等。还要将瓦盆中所烧纸币灰用纸包好，放入棺内。富家装扮死者时，还用丝棉紧裹尸体，然后穿上衣服，据说可防白骨散开。死者的鸡鸣枕，这是由女儿焚烧的纸钱填充枕芯，枕似鸡形。死者两手握银锭，脚穿老袜、老鞋，还用上穿一针的长线，从棺材脚牵到棺材头，叫“分针”。亡者家属分站棺材两边，要“亲视含殓”，与亡者属肖有冲犯的家属要避开。棺材盖落实后，亡者亲属手持枝子香跟随道士绕棺“关小灯”。继由孝子弯腰驮棺材，叫“驮重”。道士手持斧头在棺材上敲三下，所谓棺材盖上三下响，亡人知自己已死。满室亲属扶棺大哭，哀悼死者的离别。

成殓后，在棺材大头边放张大椅，供饭一满碗，竖筷子一双，筷端插一个或两个剥壳蛋，熟鸡一只，称为“倒头饭”“倒头鸡”。棺材下放一块石磨，男用上磨，女用下磨，磨上点油灯一盏，谓之“引路灯”。有的地方，在棺材的四角和中心，各点油灯一盏，叫“五星灯”。据说，“五星灯有驱邪的魔力”。凡客死他乡的人，则临时在外搭棚入材，不能在堂屋内入棺。

(六)孝堂、奠仪

室内布置一座灵堂，单屋正中悬白色布幔，墙壁上贴道士写的“课帐”，或称“七单”，记录死者姓名、生、卒、年、月、日时，以及亲属名单。年满花甲者，是红纸正贴于壁，否则是蓝纸斜贴壁上。堂上设祭桌，白布桌围，点燃白蜡烛一对，香炉内焚香。祭桌中设灵位，即神主牌，墨布楷书“显考或显妣 ×× 大人或孺人之神主”。牌位旁边点“照明灯”，棺材下点“本命灯”，均日夜不熄。灵位左右摆“丧杖”“引魂幡”，有的还挂遗像，上披黑纱，黑纱上挂“音容宛在”的横幅。灵前放拜垫，灵位旁挂挽联。灵位前摆鸡、鱼、肉三牲，以及茶酒饭等供品。大门口贴“本宅治丧，恕报不周”，表示对一般亲友没有去报丧的歉意。停丧期一般为3天，或5～7天。皖南绩溪一带，停丧期长至30～49天，叫“开明灵”。在此期间，死者亲属轮流守灵，受亲友吊唁。亲友吊唁，一般都酌送奠礼。吊礼有清吊、荤吊两种：清吊是一般亲友所送，如纸钱、金箔、线香、蜡烛、爆竹、孝幛、挽联、纸扎轿马等，均系献给死者的祭品，在祭灵时焚烧；荤吊由至戚以猪头、公鸡、鲤鱼三牲祭灵，也有杀猪宰羊致祭。一般送礼规格为三、五、七、九样不等，都要取单数。也有以现金作为奠仪致送的。孝子对吊唁者一一跪拜致谢，并赠孝巾，对至戚还送孝服。吊唁者即时戴上孝巾或穿上孝服，向灵位跪拜或鞠躬。孝子则向吊唁者叩头致谢。外祖父家来人吊祭时，孝子、孝媳、孝女等下辈要全部出动，跪迎于村外路侧，迎至灵前再行三拜礼，同时集体举哀。治丧期间，一般要请僧人做佛事，家境穷富不同，身份不同，佛事的规格也不相同。富者在停丧期间，每逢七日，要为亡者念经。五七这一天，由亡者女儿送“灵饭”。僧道做佛事，有“观大灯”“游十殿”“拜忏”“放焰口”。如亡者是女性，其女儿要另做“破血湖池”，还由道士诵“诉苦经”“十月怀胎经”，孝女伏地痛哭，以表孝心。出殡前一天晚上，还要做一场“暖棺焰”法事。总之，富者为“超度亡魂”在灵前念佛经，常长达49天。贫家只请道士做“短七”，念半天佛事。死于自杀或他杀的，要“架炼”，由僧道在门外广场做“法事”；同时燃烈火，向“孤魂野鬼”供献祭品。佛事毕，即举行开吊，正式举行祭礼。决定家奠、领帖、发引日期后，即分送讣文，大门口换贴“本宅治丧，讣报不周”。

(七)家奠、领帖

在丧事中，祭奠是非常隆重的，为丧家办祭祀的人员称为“礼生”，在分工上有大通、副通、正引、副引等名目。猪羊大祭者，需要礼生6～7人，一般一献三呈的是4人。还要陪祭者4人，两人搀扶孝子，两人随正、副引传递祭品。大门口是吹鼓手携带乐器，随时听候指挥奏乐。祭祀开始，孝堂保持肃静，不许有哭声。祭祀礼仪有三：首先是“告祖”，孝子着吉服向本堂历代祖考祖妣灵位前行“告祖”礼，由礼生替礼。继开祭“点主”，礼生按题主仪式替礼，题红官在大红伞下身着礼服，在神主正副牌位下面“王”字加一点，先持朱笔，题正主、题副主；再持墨笔，加福、加贵。题红官祝词：“沾天地之灵气，受日月之精华，持龙凤之宝笔，致点于显考（或显妣）之神主。”祝毕，笔往后丢，名曰“笔后发”。“成主”礼成，祭祀开始。礼生按祭礼程序呼献呈礼：献甘鬣（猪)，献绒毛（羊)，献酒樽（酒)，献汤馔（点心)，献羹汤，献香膳，献香茗；献哀章，即读祭文。其他各色祭品有数十样，每样三碟；孝堂两边的祭品，多者竟达数百碟。主祭孝子手持丧杖，躬腰低头，随赞礼官呼到哪里就跪到哪里，叩首上香数十次，甚至百次，两边虽有陪祭人搀扶，也已是头昏眼花了。亡者其他亲属均跪伏孝幔内默默哀泣。读祭文后，即将祭文烧掉。大通则高呼：“主哀，阖室皆哀，哀、哀痛。”孝幔内全体亲属即哀哭，刚哭三声，大通又呼“哀止”，阖室即停止哭泣。家奠成主是大典，叫哭就哭、叫止就止；即使哀痛哽咽不止，也不能出声。猪羊大祭之献三呈的礼仪，都在10个小时以上，赞祀官与主祭孝子，常轮流更换，才能礼成。题红官一般由德高望重的老者担任，办完丧事，对题红官、礼生先生，孝子是要携带礼品叩谢的。领帖，即治丧人家摆筵席酬谢族亲邻友。前来应席者先向灵位行礼，进行吊唁，孝子则跪伏孝幔内答礼。执事人招待来宾入席，孝子则向各席磕头谢席。大门口有吹鼓手奏乐迎宾。

(八)封殓

出殡前夕、揭开棺盖，与死者永诀。家人环聚棺材四周，跪拜哭泣，由孝子再次放正尸体，剪下死者腰上系的“岁数线”，分给儿媳、女儿在襟上佩戴，取享长寿之兆。再将儿女衣襟上撕下小块布塞入棺内，以示生者对死者的怀念，始终不渝。最后，用桐油、糯米饭和石灰涂在棺口沿边上，再徐徐盖棺。盖棺时，孝子孝媳手执油捻，绕棺一周。死者如是婆婆，封殓时，必须请其娘家亲属到场，才能最后盖棺。出棺前，先磕钉，钉用枣木或熟铁制成，钉上系红布条，先由族长或家属中长者亲自操捶。这时，孝子孝孙要绕棺三圈，并向族长致送“磕针礼”，包括糕点、孝布等。族长只砸一根主钉，砸之前，将钉在孝子头上轻轻擦一下，然后砸进棺盖口。其余三钉，由抬棺者一一砸入。出棺时，先将棺材移到大门外广场，用粗绳木杠捆扎，搬走棺下小磨，撤出供祭品。抬上棺材时，踢倒垫材的板凳，一声呐喊，抬起就走。

(九)出殡

出殡，又叫发引。出殡时间，宜择单日和吉日。出殡有大出、小出之别。大出殡有仪仗队，前面灯笼高照，还打着冥旗、大伞，鸣锣开道，乐队随后；接着是古代兵器的瓜锤、月斧；香亭紧随，内有亡者遗像及香烟缭绕；僧道身着法衣，手敲木鱼，口诵经文；随后是高举孝幛和挽联的队列，接着是一大群送殡者缓缓行进。棺前孝子孝孙着重孝，肩负引魂幡，手持丧仗，弯腰低头前进。后面是头戴孝巾的8个抬工，抬着有素绣花棺罩的大棺材，一步一步地慢慢前进。孝子孝孙遇有路祭者，要随即下跪叩谢，执事人并向路祭者回敬一包“路祭钱”。一路有专人撒“钱纸”，叫撒“买路钱”。棺柩后面，孝媳孝女等亲眷乘小轿随行，一路哭泣。若是孝眷人少，还要雇人伴哭，以造成声势，显示亡者子孙昌盛。一般女眷送至半路即返回。小出殡是一般困难家庭的殡葬习俗。出棺时，由亲友帮忙，将棺柩抬到大门外，长子在前，一手持“引魂幡”，一手举“老盆”（陶罐）。棺出大门时，随手摔碎老盆，俗话说：“老盆一掼，家业一半。”“掼老盆”只限于长子操持。有的地方，门口烧一栗炭火，棺从火盆上经过时，将一碗白酒浇在熊熊烈火上，升起一股火焰，棺从火焰中抬过去。棺上披一条红毡，上面拴一只公鸡，以示驱邪。

（十）安葬

请“风水先生”相地。一般富裕人家强调风水，到处寻找所谓“吉地”“宝地”，名之为“拿龙捉穴”“真龙活穴”。如找到了，就不惜重金购买，或巧取豪夺，希望死者葬后，即能“寅葬卯发”，后代受益。并且要求土质坚洁，走向坐北朝南或坐东向西，以防蚁防潮，使亡者入土为安。而贫穷人家则只要求土质干燥朝阳，对后代没有坏影响就行了。民间有谚语说：“谋地葬贵人，遇地出贵人。”这是讽刺富裕户千方百计谋葬地，也是徒劳之举而已。选择吉日开土，先由孝子挖三锄，钉两段木头于地，曰“金桩”。然后由帮忙的人开“金井”，在“井”内烧百子箕（即芝麻秸）、黄丝（稻草）暖土，叫“暖穴”。抬棺到墓地时，抬工要绕墓地三圈，才放下棺，叫“抢风水”。棺材下坑时，行兜土仪式，即用锹铲土盖棺，叫“兜土盖脸”。在坑四周埋四根树桩，意为后代将广置田地，大发家财。这时，要给抬工发喜钱，每人要有5个硬币，意为死者后代会五代同堂。棺材入坑后，抬工要“发龙”，即由两人抢“龙扛”向上坡跑去，越跑越快，越快越好，家属及时散发“发龙糕”。接着就是培土，用锹打紧外层，进行封土。有的地方，在坟后插上红、白、黄等不同颜色的丧棒，其中白色棒代表儿子一代，红色棒代表孙子一辈，黄色棒代表重孙一辈。棒数与子孙数相等。有的地方，在封土前，把封基米撒入“金井”内，子孙点香跪拜，然后大家脱去孝衣，封土。次日到坟前祭拜，称“安山”。

有的地方，找不到适当葬地，就暂厝至次年冬至再正式选地安葬。富家为了找

“宝地”，以至停厝多年而不葬。有的地方，父死暂停厝，以候其母死；或母亡停厝，以候其父死。家贫无钱请“风水先生”看地的，就在自选墓地上甩扁担，按扁担方向摆棺材，叫“甩扁担向”。这是劳动者对工具神化的遗俗。死在外地，尸骨无存者，以衣冠冢安葬。即用扎草人穿戴死者原穿过的衣冠，写上死者的生卒年月，然后安放棺中，用公鸡血点主而葬。寿终正寝的人，才能葬入祖墓；自杀或他杀的人，死后只能葬入乱坟堆中。已安葬者，如发现坟地场有蚁害，即捡出尸骨，用小棺另葬，叫“收黄精”。捡骨时，需搭布棚，不能让尸骨见天日。死者儿孙要将包尸骨的棉花焐热，才能包好入棺。

(十一)守孝

守孝时间，一般为七七（49天）、百日、周年。死者如系老年父母，子孙守孝期有长达三年的。送火上坟：出殡后第一天，家人要送火上坟；第二日同样；第三天才将油灯放灵位之前，谓之“送灯”。有的地方不用油灯，家人将草包点燃，置于坟边，以三天为限，谓之“复山”，又谓之“烧三天”。其意是有了火光，“亡灵”回老家就可以看见路。“七七”是受佛教影响。佛经谓人死此生彼之间，有“中阴身”，如童子形，寻求生缘，以七日为一期。若七日终，不得生缘，则更续七日；至第七七日终。举行超度，祭奠。每七日为一七，逢七必上坟祭奠，称为“应七”。其中第“五七”烧灵，烧去供亡灵牌位的纸扎灵屋。第“六七”由出嫁的女儿、女婿祭奠。其余各“七”均由家人祭奠。百日、周年，家属须上坟祭奠。三年服丧，是儒家的遗教，逐步形成传统丧俗。三年内，未婚子女不能结婚。但在热孝期“七七”49天之内，可允许结婚。父母去世未满“七七”时不能理发，但在入棺前可理一次发。三年守孝期内，逢年过节，子女不能穿红着绿，要穿素色衣服。春节期间，不能用红纸写春联，只能用蓝、白、黄等素色纸写；春联内容要切合守孝情思，如“守孝三年易满，思亲百世难忘”“天下皆春色，吾门独素风”等。

(十二)留灵

死者安葬以后，为了寄托哀思，往往在家中堂屋内设祭案，案上摆纸扎“灵屋”，其中安放“灵牌”。“灵屋”前设烛台、香炉、磬等，墙壁上横书“祭如在”三字，两旁悬挂挽联。每天子孙在就餐前，把食品捧到灵位前，点香击磬，献亡灵品尝。有的地方，除供饭菜外，还要送三次茶，三次点心。击磬也有规定：叫“早三、晚四、中一锤”，即早餐三响，中餐一响，晚餐四响。留灵时间，一般是“七七”49天，

双寿承恩坊

最长的三年，到期将“灵位”焚烧。焚灵时，要请僧道念经，并将挽联等物一并烧掉。守孝礼俗就告结束。

三、新式丧礼

1949 年之后，长期传承下来的丧俗已开始有所改变，新丧俗已开始出现。城乡的丧葬习俗有变革，但发展趋势是不平衡的。城市、集镇变革得较快，而在农村中，传统丧俗仍然流行。不过，丧俗礼仪也已渐趋简化。具体而言，新式丧礼的具体习俗大致如下：

(一)临终礼俗

病人去世后，家属给遗体盖上白布单；然后给死者换上衣服，送殡仪馆火化，或仍用棺木送墓地安葬。运送时，亲属痛哭，并放鞭炮，以志哀思。

(二)报丧

一般是张贴讣告，讣告登报纸上，载明死者姓名籍贯、生卒年月、生平简历及对社会贡献等。农村则是口头通知有关亲属，并在家门口张贴白纸。

(三)开追悼会，遗体告别

这种纪念仪式，大都在死者遗体火化或安葬前，在殡仪馆举行。会场正中挂死者遗像，会场四周安放花圈，堂前悬挂挽联、挽词、挽幛。追悼会致悼词，遗体告别是在哀乐声中，向遗体默哀致礼，并绕场一周。参加追悼的成员胸前佩戴白纸花。

(四)丧服

一般是左袖戴黑袖章，有的还在黑袖章上用白线缝一个“孝”字，儿女辈在黑袖章上加缝圆形白布，孙子辈则在黑袖章上加缝小块圆形红布。

(五)火化

各城市已逐步推行火化，以代替土葬。遗体火化时，至亲家属都要送葬。火化后，由火葬场工人将骨灰装入盒内，由家属领回，有的放家内，有的及时送墓地安葬，葬后安石碑一块。

(六)奠仪、谢孝

一般公职人员的治丧费用，由有关单位直接拨给。亲友致送花圈或奠仪，家属则回赠白毛巾及其他相应物品。如死者为寿高达耄耋年，则赠小花碗，谓之“偷寿碗”。这是祝愿亲友能享受同样的高龄。

守丧，死者安葬后，亲属在家内悬挂死者遗像，镜框上披黑纱，桌上呈献瓜果鲜花，以示长期的追念。但在农村中仍有做佛事追悼死者，所谓“长七”与“短七”，以超度死者。也有以说书代替佛事的新习俗。亲属中的子女仍保留守丧习俗。守丧时间，“七七”期间，逢七日，家属到墓地祭奠；半年、周年也到墓地去拜祭。

(七)安葬

农村仍以土葬为主，但城市从20世纪70年代起一律火葬。农村一般仍送香纸、三牲，并送礼金，也有扎送花圈和挽联的。家属则要招待素席，并回赠一定的礼物。城市有花圈出租，殡仪馆有灵堂，放哀乐。

第九章　新安民俗语言及口头文学

授艺(徐昱 摄)

新安方言，多称吴语徽严片，其词汇、发音与吴语方言、徽语方言有很大的共性，主要分布在钱塘江上游古徽州府、严州府大部、饶州府部分地区，使用人口400多万。新安方言颇具特色，是一种与普通话差别很大的土语群，语片划分为绩歙片、休黟片、祁婺片、旌占片、严州片等，各方言区内的方言又互相有差异。新安方言兼具吴语及赣语两者特色，如声母系统接近赣语，而韵母系统则与南部吴语接近。且保留了一些中古汉语的特征，如入声、次浊音。在长期的历史发展中，新安方言吸收和融入了其他方言的有用成分，丰富了自己，并成为汉语方言中重要的一员。它记录了新安江流域人民辉煌灿烂的历史文化。

第一节　新安民俗方言成因

一、民俗方言区的原始先民与山越人

新安江流域，在上古时期便隶属九州之扬州。在春秋时期，先属吴，后属越。战国属楚，秦属鄣郡，汉改为丹阳郡。该流域在史籍上多有记载，如：

《说文解字》第十一篇“渐”字下云：“渐水，出丹阳黟南蛮中，东入海。”

《汉书·地理志》注说：“自交趾至会稽七八千里，百粤杂处，各有种姓，不仅少康之后也。”

由此可见，流域内先民们多是“蛮夷”，也即史学界所说的“百越”（或“百粤”）。尤其是1959年，在黄山屯溪机场发现了西周土墩墓群，说明了在西周时期便已有了一定规模的土著越人在这里生活。1987年，浙江考古工作者从浙西南地区发掘的土墩墓中，也发现同屯溪土墩墓形态相一致的采用鹅卵石铺垫而成的石床墓葬形态。在《浙江淳安左口土墩墓》中说道：“出土器皿上的纹形、造型与屯溪土墩墓出土的相同或相近。”由此可见，钱塘江上有盆地的文化面貌，与今屯溪一带文化面貌基本相同。

流域内之所以方言各有不同，主要还是因为原生土著民族种类繁多。自秦始皇兼并六国以后，为了控制越人，便对此地进行了大规模的移民。所以“山越”之地，既有世居的越人，也有此时迁徙而来的瓯越、闽越人，甚至还有部分逃役避难的汉人。再联系到现代徽语片区中保存下来的与吴、粤语相同或相近的一些底层现象，大致可以推测新安流域的原始土著，与现代壮、侗、苗、瑶等族有着很密切的关系。新安流域原始语言很有可能是多种部落语言共处的状态。

二、中原人口大迁移影响

晋“永嘉之乱”以后，中原战乱频繁，百姓动荡不安。出于峰峦绵延、地势险阻，新安江流域成为许多由北向南迁徙的众多官吏、大户旺族、士庶百姓躲避战乱的世外桃源。据罗愿的《新安志》记载：“黄巢之乱，中原衣冠避地保于此。”另明人郑佐、程尚宽等辑录的《新安名族志》中，也综录了迁徙进入新安的88个家族。有名的姓氏，如歙县程氏（程元谭、程灵洗）、绩溪任氏、歙县胡氏、屯溪陈氏等。这些豪门大姓、达官显贵，或因官于此而定居，或因恋新安大好山水而定居，成为新安江流域有权有势的地方统治者。他们的大量迁徙，不仅为流域内带来了北方的文化习俗，而且在方言上也逐步用官话汉语取代了原先的山越部落土语群。在长期的南北民族融合过程中，山越语特色逐渐消退，最终形成了当下这样一个既有统一特点，又“十里不同音”的有多种个性特征的新安江流域方言。

三、周边其他民俗方言区相互融合

新安方言受周围方言影响颇大，是在一个相互融合、相互吸收的过程中发展起来的。这主要有两个方面的原因。首先，流域内经商者较多，很多人因赴外地经商、为官，从而被迫学习了其他地区方言。流域内山区居多，因此该地有大量竹、木、茶、炭之类外运货源。自明成化、弘治起，便有出外经商的潮流。“男子成童，即服贾四方”。但徽严语与其他地方方言差异尤大，所以经商学徒者首要的任务便是学会经商地的官话方言。这些商人回到家乡后，大都带来了经商之地的方言，如江淮话、吴语、赣语等。另一原因则是因天灾、战乱等原因，迫使周围地区的居民大量流入徽地，与当地徽严语言相互融合。以绩溪为例，据《绩溪县志·概说》记载，自“清代以后，入境的人口更多，主要是本省江北和苏、浙、赣的移民。他们徙居徽山河大鄣山中，以伐木、烧炭、种山为主，世称棚民……至清道光年间人口便增长至22万余人”。从另一渠道将江淮话、吴语、赣语等带入徽严片区。但他们并未完全改变该流域新安方言的基本体系，反而使得徽语方言更加丰富和发展了。

四、民俗方言演变的原因

(一)地理原因

徽严语片区地处黄山、九华山、白际山、天目山、五龙山等山脉盘踞区域内，峰峦起伏、河流湍急、交通不便。也正是因为这些高山大川，阻碍了流域内居民的相互交流，限制了大家进行社会活动。散落在流域内各个山坞里的山民们，虽然“鸡犬之声相闻”，但常常“老死不相往来”，最终形成“十里不同音”的文化语言现象。以绩溪岭南、岭北话为例来说明。此二者以徽岭为分界线、因徽岭主要山峰海拔均在千米以上，山脊又长达50千米，成为境内长江水系与钱塘江水系的主要分水岭，也使得流域内“六邑之语不能相通”。

(二)社会原因

徽严语片区的人虽然也像其他地方一样，长期过着封建的农耕生活，但是该流域受封建宗法制度的统治和程朱理学的束缚尤为深重，这也是徽严语片区言语独立性较强的重要社会原因之一。在历史上，迁入新安江流域的各地豪强大姓或仕宦之家，多是按照一家一族建立村寨的，严格限制，甚至极力排斥他姓之人，最终形成了一村一族的制度。如棠樾鲍氏（来自山东）、雄村曹氏（来自河南）、渔梁姚氏（来自四川）等。如《安徽通志》所记载，“千年之冢，

新安江畔

不同一抔；千丁之族，未尝散处；千载之谱，丝毫不紊”。正是因为严密的宗法制度，将人们束缚在了一村一寨之中，所以语言的交际范围也受到限制。这些姓氏后来迁入流域后，均成为世家大族。但大都在自身的村寨里生活，语言势必孤立发展，造成不同地域方言上的区别与不同。但随着时间的推移，家族的壮大，各大姓氏势必会不断地向外扩张生活区，选择新的居住点。迁居之后，各大家族的话语相互交叉融合，就形成了如今的徽严片语区。

第二节 民间民俗语言

一、谣谚

谣谚，多指歌谣和谚语。出自清代唐甄的《潜书·卿牧》:“虽有所蔽，形于别奏，流于谣谚，闻于计吏、僚友、游士之口，皆可审察而知之。”鲁迅在其《南腔北调集·谚语》中也说道：“某一种人，一定只有这某一种人的思想和眼光，不能越出他本阶级之外，谣谚并非全国民的意思，就为了这缘故。”它是古代传播活动中最早和最常用的口头传播形式之一。但由于受交通条件限制，也常因传闻异辞而失真。

新安谣谚多指在新安江流域人们口头广泛流传的现成语句，它往往传达了人们在征服自然、改造自然和社会的实践中积累下来的丰富的知识和经验。新安谣谚简练通俗，意思完整，有着南北过渡性的基本特点。这一特点主要来源于新安地区独特的历史渊源。从历史上看，新安地区先后经历了汉末、东晋、唐末等三次大的战争移民，且三次移民主体多为中原大族，这就使得中原文化、北方风骨在新安江流域扎根结果。此后，这个区域商业兴旺发达，该地又与苏、浙、沪、楚等地联系密切，在语言便形成一种共享、兼容的局面。让徽州谣谚不可避免地吸收了一些委婉清丽、温柔敦厚、含蓄缠绵、隐喻曲折的吴歌因素。总之，由于特殊的历史、地理环境，徽州谣谚文化品位较高，呈现出南北过渡的特性。但南方的气质更为浓烈，共性之中具有自己的个性。大致可以将歌谣分类如下：

(一)劳动类

新安谣谚和方言产生是一样的，都是居民在共同劳作实践中产生的。新安江流域地耕环境恶劣，素有“八山一水半分田，半分道路和庄园”之说。人多地少的现实矛盾逼迫新安人转向从商以谋生，农业与商业成为新安经济的两大支柱。劳动类谣谚又可细分为农业谣谚、商业谣谚、号子三大类。

1. 农业谣谚

农业谣谚内容多涉及农业生产经验的传授，以及对劳动的感受。新安地区农事以种田、采茶、养蚕为主，与之相关的农事歌谣也比较具有代表性。如分布在绩溪县的《种田歌》便是代表：

春天来了农事忙，耕田播种趁时光。
家家妇女采桑去，多少村庄闻菜香。
四月清和麦陈黄，耕匀田土种新秧。
太阳晒得农人背，执杖耘田汗似众。
农夫欢喜是秋天，百般种子尽有收。
满斛盈仓全是粟，家家户户庆丰收。
农夫冬天苦又欢，举手做事皮肤寒。
若是遇着风雨雪，饱食暖扬乐闲谈。

短短几行歌谣，就把农人一年四季的心情描写得淋漓尽致。除种田外，茶业是新安地区最重要的经济作物。在清明前后，新安地区漫山遍野的采茶人，在劳动之余唱一支采茶歌谣，既消除重复劳动的无趣，也能互相传递信息，保护自身安全。如广泛分布的《采茶谣》，便巧妙地将一年12个月融入谣谚中，记录下茶人一年的辛苦忙碌：

正月采茶是新年，二月采茶正逢春。
三月采茶桃花红，四月采茶做茶忙。
五月采茶是端阳，六月采茶茶飘香，
七月采茶秋风凉，八月采茶是中秋，
九月采茶菊花黄，十月采茶小阳春，
十一月采茶雪花飞，十二月采茶又一年。

采茶（林坚 摄）

2. 商业谣谚

尽管新安地区的商人多以药材、茶叶、纸墨、竹木、典当、盐为经营项目。但新安商人的经营模式是一种外向型经济，随着本身商业地位的稳定，经营模式多以“两头在外”的商业为主。即从外地采购商品，在外地销售，或者完全在外地经营。故此，新安谣谚中的商业谣谚多是与当地人生活密切相关的行业。如，这首《手艺》的歌谣，便将当地8种工种待遇融合起来：

一阉猪，二打铁，
三捉鲮鲰，四戳暨。
五吹机，六抬轿，
七做木匠，八做媒。

3. 号子

“号子”主要有两种：一种是集体号子，多用于多人合作的劳动中，主要是为了协调动作，集中力量。往往有一个领头者，一唱众和。另一种是个人号子，主要是为了分散注意力，减轻劳动压力。这种号子有些没有歌词，只是伴随着劳动节奏发出一些强有力的音节。如《锯板号子》，它没有具体的意思，只是简单的音节重复：

呀喃咳，呀喻咳，晰呀嗬哈；
呼呀喃喃，喷呀呼喃，咳呀喃咳；
呼呀喃哈，呀喃喃。

(二)仪式类

原始时期，由于生产力的低下，人类对大自然中的万物充满好奇与恐惧，由此产生了“万物有灵”的观念。为求得鬼神庇护，原始人用一系列的仪式与歌谣媚神。“昔楚南郎之邑，沅湘之间，其俗信鬼而好祠。其祠必作歌乐鼓舞以乐诸神”。可以说，原始信仰与祭祀仪式是民间歌谣的另一重要来源。随着生产力发展，人类认知能力的提高，仪式类歌谣逐渐跳出媚神的藩篱，开始用于生活的各个方面，主要包含有婚嫁类歌谣。

1. 婚嫁类歌谣

婚礼在新安江流域被誉为“小登科”，是人生的一大乐事。整个婚礼的主色调是喜庆、欢乐的，所以大多歌谣都是大吉大利的吉祥祝福语。即使父母与女儿不忍心分别，唱一首哭嫁歌最终也是祝福女儿能得到公婆的疼爱、丈夫的关心。由此我们看出，徽州民众对美好生活的期盼与向往。如歌谣《哭嫁》：

鸡叫三遍起日头，女儿长大不中留。
眼泪偏像山泉水，这边揩了那边流。
摇篮还在耳边响，转眼要去人家楼。
燕子齐毛离窝去，衔泥何时再回头。
火炮花轿催囡走，好多话儿说不够。
囡啊囡，往后日子重开头。
孝敬公婆勤持家，夫妻恩爱度春秋。

2. 丧葬类歌谣

慎终追远，葬礼始终是悲痛的。新安江流域历来重视墓穴风水。“地多山水，故土薄。择葬地实难，而形家说又难出。或不仅求安，且欲以求福利。至亲殁，不即葬，多为厝屋。至有覆茅茨者，岁久将不能葬”。故此，墓地风水的好坏不仅关系着亡者灵魂的安宁，更关系着后世子孙的富贵与人丁的繁盛。为求一风水宝地，不惜花费重金，更有甚者为此械斗。在流域内，也广泛流传丧葬类歌谣。棺材在入穴之时，杀扶丧鸡，滴鸡血于棺材的头、脚、身。然后在棺盖上支蓝白线各一，地师以铜三脚架支线，用罗盘校正棺材的朝向。封金后，安葬还要进行撒五谷、呼龙等仪式。现摘录两首歌谣如下：

封金赞

昆企山三十六脉，五方富贵来龙。
八八六十四向，向向安宁。
左青龙右白虎，前朱雀后玄武，三分泥四分土。
赤心安葬，子孙发福。
赤心安葬，子孙发福。

撒五谷

一把五谷撒在东，代代儿孙做尚公；
生个儿子中状元，生个女儿做夫人。
二把五谷撒到南，子子孙孙不平凡；
脱了草鞋穿球鞋，脱了球鞋穿皮鞋。
三把五谷撒西方，一家老少都健康；
风调雨顺年成好，家庭和睦幸福长。
四把五谷撒到北，代代儿孙做新房；
拆掉草房盖瓦房，拆掉瓦房盖洋房。

3. 建房类歌瑶

除去有关人生仪礼的仪式歌谣，新安江流域内还流传着许多与建筑有关的上梁歌与农业有关的节令歌谣，以及与祭祀有关的诀术歌谣。流域内民间建房，上梁是最为关键的环节。在占地面积与高度上算不上恢宏，但内部却精雕细琢，徽州三雕（木雕、砖雕、石雕）堪称艺术精品。商人在外辛苦经营，为的就是“金打屋柱银打梁”，建造百年不动之基。试举一例来说明建房类歌谣涉及的仪式与内容：

起屋赞梁

木匠师傅发棰

一棰打得天门开，

二棰打得富贵来，

三棰打得三元及第，

四棰打得四季发财，

五棰打得五桂荣昌，

六棰打得六六大顺，

七棰打得七姑仙女下凡来，

八棰打得八仙过海来恭贺，

九棰打得九州春暖百花开，

十棰打得十全俱足万万载！

拿起酒壶

手提东家一把壶，

此壶不是平凡壶，

王母娘娘面前鸾鸯壶。

壶盖刻了摇钱树，

壶身镂了聚宝盆。

此壶盛了什么？

琼浆玉液永馨香。

（斟酒于地）一敬梁头，福禄悠悠，

（再斟酒）二敬梁尾，凤毛济美，

（三斟酒）三敬梁鼻，万事大吉，

（四斟酒）四敬梁身，松柏同春。

拿起五谷袋撒五谷

一把五谷撒向东，家齐国治天下平，

一把五谷撒向南，政通人和百姓安，

一把五谷撒向西，风调雨顺万物宜，

一把五谷撒向北，家庭和睦天伦乐，

一把五谷撒中央，代代儿孙状元郎。

拿起一只公鸡

手拿东家一只鸡，此鸡不是平凡鸡，

王母娘娘面前一只报晓鸡。

头戴紫金冠，脚踏龙凤爪，身穿五彩衣。

文官听得金鸡叫，持符上朝时。

武官听得金鸡叫，金戈上马时。

皇上听得金鸡叫，南面受朝时。

读书之人听得金鸡叫，书声琅琅时。

千金小姐听得金鸡叫，飞针走线时。

东家听得金鸡叫，披星戴月时。

鲁班先师听得金鸡叫，人马齐备时。

下有金鸡叫，上有凤凰蹄。

黄道吉日，此时此刻正好上梁时。

4．节令类歌谣

在流域内古代农业社会中，节令气候的变化与农业生产息息相关。流域内居民在周而复始的生产实践中逐渐把握节令规律，创作出大量的节令歌谣。这些节令歌谣往往将抽象的气候规律物化，把气候变化与具体的某件事物联系在一起，形象生动，便于人们记忆理解。例如《十二月花名》：

正月的梅花带雪开啊，二月的杏花唤等春来啊。

三月的桃花红似火啊，四月的蔷薇映绿来啊。

五月的石榴多结子啊，六月的荷花唤满塘红啊。

七月的菱角漂水面啊，八月的桂花唤满路香啊。

九月的菊花家家有啊，十月的芙蓉唤赛牡丹啊。

十一、十二无花采啊，再要采花等春来啊。

5. 诀术类歌谣

在新安江流域内，有“请五猖”的习俗。五猖，又称“五显”“五通”“五路”，最早产生于流域内婺源县灵顺庙。“唐光启二年，邑人王瑜有园在城北隅。一夕，红光烛天，见五神自天而下，威仪如王侯，黄衣皁涤，据胡床呼而言曰：‘吾当庙食此方，福庇斯人。’言讫，升天去。明日一人来相宅，良佳处也。王瑜闻之有司，捐地输币肖像建庙，复拨水田为修造洒扫之备。四方福辏，祈祷立应。闻于朝，累有褒封。宋大观三年赐庙额曰‘灵顺’。”五猖信仰在明代达到鼎盛，清代后逐渐衰落。20世纪80年代后，又在江南地区，尤其是新安江流域复兴。例如《请五猖》歌谣：

五位猖王，迎清风毛狂野分，
一个个头戴那盔，身穿那个银甲，
手持那个斩邪刀，各显神通。
保佑一方众生，
平平安安，安安平平。
年年岁岁，岁岁年年。
人寿年丰，人寿年丰。

(三)时政类

《诗经 · 魏风 · 园有桃》：“心之忧矣，我歌且谣。”在古代，国家是维护肉食者权利的工具，底层民众对时政没有发言权。歌谣可以说是底层民众的一把匕首，歌谣集体性的特点可以避免个人受惩罚的危险，而歌谣语言的通俗性，以及便于记忆的特性又使歌谣便于传播。

1. 讽刺类歌谣

揭露社会的黑暗，批判现实的不公是时政类歌谣的主流，诸如痛诉国民党时期战争对该地区的破坏，基层官吏鱼肉百姓，以及抓壮丁的事实，表达出百姓对生活苦难的无助与愤怒。例如如下两首：

土匪到屯溪

清明前一日，土匪到屯溪。

先杀保甲长，后杀蒋介石。
屯溪烧得苦，害在朱老五。
屯溪烧得穷，祸起汪德光。

抽丁

正月正当春，百呀花开，曹操万岁点兵来。
三丁抽一,五丁抽二，单人莫要抽。

2. 赞颂类歌瑶

中国共产党的诞生，以及红色政权的建立，给流域内百姓带来了希望，翻身做主人的愉悦心情是难以抑制的，一个平等、自由的新社会的到来。同时，这类歌谣在那个如火如荼的革命年代，还鼓舞了新安江流域内人民的斗志，起到了动员百姓、教育百姓的作用。如《欢迎红军》：

红军到山村，人人都欢迎。
茶饭请吃饱，军民一家人。
团结向前进，大家一条心。
打土豪，分田地，
贪官污吏一扫平。
穷人你都有，富人你别争。
人人平等，世界大同。

新安江流域时政歌谣富有传统特色：一是敢于把矛头直指最高统治者，对祸国殃民现象深恶痛绝，大胆谴责；二是对清官廉吏的歌颂，总是发自肺腑由衷赞美，流露出无比的敬爱之情；三是富于现实性、政治性和斗争性。感情强烈，爱憎分明，语言形象生动,简短有力。时政歌谣成为流域内人民追求光明,反抗残暴的灵魂和象征。

(四)生活类

从广义上讲，有关新安江流域的劳动类、仪式类、爱情类，以及儿歌类歌谣，都是民众生活的反映，都属于生活类歌谣的范畴。狭义上来说，“生活歌是广泛反映人民群众日常劳动生活和家庭生活的歌谣，最流行的有农民生活歌、妇女生活歌、工匠生活歌等”。新安江流域地处山壤间，山高气寒，这种特殊的生存环境造就了流域居民经商的习俗，由此也就形成了商人这个特殊群体。所以，流域内流传更广的则是商业生活歌。

1. 经商类歌谣

流域内生存环境的恶劣，让居民都感觉是自己前世修为不好，才生在此地，所以年到十三四岁就要外出谋生。走出去难，经商难，学徒也难，做成生意则更是不简单。有《徽馆学生意》等流域内较为有名歌谣为证：

前世不曾修，出世在徽州。
年到十三四，便多往外溜。
雨伞挑冷饭，背着用溜鳅。
过山又过岭，一脚到杭州。
有生意，就停留；没生意，去苏州。
转来转去到上海，求亲求友寻路头。
同乡多顾爱，答应肯收留。
两个月一过，办得新被头。
半来年一过，身命都不愁。
逢年过时节，寄钱回徽州。
爹娘高兴煞，笑得眼泪流。

2. 商人妇歌谣

流域内男性居民大多出门经商，留在徽州的多是勤劳朴实的妇女。“女人织木棉，同巷相从绩纺，常及夜分，人谓妇功月得四十五”。她们是最为坚韧的，既肩负着养儿育女、侍奉公婆的重担，又受到伦理纲常的重重约束。妇女既是民谣的主要传唱者，也是民谣传唱的重要内容之一。而在这众多有关妇女的歌谣中，反映商妇生活的歌谣最具有代表性。如流域内歙县许村《指路谣》：

商妇成亲也不易，且听许村《指路谣》。

城北直上万年桥，过桥新州种菜家。
徐村对过仰坝村，富堨村口九如桥。
富堨过了雨粟庵，凤凰湾上望沙滩。
太尉殿过丰口桥，四角牌楼骑路上。
九湾寺前望跳石，狮子躺在水中央。
杨峰岭上善化亭，青山头过水口庵。
天马山下忠陀庙，石德桥头薇省坊。
大泽门过水圳头，二龙戏珠在河滩。
两里半前有饭店，便益中伙好留人。

“十年夫妻九年空”的商妇，长年一人在家，除承担繁重的体力劳动外，还要忍受夫妇离别的孤独与寂寞。为此常常会有哀叹，悔不该嫁给商人。“悔啊悔，悔不该嫁给出门郎，三年两头守空房。图什么高楼房，贪什么大厅堂，夜夜孤身睡空床。”

(五)爱情类

“男女有所怨恨，相从而歌。”爱情类歌谣在流域内占比非常大，新安江流域能盛开如此绚烂的爱情歌谣，主要原因在于这类表达男欢女爱的歌谣在家庭、村中和群体聚会场所往往不允许演唱，认为“有伤风化”，但在田野、山林、江河湖泊等劳动场合，引吭高歌则不受任何限制。这是人类生活永恒的主题，再严厉的纲常也难以约束人们对于美好爱情的向往。

1. 相识喜悦

流域内对女子的管束是比较严格的，各家以闺门肃静为安。看花灯为女子提供了接触异性的机会。出门前精心打扮一番，分明是想得到异性的爱慕，当真有人来搭讪，却又显得那么不近人情。如《看花灯》：

大红缎鞋内内跟，
套筒膝裤罩后跟。
一宰宰到绩溪看花灯。
金铁插的稳啊，耳环两边分。
那个半世鬼，乱丢石子不正经。

要想搭腔就开口，要想闻香后头跟。
叫一声姐姐回一声哥，哪晓得姐姐姐姐叫不停。
心慌一个踢脚跟，骂声哥哥坏良心。
一碰碰着卖油卖盐担，
一踩踩着俺只鸡眼睛。
哎呀哎呀叫三声，
今生今世不到绩溪看花灯！

放灯（林坚 摄）

2. 相思哀怨

初识的喜悦怎能抵挡相思之苦，看这个毛头小子为见心上人一面，不辞辛苦地找各种理由到妹家门口转一转。真假探妹，耐人寻味。如《四季探妹》：

正月里探妹正月正，家家户户哦去看灯。
看灯是假意，看你是真心！
六月里骄阳正当空，俺卖斗笠噢到田塍。
买卖是假意，看你是真心！

八月里探妹八月中，家家团圆呐赏月官。
赏月是假意，看你是真心！
腊月探妹呀雪里飞，俺卖柴炭到院中，
卖柴卖炭是假意，看你是真心！

3. 相聚欢愉

千辛万苦，终于等到一个见面的机会，一定要好好打扮一番。梳头要分前面、后面、左边、右边，口上胭脂，脸搽白粉，再穿上全新的衣装，去会见自己的心上男子。如《采桑会郎》：

三月天气暖洋洋，桃红柳绿好风光。姑娘二八正妙年，梳妆打扮去采桑。
前头梳个盘龙髻，后头梳个菜花桩，左右梳个双龙会，金簪银簪插两旁，
口上胭脂一点红，面上搽了白粉香。身上穿了红绫袄，百幅罗裙覆短装，
白银膝裤分左右，小脚金莲三寸长。前堂踏到后堂去，拿只桑罗去采桑。
二八姑娘采桑去，出门遇着有情郎。东边情郎筑水田，西边姑娘正采桑。
桑罗挂在桑树上，挽挽手儿做鸳鸯。姑娘情郎早相爱，母亲不允未成双。
情郎家贫无聘礼，眼看姑娘嫁远方。天赐良机今日合，多年相思一旦偿。
事毕起身并肩坐，喜忧交集泪汪汪。叫声情哥不要急，小妹矢志心属郎！

4. 相别悲伤

相聚的时间总是短暂的，更多的则是离别的感伤。多少商人之妇夜夜孤单独守空房，相聚之欢早已被离别之苦冲散。因爱生痛，因痛生怨。例如《四送郎》：

一送郎送离枕头边，拍拍枕头泪涟涟。
夫夫爱我花枝俏，我爱夫夫情意绵！
二送郎送到窗阔边，打开窗阔望望天。
有风有雨快快落，留我夫夫歇夜添！
三送郎送到橱门边，橱里取出两吊钱。
一吊送夫做盘缠，一吊留家买油盐！

四送郎送到门房边，满腹离情难开言。

左手殷勤里灯盖，右手发抖拨门闩！

(六)儿歌类

儿歌，亦称童谣、孺子歌。在古代，人们认为儿童未受世间污浊之气的影响，能感知上天的旨意。《晋书·天文志》中有曰："凡五星盈缩失位，其精降于地为人。岁星降为贵臣，荧惑降为儿童。歌谣游戏，吉凶之应，随其众告。""童齿之子，未有念虑之感，而会成嬉戏之言，似惑有凭者，其言或中或否。博览之士，能惧思之人，兼而志之，以为鉴戒，以为将来之验，有益于世教。"这种借助儿童之口来传达某种政治意图的歌谣大多具有谶纬的色彩，在此不列在儿歌范畴内。"儿歌。是指在儿童中间长期流播、广泛传唱的一种韵语体式的口头短歌。这些儿歌有的是儿童自编自唱的，有的则是成人观察儿童生活、模仿儿童心理所创作的。"新安江流域儿歌数量多，内容比较丰富，从吟唱的形式，大体可以分为两大类：一类是纯粹唱的儿歌，一类是嬉戏的儿歌。

1. 伴睡儿歌

在夜晚乘凉或安然入睡的时候，为了让吵闹的孩童安静，也为了增加娱乐的气氛，长辈总要唱几首儿歌。这种歌谣往往是纯粹唱的，不配有动作，是一种听觉享受。这种儿歌大多是一种独白式吟唱，语言简单，朗朗上口，所取之物大多是身边的熟悉之物，儿童在一旁或听或唱，对儿童练习发音，认识事物有很大的帮助。许多儿歌是成人在观察、揣摩儿童心理后创作的，这种歌谣不免会加入成人的价值标准。孩童传唱这些儿歌，潜移默化中学会一些为人处世的方法，激励着子女勤奋向学。例如《萤火虫》：

萤火虫，下来吃南瓜藤。

南瓜藤不曾种，下来吃裹粽。

裹粽不曾裹，下来吃油果。

油果不曾贩，下来吃乌炭。

乌炭不曾乌，下来嫁小姑。

小姑不曾嫁，下来打吊架。

吊架不曾打，下来吹喇机。
喇机不曾吹，下来捉蜘蛛。
蜘蛛有膜，下来捉麻雀。
麻雀有毛，下来吃毛桃。
毛桃有核，下来吃萝卜。
萝卜有根，下来吃菜心。
菜心有籽，下来吃鸡子。
鸡子有黄，下来吃砂糖。
砂糖不甜，下来吃黄连。
黄连不苦，下来吃猪肚，
猪肚不烂，往你家床上一掸。

2. 嬉戏儿歌

儿童天性爱动，喜欢游戏。新安江流域有很多伴随着游戏而唱的儿歌，如《拍手谣》《踢毽谣》。在这些简单的游戏之中，既可以锻炼儿童的发音，训练口齿，同时也激发了想象、联想的能力。

拍手谣

第一滚台排，第二做太爷，
第三三太子，第四四老姨，
第五五插花，第六六黄巴，
第七七赚银，第八八当家，
第九九当铺，第十一堆烂污督。

踢毽谣

正月一个礼，二月一个宵，
三月清明节，四月谷雨中，
五月端午节，六月绿豆香，
七月七七夕，八月中秋会，

九月九重阳，十月做衣裳，
今年著，明年补，后年赤屁股。

二、谚语

谚语来自人们口头广泛流传的现成语言，大多总结了新安地区历代劳动人民的生活斗争经验和对大自然的认识，往往诙谐生动、含蓄隽永，极具生活情趣。最为常见的有农业谚语、生活谚语等。

(一)农业谚语

在农业大国和人口大国的历史背景下，农业成为支持新安流域发展的根本。它伴随着人类的起源而生产，是与人类共存的。所以在长期的劳动过程当中，流域内居民便总结了相当丰富的农业谚语。

1. 播种类农谚

◎白露早，寒露迟，秋分下田正适合。春争日，夏争时，一年农时不宜迟。

◎谷雨前后，种瓜种豆。

◎过了惊蛰节，整地不能歇。

◎一把二月过，就把犁耙摸。

◎枣发芽，种棉花。

2. 成长类农谚

◎楝子开花吃燎麦（接近成熟）。

◎六月六，晒谷莠（指谷子已抽穗）。

◎七月十五枣红皮，八月十五枣半干。

◎天河调角，要吃毛豆角。

3. 收获类农谚

◎处暑高粱，白露谷，秋分两旁看豆扑。

◎立秋三天遍地红。

◎七月核桃八月梨，九月柿子上满集。

(二)生活谚语

生活类谚语一般是是人们在长期的生产实践中的经验总结。它经过口头传下来的，反映了劳动人民的生活实践经验，多是口语形式的通俗易懂的短句或韵语。成为人们生活中常用的现成的话，增加语言的鲜明性和生动性。

1. 气象类谚语

◎蚂蚁搬家蛇过道，大雨不久就来到。

◎日落胭脂红，无雨必有风。

◎朝霞不出门，晚霞行千里。

◎久雨刮南风，天气将转晴。

◎天上钩钩云，地下水淋淋。

◎燕子外迁，地旱天干。

◎燕子低飞蛇过道，大雨不久就来到。

2. 卫生类谚语

◎冬吃萝卜夏吃姜，不用医生开药方。

◎饭后百步走，活到九十九。

◎食能以时，身必无疾。

◎要想人长寿，多吃豆腐少吃肉。

◎伤筋动骨一百天。

3. 为人类谚语

◎量小非君子，无毒不丈夫。

◎人不可貌相，海水不可斗量。

◎若要人不知，除非己莫为。

◎良药苦口利于病，忠言逆耳利于行。

◎狭路相逢勇者胜。

◎笑一笑，十年少；愁一愁，白了头。

4. 学习类谚语

◎蜂采百花酿甜蜜，人读群书明真理。

◎刀不磨要生锈，人不学要落后。

◎世上无难事，只怕有心人。

三、习用语

习用语是新安流域内中约定俗成之词，因众人皆说，便成为通俗用语，但很多都只局限于这一地区，不广泛运用于其他流域，与成语有些许差别。这类词语字数多为四字，但也有三字、五字，甚至七字以上者。固定词语是新安江流域的一大方言特色，有固定的结构形式和固定的说法，表达一定的意义。在语句中是作为一个整体来应用的，承担主语、宾语、定语等成分。并且有很大一部分是该流域居民从古代便口耳相传、承袭沿用下来的，各自代表了一个故事与典故。还有一些习用语本身就是一个微型的句子。而这些习用语也就成为新安文化中的一颗璀璨的明珠。

(一)三字类习用语

(1) 莫须有——也许有。形容无中生有，罗织罪名。

(2) 二流子——指好吃懒做、蹭吃蹭喝、游手好闲、知识文化素质低下的人。

(3) 白日梦——比喻根本不能实现的幻想。

(4) 阿堵物——相当于现代汉语的“这个”，这个东西，指钱。

(5) 败家子——指任意挥霍家产的不成器的子弟。

(6) 安乐窝——安逸的生活环境。

(7) 唱反调——专门提出不同的，甚至相反意见。

(8) 炒冷饭——对已经掌握的知识或技能重新学习。

(9) 打边鼓——不直接说中主要目的，而是旁敲侧击地提醒。

(10) 顶梁柱——比喻为某件事情或某个组织做出主要贡献之人。

(11) 多面手——比喻拥有多项技能之人。

(12) 稻粱谋——比喻人之谋求衣食和基本生活必须所必需的基本劳作。

(13) 二杆子——指人的脾气莽撞、火暴。

(14) 耳报神——指暗中通风报信的人。

(15) 打光棍——指成年之后未娶妻之人。

(16) 东道主——泛指接待或宴客的主人。

(17) 掉书袋——常常称那些说话好引经据典、卖弄学问的人。

(18) 单相思——比喻双方中只有一方有愿望或热情。

(19) 父母官——旧时对地方官的称呼。

(20) 故纸堆——泛指多而旧的图书资料，也指古书。

(二)四字类习用语

(1) 瞎讲乱嚼——胡说八道。

(2) 皱皮打裥——皱纹多，表面不平。

(3) 调皮古怪——花头、滑头。

(4) 欺三打两——用作对人厚此薄彼之意。

(5) 痴儿带废——对行为不计后果、随心所欲做坏事者的评语。

(6) 一板一眼——做事认真，不马虎。

(7) 鞭家打什（舍）——借摔东西发脾气。

(8) 一家计计——一家住一个地方。

(9) 屁事如闲——一点不担心事。

(10) 无冬季夏—不分四季。

(11) 死皮烂脸——不顾脸面，不知羞丑。

(12) 青花绿眼——鼻青脸肿。

(13) 斤斤如利——看重利益，斤斤计较。

(14) 野罗野教——对大大咧咧、喜欢耍小聪明者的谑称。

(15) 越扶越醉——越好好待，越不成体统。

(16) 古里古懂——调皮古怪。

(17) 瞎翻瞎聊——胡说八道。

(18) 焦干框燥——非常干燥，指物品或气候。

(19) 心翻呶呶——胸中作呕，多引申为对污秽物、污秽语的刺激反应。

(20)踢脚绷（绊）手——环境杂乱伸不开手脚；也指收拾遭受阻碍，做事不顺利。

(三)五字类习用语

(1) 无官一身轻——卸去责任后，一时感到轻松。

(2) 万事开头难——做什么事都是开始的时候比较难。

(3) 无风不起浪——比喻事情发生，总有个原因。

(4) 小巫见大巫——比喻能力高低相差悬殊，无法相比。

(5) 无用武之地——比喻无法施展才能。

(6) 稳坐钓鱼台——不管外界有何变化，只照老规矩办事。

(7) 一饭三遗矢——年老体弱，或年老无用。

(8) 无谎不成媒——不说谎就做不成媒，比喻办事难免掺假。

(9) 无风三尺浪——无缘无故也会生出事来。

(10) 一锤子买卖——比喻不考虑以后怎样，只做一次的交易。

(11) 先下手为强——指先于别人行动，可以取得优势。

(12) 习惯成自然——事物发展的规律性，做事的方法习惯了，就很难以改变。

(13) 一心挂两头——两方面都惦念着，一心二用。

(14)一报还一报——做一件坏事后必受一次报复；也指以其人之道还治其人之身。

(15) 严师出高徒——好师傅培养出好徒弟，严格的老师培养出好学生。

传艺（林坚 摄）

(16) 吾家千里驹——夸赞自家优秀的子侄。

(17) 物以稀为贵——指事物因稀少且有益，从而显得珍贵。

(18) 一鼻孔出气——比喻立场、观点、主张完全一致。

(19) 一肚子坏水——指人心肠很坏。

(20) 一去不复还——形容事物过去了，就不会再重新出现。

(四)六字类习用语

(1) 哀莫大于心死——最悲哀的莫过于失去自由的思想，这比人死了还悲哀。

(2) 矮子里拔将军——从现有的并不出色的人中选择最佳者。

(3) 爱博而情不专——对人或事物的喜爱很广泛，而感情不能专一。

(4) 八竿子打不着——形容二者之间关系疏远，或毫无关联。

(5) 八字还没一撇——原指没门儿，演变为没办法，比喻事情尚无眉目。

(6) 百闻不如一见——听得再多还不如亲见更为可靠。

(7) 出淤泥而不染——在污泥中生长出来，却不沾染污秽。

(8) 人不知鬼不觉——形容事情做得很秘密，没有被人发觉。

(9) 明人不说暗话——正大光明的人说实在话，不拐弯抹角。

(10) 不越雷池一步——现指做事不敢超越一定的界限、范围。

(11) 匹夫不可夺志——不可强迫首领归降。

(12) 强扭的瓜不甜——比喻条件不成熟而勉强去做，往往不会有满意的结果。

(13) 请将不如激将——用话语刺激别人去干事，要比正面请他去干事来得好。

(14) 期期以为不可——期期是拟声词，形容着急时口吃的样子。多为坚持不同意见。

(15) 士可杀不可辱——士子宁可死，也不愿受侮辱。

(16) 太岁头上动土——比喻触犯那些超出自己能力之外的人和事。

(17) 云端里看厮杀——站在天空的云里看下面的人互相砍杀。比喻置身事外，袖手旁观。

(18) 远水不救近火——远处的水救不了近处的火。比喻费时的方法解决不了当前的问题。

(19) 有理不在声高——有理的人不在于说话的声调高。

(20) 指冬瓜骂葫芦——表面上骂这个人，实际上骂那个人。

(五)七字类习用语

(1) 置之死地而后生——比喻事先断绝退路，就能下决心，取得成功。

(2) 解铃还须系铃人——比喻由谁引起的麻烦，仍由谁去解决。

(3) 清官难断家务事——家庭事务错综复杂,虽廉洁公正的官吏亦难论断其是非。

(4) 冒天下之大不韪——不顾舆论的谴责，做出普天下的人都认为不对的事情。

(5) 糟糠之妻不下堂——不要抛弃共同患难过的妻子。

(6) 醉翁之意不在酒——表示本意不在此而在别的方面，或别有用心。

(7) 得饶人处且饶人——要宽容、体谅别人，尽量宽恕别人，做事不要做绝，须留有余地。

(8) 墙内开花墙外香——比喻人才或技术发明等不为本处重视而流于他处。

（9）强将手下无弱兵——英勇的将领没有软弱无能的部下。

（10）强中更有强中手——比喻技艺永无止境，不能骄傲自大。

（11）朝闻道夕死可矣——早上明白了仁义之道，晚上为它去死也可以。

（12）牵一发而动全身——比喻动极小的部分就会影响全局。

（13）情人眼里出西施——比喻由于有感情，不论对方外表如何，都会觉得对方外表美。

（14）树欲静而风不止——比喻事物的客观存在和发展不以人的意志为转移。

（15）画虎不成反类犬——比喻不切实际地攀求过高的目标,好高骛远,反成笑柄。

（16）挟天子以令诸侯——比喻用领导的名义按自己的意思去指挥别人。

（17）识时务者为俊杰——能认清时代潮流的，聪明能干的人，方可为英雄豪杰。

（18）初生牛犊不怕虎——比喻青年人思想上很少顾虑，敢作敢为。

四、歇后语

歇后语是汉语的一种特殊语言形式。也是新安江流域居民在生活实践中一种特殊语言形式，它兼具短小、风趣、形象等语言特点。和一般的俗语有所不同的是，歇后语由前后两部分组成：前一部分起“引子”作用，像谜面；后一部分起“后衬”的作用，像谜底，十分自然贴切。在约定俗成的语言环境中，人们通常说出前半截，“歇”去后半截，对方就可以领会和猜想出它的本意，所以就称为“歇后语”。新安江流域文明源远流长，经过历史沧桑的沉淀、淬炼、凝聚，劳动人民的不断智慧实践，形成了许许多多不同种类的歇后语。其以独特的表现力，给人以深思和启迪，千古流传。歇后语是该地区特有的风俗传统和民族文化的成果反映。

（一）谐音类歇后语

这类歇后语是利用同音字或近音字相谐，由原来的意义引申出所需要的另一种意义。看到这类歇后语，往往要转几个弯子才能恍然大悟，因而也更饶有兴味。有的书把它列入“双关语”一类，也是有道理的。

（1）青菜煮豆腐——清（青）清（青）白白。

（2）对着槛闼吹喇叭——鸣（名）声在外。

（3）豆腐掉进炉灰里——裹（搞）不清。

（4）空棺材出葬——目（墓）中无人。

（5）孔夫子搬家——净是输（书）。

(6) 一根灯草——无二芯（心）。

(7) 两个喇叭一起吹——响（想）到一块儿了。

(8) 三月的杨柳——分外青（亲）。

(9) 四两棉花——弹（谈）不上。

(10) 孔夫子搬家——尽是书（输）。

(11) 六月里吃薄荷——好凉（良）心。

(12) 老太太打哈欠——一望无牙（涯）。

(13) 裁缝丢了剪子——光剩尺（吃）了。

(14) 外甥打灯笼——照旧（舅）。

(15) 门神卷灶爷——画（话）中有画（话）。

(16) 月亮里点灯——空照明（名）。

(17) 太阳地下点蜡——糟蹋火（货）。

(18) 黄河里的水——不清（亲）。

(19) 山顶滚石头——石打石（实打实）。

(20) 飞机上挂水壶——高水瓶（平）。

(二)喻事类歇后语

这类歇后语是用客观的或想象的事情作比方。如果对设比事情的特点、情况有所了解，也自然能领悟后半段的“谜底”。它往往具有鲜明的新安江流域特色、浓郁的生活气息，而且幽默风趣、耐人寻味，被广泛运用于日常生活中。

(1) 翻了盐船捞草包——得不偿失。

(2) 二伯姆看大伯姆——一个学一个。

(3) 青石板上鞭乌龟——硬碰硬。

(4) 脚板底溻油——待不住溜。

(5) 脱裤放屁——多此一举。

(6) 花瓶里养花——好景不长。

(7) 门槛上睏觉——两边滚。

(8) 过河拆桥——无情无义。

(9) 挖鼻孔屎下饭——小毛。

(10) 骗水鬼上岸——花言巧语。

（11）挑灰弄火——多是非。

（12）不见棺材不落泪——顽固。

（13）打掉牙齿自家吞——自作自受。

（14）屎急打茅司——临时救急。

（15）搬石头上山——自讨苦吃。

（16）风炉砌在脚背上——到处为家。

(三)喻物类歇后语

这类歇后语则是用某种或某些物件、动物作比方。喻物类歇后语通过事物的咏叹体现思想，喻物中所咏之“物”往往与歇后语后段所讲形象完全融合在一起，在描摹事物中寄托了一定的感情。或流露出自己的人生态度，或寄寓美好的愿望，或包含生活的哲理，或表现生活情趣。

（1）屋檐水落地——点点滴滴不超移。

（2）喝桐油吐生漆——划不来。

（3）一担螺丝三担壳——真的少，假的多。

（4）搞到箩里都是菜——会捞。

（5）盐钵头里生蛆——胡说。

（6）扁担无机——两头空。

（7）牛头对木脊——两码事。

（8）铜钱眼里打躬斗——一个钱一个命。

（9）等着咸鱼火上焙——急煞急。

（10）癞痢头讨花鸡——不般配。

（11）老鼠钻进风箱——两头受气。

（12）鸡子打石头——有去无回。

（13）七八月的南瓜——皮老心不老。

（14）八月十五的月亮——分外明。

（15）才出壳的鸡仔——嫩得很。

（16）开了闸的洪水——一泄而出。

（17）天上的星星——没有确数。

（18）三伏天卖不掉的肉——臭货。

(19) 三加二减五——等于零。

(20) 三条腿的板凳——不稳。

(四)故事类歇后语

故事类歇后语一般是引用常见的典故和神话传说等作比方。这类歇后语一般都有出处，与著名的历史人物相关。只有熟悉这个典故的读者，才能体会到这个歇后语的意义所在，引得会心一笑。比如：

(1) 楚河汉界——一清二楚。

(2) 袁世凯做皇帝——短命。

(3) 姜子牙卖面——折了本。

(4) 项英舞剑——意在沛公。

(5) 周瑜谋荆州——赔了夫人又折兵。

(6) 周幽王点烽火台——千金难买一笑。

(7) 林黛玉葬花——自叹命薄。

(8) 关公耍大刀——拿手好戏。

(9) 程咬金的斧头——就那么两下子。

(10) 八仙过海——各显神通。

(11) 周瑜打黄盖——一个愿打一个愿挨。

(12) 许褚斗马超——赤膊上阵。

(13) 蒋干盗书——上了大当。

(14) 猪八戒败阵——倒打一耙。

(15) 梁山上的兄弟——不打不相识。

(16) 孟良杀焦赞——自家人杀自家人。

(17) 南郭先生吹竽——不懂装懂。

(18) 范进中举——喜疯了。

(19) 周幽王点燃烽火台——千金一笑。

(20) 狸猫换太子——以假乱真。

(五)寓言类歇后语

寓言是用比喻性的故事来寄托意味深长的道理，给人以启示。这类歇后语往往利用在流域内广泛流传的寓言故事，给人以劝诫。它虽字数不多，但言简意赅，常带有讽刺或劝诫的性质。写歇后语之人，往往将自己的思想寄托在前半段的故事里，让听众去从后半段中悟出道理来。举例如下：

（1）狐狸窜鸡寨——没安好心。

（2）猴子掰苞芦——掰一个丢一个。

（3）泥菩萨过河——自身难保。

（4）亡羊补牢——为时已晚。

（5）画蛇添足——多此一举。

（6）叶公好龙——口是心非。

（7）掩耳盗铃——自欺欺人。

（8）坐井观天——见识太少。

（9）拔苗助长——急于求成。

（10）杯水车薪——无济于事。

（11）落井下石——乘人之危。

（12）狐狸骑老虎——狐假虎威。

（13）惊弓之鸟——心有余悸。

（14）守株待兔——墨守成规。

（15）狐狸骑老虎——狐假虎威。

第三节　口头民俗文学

口头民俗文学是口口相传的文学作品，是民间文学的主要流传方式，其内容包括传说、典故等。它是广大劳动人民自己的语言艺术，是最早期的民间口头文学。

口头民俗文学是与正统文学相对的一个的概念，它一般很难确定其具体作者，绝大部分为群众集体创作。主要依靠人们的口头相传，大多不入文学典籍，也很少有评论家参与评论。在流传的过程中，随意性很强，内容及形式经常发生一些变化，甚至衍生出许多版本。新安江流域口头民俗文学最重要的特点，就是产生于斯，流传于斯，发扬于斯。是民众最真实的生命体验，属于“原生态”的文学样式，毫不矫揉造作；它直抒厚重胸臆，活泼生动，老少皆宜，往往能用最简单的语言揭示最深刻的内容。

一、口头民俗文学特点

(一)人民性

人民性是新安江流域内口头民俗文学最为重要的特征。因为这类文学形式有着最为广泛的创作团体——流域内各民族广大居民。他们是新安江流域社会物质财富的生产者，是各民族精神文化的生产者，更是历史的创造者与见证人。口头民俗文学包含了广大人民的社会生活、斗争、思想、感情和希望等，它蕴藏和放射着人民的英雄主义、爱国主义、乐观主义、人道主义和献身精神等崇高思想和珍贵美德。口头民俗文学不仅表现了流域内人们的起源和发展，更体现了他们永不磨灭的典范人格和崇高品质。正是因为具备有这样的人民性，它才能口耳相传，成为人们思想、品格修养的不竭源泉！

(二)口头性

由于在过去漫长的历史时期中，新安江流域广大劳动人民（包括专业艺人或半专业艺人），因为未能接受系统性、专业性的教育，从而绝大多数被排斥在文字使用之外。因此，流域内民间的文学创作一般多用口头语言，甚至还用地方土语方言去构思、表现（包括演出）和传播。随着新中国义务教育的普及，扫盲工作的持续进行，文字得到了广泛的应用。但在不少的场合，口头民俗文学仍有应用的空间。而且，一种文学形式想要得以持续，就必须采用广大人民熟悉的、千百年来民间传承的方式，如传说、典故等，并且能够在群众口耳相传。因此，口头性也就成为民间文学的一个重要特征。

(三)集体性

集体性是口头民俗文学的又一特征。专业作家的书面创作，大都是个人的产物，而新安江流域口头民俗文学的作品，在一定程度上可以说是群众集体智慧的结晶。所谓集体性，即是指在口头民俗文学作品内容的思想、感情和想象，在形式和艺术表现，以及作品的所有权等方面，比起专业作家的作品来，都存在着特有的集体性问题。但这种集体性的重要表现，更在于创作和流传过程中。有些作品，其创作是集体共同进行的。但是更多的、也更经常的，却是在它已初步成型之后，在不断地传唱或讲述的过程中，受到无数的唱述者的加工、琢磨。在这种加工、琢磨中，不但渗入那些唱述者的思想、感情、想象和艺术才能，也包括那些听众所反映的意见和情趣在内。这一点，与那种主要属于个人的一般专业作家的作品，是很不同的。流域内口头民俗文学作品一般是无法署名的。口头民俗文学作品，有一部分（可能还是相当优秀的部分）是群众中具有特殊优秀才能和丰富经验的歌唱者、说故事者的创作和加工的结果。它具有一定的个性。但是，由于生活经历和文艺教养等大体相同或相近的关系，其个性是能够与广大群众口头创作的集体性融合在一起的。

(四)变化性

口头民俗文学作品的结构、形式、主题等在长期口头流传中，有相对稳定的一面。但口头民俗文学大多源自民间的一种集体性和口头性创作，依靠记忆保存、口语传播，在流传过程中，作品不归一人所专有，人人可以改动，作品常常是不固定的，它的内容和形式不断处于变化之中。[①]这种变化在语言方面是较为常见、数量较大的，其他诸如作品的情节、结构、人物，甚至主题都会发生不同程度的变化。特别是在流域内社会发生大变化时期，如辛亥革命、抗日战争、解放战争时期，群众往往结合时代背景，将传统作品加以变化，赋予其新的思想感情，从而展现新的生活面貌和思想感情，催生新作品的诞生。这类现象在一般专业作家的书面文学中却很少见到。作家作品中虽也有前后版本文字不完全相同的情形，特别是古典作家的作品，往往有文字出入的现象。但是，这毕竟是比较个别的情形，它除了由于本人的修订或别人的篡改外，大都是由于抄写、刻印、排字等技术失误所招致。它不像口头民俗文学的变化现象那样经常和大量。口头民俗文学的变化性蕴涵着所经过的历史、社会和传述者等的思想、才艺的因素，对于研究者来说，是具有积极的意义的。这种特征与其口头性、集体性密切相连，或者说，是它们所产生的自然的果实。

(五)传承性

新安江流域内人们在过去，由于政治、经济等方面处于不利地位，不能使用文字等工具去记录、保存他们所获得的知识、经验和所创造的各种文化，一般都靠行动、语言传播和继承。民间风俗习惯如此，口头民俗文学也是如此。这种由全流域群众集体所传承的文化，它的生命力不可低估。但这种靠口头世代传承下来的故事或歌

① 段宝林:《中国民间文学概要》,北京大学出版社,1981年,第12页。

谣，在形态上或内容上多少不免会有些变化。也正因为它处在一个不断变化的过程中，因此也就成为我们现代活文化的一部分。由于时代和社会的重大变化，在历史上曾经作为广大劳动人民唯一的文学形式的口头传承文学，它的某些体裁可能会逐渐消失，某些体裁的内容和形式不能不起一定的变化，也还会有我们所不熟悉的新的体裁出现。这些都是可能的，乃至于是必然的。但是，整个口头民俗文学绝不会消失。因为它的表现媒介是应用最普通和最生动，并富于活力的口头语言。只要语言存在，用它做媒介去表现人们的思想、感情和经验的口头民俗文学，人们所熟悉的、方便的表达形式，就会继续产生、存在和传承下去。在广大民众中间，除了传统的口头民俗文学作品以外，还不断有新的口头民俗文学，即传说、笑话、民歌及谚语等的产生和流传。

(六)艺术性

口头民俗文学的优越性所在，绝不仅仅限于它的内容、思想方面。它是一种特殊的文学形式，一种用语言来表演的艺术。它必须在某些方面具有艺术的特点。这种艺术性主要是指故事情节首先必须基本具有生活本身的形态，故事发展基本合乎生活的逻辑；同时又把生活素材加以裁剪、集中、虚构、渲染、夸张、幻想，通过偶然的、巧合的，以至“超人间的”情节来引起故事的转变。[①]一般文学体裁，分为三大类，即诗歌、散文和戏剧。在这方面，口头民俗文学与专业作家文学基本上是相同的。散文故事、叙事诗等大都有人物、情节；长诗、短谣，以及部分谚语、谜语，大都有一定的句式和韵律；小戏有故事情节与对唱形式等，这也都与作家文学大略相同。但仅仅这些还不能完全证明它的艺术性。许多作品还具有独特的和优越的艺术特点、艺术成就。比如，有关汪华、贺齐、程灵洗等有流域内特色的著名英雄的史诗、抒情歌谣，故事传说、谚语、歇后语，它们代表着口头民俗文学不可磨灭的魅力，朴素简练，能够精巧地描绘了人物的心理，从而使得这类文学具备有浓厚的艺术色彩。

总之，新安江流域口头民俗文学的艺术特色和优点，和它的内容的广泛一样，是多方面的，有的还是不可企及的。以上特征，不是各自孤立的，正相反，它们是彼此互相关联的。

---

① 钟敬文：《民间文学概论》，上海文艺出版社，1980年，第199页。

二、口头民俗文学的功用

(一)社会功用

新安江流域口头民俗文学是广大人民长期社会生活的产物。它因社会生活的需要而产生、流传，并精确地反映了流域居民在各方面的生活及相关思想、感情。口头民俗文学能直接或间接地为居民热爱生活进行服务，并给予人们一定的知识、教诲、鼓舞和希望，甚至有部分文学作品本身就是生活的反映及构成部分。正如赵世瑜所说："无论是口头传说还是历史文献，都是历史记忆的不同表述方式。"①

由于口头民俗文学的作者（包括修改者和传播者）人数的众多和生活在底层，所以它"记录的内容未必反映真实的历史事件，却有可能反映真实的文化事件"。②他们比那些专业作者更能广泛地反映出社会生活，而且往往反映得更加深切、精确。因此，它的社会功用也与书面文学颇有不同，能更紧紧地贴近生活，成为流域内农民、渔民、工匠等各类居民的生活经验总结和工作指南，成为他们生活和劳作的教科书。如前面所述民间歌谣，便有很多是居民在各种劳动进行中，为了鼓舞情绪而产生的不可缺少的东西。许多世代相传的古老神话和传说，不但传达了一定的历史知识，还培养着国家民族团结的感情。汪华、金声、程灵洗等众多英雄豪杰保卫乡土、保卫祖国的传说，将永远给予流域内广大人民新的力量。徽剧、目连戏等剧种之内，流传有许许多多卑贱者、受压迫者、受虐待者的反抗故事，他们都长时期地广泛地教育着人民，培养着他们高尚的情操和品格。随着专业或半专业的书面文学产生、发展的同时，广大的下层人民，主要是农民、工匠等，由于所处的社会地位，被剥夺了文字的使用权。但他们仍然沿用着以口头语言为表现和传播工具的传统，并且随着社会生活的前进，或大或小地变化着。口头民俗文学与书面文学，两者互相影响、彼此借鉴，最终相辅相成。

淳安竹马（李肃人 摄）

---

① 赵世瑜：《传说·历史·历史记忆——从世纪的新史学到后现代史学》，《中国社会科学》2003年第2期，第175页。

② 张荣明：《历史真实与历史记忆》，《学术研究》2010年10月刊，第111页。

(二)现实作用

过去新安江流域人们所创作的无量数的口头民俗文学作品，起着辅助人们的现实生活，哺养他们的精神活动等社会作用。到了现代，他们又在社会和本身生活的要求下，创造了新的民歌、传说、笑话，它们更广泛、更直接地配合人民的生活，反映人民的舆论，与时代的进步作家的作品互相呼应和配合，起着帮助改革社会和推进生活的作用。

在当前，那些传统的民间民俗文学作品，一方面仍然以口头的方式在广大民间流传着，继续起着各种效用；另一方面，由于学界的重视，对它广泛地进行采集（也包括那些新的作品在内），经过选择和整理，送还到广大人民中间去，使它能在当前的社会条件下发挥新的作用。这种作用，往往不是一般的教科书所能够代替的，至少能使劳动人民认识自己先辈的历史和鼓励他们的社会正义感情。

口头民俗文学的现实作用还有另外的一方面，那就是经过研究后的理论知识的作用。把民间文学作品作为对象，用历史唯物主义观点对它进行研究，所得出的科学原理，用以教育广大人民，这首先使人们理性地认识过去和现代广大物质财富生产者所创造的语言艺术的种种方面——它的本质、特点是什么？它是怎样产生和发展的？它与别的艺术和社会的关系怎样？它起着什么社会作用？……人们认清了这些，不仅能够正确了解作为流域内劳动人民宝贵的精神财富之一的口头民俗文学，同时也更深刻地体会到“人民创造历史”等马克思主义的重要原理。

三、口头民俗文学代表

(一)神话

神话是远古人民表现对自然及文化现象的理解与想象的故事。它是人类早期的不自觉的艺术创作。其并非现实生活的科学反映。而是由于远古时代，人类开始思考与探索自然，并结合自己的想象力，所产生的一种文学形式，是人类社会发展到一定历史阶段出现的一种文化现象，属于社会特殊意识形态。

旧时，由于人对自然的未知探索，以及表达人渴望不灭解脱的追求，进而相信现实世界之外存在着超自然的神秘力量或实体，使人对这一神秘产生敬畏及崇拜，从而引申出信仰认知及仪式活动体系。与其他地方一样，新安江流域也有着自己的宗教神话传说，它是宗教在发展过程中吸收神话人物与事件而形成的传说，也属于一种特殊意识形态的体现方式。如，在流域内广泛流传的《张天师除妖》《斩尾龙》

等神话故事。

张天师除妖

从前，新安江边的一个山庄上，住着母子二人。母亲年老眼瞎，儿子也带残疾，家贫如洗，儿子一年到头都用稻草绳束腰。乡人怜悯，偶有接济，吃的穿的儿子都先孝敬母亲。儿子的孝心终于感动了八仙，八仙治好了他的病，使他能凭力气挣钱养活母亲，日子逐渐好了起来，束腰的稻草绳也换成了布带。

可是，儿子换下的稻草绳却有了灵气，吸收日月精华，化成一条大蛇，隐居于新安江中，修炼成精。这条蛇越长越大，据老辈人相传，这条蛇伸个懒腰，就到了大川，再伸个懒腰就又到了小川。每次伸懒腰，新安江两岸就山崩土塌，江面被它搅得开阔了许多。开始这蛇倒也安分，过往船只有惊无险。可是，几百年后，这条蛇变得凶残起来了。有一年，江西龙虎山的张天师云游到新安江畔，在街口搭上一条客船。张天师一上船就觉得阴气森森，透着几分寒意。他本想下船而去，可见船上已有不少客人，如真有什么灾祸，这一船人就遭殃了。想了一想，他没有下船，只是抽出宝剑插在船舱口，便与一位客人下起棋来。这条船正是蛇精所变，它本想把这一船人载到僻静的地方一口吞之。如今让张天师把宝剑插在它的牙缝里，撑住了它的嘴不能合拢，心里恨透了张天师，决意要先除掉天师再说。张天师与客人正下着棋，忽然鼻孔奇痒，连连打嗤不停，那个客人也是如此。渐渐地，他与那个客人昏昏欲睡，整船客人都打起了瞌睡。突然，张天师觉得一阵奇腥冲鼻，他强睁双眼一看，正有两条蛇须向他头颈卷来，他连忙翻身避开，顺手一记雷火掌劈去。"轰隆"一声，船身剧烈地摇荡起来，满船客人惊慌失措，滚作一团。好个张天师，双脚一蹬，稳住了"船身"。但他投鼠忌器，再也不敢使用雷火掌了。于是，他以指画符，用掌风送上天去求救。那蛇却也了得，张天师发送一张符，它就在半空中将符吞掉。画呀，画呀，张天师眼皮越来越困，画符也越来越吃力，情况十分危急。他画了九九八十一张符，蛇精居然吞了八十张。最后一张符，

除妖

张天师在符上施了雷火掌诀，那蛇精刚衔住符要吞，忽然一声霹雳，符被打成两半，蛇精吞下了半张，还有半张终于飞上了天庭。张天师的道友布袋和尚那日正在天庭，得知张天师为蛇妖所困。急急跑到南天门，往下一看，只见满船客人都已晕倒，张天师奋力搏斗，独力难支。情况已危急得不容他降落江上，情急之下，一脚蹬落南天门门槛，把蛇精压到了江底，他才降落云头，与张天师道救起落水客人。

遇救客人醒来后，江面上还是惊涛骇浪，直过了一天一夜，江水才趋于平静，蛇精终于被南天门门槛压死。透过碧清的江水往下看，那条蛇真的好大呀。蛇头搁在湖头，咽喉在三港，尾巴在溪口，今天还叫尾滩的地名便是由此而来。人们为了纪念张天师除妖救人功德，把他曾经坚守了一天一夜的山头称作“天师山”。

斩尾龙

徽州府城有座问政山，山上有个问政观。观左边山坡上有座坟，传说是葬了斩尾龙的母亲。每年的清明前后，狂风四起，雷雨交加，吹倒房屋，拔起树木，情景非常可怕，民间传说是斩尾龙挂纸来了。

相传古时有个官员，带着家眷从杭州乘船来到新安江流域。船自浙江溯流而上，进入了新安江。只听得“吱呀”一声，船舱的窗门被支了起来，露出一张俊美的脸孔。接着传来一连串娇声欢叫：“老爷，快看哟，山像一把把黄凉伞，水像一面面镜子。水里有山，山上流水，鱼像在山上游，鸟像在水里飞，真的好美好美啊！”欢声刚落，一位中年官员便携了一位花容月貌的少妇就从舱里走了出来。那官员叫王荥，是新任知府，奉了圣旨，带着夫人来此上任的。

王知府与夫人并肩站在船头，奇丽的山水让他们如痴如醉，王知府深情地说：“新安大好山水，真是名不虚传哪！”突然间浪头从船底涌起。船摇晃了一下，夫人头上那支最心爱的金钗“噗”的一声掉进江里。夫人急得直跺脚，眼泪裹着胭脂花粉哗哗直落，让王知府好心疼。又见那支金钗好好地在江底搁着，好像水也不太深，便命艄公帮忙打捞。可是怪得很，在船上众人都看得到江底的金钗，下了水却怎么也找不到，艄公下水一次又一次，就是捞不到金钗。王知府暗骂一声，这班饭桶，金钗明明在那儿，怎么捞不起来？他仗着懂一点水性，立即脱去官袍，跃入江底，一阵水花泛起，众人便不见了王知府的影子。正惊愕间，王知府却冒出水面手举金钗：“找着喽，找着喽！”众人把他接上船，一阵恭维：“老爷是天上星宿临凡，我等凡夫俗子哪能比！”王知府哼哼着，一把搂过美貌的夫人，进了船舱。

王知府上任后，管辖地内小孩忽然接连失踪，报官的日日不断，王知府就派捕快查案，查不到真凶，就打捕快屁股了事，很少认真追究。他特别疼爱夫人，时时刻刻都想搂着不放。夫人呢，总觉得老爷浑身冒冷气。一问，老爷说是那日捞钗，受了风寒，变成体寒。夫人想想有道理，祸由她起，于是对老爷更增添了温存了。但是，衙役们也有百思不得其解处。老爷爱干净，打几盆水洗洗也就罢了，他偏要在后堂一间房里备九大缸水，九大缸沙，一进去就是半天，还不准任何人伺候，连靠近房门都不准。更奇怪的是，往日坐堂，威风凛凛，近日坐堂，却是恍恍惚惚。尤其是那位姓许的道士在大堂门口出现，立即叫退堂。许道士，在徽州府城后的问政观出家，修长的身材，五绺长髯飘飘，穿件洗得发白的庄青色道袍，背着一把桃木剑，常到各地云游。除了双眼炯炯有神，平常得很。徽州府许多人都认识他，没有谁觉得他有什么古怪，可老爷为什么那样忌讳他呢？

当时的徽州人并不晓得，许道士是一个因奇遇而得道的奇人。许道士自小父母双亡，流落街头，问政观老道士见他骨格清奇，就收养了他。眼看到了六七岁，该是识字念书的时候，老道士因常外出云游，顾不上教他识字，就在山下为他找了家蒙童馆。转眼三年过去，许道士学业将满，老道士决定这段日子不再外出。每天许道士放夜学回观，就教他念经、画符。可是最近几天，老道士感觉到了一件怪事，徒弟天天很晚才回家。问蒙馆先生，先生说每天都是早早地放了夜学，与往常一样，并没有推迟放学时间。问徒弟，任你打骂，总是不作声。怪了，老道士满肚子疑问。

这天，老道士远远地跟着许道士回观。走到半路，山林中忽然走出一个唇红齿白的孩童来，与许道士尽情嬉戏，直到很晚，才分手各自离去。老道士沉吟半晌，突然一拍脑盖：“是了！”登时心头怦怦乱跳，眉毛、胡子都乐得飞扬起来。

做晚课时，老道士对徒弟说：“尔有个好伙伴，为何不带他到观里来嬉？”许道士见师傅笑眯眯的，没有责怪他的样子。便不好意思地说：“那位哥哥不肯来，还叫我别告诉你。”老道士说：“没事，我明天请他来观里陪你玩，好不好？”许道士连声叫好。老道交给徒弟一团线，线头穿着一枚针，他要许道士明天乘那孩童不注意，将针别在他衣袖上，说就能请他到观里来。

第二天，许道士依言而行。正当他与孩童玩得痛快时，老道士突然出现，那孩童惊叫一声，往林中遁去。老道士哈哈一笑，循线找到一壁石崖下，一株粗大的何首乌藤叶上正别着那枚针。老道士一挖就挖到了那长成孩童样的根。回到观里，许道士还在一个劲地问师傅，哥哥为什么不来陪他玩。老道士嘻嘻笑着不睬他，把那何首乌放入蒸笼，点火蒸煮起来。蒸啊，蒸啊，转眼就过了48天，老道士想到明天就可以吃下何首乌，返老还童，几次忍不住笑出声来。第二天早上，老道士忽然碰上件急事，不得不下山去。他嘱咐许道士守着蒸笼不准走开，更不准偷吃。说来也怪，老道士走后，那蒸笼中的何首乌忽然发出阵阵异香，馋得许道士几次掀下蒸笼盖看，口水直滴，却不敢动。实在熬不住了，便扯下那何首乌两腿间的小鸡巴，塞进了嘴里，心想就吃这一丁点，师傅不会发现。哪料到，老道回观，不见了小鸡巴，立即气色败坏地把许道士打了一顿。因为何首乌的精华就是这小鸡巴啊，没了小鸡巴，就是把整个何首乌吃了也没用，你说他恼火不恼火？老道士打完了，长叹一声："天意啊！索性成全了你罢。"就把何首乌全让许道士吃了。许道士功力大增，人也很快长大，并学成了驱妖降魔的法术。

王知府上任几个月后，许道士才云游回观。当他站在观前往府城观望时，只见一缕黑气从府衙内冲天而起，不由暗暗心惊，联想到路上听人说起的小孩失踪案，觉得定有蹊跷。于是下山直奔府衙，可是到了府衙，妖气却收敛了。经再三向衙役和王夫人打听，已明白了八九。他对王夫人说，你丈夫是条乌龙精。当日是它捣鬼，你的钗才会掉下水，乌龙精在水中用爪托住钗骗你丈夫下水，将他吃掉，然后变成你丈夫模样来徽州上任，你肚里怀的全是孽龙的种。王夫人大惊，要许道士救她。许道士说："这孽畜不但吃了你丈夫，还吃了许多孩子，贫道岂能容它再行凶？"许道士吩咐撤去府衙内所有的水缸、沙，要求衙内不见一滴水。

王夫人领计后，许道士拔剑踏罡步斗，作法把府衙四周和上空封住，他才执剑走进府衙。乌龙精见了许道士，立即现形逃窜，但似有张无形的网使它到处碰壁，眼看便要身首异处，忽见案头砚瓦里尚有几滴水，立即一头钻进了砚瓦，借水遁去。许道士立即乘风紧追，看看到了江西地界，仍然没能追上，忽见前面一道祥光，他停住了脚步。

再说乌龙精被追得魂灵出窍，又干又饿，回头一看总算许道士未追来，立即恢复人形，钻进了路旁的一个小饭摊。摆摊的是慈眉善目的老婆婆，她对乌龙精说只有面条没有饭。乌龙精点点头，吃起面来。没料到一碗面下肚，面条立即变成铁链，那老婆婆手一招，铁链即从乌龙精口里飞出，到了她手上。乌龙精知道不好，将身欲逃，铁链却扯得它肚里撕心裂肺地痛。细细一打量，才知老婆婆是观音所化，连忙跪倒求饶。观音因它死期未到，就把它锁到路边一口废井里。乌龙精含泪问，何日可以出井，老婆婆答道："石柱开花铁索烂！"说罢，化阵清风而去。据说，五百年后有某状元在进京赶考时路过此井，因天热，将帽子挂在井栏柱上，坐在井台上休息。那乌龙精在井底隐隐看见一戴花的乌纱帽，以为是石柱开花了，立即从井底上窜，但它忘了，铁索没烂，用力过猛将五脏拉断，真的一命呜呼了，这当然是后话喽。

再说，许道士见乌龙精被观音收服，立即返回徽州。王夫人正值临盆，许道士守在一旁，生出一条龙即挥剑斩之，一共斩了八条。第九条出生时，王夫人看其眼角有泪，心生不忍，便求许道士给她留个扫墓的。许道士剑锋一偏，斩下一段龙尾，那小龙得了性命叩头而去。不幸的是，王夫人生产失血过多，加上受了偌大的惊吓，不久即香消玉殒。临终，要求衙役们把她葬到了问政山上。从此，徽州人知道了许道士的奇特经历，都尊他为许真人。称那条没尾的龙为斩尾龙。每年清明，斩尾龙都要来问政山挂纸，就会暴风暴雨，吹倒房子和庄稼。每当此时，徽州老太们就会找破鞋破布焚烧厌之，并告诉你这一段谁也听不厌的故事。

汾口草龙

上述这两个故事，自然是完全不可能存在的。张天师、许道士等人，也只不过是文学形象。但这并不妨碍这个故事栩栩如生，让人记忆犹新。加上神话故事中又有问政山、新安江这些在流域内居民身边的山水，所以更让人觉得生动有趣，更具趣味性和可读性，最终也就演变成了代代相传的，具有明显地域色彩的神话故事。

(二)传说

传说大多由神话演变而来，通常不可靠，所描述的事件发生年代久远，但它具备有一定历史性。在新安江流域的传说故事里，人物、事件或地点大多有迹可循，随着时间的演变，逐渐成为过去事迹的一整套传闻，这些地方性传说蕴含着它独特的历史价值。尽管新安江流域提倡文化，重视教育，但在古代社会中，教育的普及化程度是远远不够的，人们要对历史做记录，也只能是利用口耳相传的方式。随着时间的演变，民间艺术家的丰满，故事就更具备结构性，而这也便成为流传至今的传说。试以《李白寻访许宣平》为例说明：

李白是诗仙，不仅“斗酒诗百篇”，才思天纵，而且“五岳寻仙不辞远，一生好入名山游”。他既爱诗又爱酒，探幽寻胜也访仙。

相传，唐代天宝到至德年间，李白告辞唐玄宗，离开长安。东游越中时，在洛阳同华传舍的墙上，见到许宣平的一首诗，他细细吟哦：

隐居三十载，筑室南山巅。静夜玩明月，闲朝饮碧泉。
樵夫歌垄上，谷鸟戏岩前。乐矣不知老，都忘甲子年。

许宣平是歙县人，隐居在阳城山南坞，结庵而住，那里云雾缭绕，谷深林茂，幽静闲逸。许宣平就在那里饮酒吟诗，有时挑点柴禾进城去卖，担上挂着酒葫芦和拄杖。卖了柴后，痛饮一醉。回到山中，独自吟哦：

负薪朝出卖，沽酒日西归。
借问家何处，穿云入翠微。

许宣平隐居山中，虽不问世事，但声誉很高。人们常来寻访他。李白在驿站读了他的诗，不由赞道：“此仙人诗也！”于是欣然入山，寻访许宣平。

歙城南门，顺着练江便是依山傍水的新安古道，由青石和鹅卵石铺成，逶迤如带。在这条古道上，行不多远，就会见到“李白问津处”遗址。相传，李白为访许宣平就在此处问路。问路后到了紫阳山下练江边，只见江上有一破船，船头有一老翁，风姿飘洒，仪态俊逸。到了江岸，李白问道：“请问许宣平家在何处？”老翁略微一笑，便吟诗两句：“‘门前一竿竹，便是许公家。”李白听后，点头前往寻找。走了一会儿，猛然想起：“门前一竿竹’，不就是船头插立一竿竹篙么？那么那个老翁便是许宣平了。”于是，李白立即回头，然而老翁已经不见了。李白好不懊丧，便入山找到许宣平的茅庵，在壁上题诗一首：

我吟传舍诗，来访真人居。烟岭迷高迹，云林隔太虚。
窥庭但萧索，倚杖空踌躇。应化辽天鹤，归当千岁余。

李白题完诗，好不懊悔地来到练江北岸，复上新安古道。在渔梁与新安关之间，有一座单孔石桥，李白在此恋恋不舍地隔江遥望。因为这里是李白回首望仙处，石桥便被后人名为“望仙桥”。过了望仙桥，便是新安关了。新安关傍山临水，带河襟山，扼控水陆通道，被称为“新安第一关”。

李白访许宣平虽未能如愿，但歙县的秀丽景色，却已使他十分陶醉。他游了兴唐寺，晚间在练江浅滩上放舟饮酒。皓月当空，水流波光粼粼。李白诗兴大发，挥笔展纸，泼墨成诗一首

天台国清寺，天下称四绝。我来兴唐游，与中更无别。
卉木划断云，高峰顶参雪。槛外一条溪，几回流碎月。

秀丽的山川，到了大诗人的笔下更加增辉生色。“槛外一条溪”，就是汇丰乐、富资、布射、扬之四水而流入新安江的练江。它们交汇之处，沙石成滩，为练江第一滩。后人即根据李白诗句，命此处为“碎月滩”。为纪念大诗人李白的入歙之行，后人又在歙县太平桥头建起了一座幽雅的双层楼阁，题名为“太白楼”。

在这个传说中，如李白、许宣平等人物都是真实存在之人物，这些唱和的诗文也是一直流传至今，被新安江流域居民口耳相传。故事中的太白楼、碎月滩等处，更是成为歙县的重点旅游景点，得到了广泛的开发与利用。但这个故事是否真实存在，许宣平又是否真如此之神秘，却因为年代

歙县太白楼

久远，无法得到进一步的考证了。也正是因为这半真半假的性质，才让整个传说充满了扑朔迷离的魅力，吸引着一代又一代新安江流域居民去探索、去遐想、去传颂。

此外还有淳安《庙湾石碣马蹄印》。

1358年秋，朱元璋率农民起义军由歙县进入淳安境内，准备在此休整一段时间再与元军头目陈友谅战斗。当时朱元璋带领部分人马驻扎在威坪附近的东山庵里，日夜忙于操练，一时疏忽筹集军粮，眼看吃饭有困难了，朱元璋才想起筹粮之事。

一天，朱元璋带领几位义军战士，骑着高头大马，从东山庵出发，来到一个人口密集，土地辽阔，物产丰富的村子——碣村，向村民购买粮食。相传，朱元璋向村民购买粮食非常公道，他用的是白花花的银子，买卖有愿，公平交易，从不欺骗百姓，所以许多农户都愿意出卖一些口粮给义军。在交易过程中，买卖双方都友好相待，感情亲密。

朱元璋眼看军粮已筹足，正准备策马回东山庵去，忽有探子来报，说："将军，刚才发现一支元军从村外追赶而来，不知何故？"朱元璋听后立即下令："大家带着粮食，跟我快走。"于是全体人马在朱元璋带领下，快马加鞭，直奔碣村村外的桐溪边，只见溪水淙淙向东流去。幸好，桐溪两岸横跨着一条石碣（即石坝），长有100多米，高约3米，宽也有5米左右，是天然生成的一条巨石坝，古人对此叹为观止。在枯水期，行人可以从石背上行走，像走平坦大道一样安全。如果在洪水奔流的汛期，则不可行走。今天朱元璋的人马到此，正是秋末冬初的枯水期，石碣上无水流淌，既平坦又安全，战马飞奔过去，绝对是平安无事。朱元璋一看此地形很满意，就大声高喊："天助我也！"立即快马加鞭，引领众将士向石碣上飞奔而去，隐没在对岸的深山老林之中，不见踪影。

过了片刻，元军进入碣村，但他们不见起义军，就到处搜索，总想发现一点起义军的蛛丝马迹。结果，他们来到碣村村外的桐溪边，在石碣上发现了无数个圆圆的马蹄印。

而那些马蹄印还嵌入石岩之中有一寸多深，排列得错综复杂，全都是直奔向前的阵势，显得神奇诡异，像是一群天兵天将骑马飞奔而留下的一样。元军见此情景，个个惊吓得发抖，手脚无措，只好狼狈后退。从此，"庙湾石碣马蹄印"这一自然景观就闻名遐迩，参观者络绎不绝。

再比如，《神奇的割桶刀》这一传说。

睦州外磻对河的方家村，有个贫苦出身的箍桶匠，名叫方腊。

相传方腊个子长得不高，头上有些梅花斑，生性好动，喜与人闹着玩。他原先在七贤方有常家当佣工，方有常隐约听说他有杀害公差之嫌，有异志，不安分守己，便不敢用他。方腊待不住，主动辞退出门。为了还债，走投无路，只好重操旧业，肩挑着打箍工具的担子，在家乡一带，挨门逐户，修桶打箍。

一次，他替一户人家锯料换底修桶时，听得门外树梢高头儿叽叽喳喳地叫个不停，抬头翘望有个鸟窝，一时兴起，情不自禁地放下手中工具，一鼓作气爬上树梢，惊得鸟儿拍翅飞逃。他刚要手入窝掏鸟蛋时，忽然发现窝边有一个略带弧形的扁平东西，凝凝细看，原来是一把现成的割桶刀，像月牙一样锃亮。他被这一意外所获高兴得差点掉下树来。于是，他乐滋滋地将割刀往腰带上一插，疾速地爬下不多一段，便纵身跳下树来试了试锋刃，觉得好生锋利，割起桶来得心应手，且快又好。这使他快活极了，又跳又笑，欣喜若狂。

方腊在家乡附近做手艺，遇到贫苦人家拿不出钱来，他就慨然不计报酬。因此，很受村民的欢迎，人们都敬称他为“腊哥”。一次，他拿着割刀，帮一位孤苦伶仃的善嫂修桶。中午时分，善嫂用麦秆编织的菱子（新安江流域乡村用以代替器皿的，可作碟子或盖用的轻便用具）盛上油渍渍的苞芦粿端来给他吃。方腊正在乐呵呵地试用着这把意外所得的割刀，来回使劲地割削桶棱，一时不便歇手。善嫂便把盛着粿的菱子放在旁边的石础上，转身又做其他事情去了。就在这时，隔壁财主王福生家放出的一窝鸡，要啄食其粿，方腊顺手扬起捏着的割刀“啊唏”一声驱赶。不料这一举动非同小可，怎么这群鸡都在地上拍翅乱蹦，一命呜呼了。一时倒使他丈二和尚摸不着头脑，感到莫名其妙。这时财主婆赶了出来，跺脚哭骂，还矢口咬定是他撂刀劈杀的，两人争吵，轰动了村人都来围观，几个攀权附势的狗腿子也出来为虎作伥。方腊面对事实，百口难辩，只好苦苦地向财主婆解释，并答应如数赔偿。财主婆哪里肯信，硬说他是有意杀害，一定要赔原鸡。方腊被逼得无可奈何，只得拿刀比试仿学刚才赶鸡的样子，“啊唏”一声，将刀往财主婆面前一晃，“扑通”一声，财主婆的头即从脖子上滚了下来。方腊一惊，猛然醒悟到此刀的不凡，无疑是把神刀了。围观的人目睹如此情景，面面相觑，呆若木鸡。王财主见了更是吓得魂不附体，半晌说不出一句话来。魂魄稍定，掉头就跑，声嘶力竭地高嚷道：“不得了啦！桶匠造反杀人啦！快替我捆绑起来，送州府究办去。”

方腊神志自若，毫不在乎。围观的人心里也明白这是神刀的威力，并非他有意杀人。于是，大家都集拢在方腊身边，直截了当地提出："我们有了神刀还怕什么，跟豪绅、官府和皇帝佬儿斗好了。"翌日，知府派差役下来，把方腊同师傅杨八桶匠一干人带往州衙。知州大老爷根据财主的一面之词，严审方腊。方腊如实把神刀的来历申述，要求官府秉公断案。谁料知州暗中得了好处，一味偏护，当堂指责方腊为巫邪之说，并将他定为"杀人凶手"，还硬逼他交出割刀，要他当众试验。方腊一干人听了又气又恨，但心里暗自高兴，彼此递了个眼色，会意表示要将计就计。只有那个狡猾的财主，情知不妙，乘人不备溜走了。方腊故意对知州说："我所得的乃神刀，不能轻易出示，不然害得你们人头落地，岂不枉生一遭。"知州以为是有意吓唬他，将惊堂木一拍，信口骂道："你这刁民，胆敢在公堂上放肆，还不赶快交出杀人凶器，以免受皮肉之苦！"方腊听了仰面哈哈大笑，嗖地抽出佩在腰间的宝刀，闪出寒光一道。随着"啊唏！啊唏！"两声，大堂上知州和两边的衙役、刀斧手等一伙人的头颅像被切的西瓜似的咚咚落地，而站在一旁的乡亲和观众却毫发无损。方腊杀了州官，众人异口同声地说："这把割桶刀，是把神刀，是天赐给我们贫苦百姓的，有了它就可以不用吹灰之力，将天下的贪官污吏杀尽剁光！"于是公推方腊为首领，一呼百应，形成一支不可抗御的农民起义队伍。他们连夜赶回七贤村，杨八桶匠一马当先，带头冲入村内，用桶铲结果了十恶不赦的方有常的狗命。方腊把神刀一扬，大显神通，把方有常一家42口，像秋风扫落叶一样，纷纷杀光。

七贤村暴动，揭开了方腊起义的序幕。随着举行了著名的"漆园誓师"。方腊手持神刀，威风凛凛，振臂一呼，八方响应。"旬日聚众数万"，喋血转战，官吏闻风丧胆，纷纷弃城遁走，连下6州52县．不久便发展成一支"众殆百万"，声势浩大的起义队伍，占据半壁江山，与宋王朝分庭抗礼。

至今，新安江流域一带还传诵着："方腊割刀，威震宋朝！""没有糖（塘），犹有蜡（腊）。石塔露水腊为王，河湾龙脉通淳杭"的民谣。

该传说就以"方腊起义"为故事背景，结合一些适当的想象及文学创作而形成的。方腊起义是真实存在的，它是爆发于北宋末年的农民大起义。方腊是睦州青溪人（即今杭州淳安），其性情豪爽，仗义疏财，在当地深得人心，能号召很多生活困苦的农民。方腊于宣和二年（1120）十月初九，率众在歙县七贤村起义，百姓正苦于官吏掠夺勒索,果然到处响应。不旬日,聚众数万,从者如云,攻城夺池,自号圣公,建元“永乐”。很快接连攻陷几十座州县，部众发展到近百万，威震东南。但贯穿整个传说故事的“割桶刀”，其杜撰成分明显。这些故事也只是后人为了纪念方腊这种反抗精神而杜撰出来的，所以这一传说也是具有鲜明色彩的新安江流域地域性民间传说。

(三)典故

典故，这个名称由来已久。出自《后汉书·东平宪王苍传》:“亲屈至尊，降礼下臣，每赐宴见,辄兴席改容,中宫亲拜,事过典故。”它是指利用大众耳熟能详的公认的人物、事件，讲述一个故事给听众或读者，从而起到一定的教育意义。有很多成语故事，便是巧妙地运用了典故的原理，如“刻舟求剑”“按图索骥”等，这一类的典故流传甚广，在全国范围内都广为流传。新安江流域同时也有一类具备浓厚地域色彩的典故故事。这里名人辈出，物产丰富，传闻逸事自然也较为高雅、有趣。如淳安“连中三元”美誉获得者——商辂，便留下了“商辂品茶结金兰”的逸事典故。故事大体如下：

商辂品茶结金兰

宣德四年（1429），商辂游历江南四大书院之一包山书院时，因留恋美景误了行程，借宿于当地石匠张卯生家。张石匠手艺精湛，却生活贫寒，想不出什么可以拿来招待客人的，便让妻子把不久前从青云岭上采下刚炒好的新茶沏上一壶招待商辂。商辂注视杯里芽叶朵朵，呷了两口，只觉味醇清香，沁人心脾，大呼：“好茶，品不在‘天池云雾’下。”连问“是何名茶？”张石匠见问，心生惭愧：摘自高山，妻子炒制，算哪门子名茶？随口回答：“是高山云雾茶。”第二天，商辂告别张卯生回归故里，但“云雾茶”三字却就此铭刻在心头。

时隔不久，张卯生就接到商辂来信：“因功‘赐第南薰里’(《明史》载)，为兴建府第,特邀张石匠打造石础。”张卯生阅后,心中非常高兴,知商辂喜好“高山云雾”,除带好工具外，特别嘱咐妻子专门为其采制新茶数斤，带往淳安。那时，霞山有个大财主郑旦，非常仰慕商辂，于是请张石匠代为相邀。得知三人属同年、同月、同日所生，但按时辰排定，张卯生为长，郑旦次之，商辂最小。然而，郑旦却拥商辂坐首席，而让张卯生坐于末位。言谈中，郑旦明显表露出“尊商薄张”之意。

宴后，商辂不动声色地拿出张石匠送给他的“高山云雾茶”请郑旦品尝。郑旦巨富，喝的都是上等名茶，并不知当地自制土茶的滋味。一品之下，只觉香气清幽，滋味醇爽，也大呼“好茶”。商辂见状说：“人生交友，犹如品茶，质淳而德厚，此乃其他名茶之不及也。”话音一落，郑旦就感心中不安。俗话说：听鼓听声，听话听音。他是个精明人，知道商辂的言外之意，越思越想，越为刚才自己重名轻友的举止感到羞愧。于是，急忙走到石匠张卯生的面前深深一躬，并亲扶他与商辂相并而坐。

面对此情此景，商辂禁不住大声赞好，并命人备下文房四宝，当即泼墨挥毫写下一副楹联：“爱亲者不敢恶于人，敬亲者不敢慢于人。”旦公品其意味，为牢记这次教训，遂取对联“爱敬”二字，改“永敬堂”为“爱敬堂”。后正堂所挂“爱敬堂”匾为商辂公手书。

在这个故事中，状元郎商辂妙用趣联，讥讽郑旦攀权富贵、嫌贫爱富的性格，通过该故事，教育子孙后代及其他受众，保持良好的人品性格，平等地尊重每一个人。再以一则广泛流传于新安江流域歙县西乡的有关唐吉祥的典故说明。

两袖清风唐吉祥

明代时候，歙县槐塘有个人叫唐吉祥，他勤奋好学，荣登进士不久，被任命为祁阳（今属湖南衡阳）县令。上任之初，唐吉祥轻装简从，只有一名仆人跟随左右。他勤政为民，有口皆碑。转眼间，六年过去了，按照明朝的规定，县级官员每六年为一任。在他离任的时候，老家的弟弟估计哥哥在祁阳为官六年，离开时肯定有不少财宝，就特意赶到祁阳准备把部分物资带回老家。当他弟弟到达祁阳县城外，唐吉祥和一名随从各自骑着匹老马出城了，除了随身包袱外，别无他物。身后唯有一群不忍让他离去的老百姓。唐吉祥突然见到弟弟站在路边，吃惊地问“你不远千里来这干什么？”弟弟说：“我准备将你暂时用不到的东西带回老家去。”唐吉祥笑着说：“我的行李就在这，这匹老马驮着就足够了。何须再烦劳你老弟呢？”那个仆人也说：“大老爷两袖清风，老百姓一行热泪。走吧！”唐吉祥就这样离开了祁阳。

该典故利用唐吉祥这样一个历史人物，呼吁每一个新安江流域的学子，在学成为官后，要踏实为官，清风两袖，这样才能获得民众的爱戴与好感，才能真正为百姓谋福利、做好事。

(四)绕口令

绕口令，又称急口令、吃口令、拗口令等。是新安江流域一种民间传统的语言游戏，由于它将声母、韵母或声调极易混同的字，组成反复、重叠、绕口、拗口的句子，要求一口气急速念出，所以读起来使人感到节奏感强，妙趣横生。

由于绕口令幽默诙谐，妙趣横生、通俗浅显，因而在新安江流域人民群众中日渐流传，一些普通居民、文人雅士也开始注意这一通俗的文艺形式，并且有意识地将其搜集整理出来。同时，不同时期的绕口令还兼具这一时代的特点与气息。

板凳与扁担

板凳宽，扁担长。
扁担没有板凳宽，
板凳没有扁担长。
扁担要绑在板凳上，
板凳不让扁担绑在板凳上，
扁担偏要扁担绑在板凳上。
板凳偏不让扁担绑在板凳上。
你说最后扁担到底绑没绑在板凳上。

鹅过河

哥哥弟弟坡前坐，
坡上卧着一只鹅，
坡下流着一条河，
哥哥说：宽宽的河，
弟弟说：白白的鹅。
鹅要过河，
河要渡鹅。
不知是鹅过河，
还是河渡鹅

捉兔

一位爷爷他姓顾，
上街打醋又买布。
买了布，打了醋，
回头看见鹰抓兔。
放下布，搁下醋，
上前去追鹰和兔，
飞了鹰，跑了兔。
打翻醋，醋湿布。

瘸子

北边来了一个瘸子
背着一捆橛子。
南边来了一个瘸子
背着一筐茄子。
背橛子的瘸子打了背茄子的瘸子一橛子。
背茄子的瘸子打了背橛子的瘸子一茄子。

这些绕口令将若干双声、叠韵词汇，或者发音相同、相近的语词和容易混淆的字，有意集中在一起，组合成简单、有趣的韵语，形成一种读起来很绕口，但又妙趣横生的语言艺术。值得一提的是，绕口令是语言训练的好教材，认真练习绕口令可以使头脑反应灵活、用气自如、吐字清晰、口齿伶俐，可以避免口吃，更可作为休闲逗趣的语言游戏。

（五）笑话

笑话具有篇幅短小，故事情节简单而巧妙，往往出人意料，给人突然之间笑神来了的奇妙感觉的特点。大多揭示生活中乖谬的现象，具有讽刺性和娱乐性，极具趣味性。它可以用一句短语或一个小故事让说话者和听者之间觉得好笑，或是产生幽默感。笑话来源于生活，是一种经过艺术加工的语言形式，是艺术化的语言，笑话是一种艺术方法，用这种方法造成以笑为艺术手段的文学艺术作品。

过渡吟诗

从前，新安江边有个渡口，一天早上，撑渡老大刚开船门不久，就见从江岸边走来一个头戴秀才巾，身穿绸布衫，手摇纸扇的青年秀才，身后跟一个挑书的童子。

秀才上渡船，就要撑渡老大快开船，说是要前去赶考。撑渡老大当即拔起竹篙入水，正要开船，忽听岸上有人喊："喂，撑渡的，等一等。"撑渡老大顺着喊声望去，江岸上走来了一个头戴武士巾，身穿紧身衣，腰挂一柄宝剑的青年武士，身后也跟着一个挑弓箭行李的童子，武士上了船，即招呼撑渡老大快开船，亦说自己是要前去赶考。撑渡老大亦马上拔竹篙。正要下水把船撑开，只听岸上又有人喊等渡。撑渡老大停住竹篙向岸上望去，走来是一个挺着大肚子的女人，身后跟着个年纪相仿的男子汉，是她的老公。上了船，亦催着开渡，说是要赶回婆家生孩子

撑渡老大见此情况，眼睛骨碌碌一转，说："今朝你们三位都急着要催我老大开船，好啊，我出个主意，每个人要作首诗，诗中要有"尖尖、圆圆"两个词眼。做对了，我就开船；谁做不来，谁就下船。"说着，他带头吟了起来："竹篙头尖尖，竹篙杆圆圆，我手持竹篙撑水底，轻舟如叶到对岸。"吟完，他十分洋洋得意。秀才接着就吟："毛笔头尖尖，毛笔杆圆圆，我手拿毛笔写文章，字如珠玑中状元。"武士亦接着就吟："羽箭头尖尖，羽箭杆圆圆，我张弓搭箭射箭如流星中状元。大肚嫂站起来，拍拍肚子就吟："小脚儿尖尖，大肚子圆圆，我生三个儿子，老大文状元，老二武状元，不成器的老三哟，手拿竹篙撑渡船。"吟罢，不由自主地笑了起来。

这下把文秀才、武秀才和撑渡老大都说得哭笑不得，渡船自然马上撑过了新安江，三拨船客向各自目标走去。

这一笑话就极具新安江流域特色，不仅简短明快，引人发笑。同时也将流域内居民的生活习惯刻画得入木三分，既有文人雅士，也有勇悍武将，更有一些普普通通的农户居民。但无论是什么身份，大多能行文作对，亦符合该地区崇文的习性。

参考文献

一、史志谱牒

罗愿：《新安志》，清光绪十四年重刊本。

汪舜民：《徽州府志》，古籍书店，明弘治十五年影印本，1964 年。

汪尚宁：《徽州府志》，明嘉靖四十五年刻。

马步蟾：《徽州府志》，清道光七年刻。

赵吉士：《徽州府志》，清康熙三十八年刻。

谢陛：《歙志》，明万历十七年刻。

刘大櫆：《歙县志》，清乾隆二十六年刻。

许承尧：《歙县志》，民国 26 年铅印。

汪晋徵：《休宁县志》，清康熙三十二年刻。

方崇鼎：《休宁县志》，清道光三年刻。

窦士范：《黟县志》，清顺治十二年刻。

程寿保、舒斯笏：《黟县四志》，民国 12 年刻。

张瑗：《祁门县志》，清康熙二十二年刻。

席存泰：《绩溪县志》，清嘉庆十五年刻。

蒋灿：《婺源县志》，清康熙三十三年刻。

江峰青：《重修婺源县志》，民国 14 年刻。

安徽省地方志编纂委员会：《安徽省志 · 民俗志》，方志出版社，1998 年。

浙江省淳安县志编纂委员会：《淳安县志》，汉语大词典出版社，1990 年。

建德市志编纂委员会：《建德市志 1978 ~ 2005》，浙江人民出版社，2010 年。

黄山市地方志编纂委员会：《黄山市志》，黄山书社，2006 年版。

黄山市屯溪区地方志编纂委员会：《黄山市屯溪区志》，方志出版社，2012 年。

黄山志编纂委员会：《黄山志》，黄山书社，2010 年。

黄山市徽州区地方志编纂委员会：《黄山市徽州区志（上、下）》，黄山书社，

2012年。

歙县地方志编纂委员会：《歙县志》，黄山书社，2010年。

休宁县地方志编纂委员会：《休宁县志（208～2010）》，黄山书社，2012年。

黟县地方志编纂委员会：《黟县志》，黄山书社，2012年。

祁门县地方志编纂委员会：《祁门县志》，黄山书社，2008年。

二、论　著

袁康、吴平：《越绝书》，上海古籍出版社，1985年。

佚名著、袁珂校注：《山海经》，上海古籍出版社，1980年。

李昉等编：《太平广记》，中华书局，1961年。

程敏政：《篁墩文集》，上海古籍出版社，1991年。

赵吉士著，周晓光等点校：《寄园寄所寄》，黄山书社，2008年。

黄宗羲、全祖望：《宋元学案》，中华书局，1986年。

程瞳：《新安学系录》，清康熙三十五年绿荫园重刻。

李斗：《扬州画舫录》，中华书局，1997年。

吴逸：《古歙山川图》，清乾隆二十二年刻。

许承尧著，李明回等点校：《歙事闲谭》，黄山书社，2001年。

卞利：《徽州民俗》，安徽人民出版社，2005年。

方韦：《建德姓氏·风俗漫谈·严州史话》，天津古籍出版社，2008年。

淳安三大纪念活动组委会：《淳安历史文化丛书》，西泠印社出版社，2008年。

杨秀：《中国风俗》，古吴轩出版社，2010年。

齐琨：《乡礼与俗乐：徽州宗族礼俗音乐研究》，安徽文艺出版社，2013年。

淳安县文化志编委会：《淳安县文化志》，浙江工商大学出版社，2016年。

刘政：《淳安民俗卷》，浙江摄影出版社，2016年。

王振忠：《歙县的宗族、经济与民俗》，复旦大学出版社，2016年。

王加华：《2019民间文艺研究论丛年选佳作·民间文学》，社会科学文献出版社，

2022 年。

霍福：《二十四节气与礼乐文化》，社会科学文献出版社，2022 年。

陈华文：《浙江民俗史》，杭州出版社，2008 年。

后 记

本书在浙江省淳安市党史办朱华民主任等领导的重视、关心及组织下，在翟屯建先生等专家们的热情帮助指导下。历经数年，广泛征求意见、反复研究讨论，数易其稿。今天终于即将付梓印刷了。在此，谨向所有关心、指导、帮助、支持、参与本书编写和出版的各位领导、朋友们致以深切的敬意和衷心的感谢。

《新安民俗》在编写过程中，历经会议研讨、文献梳理、调研论证、内容编写、征求意见、修改完善等过程，铭刻着许多艰辛的付出，凝结着许多辛勤的劳动和汗水。尤其是原徽博学术部汪晓峰先生在文字及资料查阅整理方面做了大量工作，并在联络协调、统稿等具体工作中付出了辛勤劳动。淳安市党史办程中青主任在第一时间提供了与淳安、建德方面有关民俗照片，中国摄影家协会林坚先生在图片方面也提供了其许多优秀作品，黄山觉然文化发展有限公司程乔先生对其中的老照片还进行了甄选核实。潘成、李俊、李月明、徐洁、汪翔、钱得星、丁珂、余中勇、蒋建坤、程贤高、程海波、施亚磊、许瑞生、方樟和、秋月半弯、张建平、吴琳、舒俊、陈之耀、徐昱、李肃人、吴建平、山野行者等先生在图片上都给予了大力支持。

本书编写过程中，先后征引了各级书籍、方志、期刊、硕博论文等资料，在一定程度上完善了新安江流域以往民俗资料的不足。此外，还收到了来自淳安地区徐德河、邵介安、黄樟华等一些学者老师的大量来信来稿。在此，谨向他们一并致以诚挚的谢意！

有人说，参与就是一种享受。那么，编写这本书的过程更是一种享受，是知识的再积累。此时，我们心中也充满了感恩。因为在编写过程中，我们不仅得到同行无私的帮助和支持，还借鉴了他人智慧的精华。他们的劳动价值在这里能够得到进一步体现，因为我们的目的相同，都是为读者朋友们贡献宝贵的精神财富。

由于作者研究方向、角度、水平所限，《新安民俗》一书在内容和图片上难免挂一漏万，不足之处恐难避免。在此真诚地希望大家不吝指教，多提宝贵意见。

章望南

2023 年 3 月